AMUSEMENTS
PHILOLOGIQUES,

OU

VARIÉTÉS EN TOUS GENRES;

TROISIÈME ÉDITION,
REVUE, CORRIGÉE ET AUGMENTÉE;

PAR G. P. PHILOMNESTE, A. B.

Hic piscis est omnium;
Chacun peut mordre à ce poisson.

DIJON,

Victor LAGIER, LIBRAIRE-ÉDITEUR, PLACE ST.-ÉTIENNE.
ET CHEZ LAMARCHE, LIBRAIRE, RUE SAINT-MICHEL.
STRASBOURG, LAGIER j^e, LIB., RUE MERCIÈRE.

—

M. DCCC. XLII.

AMUSEMENTS
PHILOLOGIQUES.

Se vend aussi :

A PARIS, chez { Colomb de Batines, libraire, quai Malaquais, 15;
Dumoulin, libraire, quai des Augustins, 13;
Techener, libraire, place du Louvre, 12.

DIJON, IMPR. DE FRANTIN.

PRÉFACE ALLÉGORIQUE.

Seigneur d'un petit bourg, peu distant de Mousseaux,
Un riche Gastronome, en visitant sa terre,
Voulut un certain jour régaler ses vassaux,
  J'entends les principaux,
   Et leur faire,
  Comme l'on dit, grand'chère.

Rien ne fut épargné : gélinottes, faisans,
Mauviettes, perdrix, bécasses, ortolans,
  Cailles, pâtés de foie
    D'oie,
 Chevreuils, marcassins et levrauts,
 Saumons frais, turbots, maquereaux,
 Et cent autres friands morceaux.
 Quant au bœuf, veau, mouton, volaille...
 Fi donc! c'est bon pour la canaille.

Quatre chefs de cuisine apprêtent le dîner
Comme aurait fait Balaine (1);
C'est bien vous le donner
Pour le plus fin repas que gourmandise humaine
Pût jamais ordonner.

La table étant servie, arrivent à la file
Les conviés : de hauts messieurs de ville,
Trois nobles villageois,
Puis nombre de bourgeois,
Le digne Pasteur du village,
Suivi du Magister, fort grave personnage,
Redouté des marmots, moins pourtant qu'autrefois.
Le marguillier lui-même aussi fut de la fête,
Avec Guillot son cousin,
Et son oncle Mathurin,
Au lutrin fort bonne tête.

A peine est-on placé, que l'hôte, très-courtois,
Généreux, populaire,
Presse chacun du geste et de la voix,
Comme c'est l'ordinaire.
On dévore les mets;
On les trouve parfaits.
Les vins de Bordeaux, de Bourgogne,
Enluminent plus d'une trogne.
Puis au dessert, le *Lacryma-Christi,*
En petit verre à chacun réparti,
Dispense l'esprit à la ronde,
Et fait caqueter tout le monde.
Enfin le doux moka, les plus fines liqueurs,
De leur parfum divin enivrent tous les cœurs :

---

(1) Célèbre cuisinier.

ALLÉGORIQUE.

Tous les cœurs...... je me trompe; en un coin de la table
  Guillot, son oncle Mathurin,
   Et tout près d'eux le sacristain,
 Ne trouvaient point ce repas délectable.
De ces mets recherchés qu'ils ne connaissaient pas,
Leurs palais affamés ne faisaient aucun cas;
   Et d'une pitoyable mine
   Payant cette belle cuisine,
  Hélas! ces pauvres bonnes gens
  Ne desserrèrent pas les dents.
  Aussi, cher lecteur, on rapporte
  Que, s'esquivant fort mécontents,
  Ils dirent, en prenant la porte :
« Quoi! Dans ce beau dîner, pas un morceau de bœuf,
» Pas un morceau de lard, pas un chou, pas un œuf!
» Au diable tel repas! A gens de haut parage
    » Il convient seulement,
    » Mais à nous... nullement.
  » Ce bon Seigneur aurait été plus sage,
  » S'il eût songé (cela dit entre nous),
  » A satisfaire un peu mieux tous les goûts. »

  L'avis est bon, et l'ai mis en pratique,
   En m'occupant de cette mosaïque;
J'ai, par les cent fragments qu'on y trouve assortis,
Tâché de contenter les divers appétits.

AVERTISSEMENT DE L'ÉDITEUR.

Lorsque la seconde édition des *Amusements philologiques* a paru, un célèbre critique du temps a dit, en parlant de cet ouvrage, dans le *Journal des Débats* (1) :
« C'est un recueil singulier qui réunit les contrastes
» les plus piquants, et qui, sous l'apparence de la
» futilité, cache une instruction réelle, et fournit une
» foule de notions utiles ou curieuses. On y parle de
» tout; vous y trouverez des acrostiches et de l'astro-
» nomie, des bouts-rimés et de la statistique, de la
» morale et des carrés magiques, des vers latins et
» français, anacycliques, batelés, brisés, macaro-
» niques, léonins, burlesques, rhopaliques, etc.; puis
» des notices bien faites sur toutes les découvertes
» importantes et sur les inventeurs; des articles de
» physique amusante; de la linguistique et de la
» bibliographie; des emblêmes tirés des trois règnes
» de la nature, des renseignements géographiques;
» puis une chronologie des écrivains les plus célèbres
» classés par ordre de matières, enfin les choses les
» plus bizarres et les plus folles avec les documents les
» plus importants et les plus exacts. Si jamais livre a
» mérité le titre de *Mélanges curieux et instructifs*,

---

(1) Voyez les Nos des 5 et 14 janvier 1825; ils renferment chacun un article très-étendu (4 colonnes). Ces deux articles sont signés de la lettre Z; quel nom est caché sous ce sigle? nous l'ignorons, nous rapportons seulement le début du premier article.

» c'est bien certainement celui-là. Un jeune homme
» qui aurait lu ce volume avec attention, pourrait,
» dans la société, faire le savant sans tomber dans le
» pédantisme, et même il étonnerait souvent les per-
» sonnes les plus instruites, etc., etc., etc. »

Cette opinion flatteuse d'un Aristarque, dont les jugements alors faisaient pour ainsi dire loi, ayant été sanctionnée par le succès des deux premières éditions, il nous a semblé qu'une troisième, revue et corrigée avec soin, pourrait encore aspirer à un semblable accueil du public; nous avons donc prié l'auteur de s'en occuper. C'est ce qu'il s'est empressé de faire avec le zèle et l'activité qu'on lui connaît.

Profitant des conseils de l'amitié, et ayant égard à certaines observations soit de critique, soit de goût, soit de convenance, il a revu tous les articles avec une scrupuleuse attention, en a supprimé quelques-uns, refondu quelques autres et ajouté plusieurs; de sorte que cette troisième édition, quoique avec la même physionomie que ses deux aînées, leur est supérieure; et offre des diversités qui lui permettent de prendre place à côté d'elles, sans cependant faire absolument double emploi; c'est ce que l'on reconnaîtra facilement en jetant un coup d'œil sur la table des divisions de l'ouvrage, qui termine le volume et dans laquelle les articles soit nouveaux, soit corrigés, soit augmentés, sont marqués d'un astérisque *; on y verra que leur nombre établit, entre les deux éditions, une différence qui est à l'avantage de la dernière.

Il nous reste à dire un mot de l'intérêt qui s'attache ordinairement aux livres intitulés : *Recueils, Mélanges,*

Diversités, etc. « Ces sortes d'ouvrages sont recherchés, dit l'auteur, parce qu'ils ont un certain avantage sur ceux qui ne traitent que d'une seule matière : la variété des objets fait que chaque lecteur peut y trouver quelque chose à son gré; l'esprit se récrée en passant d'une pièce à une autre; l'attention est moins soutenue, la mémoire n'est point fatiguée; elle s'enrichit plus facilement. Mais il en est autrement des traités suivis; dans quelque genre que ce soit, ils exigent des connaissances particulières, un goût de préférence et plus ou moins de patience. Un ouvrage monologique, quelque bon qu'on le suppose, s'il est volumineux et qu'on veuille le lire de suite, refroidit à la longue l'imagination, et oblige souvent à une suspension d'étude. On n'a point ce désagrément à craindre avec un livre coupé par des articles de différents genres; on le prend, on le quitte à volonté, et les passages qu'on en lit n'exigent ni contention d'esprit, ni application suivie; c'est un amusement plutôt qu'une étude.

» On peut diviser les ouvrages à *variétés* en deux espèces : les uns relatifs aux matières sérieuses, demandent dans l'auteur, du goût et de l'érudition; les autres, qui ne renferment que des objets d'agrément ou de curiosité, exigent plus de discernement que d'érudition; cependant l'un et l'autre peuvent s'y rencontrer. Ce dernier genre est le plus piquant et généralement le plus agréable; mais il est peut-être aussi le plus difficile, sous le rapport du choix des matières. Telle chose sera curieuse et amusante pour l'un, qui paraîtra insipide et triviale à l'autre. Satisfaire à la fois l'homme de goût, le savant et l'ignorant, est le véritable *omne tulit punctum*, auquel il est excessivement rare de parvenir. Nous avons senti cette difficulté en rassemblant les matériaux qui composent le volume que nous offrons au public, et nous sommes bien éloigné de croire que nous l'avons surmontée. Mais au moins nous n'aurons pas manqué tout-à-fait notre but, si quelques articles paraissent amusants et peuvent piquer la curiosité du lecteur. Notre épigraphe et notre apologue annoncent suffisamment que nous avons cherché à satisfaire les différents goûts par la variété des matières; mais en même temps nous avons eu la scrupuleuse attention d'éliminer tout ce qui pouvait avoir le moindre rapport à la licence. Le respect pour la religion, pour les mœurs et pour l'état, est la première loi que doit s'imposer tout écrivain, quelque sujet qu'il traite; ce qui n'exclut ni l'enjouement, ni la gaieté, ni les objets de pur agrément, comme on le verra en parcourant certains articles du présent volume. »

PETITE
POÉTIQUE CURIEUSE
ET AMUSANTE,

RENFERMANT DES NOTICES SUR LES VERS SINGULIERS, BIZARRES, ET D'UNE EXÉCUTION DIFFICILE DANS LES LANGUES LATINE ET FRANÇAISE.

PRÉLIMINAIRE.

Si la poésie est, comme on le dit, le langage des Dieux, il faut avouer qu'il leur est arrivé quelquefois de s'exprimer de la manière la plus bizarre, par l'intermédiaire de certains poètes. Pour s'en convaincre, il suffit de parcourir les différentes espèces de vers qui font l'objet de cette petite Poétique : on serait tenté de croire que la plupart ont été inspirés plutôt par Vulcain que par le Dieu du Pinde, tant ils sont baroques, peu harmonieux et souvent ridicules! Mais leur singularité, les entraves que le poète s'est imposées pour les composer, et la variété de ces entraves, présentent quelque chose d'assez curieux. C'est ce qui nous a engagé à réunir quelques notices sur la nature de ces bagatelles, et à joindre des exemples à chaque article. On a lieu d'être surpris que des gens de lettres aient passé, à tirer de leur cerveau de pareilles vétilles, un temps qu'ils auraient pu mieux employer. On attribuait, dit un ancien professeur (M. Colon), ces vers au Démon; à coup sûr ce n'était pas au Démon de la vraie poésie, mais bien à celui de la folie; et quel est le lutin qui pourrait déchiffrer le sens de la plupart de ces pénibles futilités? Cependant on est bien aise de les connaître, parce que la curiosité nous entraîne toujours plus volontiers vers les objets qui sortent des routes ordinaires, quelque défectueux qu'ils soient.

Nous allons donner, par ordre alphabétique, les différentes espèces de vers qui doivent composer cette petite Poétique.

DES ACROSTICHES.

L'acrostiche est une petite pièce de poésie dont chaque vers commence par une lettre qui fait partie d'un nom écrit verticalement à la marge. Ce mot vient du grec *akros*, *summus*, extrême ou qui est à l'extrémité, et *stichos* qui signifie *ordo, versus*, ordre, vers ; *akrostichon*, *initium versus*, commencement du vers; *akrostichis*, acrostiche. Les acrostiches remontent à la plus haute antiquité. On trouve dans la Bible quelques parties qui sont acrostiches, c'est-à-dire, dont les versets commencent par les lettres de l'alphabet en hébreu. Tels sont le psaume 33, le psaume 118, la femme forte de Salomon, les Lamentations de Jérémie. Peut-être avait-on ainsi agi pour aider la mémoire. Les Grecs ont aussi connu les acrostiches. En effet, on trouve quelque chose qui tient de l'acrostiche, dans l'*Anthologie*. Quelques auteurs appellent ainsi les deux épigrammes du premier livre de l'*Anthologie*, c. 38, faites, la première en l'honneur de Bacchus, et l'autre en l'honneur d'Apollon ; elles sont composées de vingt-cinq vers, dont le premier est la proposition ou le dessein de l'épigramme ; les vingt-quatre suivants sont composés chacun de quatre épithètes, commençant toutes quatre par la même lettre, et disposées aussi selon l'ordre alphabétique des vingt-quatre lettres des

Grecs ; en sorte que le premier de ces vingt-quatre vers, qui suit celui de la proposition, comprend quatre épithètes qui commencent par A. Le second, quatre épithètes qui commencent par B. Le troisième, *etc.;* ainsi de suite jusqu'à l'oméga. Ce qui fait quatre-vingt-seize épithètes pour chaque Dieu. Mais ce n'est pas là ce que l'on doit proprement appeler acrostiche, surtout d'après la définition que nous en avons donnée plus haut ; ce serait plutôt des *vers lettrisés.* (Voyez ce mot.)

Quant aux Latins, Cicéron nous apprend qu'Ennius avait fait des acrostiches : *Acrostichis dicitur, cum deinceps ex primis versuum litteris aliquid connectitur ut in quibusdam Ennenianis* (CICERO, de Divinatione, *lib.* II, n° III, *aliter* 54). Dans la plupart des éditions de Plaute, on trouve en tête de chacune des vingt comédies qu'il nous a laissées, un ARGUMENT qui donne le sujet de la pièce et qui est composé d'autant de vers qu'il y a de lettres dans le mot qui forme le titre de la pièce, et chaque lettre de ce mot est au commencement de chaque vers. Mme Dacier pense que ces acrostiches sont de Plaute lui-même ; mais on les croit postérieurs à son temps, et on les attribue à Priscien, grammairien, qui vivait au commencement du VIe siècle. Nous aurions désiré placer ici les vingt acrostiches des pièces de Plaute ; mais comme cela exigerait au moins douze pages d'impression, et que d'ailleurs cela ne donnerait qu'une idée très-imparfaite du théâtre de Plaute, nous nous contenterons de citer l'argument de la première pièce, l'AMPHITRYON :

   Amore captus Alcumenæ Jupiter,
   Mutavit sese in ejus formam conjugis,
   Pro patria Amphitruo dum cernit cum hostibus.
   Habitu Mercurius ei subservit Sosiæ.
   Is advenienteis servum ac dominum frustrà habet.
   Turbas uxori ciet Amphitruo : atque invicem
   Raptant pro mœchis. Blepharo captus arbiter,
   Uter sit, non quit, Amphitruo, decernere.
   Omnem rem noscunt : geminos Alcmena enititur.

« Jupiter épris d'Alcmène, se métamorphose en
» Amphitryon, époux de cette princesse, tandis
» que ce roi fait la guerre. Mercure prend la figure
» de Sosie, valet d'Amphitryon, et les trompe l'un
» et l'autre lorsqu'ils arrivent. Amphitryon cherche
» querelle à son épouse. Jupiter et lui se traitent
» mutuellement d'adultère; Blepharon, pris pour
« juge, ne peut décider quel est le véritable Am-
» phitryon. Enfin tout se découvre, et Alcmène
» accouche de deux jumeaux. »

Ces deux jumeaux sont Hercule et Iphicle qui, selon l'expression du judicieux et élégant Gueudeville, « firent leur entrée au monde 1289 ans avant la rédemption de l'espèce humaine.

Saint Augustin, *De civitate Dei*, lib. XVII, cap. 23, parle d'un acrostiche de la sibylle Erythrée, dont les lettres initiales formaient ce sens : IESOUS CHRISTOS THEOU YIOS SÔTER, « Jésus-Christ fils de Dieu sauveur. »

C'était le fameux mot grec ΙΧΘΥΣ (ICHTUS, poisson) dont se servaient entre eux les premiers chrétiens, pour désigner Jésus-Christ, sans que les païens, leurs persécuteurs, s'en doutassent : voici cet acrostiche complet :

Ι —	ΗΣΟΥΣ...	*Jesus.*	Jésus.
Χ —	ΡΙΣΤΟΣ...	*Christus.*	Christ.
Θ —	ΕΟΥ.....	*Dei.*	de Dieu.
Υ —	ΙΟΣ.....	*Filius.*	Fils.
Σ —	ΩΤΗΡ...	*Salvator.*	Sauveur.

Nous renvoyons pour plus de détails sur cet objet, à notre *Dissertation historique et philologique sur un poisson d'argent et sur un œuf d'autruche, exposés dans une Cathédrale au* XIIIe *siècle, etc.* Cette dissertation se trouve dans la *Revue de la Côte-d'Or et de l'ancienne Bourgogne,* par M. J. Pautet; 2e livraison, 3e vol., 1737, in-8°, voy. pp. 115-126.

Passons aux acrostiches dans notre propre langue. Lorsque l'on commença à cultiver ce genre de poésie en France, on le fit avec une espèce de fureur, et on tenta tous les moyens imaginables d'en multiplier les difficultés : on vit des acrostiches dont les vers non-seulement commençaient, mais finissaient par la lettre donnée; d'autres où cette lettre se trouvait au commencement du vers et à l'hémistiche; quelquefois les acrostiches commencent à rebours, c'est-à-dire, par la lettre du dernier vers, en remontant de-là jusqu'au premier. Tel est celui que Guillaume de Saint-André a fait de son nom aux vingt-deux derniers vers de son poëme sur Jean

IV duc de Bretagne. Ce poëme se trouve dans le second tome de la nouvelle *Histoire de Bretagne*, p. 691. On a vu aussi des sonnets pentacrostiches, c'est-à-dire, où le même acrostiche répété jusqu'à cinq fois, formait comme cinq différentes colonnes. Nous ne citerons qu'un petit nombre d'acrostiches, parce que ce sont de ces difficultés puériles que le bon goût réprouve et qui n'occupent ordinairement que de petits esprits.

Le suivant est propre à faire sentir combien ces sortes de pièces gênent le poète, parce qu'outre l'acrostiche du nom du Roi au commencement des vers, il y a encore des échos à la fin; mais on s'est dispensé de la contrainte des rimes et parfois de la raison. Cette pièce a été faite après la victoire remportée à Marsaille, en 1693, par M. de Catinat.

Le bruit de ta grandeur, dont n'approche personne,	*sonne.*
On sait le triste état où sont tes ennemis	*mis.*
Coudroient-ils s'élever, bien qu'ils soient terrassés	*assez?*
Ils connoîtront toujours la victoire immortelle	*telle.*
Superbes alliés, vous suivrez les exemples	*amples*
D'Alger et des Génois implorant d'un pardon	*don.*
En vain toute l'Europe oppose ses efforts	*forts :*
Bataillons sont forcés et villes entreprises	*prises.*
Ah! que par tant d'exploits vous serez embellis	*lis !*
Votre gloire en tous lieux du combat de Marsaille	*aille,*
Pendant la ligue entière après mille combats	*bas !*
Belge, tu marcheras pareille à la Savoie	*voie :*
On te voit tout tremblant sous un tel Souverain,	*Rhin :*
Nous te verrons aussi sous un Roi si célèbre,	*Ebre.*

Autre acrostiche adressé à un nommé *Bonnefin*, et dont le nom travesti en grec est ARISTOTE.

>A ssez de poètes frivoles,
>R imant sans l'aveu d'Apollon,
>I ront te fatiguer de leurs vaines paroles,
>S ans que j'aille grossir l'ennuyeux escadron;
>T u verras mon respect t'honorer du silence
>O ù l'on se tient devant les rois.
>T on mérite en dit plus que toute l'éloquence,
>E t ton nom seul plus que ma voix.

Les deux acrostiches suivants sont fort simples.

>R adix
>O mnium
>M alorum
>A varitia.

>M utatio mirabilis.
>O mnimoda oblivio.
>R epentina ruina.
>S eparatio sempiterna.

On pressait un jeune homme de nommer la personne qu'il aimait. Il s'en défendit, et récita l'acrostiche suivant, où se trouve le nom de cette personne.

>J e ne saurais nommer celle qui sait me plaire;
>U n fat peut se vanter, un amant doit se taire.
>L a pudeur qu'alarmait l'impétueux désir,
>I nventa sagement le voile du mystère,
>E t l'amour étonné connut le vrai plaisir.

Voici un ancien acrostiche double, c'est-à-dire, que le même nom se trouve au commencement et à la fin des vers.

>A mour parfait dans mon cœur imprim A.
>N om très-heureux d'une que j'aime bie N
>N on, non, jamais cet amoureux lie N.
>A utre que mort défaire ne pourr A

Un écolier faisant un présent à son professeur *Pierre* MANEI, l'accompagna de ces cinq vers :

```
Pierides Musæ divino numine vate . . . . . . .  M
Exiguum hunc afflate, precor, quò munera grat  A
Tanto ferre viro possim concedite, nume . . . . N
Raptum est de cœlis aliud, venerabile cert. . . E
Ohe igitur vatis vires augete minut . . . . . . I
```

Nous avons dit que les alphabets ne pouvaient être considérés comme de véritables acrostiches ; cependant comme ils y ont quelque rapport, nous allons en citer deux ou trois, qui ne messiéront point dans notre recueil.

Les deux suivants ont été composés au commencement du XVIIe siècle ; ils prouvent à quel degré de corruption et de perversité on était parvenu dans ce temps. La politique dont il est ici question, n'est autre chose que ce caractère de dissimulation et d'abnégation intérieure de tous principes, qui, pour parvenir à ses fins, sacrifie la religion, la justice et l'humanité. Le titre du premier alphabet est :

ALPHABETUM POLITICO-DIABOLICUM.

Amicus sis omnibus, nemini fidus esto : æquitatem fugito.
Blandiaris omnibus, in nullius, nisi proprium commodum.
Calumniare audacter.
Defendere se cupientem non audito, stet pro ratione voluntas.
Exercitia politica colito.
Famam non curato.
Gratias agito multis, nulli referas.
Habueris superos aut inferos amicos, perindè sit tibi.
Juvenem, si bona proferre audieris, senem tantùm decere
   dicito.

Lites ubicumque moveto.
Majores natu non honorato.
Non omnibus copiam tuî facito ; absentem te esse simulato.
Omne bonum impedito.
Pacta violato, promissa non servato.
Quærito regionem prætendendo religionem.
Religionem colito, sed nullam servato.
Simula, dissimula cuncta.
Tutum ubivis terrarum te esse putato.
Veritatem numquàm dicito, aut parcè.

On avouera que tout monstre qui professerait de pareilles maximes, mériterait d'être étouffé.

Passons au second qui est intitulé :

ALPHABETUM AULICO-POLITICUM.

Aulæ eadem est omninò fides quæ mobilis auræ.
Blanditur sed post mordet ut scorpius aula.
Conciliis rarò melioribus utitur aula.
Dissimulet, regnare diu qui poscit in aulâ.
Exulat integritas, probitas et candor ab aulâ.
Ferre moras, iram frænare, docemur in aulâ.
Grande decus videre bonos censetur in aulâ.
Horrent vera loqui, cupiunt qui crescere in aulâ.
Invidiam qui ferre nequit, discedat ab aulâ.
Kyrie qui sonuêre canunt eleison in aulâ.
Languent virtutes, regnat scelus omne per aulam.
Muneribus mentes hominum capiuntur in aulâ.
Nugas aula leves et fumos vendit inanes.
Otia quisquis honesta cupit, discedat ab aulâ.
Porta Erebi in terris aula et tua Tantale scena est.
Quæstus adulari et mentiri primus in aulâ.
Rara avis in toto vere pius aulicus orbe.
Sinceris animo non est locus ullus in aulâ.
Turpe senex et inops quandò incolit aulicus aulam.

Vitæ difficilis methodus benè dicitur aulâ.

Xanthe retroibis, erit quandò constantia in aulâ.

Ydra aula est capitum multorum horrenda venenis.

Nenones fatui sunt atque thrasones in aulâ.

On ne peut disconvenir que cet alphabet renferme de grandes vérités.

Dédommageons-nous des deux alphabets précédents, en citant ce troisième :

ALPHABETUM CHRISTIANO-POLITICUM.

Amico ne maledixeris.

Beneficii accepti memento.

Citius ad infortunatos, quàm fortunatos amicos proficiscere.

Depositum reddito. Dominare uxori.

Elige ea quorum non possis pœnitere.

Fieri quæ non possunt, cave concupiscas.

Gloriam sectare.

Hæresin fuge.

Justè judicato.

Legibus pareto.

Moribus probatus esto.

Nosce te ipsum.

Oderis calumnias.

Principem honora.

Quod oderis alteri ne feceris.

Res amici dilige ac perindè serva ut tuas.

Sapientiâ utere.

Temperantiam exerce.

Virtutem laudato, et sustineto.

Les trois alphabets latins précédents sont tirés de l'*Antidotum melancholiæ, vel schola curiositatis, omnibus hypocondriacis et atra bili laborantibus, sive fratribus spleneticis et melancholicis, aperta à domino Gaudioso.* Francofurti, J. Bencard, 1667-70, 2 *parties in*-12. Ce petit ouvrage, écrit entièrement en latin, offre quelques bonnes plaisanteries; mais on y trouve aussi beaucoup de trivialités et une infinité de choses inutiles. Il en est à-peu-près de même du *Nugæ venales*, du *Facetiæ facetiarum,* et autres livres du même genre.

Charles II, roi d'Angleterre, avait un conseil que l'on nommait la *Cabale*, parce que les lettres initiales des noms des cinq personnes qui le composaient, formaient le mot *Cabal*:

    Cliffort.
    Ashley.
    Buckingam.
    Arlington.
    Lauderdale.

Nous citerons aussi un acrostiche latin d'une structure singulière et bizarre, qui est à la tête du tome troisième du *Dictionnaire portugais* du P. Bluteau, clerc régulier. Le poëme est à la louange de l'auteur; et c'est son nom qui sert de type à l'ouvrage qui est de neuf vers. La lettre initiale B est au milieu du cinquième vers, centre du poëme. Si l'on part de cette lettre en remontant ou en descendant, ou bien en allant horizontalement par la droite ou par la gauche, et que l'on se porte ensuite à l'un ou à l'autre des deux angles dont on s'est approché en s'écartant du centre, on rencontre toujours BLUTEAU en lettres majuscules. Les détours qui doivent se continuer constamment vers le même angle, peuvent se faire en deux lignes droites, ou se rompre en zigzag, soit de ligne en ligne, soit de deux lignes en deux lignes ; de sorte qu'on peut lire le nom de BLUTEAU, de trente manières différentes à-peu-près. Aussi a-t-on appelé cette pièce de vers, *labyrinthus poëticus, circùm circà nomen auctoris concludens, quod majusculum B demonstrat.*

Vidisti	Auctores	latE	quos famA	volatU
AltitonansquE	canensque	Tubâ super	Extulit	astrA;
Ecce	Tibi, cunctos	Vincit qui	Tullius	orE;
Titan	Vivus adest,qui	Lumina phœbi	Vin-	ciT;
Ubertim	Laudes tribuat	**B**ona	Lysia	plausU
Tergeminas;	Vivant	Laudes,semperq.	Vi	rescanT;
Ergo	Titus noster	Volitando	Triumphetin orbE;	
Assi	duÈ recinat	Tali modulaminE		musA,
Vivat ut	Auctor ovans	Etiam per sæculA		cantU.

Il faut convenir, dit Beauzée, que pour ménager cette progression donnée des lettres dans tous les sens qu'on juge à propos, et conserver cependant la quantité et la mesure des vers, il faut surmonter beaucoup de difficultés très-grandes ; mais aussi quels sacrifices il faut faire ! Si l'on dépouille cette pièce de l'appareil technique dont il s'agit, et que l'on n'y examine que le sens, on n'y trouvera qu'une louange assez vague, hyperbolique et dégoûtante par la platitude. Le savant auteur du *Dictionnaire portugais* était digne d'un meilleur éloge. Le *Dictionnaire* de Raphaël Bluteau est en 8 *vol. in-fol.*, et a été imprimé à Coïmbre en 1712-1721. Le supplément imprimé à Lisbonne en 1727-1728 est en 2 *vol.*

in-fol. Il est difficile de trouver des exemplaires complets de ce bon ouvrage. L'auteur, anglais de naissance, et français d'origine (son père et sa mère étaient français), né à Londres en 1658, est mort à Lisbonne en 1734.

Voici un acrostiche double sur Mlle Catherine Bienfait.

<pre>
CATHERINE BIENFAIT Belle et plus douce encore,
Au printemps de ses jours Inspire le désir :
Tout cède à ses appas, Elle seule l'ignore.
Heureuse de   n'avoir Ni peine ni plaisir,
Elle veut fuir l'amour; Fuir l'amour à son âge!
Rarement   cet   enfant Abandonne ses traits.
Il embellit tes jours, Il en attend l'hommage;
N'est-il pas dans tes yeux? Son cœur est son partage;
Est-on belle pour rien? jouis de ses bienfaits.
</pre>

L'acrostiche suivant, que l'on peut regarder comme un chef-d'œuvre de mauvais goût et de difficulté vaincue, a été composé par un nommé Chabrol, en l'honneur du Maréchal de Bassompierre son protecteur; on peut l'appeler *acrostiche multiplié.* Il se trouve en tête d'une mauvaise pièce de théâtre, intitulée : l'*Oriselle, ou les extrêmes mouvements d'amour, tragicomédie en cinq actes, en vers, dédiée à Monseigneur le Maréchal de Bassompierre, par Chabrol.* Paris, Mathieu Colombel, 1633, *in-8°*. Nous prenons cet acrostiche, qui ne vaut pas mieux que la pièce, dans la *Bibliothèque du Théâtre français*, (du Duc de la Vallière), *tom.* II, *p.* 432. Nous demandons pardon au lecteur de lui présenter une pièce qui n'a pour elle qu'une forme singulière, et qui est dépourvue de sens :

ACROSTICHE SUR FRANÇOIS DE BASSOMPIERRE.

Fonder sur ses exploits un respect Favorable,
RendRe à tous les mortels sa faveuR adoRable,
Ass Aillir les destins et les vAincre A la fois
NonobstaNt tous les traits de l'iNfortuNe même,
Considérer Combien son prinCe en seCret l'aime,
Objecte à vOs haineux les sOins d'un bOn françois.
Ie me croiroIs vraiment atteInt d'ingratItude,
Si je ne vouS offrois ceS fruits de mon eStude,
Dont le naïf Desséin Demande votre aDvœu ;
Et si vous agréEz cEs termes de la guErre,

Burinant sur le Bronze une fois Bassompierre,
Au lieu de mArs, A présent vous en croir A Dieu.
Sans doute leS assauts Sur les troupeS angloises
SSont digneS d'empeScher les étrangèreS noises,
Où leurs cOups red Oublés subirent vOtre effort :
Mais sans Mettre en oubli coMme à l'heure Mars blême
Pour n'aPprocher vos Pas avec NePtune même
I fuyoIt, d'où l'Anglois vInt recevoIr la mort
EncorE ; mais le temps pour l'hEure mE dispense
Rest Reignant mes escrits aux Rigueu Rs du silence ;
RaRement peut-on voir sans guerRe de saRoy.
En cela vous avez prévu vostrE anagrammie,
Qui disposant mes vers par le fil de sa trame,
Vous dit : Fais des amis au près de ce bon Roy.

Voici un Acrostiche tetragone de trente-cinq vers composés chacun de trente-cinq lettres, et dont une croix est le sujet et la forme.

AMUSEMENTS PHILOLOGIQUES.

○ CRUX EXCELLENS TOT ○ DOMINARIS OLYMP ○

Cœlestes plebes et	Claras accipis illi
Regna regenda poli c	Rucifixi mutus et ardo
Undique te almificat r	Ubeas cum sanguinis un
Xristi qua propter e	Xrege vocabere tu du
Dum inhumana tibi ex	Quiris divinaque tact
Unius altithroni de	Voto in laudis honor
Xristicolas socias	Ac sacro famine viva
Multiplices laudes	En das à culmine cœl
In terris cantus quo	Soffert orbis et exu
Sanctificat mundus	Ventus te pontus et hic so
Exaltat jubilans cum	Montibus : arida cant
Rura canunt stellis	Motu tu carmina dona
Ortus et occasus* aqu	Ilo sic auster et aur
Lætitiam regni ten	Eas quod lumine lume
Alta poli pandas con	Signes numen et isti
Tanta dei dona dispe	Nsans qui omnia fecit

○ CRUX QUÆ XPI. ESCAR ○ BENEDICTA TRIUMPH ○

Quanta tibi dederat	Sanctorum factor amor
Vivificantis enim d	Ono Deus ipse paravi
Et bene te extulerat	Dire ne dicere puppu
Rancidus is valeat d	Eceptor dux et iniqu
Exemptam risit præ	Dam qui lucis ab æthr
Detrusamque diu volu	Ut punire necando hi
En pia crux domini de	Cantans quis pio Mus
Magnificare valet t	Antam te, et dicere fat
Pulchra nites cultu	Te visu gloria cingi
Tayus dira fugit cal	Amus sed pinus honor
Inclinam humiles e	Tcedros myrra melir
Olfactum pavitant na	Rdus et mira cupressu
Mastixtus gutta amm	Omum balsama bidell
Victæ majestate su	Per sua vota ferunt t
Nomine tu asperior m	Ajor virtute piis ho
Donas, cum mercede me	Unt Xpi. ante Tribuna

○ CRUX QUÆ COGIS RUPT ○ PLEBEM IRE AB AVERN ○

On remarque dans cet acrostiche qu'il y a autant de lettres dans chaque vers qu'il y a de vers en longueur, de sorte que si ces lettres étaient en même caractère, et également espacées, cette pièce formerait un carré parfait de trente-cinq lettres ; cependant l'auteur s'est donné quelques licences ; mais il a surmonté une grande difficulté en disposant les mots de façon que la lettre O se trouve aux quatre angles, au milieu et aux quatre extrémités de la croix. Les quatre vers qui forment l'encadrement de la pièce, sont :

O crux excellens toto dominaris Olympo.
O crux vexillum sancto et pia cautio sæclo.
O crux quæ cogis rupto plebem ire ab averno.
O crux dux misero latoque redemptio mundo.

Les deux vers qui forment la croix sont :

O crux quæ summi es noto dedicata tropæo.
O crux quæ Xpri (1) es caro benedicta triumpho.

On conviendra que cet acrostiche très-difficile, est plus curieux que poétique et même qu'intelligible ; Tabourot l'appelle laborieux et admirable ; il est de Rabanus, dont il prouve la patience plus que le goût, quoi qu'en dise le Seigneur des Accords.

Ce dernier auteur met au rang des acrostiches des vers dont la première lettre de chaque mot forme un nom, comme ceux-ci adressés à Ricaldo Abher :

*R*es *I*namœna *C*aret *A*ffectu. *L*æta *D*ecorem
*O*mnimodo *A*spirat. *B*ellula *H*abe *E*rgo *R*ata.

---

(1) *Xpri* est une abréviation tirée du grec, qui signifie *Christi*.

Et ceux-ci sur un nommé Maclou Popon, conseiller de Dijon.

*Mens Astuta, Capax Legum, Orando Valuisset
Præclare Omnigenis Populis Obtendere Nubem.*

Le père Fatou a donné l'acrostiche suivant dans son *Paradis terrestre du Saint Rosaire de l'auguste Vierge mère de Dieu, divisé en douze jardins à huit parterres, autrement en douze octaves à huit discours, excepté l'onzième qui en a douze*, etc. Saint-Omer, 1592, *in-8°*.

Peccatoribus. . .	Præstat.	Pœnitentiam,
Sitientibus. . . .	Stillat.	Satietatem,
Alligatis.	Adducit.	Absolutionem,
Lugentibus . . .	Largitur.	Lætitiam,
Tentatis.	Tradit.	Tranquillitatem,
Egenorum. . . .	Expellit	Egestatem,
Religiosis. . . .	Reddit.	Reformationem,
Ignorantibus . .	Inducit	Intelligentiam,
Vivis	Vincit.	Vastitatem,
Mortuis	Mittit	Misericordiam.

On voit que c'est le Rosaire qui produit tous ces heureux effets.

Par le P, il procure la pénitence aux pécheurs;

Par l'S, il soulage la soif de ceux qui sont altérés;

Par l'A, il absout ceux qui sont dans les chaînes du péché;

Par l'L, il livre à la joie ceux qui sont tristes;

Par le T, il tranquillise ceux qui sont tentés;

Par l'E, il éloigne la pauvreté de ceux qui sont dans la misère.

Par l'R, il rend la réforme aux religieux relâchés ;

Par l'I, il verse de l'intelligence dans l'esprit des ignorants ;

Par l'U, il surmonte les ruines des vivants ;

Par l'M, il obtient miséricorde aux morts.

L'auteur a donc trouvé toutes les utilités du Rosaire dans le mot *psalterium*, composé de dix lettres, qui peuvent, dit-il, se rapporter aux dix cordes du psaltérion, à la différence de la harpe.

Voici un distique énigmatique qui présente un acrostiche horizontal :

Si jungatur Equuo Briareus, Rana, Ibis, Echinus,
Taurus, Aper, Satyrus : quid fieri indè putas ?

Le mot est facile à deviner ; il est composé de toutes les lettres initiales des noms propres mentionnés dans ce distique : c'est l'état habituel de l'ivrogne, EBRIETAS.

Terminons ce chapitre par la bagatelle suivante, sur le mot *papa*.

P etri		P oculum
A postoli		A urcum
P otestatem	et	P etri
A ccepit,		A postoli.

DES VERS AMPHIBOLOGIQUES.

Ces vers portent sur le double sens dans lequel on peut prendre un mot qu'on y emploie à dessein.

Par exemple, dans le distique suivant sur l'une des gentillesses de Néron :

> Quis neget Æneæ magna de stirpe Neronem ?
> Sustulit hic matrem, sustulit ille patrem.

L'amphibologie porte sur le mot *sustulit* qui tantôt signifie *enlever, porter,* et tantôt *détruire, faire périr.* Personne n'ignore que le pieux Enée a enlevé et porté son pere Anchise sur ses épaules, pour le soustraire à l'incendie de Troie, tandis que le féroce Néron a fait assassiner sa mère Agrippine pour se soustraire à ses reproches.

Autre exemple. C'est une épitaphe qu'on trouve dans les lettres de Gui Patin, et qui regarderait, dit-on, le célèbre grammairien J. Despautère, mort à Comines, en 1520, âgé de soixante ans :

> Grammaticam scivit, multos docuitque per annos,
> Declinare tamen non potuit tumulum.

Le mot *declinare* signifie *décliner* et *éviter.*

Autre renfermant des conseils à la jeunesse :

> Quid facies facies Veneris cum veneris antè ?
> Ne sedeas ; sed eas, ne pereas per eas.

DES VERS ANACYCLIQUES.

Les vers anacycliques ou retournés sont ceux qui roulent sur eux-mêmes, et que l'on peut prendre indifféremment par la tête ou par la queue. On en connaît en grec et en latin. Dans l'*Anthologie* de Planude, chap. 4 du livre VI, on trouve sept distiques de ce genre. Il y a aussi dans le même ouvrage un distique sur Hippocrate, qui est dans le même genre; il veut dire en français : « Hippocrate fut le sauveur des hommes ; des peuples entiers lui durent la vie, et tant qu'il vécut il y eut disette de morts dans les enfers. » Florent Chrétien a ainsi rendu ce distique grec en latin.

Hippocrates hominum est columen, decus, aura salutis.
    Aula patet raris jam nigra funeribus.

On peut le retourner ainsi :

Funeribus nigra jam raris patet aula. Salutis
    Aura, decus, columen est hominum Hippocrates.

H. Grotius a aussi essayé de rendre en latin le distique grec, mais il n'a pas si bien réussi. Voici sa version :

Hippocrates Deus est populis et Lucifer orbi
    Maximus, et paucos en rapit interitus.

Il y a des vers anacycliques qui présentent une grande difficulté, en ce que lus à la manière accoutumée, ils offrent un sens tout à fait différent de celui qu'on trouve en les lisant à rebours, c'est-à-dire, en recommençant par le dernier mot de la pièce de vers, et continuant ainsi jusqu'au premier. En voici deux exemples :

1° Lorsque le pape Clément VI (Pierre Roger du Limousin), élu le 11 mai 1342, se fit couronner le jour de la Pentecôte, à Avignon, le 19 mai, il publia une bulle par laquelle il promit des grâces à tous les pauvres clercs qui viendraient se présenter à lui. Cette promesse attira à Avignon une grande foule de solliciteurs. Parmi eux se rencontra un malin, dont l'esprit tourné à la satire imagina un badinage hardi et assez ingénieux (1). C'était une petite pièce de vers, en trois distiques, hexamètres et pentamètres, construite de manière qu'en lisant les mots dans leur ordre naturel, on n'y voit qu'un éloge du Pape ; et si, au contraire, on prend chaque distique en rétrogradant, la mesure des vers se retrouve, mais l'éloge se change alors en une amère

---

(1) Ce malin ne peut pas être François Philelphe, à qui E. Pasquier attribue les deux premiers vers de la pièce en question. Voici comment il s'exprime à cet égard dans ses *Recherches*, p. 647 : « ..... Le premier qui
» joua ce personnage (c'est-à-dire qui fit des vers anacycliques), fut Fran-
» çois Philelphe, dedans ses épistres, voulant dépeindre de ses couleurs
» un grand prélat qui luy desplaisoit : »

« Laus tua, non tua fraus, virtus, non copia rerum,
» Scandere te fecit, hoc decus eximium.

» Tournez ce distique, vous y trouverez le contraire :

» Eximium decus hoc fecit te scandere rerum.
» Copia, non virtus, fraus tua, non tua laus.

» Jeu qui a grandement depuis provigné. »

Le sixain que nous avons rapporté plus haut, ayant été fait pour le pape Clément VI, élu et couronné en 1342, il serait difficile que Philelphe, né à Tolentino, en 1398, fût l'auteur des deux premiers vers. Ou Pasquier s'est trompé, ou Philelphe est un plagiaire, tout savant qu'il était.

Ce Philelphe poussait à l'extrême l'orgueil et l'entêtement ; disputant un jour sur une syllabe avec un philosophe grec nommé Timothée, il offrit de payer cent écus au cas qu'il eût tort, et de disposer de la barbe de son adversaire dans le cas où il aurait raison ; il gagna, et fit impitoyablement raser Timothée, quelque offre que lui fît celui-ci pour conserver sa barbe. Philelphe est mort à Florence, en 1481, âgé de 83 ans.

invective. Nous allons donner ces vers dans l'un et l'autre sens, avec la traduction de chaque sens :

1ᵉʳ Sens.

Laus tua, non tua fraus, virtus, non copia rerum,
    Scandere te fecit hoc decus eximium.
Pauperibus tua das, nunquam stat janua clausa :
    Fundere res quæris, nec tua multiplicas.
Conditio tua sit stabilis, non tempore parvo
    Vivere te faciat hic Deus omnipotens.

Traduction. « Votre mérite et non la fraude, la
» vertu et non la richesse, vous ont fait monter au
» comble des honneurs. Vous donnez ce que vous
» possédez aux pauvres : jamais votre porte ne leur
» est fermée. Vous cherchez à répandre les bien-
» faits et non à augmenter votre opulence. Puisse
» votre sort demeurer stable ! Puisse n'être point
» court l'espace de vie que vous accordera le Tout-
» puissant. »

2ᵉ Sens.

Eximium decus hoc fecit te scandere rerum
    Copia non virtus, fraus tua non tua laus.
Multiplicas tua, nec quæris res fundere ; clausa
    Janua stat, nunquam das tua pauperibus.
Omnipotens Deus hic faciat te vivere parvo
    Tempore ; non stabilis sit tua conditio.

Traduction. « La richesse et non la vertu, la
» fraude et non votre mérite, vous ont fait monter
» au comble des honneurs. Vous augmentez votre
» opulence au lieu de chercher à répandre les bien-
» faits. Votre porte est fermée aux pauvres et vous
» ne leur faites jamais part de vos biens. Puisse

» être court l'espace de vie que vous accordera le
» Seigneur tout-puissant! Puisse votre sort n'avoir
» aucune stabilité! »

Ces vers à double entente furent mis, dit-on, au bas d'une supplique présentée au Pape par un ecclésiastique, qui, sans doute, espérait bien que le St.-Père ne rétrograderait point dans la lecture de ce malin sixain.

2° Le second exemple est aussi en vers hexamètres et pentamètres. Il est tiré d'un tableau, où l'on voyait un ange tenir, par un des angles supérieurs, un grand rouleau, sur lequel étaient écrits les huit vers suivants. Ces paroles sortaient de sa bouche :

Lis à l'endroit, sauvé seras.

Delicias fuge, ne frangaris crimine verum.
  Cœlica tu quæras, ne malè dispereas.
Respicias tua, non cujusvis quærito gesta
  Carpere sed laudes, nec preme veridicos.
Judicio fore te præsentem conspice toto
  Tempore ; nec Christum, te rogo, despicias ;
Salvificum pete, nec secteris dæmona ; Christum
  Dilige, nequaquam tu mala concupito.

Le démon tenait l'angle opposé inférieur du rouleau, et ces paroles sortaient de sa bouche :

Lis à l'envers, damné seras.

Concupito mala, tu nequaquam dilige Christum,
  Dæmona secteris, nec pete salvificum,
Despicias, rogo te, Christum : nec tempore toto
  Conspice præsentem te fore judicio.
Veridicos preme, nec laudes sed carpere gesta
  Quærito cujusvis, non tua respicias.
Dispereas malè, ne quæras tu cœlica, verum
  Crimine frangaris, ne fuge delicias.

On ne doit pas exiger d'élégance dans des vers où il y a tant de contrainte.

Voici encore quelques exemples de vers retournés.

Abel dit :

Sacrum pingue dabo, non macrum sacrificabo.

Caïn retournant le vers, s'explique ainsi :

Sacrificabo macrum, non dabo pingue sacrum.

Un catholique avait dit :

Patrum dicta probo, nec sacris belligerabo.

Un hérétique répondit :

Belligerabo sacris, nec probo dicta patrum.

Les jésuites n'ont pas échappé à la malignité de ce genre de poésie ; on fait dire à leur partisan :

Jesuitas amo : non illis mens subdola, spernunt
Munera ; non fallax ambitio placet his.

Leur détracteur répond par le même distique :

His placet ambitio fallax, non munera spernunt ;
Subdola mens illis : non amo jesuitas.

(Extrait de *la Nouvelle Science de la Nature, et présages des Comètes.* Lyon, 1665, *pag.* 413.)

A l'article *Vers léonins rétrogrades*, nous en citons, dont non-seulement les mots, mais les lettres des mots sont retournés.

Sous Charles VIII et Louis XII, les poètes avaient mis en vogue les rimes retournées ou rétrogrades. On les appelait rétrogrades, parce qu'en les lisant à rebours, on y trouvait encore la mesure et la rime ;

mais ces vers sont si pitoyables, que nous n'avons pas le courage d'en rapporter des exemples. Si la langue latine, avec sa concision, ses inversions et tous les avantages qu'elle retire de son génie, ne peut parvenir qu'à produire en ce genre des vers à-peu-près insignifiants, que sera-ce de la langue française avec sa construction forcée, sa marche compassée, ses nombreux articles, etc. ? Laissons donc dans la poussière de nos vieilles bibliothèques les exemples ridicules de ces sortes de vers qui n'offrent que des difficultés vaincues aux dépens du sens commun.

DES ANAGRAMMES.

Le mot anagramme, qui est la transposition des lettres d'un nom, vient de la préposition grecque *ana*, qui dans la composition des mots, répond souvent à *retrò, rè*, et de *gramma* lettre, c'est-à-dire, lettres dont l'ordre est changé. L'anagramme se fait donc, lorsqu'en déplaçant les lettres d'un mot, on en forme un autre mot qui a une signification différente ; ou quelquefois lorsqu'un seul mot composé de plusieurs syllabes, qui présente un seul sens, peut se diviser en plusieurs mots qui présentent chacun un sens très-différent du premier. Cela produit deux sortes d'anagrammes dont nous parlerons dans la suite.

L'anagramme est très-ancienne. Lycophron, poète qui existait 280 ans avant Jésus-Christ, en a fait deux assez heureuses : l'une, sur l'un des Ptolémées, *Ptolemaios*, dont il a formé *apo*, de, *melitos*, miel, pour exprimer la bonté et la douceur de ce prince ; l'autre, sur la reine *Arsinoé*, mot dont il a fait *ion* et *eras*, violette de Junon. La troisième partie de la cabale chez les Juifs, le themura (changement) dont j'ai parlé ailleurs, n'est autre chose que l'art de faire des anagrammes.

On ignore si les Latins les ont connues. Le premier qui en ait fait en France est le poète Dorat, ou Daurat qui vivait sous Charles IX ; c'est de *Lycophron* qu'il en a pris l'idée. Dès-lors chacun s'en est mêlé ; on a même vu un abbé Catelan enchérir sur les anagrammatistes ordinaires ; il inventa en 1680 une sorte d'anagramme mathématique, par le moyen de laquelle il trouva que les huit lettres du nom du roi Louis XIV font *vrai héros*. Cependant la fureur des anagrammes passa ; on leur déclara la guerre dans le cours du 17e siècle. Ménage écrivit que le *turpe est difficiles habere nugas, et stultus labor est ineptiarum* (Martial, 2, ép. 86), convient parfaitement aux faiseurs d'anagrammes, qui se tourmentent cruellement pour trouver des mots dans des mots. Adrien Valois fit l'épigramme suivante sur le même sujet :

>   Quicumque nervis ingenî parùm fisus,
>   Doctumque carmen facere posse desperans,
>   Evisceratis verba quærit in verbis,
>   Anagramma versu claudat ut salebroso,

> Laboriosis occupatus in nugis ;
> Non hic meretur usquequaque damnari :
> Nam se ipse noscit, et vetus probat verbum :
> Citharœdus esse qui nequit, sit aulædus ;
> Anagrammatista, qui poëta non sperat.

Le poëte Colletet a aussi exprimé son mépris pour les anagrammatistes, dans cette petite pièce adressée à Ménage :

> J'aime mieux sans comparaison,
> Ménage, tirer à la rame,
> Que d'aller chercher la raison
> Dans les replis d'une anagramme.
> Cet exercice monacal
> Ne trouve son point vertical
> Que dans une tête blessée :
> Et sur Parnasse nous tenons,
> Que tous ces renverseurs de noms
> Ont la cervelle renversée.

Malgré ce que nous venons de rapporter contre les anagrammes, nous allons en citer quelques-unes. Mais avant, nous répéterons qu'on en distingue de deux sortes :

1° Celles qui consistent à diviser un mot en plusieurs, comme dans *terminus, ter, minus*, ou dans ce vers :

Furfur edit pannum, panem quoque sustineamus.

On voit que *sustineamus* est composé des trois mots *sus, linea* et *mus*.

2° Celles dans lesquelles on renverse l'ordre des lettres et on les dispose autrement, comme dans *Roma* qui produit *amor, mora, Maro; corpus* qui produit *porcus, procus, spurco; Julius* où l'on trouve *Livius; Galenus, angelus; logica, caligo; Loraine, alérion; Calvin, Alcuin;* ou *le vain Caïn* en ajoutant le prénom Jean, etc., etc. Passons à d'autres exemples.

Quand Pilate demanda à Jésus : *Quid est veritas ?* Jésus répondit par les mêmes lettres : *Est vir qui adest.* Ce jeu de mots ne pouvait avoir lieu dans la langue syriaque que parlait Jésus-Christ.

Autre anagramme :

Sancta Maria Magdalena.
Es alta, magna ac miranda.

Ou bien :

Sancta Maria Magdalene !
Magna et clara Dei amans.

Ou simplement :

Maria Magdalena,
Grandia mala mea.

Autre anagramme :

Sacramentum Eucharistiæ ;
Sacra ceres mutata in Christum.

Autre anagramme plus solennelle, sur les paroles de la consécration :

Hoc est enim corpus meum, hic est calix sanguinis mei, novi et æterni testamenti, mysterium fidei, qui pro vobis et pro multis effundetur in remissionem peccatorum.

En changeant de place les lettres de ces paroles sacrées, on a trouvé ce qui suit :

Calvine, non est rei figura. Luthere, non est panis. Corpus est Dei optimi maximi, effusè mihi semetipsum communicantis in cibum. Nosce quo ritu et mysterio te reum redemit. (1)

Autres anagrammes :

Marguerite de Valois.
Salve Virgo mater Dei.

Autre :

Nicolas Vignier.
Nul gain i reçois.

Ce Nicolas Vignier était fils de Nicolas Vignier qui a composé la *Bibliothèque historiale*, et qui est mort dès 1596. On trouve cette anagramme dans l'un des deux quatrains qui sont au revers du titre d'un petit livre imprimé sans date à Leyde, in-8°, chez Jean Marie, sous ce titre : *La Légende dorée des Frères mendians de l'ordre de Saint Dominique et de Saint François.* Voici ce quatrain :

Pourquoi prends-tu tant d'exercice
Contre Dominique et François?
Ne sais-tu pas qu'en cet office
Travaillant nul gain i reçois?

Ce petit livre est de Nicolas Vignier fils.

Autre anagramme :

Le jeune Stanislas, depuis Roi de Pologne, étant

---

(1) Le respectable et digne ecclésiastique qui a eu la bonté de me communiquer cette anagramme, me mandait : « J'ai trouvé ceci sur un papier » qui servait de marque dans un livre : et c'est, je pense, l'original; car » on y voit le nombre des lettres de chaque mot. On a effacé une première » ébauche, lettre à lettre, et l'on a mis au net derrière, celle que je vous » envoie. » — Je prie cet estimable ecclésiastique, Mr C...., D. D. S. D. S. S., de recevoir ici l'expression de ma reconnaissance pour cette communication et pour d'autres du même genre.

revenu de ses voyages, toute l'illustre maison de Leczinski se rassembla à Lissa pour le complimenter sur son retour. Le célèbre Jablonski, alors recteur du collége de Lissa, fit à cette occasion un discours oratoire qui fut suivi de divers ballets exécutés par treize danseurs qui représentaient autant de jeunes héros. Chaque danseur tenait à la main un bouclier sur lequel était gravée en caractères d'or l'une des treize lettres des deux mots DOMUS LESCINIA ; et à la fin de chaque ballet, les danseurs se trouvaient arrangés de manière que leurs boucliers formaient autant d'anagrammes différentes. On voyait :

Au premier ballet . . . . . DOMUS LESCINIA.
Au second . . . . ADES INCOLUMIS.
Au troisième . . . . OMNIS ES LUCIDA.
Au quatrième . . . . MANE SIDUS LOCI.
Au cinquième. . . . . . . SIS COLUMNA DEI.
Au sixième. . . . . I, SCANDE SOLIUM.

Cette dernière anagramme est d'autant plus remarquable qu'elle fut une espèce de prophétie.

Autre anagramme :

Marie Touchet.
Je charme tout.

Cette Marie Touchet était maîtresse de Charles IX, dont elle eut un fils nommé Charles, qui fut d'abord Grand-Prieur de France, puis comte d'Auvergne et de Lauraguez, ensuite duc d'Angoulême. Elle épousa ensuite François de Balzac, seigneur d'Entragues, dont elle eut deux filles, dont l'une fut la célèbre Henriette de Balzac, maîtresse de Henri IV, marquise de Verneuil.

Le moine *frère Jacques Clément*, assassin de Henri III, offre lettre pour lettre : *C'est l'enfer qui m'a créé.*

Voici une autre anagramme que bien certainement son auteur n'aura pas présentée à celui qui en est l'objet :

Napoléon, empereur des Français.
Un pape serf a sacré le noir démon.

Dans la suivante on célèbre une royauté aérienne bien funeste à son auteur :

Pilatre du Rosier.
Tu es p^r. Roi de l'air.

On sait que cet infortuné, étant parti en ballon, de Boulogne, le 15 juin 1785, à sept heures et demie du matin, est tombé d'une hauteur prodigieuse une demi-heure après ; il a été entièrement fracassé. Le feu qui prit dans son ballon a été cause de sa chute.

Ménage raconte que M. Berruyer, ayant trouvé dans l'anagramme de M. de Bourges, à deux LL près, qu'il serait Cardinal, mit au bas, *restent deux LL pour le courrier afin qu'il aille plus vite.*

J. B. Rousseau, honteux d'avoir un cordonnier pour père, avait d'abord changé son nom en celui de *Verniettes*. Saurin trouva dans ce mot : *Tu te renies.*

On trouve dans *Paulus apostolus, tu salvas populum.*

Dans François Rabelais, *Alcofribas Nasier*.

Dans Borbonius, *Orbi bonus*.

Dans Noël Dufail, *Léon Ladulfi*.

Dans Jean de Coras, *Cède à raison*.

Dans Jean Brynon, *Rien bon n'y a*.

Dans Petrus Dumoulin, *Erit mundo lupus*.

Dans Pierre Coton, *Perce ton Roi*.

Dans Cornelius Jansenius, *Calvini sensus in ore*.

Dans Bernard de la Monnoye, *Abran Lyron de Modène*.

Dans Ancillon, *Ollincan*.

Dans Crébillon (fils), *Krinelbol*.

Dans Le philosophe de la nature (de Lisle de Sales), *Henri Ophellot de la Pause*.

Dans Voltaire, *O alte vir*.

Dans Pierre de Ronsard, *Rose de Pindare*.

Dans l'abbé Miollan, *Ballon abîmé*.

Dans Claude Ménétrier, *Miracle de nature*. Ce Jésuite répondit à cette anagramme galante :

> Je ne prends pas pour un oracle
> Ce que mon nom vous a fait prononcer ;
> Puisque pour en faire un miracle
> Il a fallu le renverser.

André Pujom rêve que l'anagramme de son nom est *pendu à Riom*. Il passe par cette ville, y prend querelle, tue son homme, et y est effectivement pendu. Cela n'est pas très-avéré.

Alexandre était prêt à lever le siège de Tyr; il voit en songe un satyre bondir autour de lui et parvient à l'attraper. Il consulte ses devins qui trouvent dans le mot *sa turos*, Tyr est à toi. Effectivement le lendemain la prédiction est accomplie.

Constantin, fils d'Héraclius, prêt à livrer bataille, songea qu'il prenait le chemin de Thessalonique en Macédoine. Il raconte ce rêve à un de ses courtisans, qui répète syllabe par syllabe *thès allo niken* : laisse à un autre la victoire. Il ne tint aucun compte de cet avertissement, donna bataille et fut battu.

Le Père de S.-Louis, religieux Carme, auteur du ridicule *poème de la Magdeleine*, était l'un des plus grands faiseurs d'anagrammes. Il avait anagrammatisé les noms de tous les Papes, des Empereurs, des Rois de France, des Généraux de son Ordre, et de presque tous les Saints. Il croyait bonnement que la destinée des hommes était marquée dans leurs noms. Il n'est pas le seul ; voyez le *Tristram Shandy* où Sterne plaisante dans son style original sur l'influence des noms. (OEuvres de Sterne, chapitre XXI, intitulé : *Prenez-y garde ! le cas est intéressant*, tome 1er, édition de 1818, 5 *vol. in*-18). Voyez encore *le Livre des Singularités*, Dijon, Lagier, 1841, in-8° de 467 p., au chapitre Onomatographie amusante, pp. 33-34.

DES VERS BATELÉS.

Ce sont des vers qui se rapprochent des léonins, puisque la rime du premier vers doit aller avec celle du repos du vers suivant. Marot nous fournit un exemple de ce pauvre genre :

> Quand Neptunus, puissant dieu de la *mer,*
> Cessa d'ar*mer* caraques et galées,
> Les Gallicans bien le durent ai*mer*
> Et récla*mer* ses grandes eaux salées.

DES BOUTS-RIMÉS.

Les bouts-rimés sont des mots donnés au hasard, et souvent très-bizarres, qui riment ensemble. L'auteur obligé de les remplir, doit faire en sorte que chaque vers bien fait et présentant un sens suivi, soit terminé par l'un de ces mots. On fait remonter l'origine des bouts-rimés à 1642 ou 49, et on en attribue l'invention à l'abbé Dulot (1). Nous allons en citer quelques-uns.

Les premiers qui nous tombent sous la main, sont un éloge assez faible de Louis XIV, par le P. Commire.

Tout est grand dans le Roi, l'aspect seul de son *buste*
Rend nos fiers ennemis plus froids que des *glaçons ;*
Et Guillaume n'attend que le temps des *moissons,*
Pour se voir succomber sous un bras si *robuste.*

---

(1) Il faut voir sur l'abbé Dulot et sur l'origine des bouts-rimés, le roman de Mayer, intitulé : Aventures et plaisante éducation du courtois chevalier Charles-le-Bon, sire d'Armagnac, par de Mayer. Amsterdam et Paris, 1786, 2 *vol.* in-18. Préface, p. 39.

Qu'on ne nous vante plus les miracles — *d'Auguste ;*
Louis de bien régner lui ferait des — *leçons.*
Horace en vain l'égale aux Dieux dans ses — *chansons ;*
Moins que n'est mon héros, il était sage et — *juste.*

Modeste sans faiblesse et ferme sans — *orgueil,*
Tandis qu'aux gens de bien il fait un doux — *accueil,*
Contre l'impiété ses lois servent de — *digue.*

Et seul de tout l'État conduisant les — *ressorts,*
Par le charme secret des grâces qu'il — *prodigue,*
Du prince et des sujets il forme les — *accords.*

Voici un autre sonnet en bouts-rimés, fait sur M. de Rancé, abbé de la Trappe.

Quittant d'un riche hôtel le superbe — *architrave,*
Bouthillier dans un trou se loge en — *escargot.*
Là pour ranger son corps dans une sûre — *entrave,*
Il le bat d'une verge ou d'un bâton — *ragot.*

Ennemi des plaisirs, dont le goût nous — *déprave,*
Il fait son lit d'un ais, son chevet d'un — *fagot ;*
Un sac est son habit ; son repas une — *rave ;*
Tous ses meubles n'ont rien que de brut et de — *goth.*

Loin du monde et du bruit, exempt — *d'éclaboussure ;*
Nulle profane ardeur n'échauffe sa — *fressure ;*
Son zèle n'est rien moins qu'un zèle — *tabarin.*

L'eau pure, ou tout au plus une prunelle — *aigrette,*
Composant la boisson qui sort de sa — *burette,*
Lui tient lieu des liqueurs de Beaune et de — *Turin.*

Le sonnet suivant offre encore plus de difficultés que les précédents : tous les bouts-rimés sont des noms de villes ou de provinces ; le sujet du sonnet est la mort d'un chat.

Iris, aimable Iris, honneur de la *Bourgogne*,
Vous pleurez votre chat, plus que nous *Philisbourg ;*
Et fussiez-vous, je pense, au fond de la *Gascogne*,
On entendrait de-là vos cris jusqu'à *Fribourg*.

Sa peau fut à vos yeux fourrure de *Pologne ;*
On eût chassé pour lui Titi de *Luxembourg*.
Il serait l'ornement d'un couvent de *Cologne*.
Mais, quoi ! l'on vous l'a pris ? on a bien pris *Strasbourg !*

D'aller pour une perte, Iris, comme la *Sienne*,
Se percer sottement la gorge d'une *Vienne* (1),
Il faudrait que l'on eût la cervelle à l' *Anvers*.

Chez moi le plus beau chat, je vous le dis, ma *Bonne*,
Vaut moins que ne vaudrait une orange à *Narbonne*,
Et qu'un verre commun ne se vend à *Nevers*.

Voici un sonnet en bouts-rimés qui mérite d'autant plus de figurer ici, que les mots donnés, lus du haut en bas, forment un sens différent du sujet qui a rapport aux lois du sonnet.

Veux-tu savoir les lois du sonnet ? Les *voilà :*
Il célèbre un héros ou bien une *Isabelle*.
Deux quatrains, deux tercets ; qu'on se repose *là ;*
Que le sujet soit un, que la rime soit *belle*.

Il faut dès le début qu'il attache *déjà,*
Et que jusqu'à la fin le génie *étincelle ;*
Que tout y soit raison ; jadis on s'en pas *sa ;*
Mais Phébus le chérit, ainsi que sa *prunelle*.

Partout dans un beau choix que la nature s' *offre ;*
Que jamais un mot bas, tel que cuisine ou *coffre,*
N'avilisse le vers majestueux et *plein*.

---

(1) *Vienne*, sorte de lame d'épée qui se fabriquait à Vienne en Dauphiné.

Le lecteur chaste y veut une muse *pucelle*,
Afin qu'aux derniers vers brille un éclat *soudain*,
Sans ce vain jeu de mots où le bon sens *chancelle*.

Les bouts-rimés avaient été en grande faveur sous le règne de Louis XIV; mais dès-lors on les avait abandonnés; cependant on a cherché à les reproduire vers 1782, et pendant un certain temps ils ont repris à la Cour. En voici qui ont été donnés par Louis XVI au marquis de Montesquiou; ils sont assez heureusement remplis.

Je rencontrai dimanche un mort dans son *cercueil*,
Voyageant tristement sur le chemin *d'Arcueil*;
Au fond d'un corbillard, comme en un bon *fauteuil*,
Deux prêtres se carraient et le couvaient de *l'œil*.
Tout-à-coup l'essieu rompt; la bierre fut *l'écueil*
Qui joignit mes vilains à feu monsieur *d'Auteuil*;
C'était le nom du mort : il fallut dans un *fiacre*
Emballer le défunt, les prêtres et le *diacre*.
Du sort qui nous attend voilà le *simulacre*,
Me dis-je; le Mogol sur son trône de *nacre*,
Le vaincu massacré, le vainqueur qui *massacre*,
Tôt ou tard de Caron remplissent la *polacre*.

Les suivants ont été donnés par le comte de Provence (depuis Louis XVIII), au même marquis de Montesquiou, qui ne s'en est point mal tiré :

Un accord *synallagmatique*
Liait Mars à Vénus. Vulcain au pied *fourchu*
Voulut faire valoir contre eux sa *pragmatique*:
Les Dieux rirent au nez de ce mari *crochu*.
Cette histoire *hiéroglyphique*
Apprend à tout mari, fourchu, crochu; *ventru*,
A voir son horoscope écrit dans l' *écliptique*.
S'il est sage il en rit, et n'est pas moins *dodu*.

Nos cœurs sont tous soumis aux lois de l'   *hydraulique ;*
Ils cherchent leur niveau. Maint auteur a   *beuglé*
Vainement le contraire. Orgon   *apoplectique*
Met les Grâces en fuite et justifie   *Eglé.*

Voici d'autres bouts-rimés que l'on attribue à Marmontel ; l'auteur de la Dunciade y est aussi maltraité que Marmontel l'a été dans ce poëme.

Le poète franc   *Gaulois,*
Gentilhomme   *vendomois,*
La gloire de sa   *bourgade,*
Ronsard sur son vieux   *hautbois,*
Entonna la   *Franciade,*
Sur sa trompette de   *bois.*
Un moderne auteur   *maussade,*
Pour lui faire   *paroli,*
Fredonna la   *Dunciade.*
Cet homme avait nom   *Pali :*
On dit d'abord Palis   *fade,*
Puis Palis fou, Palis   *plat,*
Palis froid et Palis   *fat.*
Pour couronner la   *tirade,*
En fin de   *turlupinade,*
On rencontra le vrai   *mot ;*
On le nomma Palis   *sot.*

Envoi.

M'abaissant jusqu'à toi, je joue avec le mot ;
Réfléchis, si tu peux, mais n'écris pas.... lis, sot.

Le sonnet suivant, qui renferme des vérités, est de madame Deshoulières.

Ce métal précieux, cette fatale   *pluie*
Qui vainquit Danaé, peut vaincre   *l'univers ;*
Par lui les grands secrets sont souvent   *découverts,*
Et l'on ne répand pas de larmes qu'il n'   *essuie.*

Il semble que sans lui tout le bonheur vous *fuie ;*
Les plus grandes cités deviennent des *déserts ;*
Les lieux les plus charmants sont pour nous des *enfers.*
Enfin tout nous déplaît, nous choque et nous *ennuie.*

Il faut, pour en avoir, ramper comme un *lézard.*
Pour les plus grands défauts c'est un excellent *fard.*
Il peut en un moment illustrer la *canaille.*

Il donne de l'esprit au plus lourd *animal ;*
Il peut forcer un mur, gagner une *bataille ;*
Mais il ne fait jamais tant de bien que de *mal.*

La même madame Deshoulières a fait encore plusieurs autres bouts-rimés, parmi lesquels j'ai distingué ceux-ci, qui n'étaient pas très-faciles à remplir. Ils sont adressés au duc de St.-Aignan, en 1684.

Favori des neuf Sœurs, tu sais plaire *omnibus.*
Doux à qui t'est soumis, fatal à qui te *fâche,*
Tu sers Louis-le-Grand, sans espoir, sans *relâche,*
Et de quatre tu sais donner la mort *tribus.*

Tu pourrais inspirer la valeur au plus *lâche :*
Grand Duc, on voit revivre en toi Gaston *Phœbus ;*
Tu sais l'art d'employer noblement ton *quibus ;*
A tes propres dépens plus d'un bel esprit *mâche.*

Le sort pour toi constant t'aime, te rit *item,*
Te destine un trésor, c'est là le *tu autem*
Qu'un favori cacha durant une grande *ire.*

Tu peux encore aimer et faire dire *amo.*
Que ton histoire un jour fera plaisir à *lire,*
Si jamais on l'écrit *fideli calamo !*

Le quatrain suivant, adressé à une dame par M. de Boufflers, déjà âgé, peut encore être cité.

Quand je n'aurais ni bras ni   *jambe*,
J'affronterais pour vous la balle et le *boulet.*
Ranimé par vos yeux, je me croirais *ingambe*,
Et je pourrais encor mériter un   *soufflet.*

Il en est de même du sonnet suivant, qui a été fait vers 1798, par un homme qui prend son parti sur la perte de sa fortune.

D'un ancien flacon de   *scubac*
Que je flûtais jadis, je flaire encor la *lie ;*
Faute d'argent, en couverts de *tombac*,
Ma table frugale est ser   *vie.*

Soir et matin, dans mon triste havre- *sac,*
Soigneusement j'enferme croûte et *mie ;*
Je fais mon dessert d'une   *oublie.*
De mes chevaux aimés je n'entends plus le *trac.*

Dans ma ceinture, ô temps, tu ne fais plus tic *tac ;*
Mais aussi de l'intrigue ignorant le mic *mac,*
Jamais au Luxembourg mon front ne s' *humilie.*

De mon fouet à Paphos je fais encor clic *clac,*
Et ne m'informe point dans ma douce *manie,*
Pour qui l'on chante ici *Domine, salvum* *fac.*

Je ne terminerai point cette notice sans citer des bouts-rimés plus qu'originaux, qui ont été proposés en 1806 par M. Warcy-Paillet. Il fit insérer dans les journaux la pièce de vers suivante, et proposa deux prix destinés aux deux poëtes qui feraient le mieux une pièce de vers, soit en chanson, conte, fable, historiette, énigme, etc., sur les mêmes rimes que les siennes, mais sans employer les mêmes mots, et avec défense d'en forger. Voici le problême pro-posé par M. Warcy-Paillet :

A commencer du jour où l'on fête Saint *Jacques* (1)
Je te donne lecteur, jusqu'au saint jour de *Pâques* (2);
Je te promets en outre un palais tout en *zinc*,
Qui vaudra de ducats cent milliards de fois *cinq*;
De rendre de Brunet (3) le ton triste et *lugubre*;
D'un cachot empesté de rendre l'air *salubre*;
De rappeler au jour Nostradamus *défunt*;
De trouver pour Chignac de cent millions l' *emprunt*;
A plumage tout blanc de te donner un *merle*;
D'aller au fond des mers te chercher une *perle*;
Sans connaître l'hébreu, d'expliquer le *talmud*;
De faire pour toujours cesser le vent du *sud*;
Tout en te couronnant de lauriers et de *myrte*,
De te proclamer Roi de la célèbre *Cirthe* (4);
De faire un plaidoyer sans *mais*, ni *si*, ni *donc*,
Mieux qu'aucun avocat au palais n'a fait *onc*;
Uniquement pour toi de tenir la mer *calme*;
Parmi cent concurrents de t'adjuger la *palme*;
De faire une cornue aussi droite qu'un *busc*;
Sur les monts Appennins d'aller chasser le *musc*;
De trouver un Anglais qui sans espoir de *lucre*,
Veuille bien te céder mille quintaux de *sucre*;
Du grand-prêtre Aaron de retrouver l' *éphod*;

---

(1) Saint Jacques l'Intercis est le 27 novembre, selon la vie des Saints. Ce martyr a été surnommé l'Intercis, c'est-à-dire, coupé par morceaux.

(2) Pâques. Cette fête tombait le 6 avril 1806.

(3) Acteur très-plaisant du théâtre Montansier.

(4) Cirthe, aujourd'hui Constantine, à l'Orient d'Alger, ville forte, capitale de la province du Levant. Elle est dans une situation avantageuse, à trente lieues de la mer. De très-beaux ouvrages des Romains font voir quelle a été sa splendeur et sa magnificence. (Géogr. de Lacroix.)

POÉTIQUE CURIEUSE. 43

De t'éclaircir enfin l'histoire de   *Nemrod;*
Si prenant, cher lecteur, ces vers pour   *paradigme,*
Tu me rimes chanson, charade, ou bien   *énigme.*
(Mais à suivre cet ordre il faut que tu sois   *strict,*
Car songe que ces mots ne sont de ton   *district*).
De ta peine voici quel sera le   *salaire:*
Le théâtre vanté du sublime   *Voltaire,*
Des deux Corneille encor les chefs-d'œuvre   *connus....*
Rimeurs, accourez tous, vous serez bien-   *venus.*

Voici comment le problême a été résolu, d'abord par M. Geoffroy neveu, qui a remporté le premier prix, puis par M. E. D.***t, qui a remporté le second.

Pièce de M. Geoffroy neveu.

Les plus sages rimeurs deviendraient   *maniaques,*
S'il leur fallait, Warcy, repousser tes   *attaques.*
Tu possèdes, je crois, la malice du   *scink* (1),
Quand tu veux, en rimant, que j'emploie   *Edelink* (2).
Hélas! pour réussir, vainement je   *lucubre* (3),
Et rien qu'en y songeant mon esprit se   *lugubre* (4).
Que ne faut-il aller de Paris à   *Stralsund,*
De Stralsund à Pékin, de Pékin à   *Budrunt* (5),
Puis sur la Loire, enfin, pour tuer un seul   *herle* (6)!
Que ne faut-il encor déraciner la   *berle* (7)!

---

(1) Petit crocodile. Voyez Dictionnaire de Gattel.
(2) Fameux graveur.
(3) Travailler de nuit. Dictionnaire de néologie, de Mercier.
(4) Lugubrer, empreindre de tristesse. *Ibid.*
(5) Nom donné à la ville d'Otrante, par les Turcs. Bibliothèque orientale.
(6) Oiseau qu'on trouve sur la Loire.
(7) Plante à fleurs ombellifères.

Mais tu ris, maudit Sphinx ; puisses-tu près d' *Igud* (1),
Attendre un sort pareil à celui de *Jehud* (2) ;
Ou même être haché comme le fut *Absyrthe* (3) ;
Gueuser de porte en porte, ainsi qu'un *Métragyrte* (4) ;
Devenir plus chétif, plus mince que le *jonc ;*
A force de jeûner être creux comme un *tronc ;*
Au lieu du vin exquis que l'on recueille à *Palme* (5),
Boire sans t'arrêter quatre litres d' *oxalme* (6) ;
Ne respirer qu'un air empesté par le *musc ;*
N'avoir pour te nourrir qu'un pain couleur de *musc,*
Et quelques aliments affadis par le *mucre* (7) !
Mes termes, tu le vois, ne sont point à *mi-sucre* (8) ;
Mais je reçus le jour près de *Cholmogorod* (9) ;
Ton baroque défi me parvint à *Nislod* (10).
Il faut te l'avouer, j'en eus le *borborygme* (11) ;
J'en fus malade au point d'employer le *phénigme* (12) ;
En cet instant, hélas ! j'en suis encor *confict* (13).
Mais puisque le délai doit expirer *ennuict* (14),
J'accepte ton défi, peut-être *téméraire ;*
Ecoute maintenant le vœu que je vais *faire :*
Puisse du noir Satan les ministres *cornus*
Te rendre tous les maux qui me sont *survenus !*

---

(1) Ville dans le désert de Barbarie.
(2) Fils de Saturne qui fut sacrifié par son père. Dict. de la fable.
(3) Dictionnaire de la fable.
(4) *Ibid.*
(5) Une des îles Canaries. Géogr. de Lacroix.
(6) Remède composé de sel et de vinaigre. Dioscor., liv. 5, ch. 19.
(7) Corruption par l'humidité. Diction. du vieux langage, par Lacombe.
(8) Voyez le Dictionnaire comique de Leroux.
(9) Ville de la Grande Russie. Géogr. de Lacroix.
(10) Autre ville de la Grande Russie. *Ibid.*
(11) Voyez Dictionnaire de l'Académie.
(12) *Ibid.*
(13) Absorbé. Dictionnaire du vieux langage.
(14) Aujourd'hui. *Ibid.*

POÉTIQUE CURIEUSE.

Pièce de M. E. D***t, renfermant un logogriphe.

Redoute-moi, lecteur, plus que mille *Cosaques;*
Car je prendrais aux gens jusques à leurs *casaques.*
Cherche dans mes neuf pieds, ce qu'inspire le *scink* (1);
Ce que l'on peut trouver chez le banquier *Devink* (2);
Un rhume que parfois cause un air *insalubre;*
Le temps où maint auteur le plus souvent *lucubre* (3);
Ce que cent fois vint faire un pirate à *Budrunt* (4);
Un potage qu'on sert à Paris, à *Stralsund;*
Un légume sucré, plus connu que la *berle* (5),
Et qu'on mange à Lyon, de même qu'à *Montmerle;*
Un faux dieu, détesté dans la ville de *Jud* (6),
Que n'encensa jamais le pieux *Abiud;*
Ce qui porta Médée à massacrer *Absyrthe* (7);
Une ville, à présent plus célèbre que *Mirte* (8);
Ce que tout bon chrétien met souvent dans un *tronc;*
Un ruisselet limpide, où l'on trouve le *jonc;*
Ce que l'on veut toujours que soit le vin de *Palme* (9);
Ce que, dans un navire, avec soin l'on *espalme* (10),
Un sol où l'on ne voit jamais croître le *brusc* (11);

---

(1) Espèce de crocodile Dict. de Gattel. L'Académie écrit scinque.

(2) Demeurant à Paris. Almanach du commerce de l'an 13.

(3) Lucubrer, passer la nuit à travailler. Dict. de néologie, de Mercier.

(4) Nom que les Turcs donnent à la ville d'Otrante. Bibliothèque Orientale, par d'Herbelot.

(5) Plante à fleurs ombellifères. Dictionnaire de l'Académie.

(6) Ville de la Palestine, dans la tribu de Dan. Dict. de Moréri.

(7) Dictionnaire de la fable.

(8) Ville de l'Indostan. Voyez la table de Zend-Avesta, ouvrage de Zoroastre, par Anquetil-Duperron.

(9) L'une des îles Canaries. Géogr. de Lacroix.

(10) Terme de marine. Dictionnaire de l'Académie.

(11) Espèce de houx-frelon. Dictionnaire de Trévoux.

L'essence d'une fleur que l'on préfère au *musc ;*
Un végétal commun, où s'engendre le *mucre* (1);
Un grain des pays chauds, et que le friand *sucre ;*
Certain taureau qui naît près de *Wernigerod*(2);
Un animal velu qu'on peut voir à *Nislod* (3);
Un insecte, une humeur qu'attire le *phénigme* (4);
La qualité d'un mets causant le *borborygme* (5);
Ce qu'on prise à Pékin, à Londres, à *Maëstricht,*
Et qui fut dédaigné par l'humble *Bénédict* (6);
De plus une machine aux maçons *nécessaire ;*
Deux notes en musique, un monstre *imaginaire ;*
Ce que portent toujours les végétaux *grenus ;*
En politique, enfin, deux titres *reconnus.*

---

(1) Corruption par l'humidité. Dict. du vieux langage
(2) Ville de la Basse-Saxe, et non loin de la Prusse. Géographie de Lacroix.
(3) Ville de la Grande Russie. *Ibid.*
(4) Dictionnaire de l'Académie.
(5) *Ibid.*
(6) Médecin allemand. Voyez Moréri.

Le mot du Logogriphe est Grippe-sou, dans lequel on trouve : *peur, or, grippe, soir, prise, soupe, pois, Og, ruse, Pise, sou, ru, pur, poupe, pré, rose, orge, ris, ure* (taureau sauvage), *ours, pou, pus, sur* (aigre), *ré, si, ogre, épi, roi, sire.*

DES VERS BRISÉS.

Les vers brisés sont ceux qui, coupés immédiatement après le premier hémistiche ou le repos, peuvent se lire de suite, et présenter un sens complet et différent de celui que présentaient les vers lus en entier. En voici un pauvre exemple tiré d'Octavien de Saint-Gelais :

De cœur parfait chassez toute douleur;
Soyez soigneux, n'usez de nulle feinte;
Sans vilain fait entretenez douceur;
Vaillant et preux abandonnez la crainte;
Par bon effet montrez votre valeur;
Soyez joyeux et bannissez la plainte.

Ces vers peuvent se lire ainsi :

De cœur parfait
Soyez soigneux;
Sans vilain fait
Vaillant et preux,
Par bon effet
Soyez joyeux;
Chassez toute douleur;
N'usez de nulle feinte;
Entretenez douceur;
Abandonnez la crainte;
Montrez votre valeur,
Et bannissez la plainte.

On trouve dans *les Bigarrures* de Tabourot, plusieurs exemples de vers brisés. Il en cite entre autres une pièce assez singulière, sur les Protestants;

mais il a soin de la faire précéder de cet avertissement :

« J'en ai vu (des vers brisés) plusieurs scandaleux
» et séditieux; de tous lesquels j'ai choisi ce sui-
» vant, pour exemple, duquel je prie tous les lec-
» teurs de ne se point scandaliser; car on peut voir
» que c'est l'esbat de quelque timide castor amphi-
» bie qui voudrait bien revirer sa robe. »

Je ne veux plus	La messe fréquenter
Pour mon repos	C'est chose bien louable
Des huguenots	Les presches escouter
Suiure l'abus	C'est chose misérable
Ores je voy	Combien est détestable
Ceste finesse	En ce siècle mondain
Par quoi je doy	Voyant la saincte Table
Tenir la messe	En horreur et desdain.

Qu'on réunisse ces deux pièces, en disant :

Je ne veux plus la messe fréquenter,
Pour mon repos c'est chose bien louable, etc.

et l'on aura un sens tout-à-fait opposé à celui qu'expriment les vers séparés.

Autre exemple du même auteur :

Qui vous dit belle	Il ne dit vérité
Il dit bien vray	Qui laide vous appelle
Vous estes telle	En fait de loyauté
Comme bien sçay	Estes la nompareille
Tousiours auray	A vous hayne mortelle
A vous fiance	N'auray jour de ma vie
Et aimeray	Qui votre mal réuèle
Votre accointance	Dieu confonde et maudie.

Le Zadig de Voltaire nous fournit encore un exemple de vers brisés, dont la moitié présente un sens opposé à celui qu'exprime le quatrain lu en entier ; le voici :

> Par les plus grands forfaits
> Sur le trône affermi,
> Dans la publique paix
> C'est le seul ennemi.

Cette moitié du quatrain est injurieuse au Roi ; qu'on y réunisse l'autre moitié, l'injure disparaît.

> Par les plus grands forfaits j'ai vu troubler la terre ;
> Sur le trône affermi le roi sait tout dompter.
> Dans la publique paix l'amour seul fait la guerre :
> C'est le seul ennemi qui soit à redouter.

Voici des vers brisés d'une singulière espèce :

> Qu   an   di   tri   mul   pa
> os   guis   rus   sti   cedine   vit,
> H   san   mi   Chri   dul   la

On voit que les syllabes du milieu sont communes à celles du haut et du bas, en s'y joignant toujours à gauche ; ainsi *os* est commun à *Qu, quos* et à *H, hos* ; *guis* est commun à *an, anguis* et à *san, sanguis* ; etc. ; ce qui donne ces deux vers :

> Quos anguis dirus tristi mulcedine pavit,
> Hos sanguis mirus Christi dulcedine lavit.

Il en est de même de l'exemple suivant :

> Et canis   venatur   servat.
>   in sylvis   et omnia
> Et lupus   nutritur   vastat.

On peut encore citer celui-ci :

> pit   rem   em   pit   rem.
> Qui ca   uxo   lit   ca   atque dolo
> ret   re   e   ret   re.

On connaît aussi une manière d'écrire en prose,

qu'on pourrait appeler *prose brisée*. Ce sont des morceaux dont la disposition des lignes présente un double sens. Nous allons en donner un exemple, dans les deux lettres suivantes (1), qui offrent chacune deux sens diamétralement opposés.

MADEMOISELLE,

Je m'empresse de vous écrire pour vous déclarer que vous vous trompez beaucoup si vous croyez que vous êtes celle pour qui je soupire. Il est bien vrai que pour vous éprouver, je vous ai fait mille aveux. Après quoi vous êtes devenue l'objet de ma raillerie. Ainsi ne doutez plus de ce que vous dit ici celui qui n'a eu que de l'aversion pour vous, et qui aimerait mieux mourir que de se voir obligé de vous épouser, et de changer le dessein qu'il a formé de vous haïr toute sa vie, bien loin de vous aimer, comme il vous l'a déclaré. Soyez donc désabusée, croyez-moi ; et si vous êtes encore constante et persuadée que vous êtes aimée, vous serez encore plus exposée à la risée de tout le monde et particulièrement de celui qui n'a jamais été et ne sera jamais

Votre serviteur,

A.......

---

(1) Ces lettres présentent d'abord un sens, étant lues à la manière accoutumée ; mais si ensuite on ne lit que la première, la troisième, la cinquième ligne, etc., c'est-à-dire, toutes les lignes impaires, on y trouvera un sens opposé à celui qu'a présenté la première lecture.

Réponse.

Monsieur,

Soyez assuré que je vous reconnais bien pour une personne qui n'est rien moins que sincère, et que je vous ai regardé comme une homme haïssable et tout-à-fait indigne de mon estime. C'est donc inutilement que vous m'écrivez aussi incivilement, et que vous m'exhortez si fortement à être désabusée. — Comment pourrais-je être constante, puisque vous êtes vraiment le seul homme que j'ai en aversion, bien loin d'être l'objet de ma pensée comme vous l'avez faussement cru? Vous auriez au contraire pu découvrir par toutes mes actions et par ma haine, que j'étais loin d'avoir pour vous des sentiments émanés d'un cœur sincère, si vous aviez eu seulement le sens commun. Je finis en protestant de n'oublier jamais un affront si sensible; et si à l'avenir une personne aussi franche et aussi aimable m'approchait pour me dire autant de faussetés que vous, qui m'avez dans toute occasion trahie, quoiqu'au dehors vous m'ayez toujours témoigné l'amour le plus pur et le plus tendre, je le traiterai, Monsieur, comme je vous traite, vous qui êtes et qui avez toujours été un scélérat, de tous les hommes le plus infidèle, et duquel je suis tout-à-fait au désespoir d'avoir jamais pu me dire

La servante, B........

On cite le tour de force suivant d'un Turc nommé Mohammed Kothrob, de Bassora, mort l'an 821 ; c'est un poëme arabe dans lequel chaque vers a un mot qui offre trois sens en y changeant autant de fois une voyelle. Il faut remarquer que les voyelles ne s'écrivant point en arabe dans la majeure partie des livres, ces mots qui peuvent se lire à volonté de plusieurs manières, selon les voyelles qu'on y adapte, sont la source d'une infinité de jeux de mots et de pointes qui tiennent lieu d'esprit, de goût, et même quelquefois de sens commun, mais qui ont toujours du charme pour les Orientaux.

On raconte qu'un ami de l'évêque Theogonius, n'osant lui écrire ouvertement, de peur que sa lettre ne tombât en d'autres mains, pour le reprendre de son injustice et des mœurs peu épiscopales qu'il déguisait sous le masque de la piété, lui écrivit une longue lettre qui faisait son panégyrique ; mais qui, étant lue à rebours, rendait un sens contraire et plus convenable au personnage à qui elle était adressée. Cette lettre est rapportée dans *Comiers*, pag. 265 de son *Traité de la parole, des langues et écritures, et l'art de parler et d'écrire occultement*. Liège, 1691, *in*-12.

Nous aurions pu rapporter un plus grand nombre d'exemples de vers brisés et de prose du même genre ; mais ce que nous en avons cité prouve suffisamment que de toutes ces espèces de frivolités poétiques, c'est la plus difficile et presque toujours la plus insignifiante.

DES VERS BURLESQUES.

Ces vers tiennent à un genre de poésie qui travestit les choses les plus nobles et les plus sérieuses, en plaisanteries bouffonnes. C'est sous le règne de Louis XIII et au commencement de celui de Louis XIV que le style burlesque était le plus en vogue. Il nous est venu des Italiens; Berni, Lalli, Caporali sont les premiers qui se sont exercés dans ce genre. Sarasin se vantait d'être le premier français qui s'en fût servi. Charles Coypeau d'Assouci entreprit de mettre en vers burlesques le *Ravissement de Proserpine*, grand et pompeux poëme de Claudien; il publia aussi *Ovide en belle humeur*, ce sont les *Métamorphoses*; ces deux mauvaises productions ont attiré à leur auteur, ce bon vers de Boileau :

Et jusqu'à d'Assouci tout trouva des lecteurs.

Un misérable poëte (H. Picou), a traduit en vers burlesques 38 *Odes d'Horace* qui ont été imprimées à Leyde chez Sambix en 1653, *in*-12. Le même a dédié au prince de Conti l'*Odyssée d'Homère* dans le même genre, imprimée chez ce Sambix, aussi en 1653. On voit en tête de ce livre une épitre burlesque de Pénélope à Ulysse, faite sur le modèle de celle d'Ovide.

Jacques Moireau a composé en grands vers latins un poëme intitulé : *La Pygméide;* ou *Combat des grues et des pygmées*, divisé en 8 chants. *Vendôme, Sébastien Hyp.* 1676. Cet ouvrage est rare ; il a été peu lu ; cependant il y a de bonnes plaisanteries. Dans le premier chant, l'auteur invoque ainsi Apollon :

> . . . . Mentite tuis ô semper alumnis,
> Pharmacopola tenax, aut dentis ut erutor ægri ;
> Da graciles, ô Phœbe, viros et inania castra,
> Fabellasque rudes, simulataque Pergama veris
> Fingere, etc.

On trouve dans le second livre une description comique du coucher du soleil :

> Jam Tartessiacas rhedam flectebat in undas
> Declivis cœlo Titan, sitiensque labore
> Pervigili lambebat aquam, fessosque diurno,
> Tramite quadrupedes ægrè fumantia torquet
> Ad stabula ; hi roseis ignita repagula pulsant
> Calcibus, et pingues paleas, ac semen avenæ
> Jejuni, strigilesque vocant ; dolet alvus inanis.
> Jam desiderio seri macrescere pastûs.

Dans le cinquième chant, une mère implore Mars et lui dit :

> Ac tua divitibus mactabo altaria donis ;
> Nam festis tibi vestis erit, tibi barba diebus
> Aurea, jejunum te taurea pulpa cibabit,
> Blesensisque satur dolio potabere vini.

En général le style de la *Pygméide* est peu élégant, peu latin ; les descriptions et les épisodes n'ont pas toujours le tour assez naïf, assez plaisant. La *Gigantomachie* de Scarron, qui a été faite peu après la *Pygméide*, lui est préférable ; elle commence ainsi :

> Je chante, quoique d'un gosier
> Qui ne *mâche* point de laurier,
> Non Hector, non le brave Énée,
> Non Amphiare ou Capanée,
> Non le vaillant fils de Thétis ;
> Tous ces gens-là sont trop petits,
> Et ne vont pas à la ceinture
> De ceux dont j'écris l'aventure.
> Etc.

Scarron passera toujours pour le prince des poëtes burlesques ; il est vrai que c'est une pauvre principauté ; mais cependant il avait du génie. On lui trouve un sel, une finesse dont sont privés ceux qui l'ont imité. Sa *Gigantomachie*, sa *Baronéide*, mais sur-tout son *Virgile travesti*, lui ont fait une grande réputation dans ce genre.

« L'*Énéide* travestie, dit un auteur de goût, n'est autre chose qu'une mascarade, comme Scarron l'avoue ; mais cette mascarade n'est pas aussi grotesque qu'on le pense communément. Ce sont des dieux et des héros déguisés en bourgeois de Paris, mais tous avec leur propre caractère, dont Scarron a saisi le côté ridicule avec beaucoup de justesse et d'esprit. C'est ainsi que de Jupiter il a fait un bon homme ; de Junon une commère acariâtre ; de Vénus une mère complaisante et facile ; d'Énée un dévot larmoyant, un peu timide et un peu niais ; de Didon une veuve ennuyée de l'être ; d'Anchise un vieux bavard ; de Calchas un vieux fourbe ; de la Sibylle une devineresse, une diseuse de logogriphes ; et de l'oracle d'Apollon un faiseur de rébus. Quant au personnage qu'il a pris lui-même, c'est celui d'un conteur naïf et ignorant qui confond les temps et les mœurs, et qui fait parler tout son monde comme on parle dans son quartier. » Tel est ce genre comique. En voici quelques exemples. Scarron, après avoir raconté les plaintes de Vénus à Jupiter, termine ainsi le colloque :

>Ce dieu donc des dieux le plus sage,
>Se radoucissant le visage,
>Et la prenant sous le menton,
>Lui dit : Bon dieu ! que dirait-on
>Si l'on vous voyait ainsi faire?
>N'avez-vous point honte de braire
>Ainsi que la mère d'un veau?
>Ah ! vraiment cela n'est pas beau.
>Ne pleurez plus, la Cythérée,
>Et tenez pour chose assurée
>Tout ce qu'a prédit le destin
>D'Enée et du pays latin.

Le dialogue de Vénus avec son fils Enée est très-plaisant. On sait que Vénus ne paraît pas dans tout l'éclat de sa divinité, et qu'elle s'est déguisée aux yeux de son fils, qui cependant lui dit :

>Vous sentez la dame divine ;
>J'en jurerais sur votre mine.

Alors Vénus fait l'Agnès.

>Je ne suis pas, en vérité,
>D'une si haute qualité,
>Dit Vénus, mais votre servante.
>Ah ! vous êtes trop obligeante,
>Ce dit-il, et j'en suis confus.
>Et moi, si jamais je la fus,

> Ce dit-elle. Et lui de sourire,
> Disant : Cela vous plaît à dire ;
> Puis sa tête il désafubla.
> Ses deux jarrets elle doubla
> Pour lui faire la révérence.
> Il fit une circonférence
> Du pied gauche à l'entour du droit,
> Et cela d'un air tant adroit,
> Ce pauvre fugitif de Troie,
> Que sa mère en pleura de joie.

La première entrevue d'Énée avec Didon est encore très-plaisante.

> La reine donc fut étonnée
> De l'apparition d'Énée,
> Et lui dit, parlant un peu gras,
> L'ayant pris par le bout du bras,
> (C'est par la main que je veux dire),
> Comment vous portez-vous, beau sire ?
> Moi, lui dit-il, je n'en sais rien :
> Si vous êtes bien, je suis bien ;
> Et j'ai pour le moins la migraine,
> S'il faut que vous soyez malsaine.
> Vous vous portez bien, Dieu merci ;
> Je me porte donc bien aussi.

Voici le portrait qu'il fait de Didon :

> C'était une grosse dondon,
> Grasse, vigoureuse, bien saine,
> Un peu camuse à l'africaine,
> Mais agréable au dernier point.

Parmi les effets qu'Énée avait sauvés du sac de Troie, il y avait, dit Scarron :

> La béquille de Priamus,
> Le livre de ses oremus,

Un almanach fait par Cassandre,
Où l'on ne pouvait rien comprendre.

Il décrit ainsi le Tartare :

Phlégéthon, un fleuve de soufre,
Court à l'entour, creux comme un gouffre,
Et roule à grand bruit du brasier
Au lieu de sable ou de gravier.
Une tour qui flanque la porte,
Si haute, ou le diable m'emporte,
Qu'elle atteint au plancher d'enfer,
Est toute d'airain et de fer.
Tisiphone en est la portière,
Carogne aussi superbe et fière
Que le portier d'un favori ;
La vilaine n'a jamais ri.....
Æneas eut l'ame étonnée
Du bruit de la troupe damnée....
Le grand et petit Châtelet
N'ont rien de funeste et de laid
Auprès de ce château terrible,
Aux gens de bien inaccessible.
Rhadamante effroyable à voir,
En soutane de bougran noir,
Sur un siège de fer préside.
Onc ne fut juge plus rigide.
Les commissaires d'aujourd'hui
Sont des moutons auprès de lui,
Quoiqu'en matières criminelles
Nous ayons de doctes cervelles....
Ce juge criminel d'enfer,
Vrai cœur de bronze, ou bien de fer,
En veut surtout aux chattemites,
Aux faux béats, aux hypocrites ;
Quand il en attrape quelqu'un,
De leur chair il fait du petun ; *(tabac à fumer.)*

Et ce petun le déconstipe,
N'en aurait-il pris qu'une pipe.

Puisque nous en sommes sur la description du tartare burlesque de Scarron, nous allons relever une petite erreur que beaucoup de personnes (1) ont commise, d'après La Harpe, en attribuant audit Scarron les vers suivants, où Enée, racontant sa descente dans le séjour des ombres, c'est-à-dire dans les enfers, s'exprime ainsi :

> Tout près de l'ombre d'un rocher,
> J'aperçus l'ombre d'un cocher
> Qui, tenant l'ombre d'une brosse,
> En frottait l'ombre d'un carrosse.

Ces vers très-plaisants ne sont nullement de Scarron; on les chercherait en vain dans son poème. On les doit à un homme d'une bien autre gravité et nullement connu comme poète; ils appartiennent à Nicolas Perrault, docteur de Sorbonne, frère des académiciens Claude et Charles. On lit dans les *Mémoires* de Charles Perrault, publiés par Patte, en 1759, *in*-12, que ces trois frères s'amusaient à parodier Virgile, et que cette pensée burlesque fut fournie par le docteur qui était alors bachelier. (Voyez le *Journal des savants*, janvier 1832, *in*-4°, p. 14; l'article est de feu M. Raynouard).

Nous ne pousserons pas plus loin nos extraits du

---

(1) Entre autres M. Breton, auteur d'*Alala ou les Habitants du désert*, parodie d'Atala, *ornée de figures de rhétorique*; au grand Village, 1801, *in*-12. Voy. l'INTRODUCTION, *p.* x.

Virgile travesti; nous dirons seulement que Scarron n'a point terminé sa parodie de l'*Enéide*, il n'a donné que les huit premiers chants, et Moreau de Brasey a fait les quatre derniers. Ajoutons que Scarron n'est pas le seul qui ait travesti l'Enéide. Cotton, poète anglais, en a fait de même dans sa langue; et Blumauer l'a aussi travestie en allemand, mais il ne l'a pas finie; elle l'a été par un autre poète.

Nous nous reprocherions de passer sous silence un autre travestissement de l'*Enéide*, qui non-seulement peut rivaliser avec celui de Scarron, mais qui, sous certains rapports, est plus plaisant et plus burlesque, parce que la naïveté de l'idiome dans lequel il est écrit (le patois bourguignon), ajoute singulièrement à l'expression et en rend les détails beaucoup plus piquants. Cette facétieuse parodie a pour titre : VIRGILLE *virai en borguignon*, c'est-à-dire Virgile tourné en bourguignon (1). Nous allons en extraire

---

(1) Ce poëme burlesque, dont on connaît quatre à cinq manuscrits, n'a jamais été publié en entier. M. Defay, imprimeur à Dijon, en avait commencé l'impression en 1718; le 1ᵉʳ livre a paru, cette même année, in-12 de 56 p.; le 2ᵈ a vu le jour en 1719, *in-12* de 58 p., et la moitié du 3ᵉ seulement a été imprimée en 1720, *in-12* de 24 p. — Mais en 1831, on a publié un charmant volume sous ce titre : *Virgille virai en borguignon. Choix des plus beaux livres de l'Enéide, suivis d'épisodes tirés des autres livres, avec sommaires et notes,* par C.-N. Amanton, *et un discours préliminaire,* par G. P.....t. Dijon, imprimerie de Frantin, 1831, gr. *in-18* de XLVII-325 p.

Les livres de l'Enéide compris dans cette édition sont le IIᵉ, le IVᵉ et le VIᵉ, qui ont toujours passé pour les plus beaux de ce poëme; les épisodes tirés des autres livres, sont ceux de *Cacus* (VIIIᵉ liv.), du *Bouclier d'Enée* (même liv.), et des *Funérailles de Pallas* (XIᵉ liv). Les notes historiques

un fragment pris au hasard; ce sont les imprécations dont (au iv⁰ livre) la reine accable Enée, lorsqu'il lui déclare que par l'ordre des dieux, il est obligé de quitter Carthage pour se rendre en Italie. A cette nouvelle, la princesse sur le point d'être abandonnée, se livre au plus violent désespoir et, furieuse, ne met aucun frein à ses reproches. Ce beau passage où Virgile peint si bien le cœur ulcéré d'une femme, est ainsi rendu dans le jargon villageois de notre bonhomme bourguignon :

> Didon en padi contenance,
> Et pendan qu'Aigniai debridòo,
> Lai daime vo le regadòo
> Depu lé pié jusqu'ai lai téte.
> » Quei Juda, fit-elle, quei tréte!
> Et ton grand peire, ç'àa Dardan?
> Et Jupitar aa ton pairan?
> Vénu veut que de lei tu soté?
> Çàa le gran diale qui t'empote.
> Ton peire étòo queique coucou,
> Vou bé pranture (1) ein loup-garou ;
> Et tai bone béte de meire.
> Te faisi dessu lé pareire ;
> Jaimoi fanne ne te sevri,
> Çàa le borea qui t'ai nôri.

et philologiques de feu M. Amanton sont curieuses et instructives. Cette jolie édition, destinée aux bibliophiles, n'a été tirée qu'à 244 exempl. sur pap. fin gr.-raisin, et 6 sur pap. fort de Hollande. Elle a été faite aux frais d'un amateur dijonnais très-éclairé, M. Bern. Jol..., possesseur d'un beau cabinet, riche surtout en ouvrages sur la Bourgogne.

(1) *Pranture*, peut-être.

Ma regadé ce Jan dés Veigne ;
Diroo-t-on ei sei froide meigne
Qu'ai sçaivisse ran de celai?
J'ai padei beàa me desolai,
Tiré mé poi, pissé des euïlle,
Mon gros laidre àa lai qui me beuïlle
Sans me dire le moindre mô.
Et pu fié-vo ès cagô!
Ein jor j'en serai revongée.
Ne seu-je pà ben obligée
De l'honneu que me fait Jenon?
Eh bé! ai qui se fieré-t-on?
Ein coquin chaissé de l'Aisie,
S'en sauve dedans lai Lybie,
Ei menne cent gueu d'aivo lu ;
De tô cotai moutran le cu.
Vai Cateige sés gen s'éréte,
Ne saive où baillé de lai téte;
Je lés reçoi pò chairitai,
Je lò baille ai boire ai deignai.
Je reçou tôte lô guenille
San qu'ai l'en coûte croi ne pile.
Que dirai-je? j'ai bé fai pei ;
J'ai baillé mai taule et mon lei
Ai ce Juda qui m'ai vendue ;
Cela me fait cori lès rue.
C'àa Aipollon....., ç'àa Jupitar....
C'àa ein Marcu (1) qui vole en l'ar...
C'àa le gran diale qui l'envie
Charché foteugne en Italie.
Croyé celai, beuvé de l'càa.
Ces gens-lai ont dan le cerveàa

---

(1) Mercure,

Bé d'autre aiffaire que les tienne.
Pense-tu que je te retienne?
Nennin ; des aujôdheu tu peu
Soti d'ici, si tû le veu.
Vai t'en cori, vai, qui t'érète?
Vai luttai contre lai tempète ;
Vai remontai su tés batteàa ;
Qu'ai pussein s'aibimai dan l'eàa,
Et lai mar te faire tan boire
Qu'ai te revenne ai lai mémoire
Du vin, laidre, qu'ai ton gogo
Tô les jor tu beuvòo chez no !
Quan tai flôtte siera gaugée,
Que je lai voirai bé mouillée ;
Je t'envierai po lai soiché
Le prévot d'aivo ses arché,
Te breler san misericode.
Tu brailleré, je serai sode,
Et je me moquerai de toi
Còme tu te moque de moi.
Que si je meurs de mor subite,
Ne pense pas d'en être quitte,
Tu n'en seré ni pei ni meù ;
Je revarai tôte lés neu,
Je renvarserai ton maneige,
Te dévorerai le visaige.
Tu me voiré soir et matin
Te faire tôte peute fin.
Pranture qu'on me veinré dire
Teu tés maux qui me feront rire
Quand on m'airôo mi por haizar
Dan le pù fin fon de l'enfar. »
   Aigniai contre eine tei furie
Préparòo sei philosophie,
Quan Didon pleine de depei
Tô ei cô tone le darei.

Dedan sai chambre elle s'enfue ;
Ai pone y fut-elle venue,
Qu'on cueudi qu'elle allòo meuri,
Et sé chambleire de cori.
Jusqu'elle fussé revenue,
On lai jeutte tôte étandue
Dessù son beàa lei de velor......

Passons à d'autres auteurs burlesques. Le pompeux et ampoulé Brébeuf, gagné sans doute par le mauvais goût du temps, a bien osé entreprendre de faire le *Lucain travesti;* il l'intitula : *La Pharsale de Lucain, en vers enjoués.* Paris, 1655. Il débute ainsi :

Je veux, pendant que je suis
Franc de chagrins et d'ennuis,
Pendant que fureur divine
S'allume dans ma poitrine,
Et qu'enflé comme un ballon,
Je suis tout plein d'Apollon,
Vous chanter à la françoise
La guerre plus que bourgeoise,
Qui se fit aux champs grégeois,
Entre deux riches bourgeois,
Etc.

Brébeuf aurait dû s'en tenir à sa première traduction. Dans cette parodie, il a employé cent soixante-deux vers pour exprimer les sept premiers de la Pharsale. Voici comment il peint la guerre civile :

Guerre folle et téméraire
Où le gendre et le beau-père
Tâchèrent en furieux
A s'entr'arracher les yeux,

Se battirent, s'étrillèrent,
Rudement s'entre-cognèrent,
Comme il fallait haut et bas,
Ou comme il ne fallait pas.
Guerre sans ordre et sans règle,
Où l'aigle bourrait un aigle,
Et sans remords ni respect
Le plumait à coups de bec ;
Où l'enfant volait le père,
Le frère frottait le frère,
Cousin bouchonnait cousin,
Voisin testonnait voisin, etc.

Quelle différence de ce style à celui de Scarron !

Il existe deux poèmes sur la Magdeleine, qu'on peut mettre au rang des poésies burlesques, mais d'un genre particulier et d'autant plus amusant que les auteurs n'ont point prétendu travailler dans le genre burlesque.

L'un, composé par un nommé Barthelemi, carme, connu sous le nom de Pierre de Saint-Louis, a pour titre : *La Magdeleine au désert de la Sainte-Baume, en Provence ; poème spirituel et chrétien, en douze chants*. Lyon, Deville, 1694, *in*-12. Rien n'est plus ridicule que cette production extravagante. L'auteur y appelle les rossignols et les pinçons, des luths animés, des orgues vivants, des syrènes volantes. Les arbres sont de vieux barbons, de grands enfants d'une plus grande mère, d'énormes géants ; il leur reproche l'orgueil avec lequel ils s'élèvent jusqu'au ciel, sans avoir jamais devant lui la tête nue ; il rend cependant justice à la droiture de leurs intentions ; il convient qu'en regardant de si près le ciel, ils n'ont dessein ni de l'outrager, ni de l'escalader; ils sont seulement d'aimables rodomonts et de beaux orgueilleux. Voici comment il apostrophe les arbres de la forêt de Sainte-Baume :

> Majestueux Titans, vénérables vieillards,
> Supports silencieux de tant de babillards,
> J'entends des oisillons les familles nombreuses,
> De tant de rossignols les troupes amoureuses,
> Qui par cent gazouillis, à l'envi des pinçons,
> Sur vos bras verdoyants dégoisent leurs chansons.

Le dévot auteur, après s'être fâché contre les irrévérences que les dames commettent à l'église, leur dit :

> Vous faites à l'église avecque votre tête
> Ce que sur le clocher faisait la girouette.
> . . . .
> Si vous avez tenu le livre des prières,
> Vous n'en avez jamais lu les pages entières,
> Sans faire parenthèse avec quelque douillet,
> Tournant en même temps la tête et le feuillet.
> Cependant l'oraison, pour n'avoir fait que rire,
> Ne s'achève pas là ; cela s'en va sans dire.
> . . . .

Ensuite il s'escrime contre les joueuses, dans les vers suivants :

> Voilà quant à l'église : allons à la maison,
> Pour voir après cela si ma rime a raison.
> Les livres que j'y vois de diverse peinture,
> Sont les livres des Rois, non pas de l'Écriture ;
> J'y remarque au dedans différentes couleurs,

Rouge aux carreaux, aux cœurs; noir aux piques, aux fleurs (1);
Avecque ces beaux Rois je vois encor des Dames,
De ces pauvres maris les ridicules femmes.
Battez, battez-les bien ; battez, battez-les tous ;
N'épargnez pas les rois, les dames, ni les fous (2).
Je ne sais pas pourtant si vous les ferez sages,
Ou si vous le serez en feuilletant ces pages.
. . . .
Renoncez à carreaux, à cœurs, à fleurs, à piques,
Suivant de point en point ces deux suivants distiques :
Piquez-vous seulement de jouer au piquet,
A celui que j'entends, qui se fait sans caquet;
J'entends que vous preniez parfois la discipline,
Et qu'avec ce beau jeu vous fassiez bonne mine.

Magdeleine, selon notre poète,
Pour le grand roi des cœurs couchait sur le carreau.
Il dit des yeux de cette Sainte :
Qu'ils sont des bénitiers d'où coule l'eau bénite,
Qui chasse le démon jusqu'au fond de son gîte.

Magdeleine parle ainsi de son sein que ses larmes inondent :
Sein dont mon œil enflé fit un vallon de larmes,
Quand ces monts désenflés perdirent tous leurs charmes.

En voilà suffisamment pour prouver que Pierre de Saint-Louis avait de l'imagination, mais que sa muse, quoique sérieuse, est d'un ridicule parfois plus que plaisant.

---

(1) Jadis les trèfles se nommaient fleurs.

(2) On appelait ainsi les quatre valets. On sait que jadis il y avait un fou en titre à la Cour de nos rois; c'était un valet qui, doué d'un esprit assez délié, avait le droit de tout dire, et souvent faisait des plaisanteries fort piquantes contre les courtisans ; grâce à son titre, on lui passait tout.

L'autre poème sur la Magdeleine a pour titre : *La Magdeleine, poème en vingt-quatre chants, par frère Remi de Beauvais, capucin.* Tournay, Ch. Martin, 1617, *in*-12. On trouve encore dans cette production plus de délire et d'extravagance que dans la précédente.

Pierre de Saint-Louis et Remi de Beauvais ne sont pas les seuls auteurs burlesques qui se sont exercés sur des sujets sacrés. Un docteur de Sorbonne publia en 1649 un livre avec ce titre : *La Passion de Notre-Seigneur, en vers burlesques.* Il représente Jésus-Christ au jardin des Olives, tenant en main le calice et buvant à la santé du genre humain. L'anglais Brown est auteur d'une Bible en vers burlesques. Il avait de la littérature, dit Franklin son ami, mais il était mécréant; il présenta dans sa Bible travestie, beaucoup de faits sous un jour très-ridicule, ce qui aurait pu nuire aux esprits faibles, si son ouvrage eût été publié; mais je crois qu'il ne l'a pas été.

En parlant du genre burlesque, nous ne pouvons passer sous silence *la Henriade travestie*, (par Fougeret de Monbron) Berlin, (Paris) 1745, *in*-12. Il y a de la facilité dans ce poème; l'auteur y a suivi pas à pas Voltaire, il le travestit presque vers par vers. On en peut juger par l'exemple suivant, relatif au massacre de l'amiral de Coligny, et qui commence par ce vers, dans la Henriade :

Coligny languissait dans les bras du repos, etc.

Voici comme Monbron a rendu ce passage, en vers burlesques ; c'est Henri IV qui parle :

> Cette nuit fatale arrivée,
> Dont ma secte s'est mal trouvée,
> L'amiral (1) au lit étendu
> Reposait son individu,
> Et ronflait comme la pédale
> De l'orgue d'une cathédrale.
> Soudain un horrible sabbat
> Le fait sortir de son grabat.
> Il met la tête à la fenêtre
> Et voit des gibiers de Bicêtre,
> Qui, sans rime ni sans raison,
> Mettent le feu dans sa maison,
> Et d'une façon peu chrétienne
> A ses gens percent la bedaine.
> Puis du nom fameux de Gaspart (2)
> L'air retentit de toute part.
> Le jeune Teligny, son gendre,
> Sous son balcon vient l'ame rendre.
> Que diable faire à tout ceci,
> Dit tout bas le preux Coligny ?
> Je vois qu'à la fin de l'histoire,
> Il me faut passer l'onde noire....
> Soit ; *libera nos, Domine :*
> M'y voilà tout déterminé.
> Déjà l'assassine cohorte
> Heurte rudement à sa porte.
> Il ouvre avec cet air bénin,
> Ou plutôt cet air patelin
> Qu'on emprunte afin de séduire
> Les gens qui cherchent à nous nuire.

_____

(1,) 2) Coligny.

Messieurs, dit-il, que voulez-vous?
A ces mots les voilà tretous
Plus muets que poisson d'eau douce.
Chacun pourtant son voisin pousse,
Et l'excite à faire le coup;
Mais au diable qui s'y résoud.
Celui-ci lui baise la patte,
Celui-là le lèche et le gratte;
L'autre tombant à ses genoux,
Lui dit : Papa, pardonnez-nous. —
Va, répond-il, la paix est faite,
Pourvu que vous fassiez retraite;
Car de reposer un petit,
Je me sens encore appetit :
Il faut que j'en prenne ma dose,
Ou demain je serai tout chose.
Adieu, Messieurs, jusqu'au revoir,
Je vous souhaite le bon soir.

Il allait refermer sa porte,
Quand Besme, que le diable emporte,
Montant les degrés trois à trois,
Quatre à quatre même, je crois,
Leur crie : Où courez-vous, canailles?
Poltrons, plus poltrons que des cailles,
Marauts qui trahissez le Roi,
Venez prendre exemple de moi.
Aussitôt il tire sa dague,
Et sur Coligny zague, zague,
Il frappe, le larron qu'il est,
Les yeux clos, sans voir ce qu'il fait,
Craignant que son auguste face
Salir ses chausses ne lui fasse.

Bref, le vénérable barbon
Fut accroché par le jambon

Sur un roc voisin de Montmartre,
Plus haut que les clochers de Chartre,
Et son chef au Louvre porté
Pour récréer Sa Majesté.

On a fait plusieurs éditions de la Henriade travestie. Celle de la collection de Cazin est bonne. Qui croirait, en lisant ce poème, que son auteur était sombre, taciturne et atrabilaire?

Le style burlesque a-t-il été connu des Anciens? Ce n'est point l'avis du Père Vavasseur qui a traité ce sujet dans son *De ludicrâ dictione liber in quo tota jocandi ratio ex veterum scriptis estimatur.* Lutetiæ Parisiorum, ap. Seb. Cramoisium, 1658, *in-4°*. Ce savant jésuite composa cet ouvrage à la prière de Balzac, qui était affligé des progrès que faisait le burlesque sous les Sarasin, les Scarron, les d'Assoucy, etc.; son but fut de prouver que ce style n'ayant jamais été employé par les Anciens, c'était une raison suffisante pour le proscrire chez les Modernes. Il est certain qu'on ne trouve rien qui en approche chez les écrivains anciens, même les plus satiriques, tels qu'Aristophane, Ménandre, Plaute, Térence, Lucien, Apulée et Pétrone. Cependant, quelques-uns prétendent que du temps de Ptolémée, fils de Lagus, un certain poète avait écrit dans ce style, des sujets sérieux de tragédies; nous ignorons jusqu'à quel point cette assertion est fondée; mais ce que nous pouvons assurer, c'est qu'il existe deux petits écrits du IVe siècle, qui sont vraiment dans le genre burlesque : on les trouvera dans notre *Choix* de *Testaments, anciens et modernes, remarquables par leur importance, leur singularité et leur bizarrerie.* Paris, 1829, 2 *vol. in-8°*. L'un de ces écrits est intitulé *Testamentum ludicrum Sergii Polensis*, voy. tom. 11, pp. 239-245; et l'autre est le *Testamentum ludicrum Grunnii Corocottæ porcelli*, pp. 245-255; celui-ci est beaucoup plus connu que le précédent. — Ne pourrait-on pas aussi placer au rang des pièces burlesques la *Batracomyomachie* du divin Homère, l'*Apokolokyntose* de Sénèque, le *Misopogon* de Julien? — Au reste, ces légères productions isolées ne prouveraient point que ce genre ait été cultivé chez les Anciens, du moins de la même manière qu'il l'a été et qu'il l'est chez les Modernes, surtout en France et en Italie.

Naudé a parlé du burlesque dans son *Mascurat*, pag. 210 et suivantes. On y trouve des choses singulières tant sur le style burlesque des Français que sur celui des Italiens. A la pag. 220 et suivantes, il examine si la poésie burlesque était en vogue chez les Latins. Il distingue quatre espèces de poésies latines burlesques, tant anciennes que modernes. Malgré cela, on est assez d'avis que ce genre de poésie n'a presque point été cultivé chez les Anciens.

DES CENTONS.

On appelle centon un morceau de poésie composé d'hémistiches de vers, de vers entiers ou de passages empruntés d'un ou de plusieurs auteurs. Le mot centon vient du grec, *kentrŏn*, (en latin *cento*), qui signifie habit fait de divers morceaux. Ce mot est formé de *kentéô*, piquer, parce qu'il fallait beaucoup de points d'aiguille pour coudre ces sortes d'habits rapetassés (1), *vestis è variis pannis consarcinata*. Ausone a prescrit des règles pour composer des centons. Il faut prendre, dit-il, des morceaux détachés du même poète ou de plusieurs; on peut partager un vers, et en lier la moitié à une autre moitié prise ailleurs, ou employer le vers tout entier; mais il n'est pas permis d'insérer deux vers suivis et pris dans le même endroit (2). Le même Ausone a composé un centon obscène, intitulé *Cento nuptialis*, qui est puisé entièrement dans le chaste Virgile, et qui commence par ces vers :

5. E. 304. Accipite hæc animis, lætasque advertite mentes,
11. E. 291. Ambo animis, ambo insignes præstantibus armis, etc.

Il finit par ceux-ci :

3. E. 493. Vivite felices; * dixerunt, currite, fusis, 4. B. 46.
Concordes stabili fatorum numine Parcæ.

On prétend qu'Ausone a témoigné du regret d'a-

---

(1) Les soldats romains se servaient de *centons* ou vieilles étoffes ramassées, pour s'en faire des plastrons qui les garantissaient des traits des ennemis.

(2) Variis de locis, sensibusque diversis, quædam carminis structura solidatur, in unum versum ut coeant aut cæsi duo, aut unus et sequens cum medio; nam duos junctim locare ineptum est, et tres, unâ serie, meræ nugæ...... sensus diversi ut congruant; adoptiva quæ sunt, ut cognata videantur; aliena ne interluceant; hiulca ne pateant. Ausonius, *Paulo epistola quæ prælegitur antè* Idyll. xiii.

voir fait ce centon, et qu'il ne l'avait composé que par ordre de l'empereur Valentinien, qui, selon lui, s'était aussi amusé à cette sorte de jeu.

Je préviens que les centons que je rapporterai dans cet article, sont tirés de Virgile; l'E signifie Enéide, le G, Géorgiques, et le B, Bucoliques.

Proba Falconia, femme d'Anicius Probus, au quatrième siècle (1), a composé un centon, qui a été publié sous ce titre : *Probæ Falconiæ vatis clarissimæ, à divo Hieronymo comprobatæ, centones, de fidei nostræ mysteriis, e Maronis carminibus excerptum opusculum.* Lugduni, 1516, in-8°, *Parisiis; apud Ægidium Gorbinum*, 1576, in-8° de 27 feuillets, et *Parisiis, apud Franciscum Stephanum*, 1543.

Voici quelques vers de ce centon ; il s'agit de la défense que Dieu fit à Adam et à Eve de toucher au fruit défendu. Proba Falconia fait parler le Seigneur en ces termes, au chap. XVI :

2. E. 712. Vos, famuli, quæ dicam animis advertite vestris :
2. 21. Est in conspectu * ramis felicibus arbos, 2. G. 81.
7. 692. Quam neque fas igni cuiquam nec sternere ferro,
7. 608. Relligione sacrâ * nunquam concessa moveri. 3. E. 700.
11. 591. Hâc quicumque sacros * decerpserit arbore fœtus, 6. 141.
11. 849. Morte luet meritâ, * nec me sententia vertit ; 1. 241.

---

(1) Voici ce qui est dit de cette savante et pieuse dame, dans l'*Index auctorum* BIBLIOTH. PATR. tom. I.

PROBA FALCONIA, uxor non Adelphi proconsulis, ut scribit Isidorus, sed Anicii præfecti prætorio, postea consulis, mater Probini, Olibrii, et Probi, similiter consulum, de quâ multa Hieronymus epistola VIII, et Baronius, tom. IV et V *Annalium*, scripsit Virgilio-centones qui extant, fol. 1218. Floruit non sub Theodosio juniore, ut vult Sixtus senensis, sed sub Gratiano.

2. G. 315. Nec tibi tam prudens quisquam persuadeat auctor

8. B. 48. Commaculare manus. * Liceat te voce moneri 3. 461.

3. G. 216. Fœmina, nullius te blanda suasio vincat,

1. 168. Si te digna manet divini gloria ruris.

Lelio Capilupi, né à Mantoue comme Virgile, a surpassé Ausone et Proba dans l'art de décomposer et de recoudre les vers de son compatriote. On lui doit un *Cento Virgilianus de vita monachorum quos vulgò fratres appellant*. Romæ, 1575, *in-8°*, ou Venise, 1550, même format. On regarde cette pièce comme inimitable. Il a encore fait un centon contre les femmes, qui a paru également à Venise, en 1550, *in-8°* (1). Deux de ses frères, Hippolyte et Jules, ont, comme lui, excellé dans l'art de faire des centons ; on a recueilli leurs poésies sous ce titre : *Capiluporum carmina*, Romæ, 1590, *in-4°*. Ce volume est rare, selon Clément. Les poésies d'Hippolyte Capilupi ont paru à Anvers, chez Plantin, en 1574, *in-4°*.

Nous ignorons le nom de l'auteur du centon suivant ; c'est une *prière à Dieu*, tirée de l'Énéide ; le choix des fragments eût pu être meilleur :

---

(1) On dit que ces centons furent rassemblés par Antoine Possevin (depuis jésuite), qui, étant alors fort jeune, en donna à Rome, sous le pontificat de Jules III, une belle édition *in-4°*, dont, par politique, autant que par bienséance, il ne marque ni le lieu ni la date.

Le centon contre les moines a été inséré dans un recueil imprimé à Bâle, en 1556, *in-8°*, sous le titre *Varia doctorum piorumque virorum de corrupto ecclesiæ statu poemata*, etc. On le trouve encore dans le tome II des *Mémoires de Littérature de Sallengre*, Rotterdam, 1718, *in-12*.

Salve, sancte parens (1) superi regnator Olympi (2),
Ad te confugio et supplex tua numina posco (3),
Aspice nos (4), nostrumque leves *Rex magne* laborem (5),
Eripe *meque* malis (6), et si pietate meremur (7),
Da deinde auxilium, *genitor* (8); *tua magna* voluntas (9),
Imperium sine fine (10) tuum laudesque manebunt (11).

Ce centon n'est pas d'une grande exactitude, car les mots soulignés ont été substitués par l'auteur à ceux de Virgile, qui le gênaient soit pour le sens ou pour quelqu'autre motif.

Etienne de Pleurre, chanoine régulier de Saint-Victor de Paris, a travaillé dans le même genre que Proba Falconia ; c'est-à-dire qu'il a écrit la vie de Jésus-Christ en centons. Son ouvrage a été publié sous le titre suivant : *Stephani Pleurrei Æneis sacra continens acta Domini* N. J. C. *et primorum martyrum, Virgilio-centonibus conscripta*. Parisiis, apud Adrianum Taupinart, 1618, *in-4°*. Les deux docteurs de Sorbonne, qui ont approuvé ce livre, ont eu soin de dire que cet auteur a fait des couronnes à J. C. et aux saints martyrs, avec l'or de l'idole de Moloch. Voici quelques vers de ce centon ; ils sont relatifs à l'adoration des Mages :

6. E. 255. Ecce autem, primi sub lumina solis et ortus,

---

(1) Liv. V, vers 80.
(2) Liv. II, v. 779.
(3) Liv. I, v. 670.
(4) Liv. II, v. 690.
(5) Liv. I, v. 334.
(6) Liv. VI, v. 365.
(7) Liv. II, vers 690.
(8) Liv. II, v. 691.
(9) Liv. XII, v. 647.
(10) Liv. I, v. 283.
(11) Liv. I, v 613.

2. E. 694. Stella facem ducens multa cum luce cucurrit,
5. E. 526. Signavitque viam * cœli in regione serena. 8. E. 528.
8. E. 330. Tum reges * (credo quia sit divinitùs illis 1. G. 415.
1. G. 416. Ingenium, aut rerum fato prudentia major)
7. E. 98. Externi veniunt, * quæ cuique est copia, læti, 5. E. 100.
11. E. 333. Munera portantes : * molles sua tura Sabæi, 1. G. 57.
3. E. 464. Dona dehinc auro gravia, * myrrhaque madentes, 12. E. 100.
9. E. 659. Agnovere Deum * regem regumque parentem. 6. E. 765.
1. G. 418. Mutavere vias, * perfectis ordine votis. 3. E. 548.
6. E. 16. Insuetum per iter, * spatia in sua quisque recessit. 12. E. 129.

Nous ne prolongerons pas cette citation ; elle suffit avec les pièces rapportées précédemment, pour donner une idée de ce genre de poésie. Quant aux centons français, on n'y réussirait pas aussi bien que dans les centons latins. J'en ai vu un échantillon qui me porte à croire que le latin est bien préférable. On dit quelquefois un centon d'Homère, un centon de Virgile, pour dire, un centon composé des vers de ces poètes, comme on dit aussi le centon d'Ausone, pour dire celui dont nous avons parlé, et dont Ausone est auteur.

Souvent on étend la dénomination de centon aux ouvrages en prose, composés de morceaux dérobés. C'est ainsi que les *Politiques* de Juste Lipse ne sont que des centons auxquels il n'a ajouté que des conjonctions et des particules.

On peut également regarder comme centons quelques ouvrages ingénieux qui ont paru en prose pendant le cours de la Révolution, tels que *Essais sur l'Histoire de la Révolution française, par une société d'auteurs latins* (M. Héron de Villefosse, ingénieur en chef des mines); *nouvelle édition, précédée de quel-*

ques *réflexions sur les principes de la philosophie moderne, extraites du Discours préliminaire des trois Siècles de la littérature française, et augmentée de citations extraites des ouvrages de plusieurs écrivains français et autres.* Romæ, propè Cæsaris hortos, (Paris) 1803, *in*-8° de *xxiv*-112 *pages.* Ce volume curieux est composé de morceaux tirés de Cicéron, Salluste, Tite-Live, V. Paterculus, Tacite, Pline, Suétone, C. Népos, etc., qui, choisis et réunis, forment une véritable histoire de la Révolution. Le texte est en regard du français. On a encore le *Plaidoyer de Lysias contre les membres des anciens comités de salut public et de sûreté générale,* (par M. Dupont de Nemours). Paris, an III de la République, in-8° *de 34 pages;* ainsi que *C. C. Tacite, historien du Roi, de Madame, de Buonaparte, de la Charte, des Fédérés, des Pairs,* etc. Paris, 1815, in-8° de 31 *pages.* Mais l'ouvrage le plus piquant qui ait paru dans ce genre, est l'*Oraison funèbre de Buonaparte, par une société de gens de lettres* (M. Beuchot); *prononcée au Luxembourg, au Palais-Bourbon, au Palais-Royal et aux Tuileries. Quatrième édition, aux dépens des auteurs.* Paris, 1814, in-8° *de 39 pages.* Tels sont les différents centons en prose qui ont paru dans ces derniers temps et dont nous avons recueilli les titres; peut-être en existe-t-il davantage.

Nous n'avons pas besoin de dire que la poésie française se refuse entièrement à fournir, comme la poésie latine, des lambeaux de vers dont on puisse former des centons. Le génie de notre langue s'y oppose ; et rien ne serait plus pitoyable qu'une semblable macédoine qui annoncerait dans son auteur aussi peu de goût que d'imagination. Aussi les plus intrépides partisans de ces *nugæ difficiles* qui font l'objet de la présente poétique, n'ont jamais pensé à composer un centon en vers français.

DES CHRONOGRAMMES.

Le chronogramme, ou chronographe, est une suite de plusieurs mots qui présentent un sens, et qui sont tellement choisis, que toutes les lettres numérales qui s'y trouvent forment la date que l'on désire. Chronogramme vient du grec *chronos*, temps, et *gramma*, lettre, c'est-à-dire, caractère qui marque le temps. Les chiffres romains, ou lettres numérales, sont composés des caractères suivants : I ou un, V ou cinq, X ou dix, L ou cinquante, C ou cent, D ou cinq cents, et M ou mille.

Ainsi ce vers phaleuque,

stVLtVM est DIffICILes habere nVgas,

publié en 1718, est un chronagramme qui porte sa date avec lui. On y trouve V L V M D I I C I L V, qui, mis par ordre des nombres les plus forts, donnent M. DCLL. VVVIII, c'est-à-dire, M mille, D cinq cents, C cent, deux LL qui font chacune cinquante, ou cent pour les deux ; trois V qui font chacun cinq, ou quinze ; et trois I qui font trois.

Toutes ces sommes additionnées donnent 1718, qui est l'année de la publication du vers

> Stultum est difficiles habere nugas.

L'origine des chronogrammes remonte très-haut. Dans l'église de Saint-Pierre à Aire, on lisait sur une vître :

> bIs septeM præbendas, VbaLdVIne, dedIstI,

ce qui dénote l'année M. LVV. IIII ou M. LX. IIII, 1064. L'auteur qui me fournit cette note n'a point compris les deux II de *dedisti* au nombre des lettres numérales, de sorte que la date est 1062. Il n'y est pas question du D, parce que cette lettre n'était pas alors reconnue numérale; elle ne l'était pas encore en 1465, au temps de la bataille de Montlhéri, comme le prouve ce chronogramme français : *à CheVaL, à CheVaL, gendarMes, à CheVaL*; ni même en 1485, ainsi qu'on le voit dans un autre chronogramme français. Ce n'est que depuis 1574, que l'on a appelé chronogramme cette manière de dater; et les premiers vers qui ont porté ce nom ont été faits pour l'élection d'Étienne, roi de Pologne. Avant ce temps, on les appelait *vers numéraux*, ou *numéraires*.

Tabourot, dont nous avons déjà parlé, a fait quelques recherches sur les chronogrammes. On les a employés, dit-il, de deux manières : la première consistait à se servir simplement des lettres numérales, pour marquer l'année d'un événement, après quoi chacun donnait à ces lettres le sens qu'il voulaït, comme dans ce milliaire M. CCCC. LX, posé par Léon X, sur une pierre d'attente, pour marquer l'année de son avénement au pontificat. Des malins interprètent ainsi ces lettres numérales :

Multi Cardinales Cæci Crearunt Cæcum Leonem Decimum (1).

La seconde espèce de chronogramme est celle qui est renfermée dans une sentence, dont les lettres numérales marquent une année. Des Accords ne fait remonter les chronogrammes qu'aux derniers ducs de Bourgogne ; mais nous avons prouvé par celui de 1062 ou 64, rapporté ci-dessus, qu'ils remontent beaucoup plus haut. On a publié à Bruxelles, en 1718, une *Dissertation analytique sur les chronographes*. Passons à quelques exemples différents de ceux que nous avons déjà cités. Voici un chronogramme qui a été fait par Claude Godart, sur la naissance de Louis XIV, arrivée le 5 septembre (1638), jour où se fait la conjonction de l'aigle et du cœur du lion :

eXorIens DeLphIn, aqVILæ CorDIsqVe LeonIs
CongressV, gaLLos spe LætItIaqVe refeCIt.

Le Dauphin naissant, l'aigle et le cœur du lion

---

(1) Nous rapportons cet exemple tel que nous l'avons trouvé dans Tabourot, qui s'est trompé ; car Jean de Médicis est monté sur le trône pontifical sous le nom de Léon X, le 5 mars 1513. Nous avons lu ailleurs cette anecdote racontée différemment. On demandait à Speroni ce que signifiaient ces lettres numérales MCCCLX, gravées sur la porte du palais du pape ; il répondit : *Multi Cardinales Cæci Crearunt Leonem Decimum*, parce que Léon X était encore jeune lorsqu'on l'éleva au Saint-Siége.

étant en conjonction, a ranimé l'espérance et la joie des Français.

On trouve dans ce chronogramme :

huit I.	8
quatre V.	20
un X.	10
six L.	300
trois C.	300
deux D.	1000

Le total de tous ces nombres donne l'année 1638.

Il existe une manière secrète d'écrire, qui se rapproche un peu du chronogramme, quoiqu'il n'y soit pas question de date ; elle consiste à prendre, dans une ou plusieurs phrases, une lettre de chaque mot ; la réunion de toutes ces lettres forme un sens différent de celui que présente la phrase entière ; par exemple : *Visita Interiora Terræ, Reperies Intus Occultum Lapidem, Veram Medicinam.* Toutes ces lettres majuscules donnent le mot VITRIOLUM, qui est caché dans cet avis rédigé par les anciens chimistes, qui affectaient du mystère dans toutes leurs opérations. On sait que le vitriol était regardé par eux, comme le principe essentiel de leurs découvertes.

On a caché cet avis-ci : *Hac nocte post XII veniam ad te circà januam quæ ducit ad hortum, ubi me expectabis ; age ut omnia sint parata,* dans l'exhortation suivante, où tous les mots à lettres secrètes sont entremêlés avec d'autres qui n'en ont pas : *Humanæ salutis Amator qui Creavit omnia Nobis indixit Obedientiam mandatorum Cui omnes Tenemur obedire Et obsequi ; Præmium sanctæ Obedientiæ erit Sempiterna felicitas Timentibus deum*, etc. Il serait trop long de rapporter cette exhortation en entier.

Roger Bacon, dans son livre des sept chapitres, cacha le mot JUPITER dans les lettres initiales suivantes : *In Verbis Præsentibus Invenies Terminum Exquisitæ Rei*.

CONTREPETTERIE.

La contrepetterie (terme dont s'est servi un vieil auteur) consiste à transposer la première lettre de deux mots, ce qui arrive fréquemment à ceux qui parlent avec trop de volubilité ; mais pour qu'elle soit exacte, il faut que la phrase ait toujours un sens, quelque ridicule qu'il soit. Ainsi l'on dira :

Le *Caire* se *Mouche* pour le *Maire* se *Couche*. *Sot Pale* pour *Pot Sale*. *Tout Gueux* pour *Goutteux*. *Fort de Main* pour *Mort de Faim*. On disait à un ivrogne qui s'était ruiné par son ivrognerie : Vous avez *Vendu votre Terre* pour avoir trop *Tendu votre Verre*.

Je me serais bien gardé de parler de ce genre ridicule et détestable, qu'on appelle aussi ANTISTROPHE, si quelquefois on ne l'avait appliqué à la poésie. Mais dans ce cas-ci, ce ne sont pas les premières lettres des mots que l'on change de place, mais les mots eux-mêmes. Ces sortes de contrepets consistent ordinairement dans une petite pièce de six ou de huit vers, parmi lesquels il s'en trouve un répété trois ou quatre fois, mais dont les trois ou quatre mots qui le composent sont à chaque fois dans un ordre différent. En voici quelques exemples : le premier nous est fourni par les protestants, qui s'exprimèrent ainsi sur la mort inopinée de leurs persécuteurs Henri II, François II, rois de France, et Antoine, roi de Navarre :

> Par l'oreille, l'œil et l'épaule
> Dieu fit mourir trois rois en Gaule.
> Par l'épaule, l'oreille et l'œil
> Dieu a mis trois rois au cercueil.
> Par l'épaule, l'œil et l'oreille
> Dieu nous fit voir mainte merveille.

Le second est contre les protestants.

> Luther, Viret, Bèze et Calvin
> Ont renversé l'esprit divin.
> Bèze, Calvin, Luther, Viret
> Sont moins au Christ qu'à Mahomet.
> Calvin, Luther, Viret et Bèze
> Ont mis le monde mal à l'aise.
> Viret, Bèze, Calvin, Luther
> Et les leurs iront en enfer.

Le troisième exemple est dirigé contre quatre Papes qui n'ont pas été amis de la France :

> Paule, Léon, Jules, Clément
> Ont mis notre France en tourment.
> Jules, Clément, Léon et Paule
> Ont pertroublé toute la Gaule.

Paule, Clément, Léon et Jules
Ont beaucoup gagné par leurs bulles.
Jules, Clément, Paule, Léon
Ont fait de maux un million.

On voit par ces différents exemples combien cette sorte de poésie est mauvaise, d'autant plus qu'elle tient presque toujours à la satire, genre détestable qu'il serait à désirer que l'on bannît de la littérature.

DES VERS CORRÉLATIFS.

Ces vers consistent dans les rapports identiques que certains mots ont avec d'autres mots du même vers ; ainsi dans le distique suivant sur les moyens à employer pour plaire à chacun, dans le siècle où nous vivons :

Temporibus nostris quicumque placere laborat
Det, capiat, poscat plurima, pauca, nihil.

On voit que *plurima* est le régime de *det* ; *pauca*, le régime de *capiat* ; et *nihil*, le régime de *poscat*. En effet, voulez-vous être agréable à tout le monde dans la société ? Donnez beaucoup, recevez peu et ne demandez rien ; vous serez un homme charmant.

DES VERS COURONNÉS.

Dans ces vers il y a une ressemblance pour la rime, du dernier mot du vers avec une partie de celui qui le précède immédiatement dans le même vers. Marot a fait dans ce genre une pièce où l'on trouve les vers suivants :

>La blanche Colombelle belle,
>Souvent je vois priant, criant :
>Mais dessous la cordelle d'elle
>Me jette un œil friant, riant,
>Et me consommant, et sommant,
>A douleur qui ma face efface :
>Dont suis le réclamant amant,
>Qui pour l'outrepasse trespasse.

DES VERS DÉCILNÉS.

Ce sont des vers latins assez ridicules et fort rares, dans lesquels un nom se trouve décliné dans tous ses cas. On en voit un exemple dans un distique qui nous a été conservé par un certain Cottunio. Ce distique a rapport à la mort de Jésus-Christ. Le premier vers est décliné.

>Mors mortis morti mortem nisi morte dedisset,
> Cœlorum nobis janua clausa foret.

Mais nous avons trouvé dans un vieux recueil

d'inscriptions, daté de 1593, un quatrain qui commence par le premier vers du distique précédent, et qui est ainsi conçu :

Mors mortis morti mortem si morte dedisset,
Hic foret in terris aut integer astra petisset;
Sed quia dissolvi fuerat sic juncta necesse,
Ossa tenet saxum, proprio mens gaudet inesse.

V. F. Obiit anno Christi 1309
septimo die intrante martio.

On voit que ce quatrain ne convient plus à Jésus-Christ, mais à l'homme. Et comme l'auteur vivait en 1309, il est possible que Cottunio lui ait dérobé son premier vers pour en faire son distique, qui d'ailleurs est très-bien.

DES VERS EN ÉCHO.

On appelle écho une pièce de poésie dans laquelle le dernier mot ou la dernière syllabe de chaque vers se répète, et forme un sens avec le vers entier. Ménage prétend que les Anciens ne connaissaient point ce petit genre de poésie ; cependant il y a apparence que les Grecs et les Latins en ont fait. Martial, dans son épigramme 86 du livre 2, donne à entendre par ces mots : *Nusquam Græcula quod recantat Echo,* qu'il y avait des poètes latins, de son temps, qui faisaient des échos, et que cette invention venait des Grecs. Il se moque, dans cette épigramme, de ces sortes de jeux, et dit qu'on ne trouvera rien de tel dans ses poésies. Planude, liv. 4, c. 10 de l'*Anthologie*, rapporte un écho de Gauradas, poète peu connu, mais ancien, comme le croit Politien dans ses *Mélanges*. Le mot équivoque *coeamus*, auquel Ovide, liv. 3 des *Métamorphoses*, fait répondre Echo si volontiers à Narcisse, a été plaisamment et malicieusement imité par le poète Richer, dans son *Ovide bouffon*. Voyez aussi l'épigramme de Léonidas, liv. 3 de l'*Anthologie*, C. 6, et le Père Sirmond, sur l'*Epître* II du livre 8 de Sidonius Apollinaris. On trouve plus de cent vers, en écho, à la fin du second livre du burlesque *poème de la Magdeleine*, par le Père Pierre de Saint-Louis, carme. Pélisson a fait un écho sur la prise de Valenciennes : comme il n'est ni aussi long, ni aussi ridicule que la tirade du révérend Père carme, nous allons le citer ici :

Toujours au milieu du salpêtre	*être,*
Percer partout comme un éclair	*l'air,*
Ne se plaire qu'où la trompette	*pette,*
De bon œil les soldats qui font bien leur devoir	*voir,*
Rencontrer toujours la fortune	*une,*
Porter un faix de soins dont on verrait Atlas	*las,*
Et trouver les vertus même dans les rebelles	*belles,*
C'est ternir les héros passés	*assez,*
Et servir aux futurs d'exemple	*ample.*
Que par ce conquérant vous serez embellis,	*lys!*
Son nom quoiqu'éclatant, bien moins que sa personne	*sonne ;*
Chacun prendra de lui, charmé de ses exploits,	*lois ;*
Quiconque à les louer employer vers ou prose	*ose,*
Ignore qu'on y voit les plus brillants esprits	*pris.*

Nous rapportons un sonnet sur le même sujet à l'article *Acrostiche*.

On cite, comme pièce d'une naïveté charmante, le dialogue composé par Joachim Dubellay, entre un amant qui interroge l'écho, et celui-ci qui lui répond.

Voici cette pièce, dont tous les vers ne sont pas en écho; nous la rapportons en entier et copiée littéralement dans les *OEuvres de Dubellay*, Lyon, 1575, *in*-8°, p. 167, pour que l'on puisse apprécier maintenant les éloges qu'on lui a donnés dans le temps.

Piteuse Echo qui erres en ces bois,
Respon au son de ma dolente uoix.
D'où ay-ie peu ce grand mal conceuoir,
Qui m'oste ainsi de raison le deuoir ?   *De uoir.*
Qui est l'auteur de ces maulx auenus ?   *Venus.*
Comment en sont tous mes sens deuenus ?   *Nuds.*
Qu'estoy-ie auant qu'entrer en ce passage ?   *Sage.*
Et maintenant, que sens-ie en mon courage ?   *Rage.*
Qu'est-ce qu'aymer et s'en plaindre souuent.? *Vent.*
Que suis-ie doncq' lorsque mon cœur en fend ? *Enfant.*
Qui est la fin de prison si obscure?   *Cure.*
Dy moy quelle est celle pour qui i'endure?   *Dure.*
Sent-elle bien la douleur qui me poingt?   *Point.*
O que cela me uient bien mal à poinct.
Me faut-il doncq' (ô débile entreprise)
Lascher ma proye auant que l'auoir prise ?
Si uault-il mieux auoir cœur moins hautain,
Qu'ainsi languir sous espoir incertain.

Etienne Pasquier a rapporté cette pièce dans ses *Recherches*, 1665, *in-fol.*, pag. 644, et il y a ajouté plusieurs échos de sa façon.

Nous donnerons encore en exemple quatre de ces

sortes de vers qui ne valent pas mieux que ceux que nous venons de rapporter :

Nos yeux par ton éclat sont si fort éblouis,   *Louis,*
Que lorsque ton canon qui tout le monde étonne,   *tonne,*
D'un si profond respect nous nous sentons épris,   *pris,*
Que ton seul nom partout, ton bras et ta personne   *sonne.*

On voit que ces puérilités annoncent aussi peu de goût, qu'elles sont difficiles à composer. Elles étaient fort en vogue sous François 1er et sous Henri II. Ronsard et ses successeurs s'y sont distingués; mais depuis le siècle de Louis XIV, le bon goût a fait justice de ces bagatelles laborieuses. Il faut cependant avouer que le gentil Panard a tiré fort bon parti de ce jeu de mots dans l'un de ses vaudevilles, dont je vais rapporter quelques couplets, comme étant ce qu'il y a de plus supportable dans ce genre :

Quand de ses feux un jeune cœur,
    D'un ton flatteur,
    Vous assure,
Croyez-moi, répondez toujours
    A ses discours,
    Turelure.
Mettez-vous bien cela
    Là,
Jeunes fillettes :
Songez que tout amant
    Ment
Dans ses fleurettes.

Mon cœur, sensible et délicat,
    Veut un contrat
    Pour se rendre :

C'est un trompeur que Cupidon,
Et la raison
Sut m'apprendre
Qu'on n'a de ce vaurien
Rien,
Quand la bergère
Donne à quelque garçon
Son
Cœur sans notaire.

Le financier est libéral ;
Mais il dit mal
Ce qu'il pense.
Le robin parle joliment ;
Mais rarement
Il pense.
Pour mieux plaire, un plumet
Met
Tout en usage ;
Mais on trouve souvent
Vent
Dans son langage.

Paris est un séjour charmant,
Où promptement
L'on s'avance.
Là, par un manège secret,
Le gain qu'on fait
Est immense ;
On y voit des commis
Mis
Comme des princes,
Après être venus
Nus
De leurs provinces.

On peut regarder la rime empérière comme un

double écho, ainsi qu'on le voit par cet exemple tout à fait insignifiant :

> Prenez en gré mes imparfaits   *faits, faits,*
> Bénins lecteurs très-diligents   *gens, gens.*

Cet exemple est tiré de la *Controverse du sexe masculin et féminin*. Il prouve, ainsi que le suivant :

> Qu'es-tu? qu'une immonde, monde, onde.

combien ce genre de vers est ridicule.

DES VERS ENCHAINÉS.

On appelle ainsi les vers qui ont une espèce de gradation de mots et de sens d'un vers au suivant, comme dans ce fragment de Marot :

> Dieu des amants, de mort me garde :
> Me gardant, donne moy bon heur :
> En le me donnant, prens ta darde :
> En la prenant, navre son cueur :
> En le navrant, me tiendras seur :
> En seurté suivray l'accointance :
> En l'accointant, ton serviteur
> En servant aura jouissance.

DES VERS ENJAMBÉS.

Il est difficile d'imaginer quelque chose de plus ridicule que ces lignes, car on ne peut pas donner le nom de vers à des mots réunis et estropiés pour y trouver une espèce de rime. Nous ne les citons que pour faire voir qu'il n'y a pas de folies et d'extravagances qui n'aient passé par la tête de quelques écrivailleurs.

> Le dieu charmant qui règne à Cy-
> thère voudrait que son offi-
> ce fût tendrement fait aujour-
> d'hui, par l'élite de ses cour-
> tisans, qui pour de bonnes rai-
> sons s'assemblent dans votre mai-
> son, à l'effet de se diver-
> tir et de fredonner un air.
> Les assistants feront grand ca-
> rillon pour célébrer la pa-
> tronne, dont la sublime ver-
> tu sert tous les jours à vous per-
> fectionner, tant pour vos a-
> mis, que pour votre excellent ma-
> ri qui vous donnera pour bou-
> quet un agréable bijou.

DES VERS ÉQUIVOQUES.

Ce genre de poésie est tel, que les dernières syllabes de deux vers, quoique ayant le même son, ont cependant une autre signification. C'est encore Marot qui va nous fournir un exemple de ce pitoyable genre :

> En m'esbatant je fay rondeaux en rime,
> Et en rimant bien souvent je m'enrime.

Brief, c'est pitié d'entre nous rimailleurs,
Car vous trouvez assez de rime ailleurs,
Et quand vous plaist, mieux que moy rimassez,
Des biens avez et de la rime assez :
Mais moy avec ma rime et ma rimaille,
Je ne soustiens (dont je suis marry) maille.
Or, ce me dit un jour quelque rimart :
Viença, Marot, trouves-tu en rime art,
Qui serve aux gens, toy qui as rimassé?
Ouy vrayement (dis-je) Henry Macé :
Car vois-tu bien la personne rimante,
Qui au jardin de son sens la rime ente,
Si elle n'a des biens en rimoyant,
Elle prendra plaisir en rime oyant :
Et m'est advis que si je ne rimois, (1)
Mon pauvre cœur ne seroit nourry mois
Ne demy jour : car la moindre rimette
C'est le plaisir où faut que mon ris mette :
Si vous supply qu'à ce jeune rimeur
Faciez avoir un jour par sa rime heur,
Afin qu'on die en prose ou en rimant,
Ce rimailleur qui s'alloit enrimant,
Tant rimassa, rima, et rimonna,
Qu'il a cogneu quel bien par rime on a.

---

(1) Du temps de Marot, et longtemps après lui, on prononçait encore je *rimois,* j'*allois,* j'*aimois,* et non pas je *rimais,* j'*allais,* j'*aimais.* Boileau, lui-même, a dit dans son *Art poétique :*

> Durant les premiers ans du Parnasse françOIS,
> Le caprice tout seul faisoit toutes les lOIS.

DES VERS FRATERNISÉS.

Ce sont ceux où le dernier mot du vers doit être répété tout entier ou en partie au commencement du vers suivant, soit dans un sens équivoque, soit d'une autre manière ; par exemple :

> Mets voile au vent, cingle vers nous, Caron,
> Car on t'attend ; puis quand seras en tente ;
> Tant et plus boy *bonum vinum charum*
> Qu'aurons pour vray ; donques sans longue attente
> Tente tes piedz à si decente sente,
> Sans te facher ; mais en sois content, tant
> Qu'en ce faisant nous le soyons autant.

On voit par cet exemple de poésie surannée, combien est pitoyable, et combien a peu duré ce genre ridicule, puisqu'on n'en pourrait pas trouver d'exemples dans nos poètes modernes. La rime annexée est à peu près la même que la fraternisée ; il suffit pour cette rime que la dernière syllabe soit répétée comme dans ces vers de Marot :

> Dieu gard ma maistresse et regente
> Gente de corps et de façon ;
> Son cueur tient le mien en sa tente
> Tant et plus d'un ardent frisson ;
> S'on m'oit pousser sur ma chanson,
> Son de luts, ou harpes doucettes,
> C'est espoir qui sans marrisson (1),
> Songer me fait en amourettes.

---

(1) *Marrisson*, vieux mot qui signifie peine, chagrin, douleur.

Autre exemple :

>Pour dire vray, au temps qui court,
>Cour est un périlleux passage ;
>Pas sage n'est qui va eb cour :
>Cour est son bien et advantage ;
>Avant aage y faut le courage ;
>Rage est sa paix, pleurs ses soulas ;
>Las ! c'est un très piteux mesnage ;
>Nage autre part pour tes esbats.

Les Anciens appelaient cette espèce de vers *anadiplosis*; on en trouve un assez bel exemple dans Ausone (1) :

>Res hominum fragiles alit, et regit, et perimit fors ;
>Fors dubia, æternumque labens, quam blanda fovet spes ;
>Spes nullo finita ævo, cui terminus est mors ;
>Mors avida, inferna mergit caligine quam nox ;
>Nox obitura vicem remeaverit aurea cùm lux ;
>Lux dono concessa Deûm, cui prævius est Sol ;
>Sol, cui nec furto Veneris latet armipotens Mars ;
>Mars nullo de patre satus, quem Tressia colit gens ;
>Gens infrena virûm, quibus in scelus omne ruit fas ;
>Fas hominem mactare sacris ferus iste loci mos ;
>Mos ferus audacis populi quem nulla tenet lex ;
>Lex naturali quam condidit imperio jus ;
>Jus genitum pietate hominum, jus certa Dei mens ;
>Mens quæ cœlesti sensu rigat emeritum cor ;
>Cor vegetum mundi instar habens, animæ vigor ac vis ;
>Vis tamen hic nulla est, verum est jocus et nihili res.

---

(1) Voy. tom. III, p. 116 des *OEuvres d'Ausone*, traduites par *l'abbé Jaubert*. Paris, 1769 ; 4 vol. *in-*12.

DES VERS LÉONINS.

Les léonins sont des vers latins (1) que l'on fait rimer tant à l'hémistiche qu'à la fin du vers, comme dans :

> Omnibus est no*tum* quod summè diligo po*tum* ;
> Si possem, vel*lem* pro potu ponere pel*lem*.

Ou bien dans :

> Per mare, per ter*ram* currit Germanus ad of*fam*.
> Vilis aqua et pa*nis* potus et esca ca*nis*.

On trouve beaucoup de vers léonins dans les poésies anciennes, dans les proses et dans les hymnes ; mais ils sont de mauvais goût, et depuis long-temps on les a bannis de la poésie latine. Il en est échappé quelques-uns à Virgile et à Horace (2).

---

(1) Je ne parle pas des léonins français, qui sont des vers défectueux, et qui par conséquent sont proscrits.

(2) Ce passage a été relevé dans le *Journal des Débats* du 5 janvier 1824, où l'on a rendu compte de la première partie de notre ouvrage. Voici comment s'exprime le savant critique sur les vers léonins ; ce fragment de son article est curieux, et quoiqu'il nous condamne, nous le rapportons avec plaisir dans l'intérêt du lecteur et dans le nôtre :

« La plupart des latinistes, dit-il, blâment les vers léonins, et regardent cette rime de la césure avec la fin du vers hexamètre comme un défaut ; toute rime, d'ailleurs, est considérée comme une invention de la barbarie du moyen âge. L'auteur des Amusements philologiques dit formellement que ces vers sont *de mauvais goût*; il ajoute qu'il en est échappé quelques-uns à Virgile et à Horace. Oh! sans doute, et s'il n'en était échappé que *quelques-uns* à ces deux grands poètes, je souscrirais à la réprobation dont on les a frappés ; mais sans parler d'Horace, qui a un peu négligé l'har-

On ne connaît pas l'étymologie du mot *léonin*; les uns le font venir du pape Léon; les autres le font ridiculement dériver du lion, parce qu'il s'ap-

---

monie dans ses satires et dans ses épîtres, se doute-t-on bien du nombre des vers léonins qui sont répandus dans les poëmes de Virgile? On sera peut-être curieux de le connaître. Or, j'affirme que

» les Bucoliques en contiennent. . . . 75
» les Géorgiques. 198   } Total : 924.
» et l'Enéide. 651

» Voilà donc 924 vers léonins dans Virgile; et comme ces trois ouvrages se composent de 12,914 vers, il résulte de ce calcul que sur 14 vers, Virgile en a fait un léonin. Notez encore que je n'ai pas compté les vers dont la césure, bien léonine, est frappée d'une élision qui altère la consonnance quand on veut scander; ainsi j'écarte tous les vers qui ressemblent à celui-ci :

Melle soporatam, et medicatam frugibus offam.

» J'écarte aussi les vers où la césure du troisième pied est suivie de la conjonction *que*, parce que cette syllabe est toujours unie au mot qui précède. Ainsi ce vers :

Stridens, trajectoque hæsit tepefacta cerebro......

ni ses pareils n'entrent point dans mon calcul, et cependant ils ont quelque droit d'y être compris. Les 924 dont j'ai parlé plus haut sont donc bien léonins, sans qu'on puisse leur contester ce caractère. Venons maintenant à la conséquence que je veux tirer de cet exposé.

» Si les vers que nous nommons léonins étaient de mauvais goût, il faudrait avouer que Virgile a fait un mauvais vers sur quatorze, et c'est un aveu qu'on ne m'arrachera jamais.

» Si la consonnance de la césure du troisième pied avec la syllabe finale était une faute, il serait prouvé que le plus parfait des poètes latins est tombé 924 fois dans la même faute, et c'est ce qu'on ne pourra persuader à personne. »

Le critique prouve ensuite, par des exemples, qu'il y a dans l'Enéide plusieurs léonins de suite, que le poète a employé cette sorte de vers à des images gracieuses, touchantes, à des idées grandes et fortes.... Puis il ajoute :

« Vainement me dira-t-on que Virgile n'a pas mis la dernière main à son Enéide, et qu'on doit attribuer à cette cause le grand nombre de léonins qui s'y trouvent. L'objection ne serait pas soutenable, puisqu'il y en a 198 dans

plique à des vers plus élevés que les autres ; enfin, Pasquier croit que ce mot vient de *Léoninus* ou *Léonius*, religieux de Saint-Victor, qui florissait en 1145, sous Louis VII, et qui fit plusieurs de ces vers latins rimés, et même un monorime qu'il dédia au pape Alexandre III (1). Campanella prétend que les vers léonins viennent des Sarasins ; mais je préfère l'opinion de Pasquier. Au reste, je renvoie à la *Rhythmologia leonina ex Godefridi Hagenoensis codice MS. biblioth. univers. Argent. locupletior*, de M. Oberlin. On trouvera dans cette savante dissertation ce que l'on peut désirer sur la poésie léonine, sur ses différents genres, et surtout un grand nombre de vers léonins tirés du manuscrit de ce Godefroi de Haguenau, qui a célébré les six fêtes de la Vierge en quatre mille vers : il était du XIIIe siècle.

---

les Géorgiques qui se composent de 2,188 vers ; ainsi dans ce poëme réputé parfait, il y a un léonin sur onze vers, proportion encore plus forte que dans l'Enéide.

» De cette digression, il faut nécessairement conclure que si les vers léonins ne passaient pas pour une beauté chez les Latins, au moins ils n'étaient pas considérés comme des défauts, ni surtout comme des vers de mauvais goût...... »

Le critique, après avoir encore parlé des poésies d'Horace, également fécondes en léonins, finit par dire que l'on a condamné trop sévèrement cette espèce de vers ; nos lecteurs seront sans doute de son avis ; alors qu'ils modifient ou qu'ils regardent comme non avenue la phrase de notre recueil qui a donné lieu à ces judicieux raisonnements.

(1) Eberhardus Bethuniensis a dit dans son labyrinthe :

Sunt inventoris de nomine dicta Leonis
   Carmina, quæ tali sunt modulanda modo :
« Permutant mores homines, cum dantur honores :
   Corde stat inflato pauper honore dato. »

La poésie française connaît aussi quelques vers léonins, c'est-à-dire, des hémistiches qui riment ensemble, ou un dernier hémistiche qui rime avec le premier d'un vers suivant. C'est, comme nous l'avons déjà dit, un défaut, et nos meilleurs poètes n'en sont pas toujours exempts.

Revenons aux vers léonins latins : on en connaît de différentes espèces. Les uns riment seulement à la fin du vers, comme dans la poésie française, et ne sont pas proprement ce qu'on appelle léonins. En voici un exemple tiré de l'Enéide, liv. I, vers 629.

>Ipse hostis Teucros insigni laude fere*bat*,
>Seque ortum antiqua Teucrorum ab stirpe vole*bat*.

Dans le livre II, v. 576.

>Ulcisci patriam, et sceleratás sumere pœ*nas*.
>Scilicet hæc Spartam incolumis patriasque Myce*nas*.....

On en trouve plusieurs de cette espèce, non seulement dans Virgile, mais dans Lucrèce, Lucain, Juvénal, Claudien, etc.

Les vers léonins les plus simples sont ceux dont les deux hémistiches d'un seul vers riment ensemble, comme dans ceux-ci, qui n'ont pas été faits par un buveur d'eau, et qui sont plutôt inspirés par Bacchus que par Apollon :

>Ad primum morsum si non potavero, *mort* sum ;
>Gaudia sunt nobis maxima dum bibo bis ;
>Ad trinum potum lætus sum, dum bibo totum ;
>Lætificat quartus cor, caput atque latus ;
>In quinto potu vasto potamus hiatu ;
>Dulcis et ipse cibus, dum bibo sex vicibus ;

Potu septeno lætus sum corpore pleno;
 O nos felices octo bibendi vices !
Nona cherubinum pingit potatio nasum;
 Si decies bibero, cornua fronte gero;
Undenaque vice tibi præbibo, dulcis amice;
 Et bis post decies est mihi tota quies;
Postea dico satis, sed cùm potavero gratis
 Tantillum digitum, lætus eo cubitum.

Le vers suivant est encore un léonin ordinaire.

Continet hæc fossa Bedæ venerabilis ossa.

On peut y ajouter ce distique qui était dans un cimetière d'Orléans :

Omnia transibunt, nos ibimus, ibitis, ibunt,
 Ignari, gnari, conditione pari.

Et celui-ci :

Vulpes amat fraudem, lupus agnum, fœmina laudem,
 Vulnus amat medicus, presbyter interitus.

Les deux vers suivants sur le népotisme sont encore des léonins simples :

Dum genitor rerum privavit semine clerum,
 Ad Satanæ votum successit turba nepotum.

Ce distique a sans doute été composé par quelque vieux curé fort ennuyé des visites fréquentes de ses neveux.

On connaît aussi le *Floretus* qui est un recueil de dits moraux en vers léonins, mal à propos attribué à saint Bernard, parce que les fleurs dont il est composé „ semblent tirées des œuvres de ce saint. Il commence ainsi :

Nomine Flore*tus* incipit liber ad bona cœp*tus* :
Semper erit tu*tus* hujus monumenta secu*tus*.

Il y en a une édition de Lyon, 1494, sur laquelle on a fait celles de Cologne, 1501 et 1520.

On appelle vers léonins consonnants et concordants ceux où les hémistiches riment non-seulement entre eux dans chaque vers, mais dans deux ou plusieurs vers de suite, comme dans le poëme de Godefroi d'Haguenau sur la guerre de Guillaume duc de Normandie, contre Harald ; M. Oberlin, qui en a parlé dans sa *Rhythmologia*, en rapporte une longue tirade qui commence ainsi :

> Pluribus est an*nis* Gwilhelmus nomine, ban*nis* (1)
> Dux in Norman*nis*, cui non fuit ulla tyran*nis*.
> Hic vir pacifi*cus* erat et virtutis ami*cus*,
> Fama non modi*cus*, justus, pius atque pudi*cus*. Etc.

Il y a des léonins qu'on peut appeler multipliés, parce que presque tous les mots du vers riment entre eux. En voici un cité par M. Oberlin (2).

> Non nego, nec tego, quod ego, qui rego, cum lego, dego.

On peut mettre encore au nombre des léonins multipliés les vers suivants, dont certaines mesures riment dans le corps de chaque vers et non avec la fin du vers, mais dont les extrémités de chaque vers riment ensemble :

> Æs ego fusi*le*, vas quoque ficti*le*, mando juva*men*
> Ex ope virgi*nis* et fugo grandi*nis* omne grava*men*.

---

(1) *Partibus vel terris.*

(2) M. Oberlin dit en note : *Huic versui intelligendo auctor subjicit ista :* « *Nota quod dictator hujus versus quondam rexit scholas apud summum in Basileâ, à quibus paucos habuit reditus, quia non dabatur sibi quod promissum erat ei ab episcopo; unde scripsit istum versum in superliminari scholarum et rediit ad studium unde venit.* »

Voici d'autres vers du même genre, tirés d'un ouvrage ayant pour titre : *Bernardi Morlanensis, monachi ordinis Cluniacensis, ad Petrum Cluniacensem abbatem qui claruit anno* 1140, *de contemptu mundi, libri* III, *ex veteribus membranis recens descripti.* Bremæ, 1595. C'est un poëme composé de deux mille neuf cent cinquante-six vers de six pieds, dont le dernier seul est un spondée ; les cinq autres sont autant de dactyles. Le second pied rime avec le quatrième, et le dernier mot d'un vers rime avec le dernier mot du vers qui suit, comme dans les précédents. Voici le commencement de ce long poëme :

> Hora novissi*ma*, tempora pessi*ma* sunt, vigile*mus*.
> Ecce minaci*ter* imminet arbi*ter* ille supre*mus*.
> Imminet, immi*net* ut mala termi*net*, æqua coro*net*,
> Recta remune*ret*, anxia libe*ret*, æthera do*net*,
> Auferat aspe*ra*, duraque ponde*ra* mentis onus*tæ*,
> Sobria muni*at*, improba puni*at*, utraque jus*tè* ;
> Ille piissi*mus*, ille gravissi*mus* ecce venit *rex*.
> Surgat homo re*us*, instat homo De*us*, à Patre ju*dex*.

Un ennemi des moines mendiants a fait le distique suivant, qu'il eût été bien injuste de généraliser :

> O mona*chi*, vestri stoma*chi* sunt amphora Bac*chi* ;
> Vos es*tis*, Deus est tes*tis*, teterrima pes*tis*.

Les vers suivants sont encore plus dans le genre des léonins multipliés :

> Tor*te* vi*rum* le*ge*, for*te* sui gre*ge*, stet truce le*ge*.
> Or*te* pi*rum* te*ge*, sor*te* tui re*ge*, sed duce re*ge* (1).

___
(1) Voici comment ces vers sont interprétés : Torte, *id est, tyranne* lege cape forte *rusticum* cum suo grege, *ut* stet *apud te, id est, ut tu eum teneas* dura lege, *id est, duriter*. Horte lege pirum *arborem et* rege eam sorte tua, *id est, fortuna tua*, sed duce *nimirum Deo eam* rege.

Ainsi que ceux-ci :

> Sor*te* superno*rum* fac*tor* li*bri* potia*tur.*,
> Mor*te* superbo*rum* frac*tor* cri*bri* moria*tur.*

Autres du même genre :

> Pauper amabi*lis* et venera*bilis* est benedic*tus*,
> Dives inuti*lis* insatia*bilis* est maledic*tus*.

Autres :

> Et canis in sil*vis* vena*tur* et om*nia* ser*vat*,
> Et lupus in sil*vis* nutri*tur* et om*nia* vas*tat*.

Autres :

> Quos angu*is* di*rus* tris*ti* mulce*dine* pa*vit*,
> Hos sangu*is* mi*rus* Chris*ti* dulce*dine* la*vit*.

Nous avons cité précédemment, mais d'une manière différente, ces quatre derniers vers. Voyez l'article VERS BRISÉS, *p.* 49.

Les vers léonins en croix sont ceux dont le premier hémistiche du premier vers rime avec le second hémistiche du second vers, et *vice versa*, comme dans ceux-ci sur une cloche :

> Vas ego sum fu*sum* Genitricis propter hon*ores*,
> Et do clang*ores* ad culmen ei vel ad u*sum*.

Ou ceux-ci :

> Quisquis amat ser*vit*, dominatur quisquis ama*tur*;
> Quisquis amat pati*tur*, quisquis amatur a*git*.

L'épitaphe de l'amiral Ruitter offre encore un exemple de vers léonins croisés :

> Terruit Hispanos Ruit*ter*, qui terruit Ang*los*,
> At ruit in Gal*los*, perterritus ipse ruit *ter*.

Les léonins rétrogrades sont des vers insignifiants

dont les mots lus à rebours en commençant par le dernier, sont les mêmes que les premiers, et ne changent point le vers ; par exemple :

> Signa te signa temere me tangis et angis.
> Roma tibi subito motibus ibit amor.

Les léonins suivants sont à rime commune et ne valent guère mieux que ceux qui précèdent.

In re terre { nihil aliud est nisi pœ / labor eminet atque cate / nec lex nec juris habe } na.

Tout ce que nous venons d'exposer prouve que ce genre de vers est de mauvais goût, et qu'on a bien fait de le proscrire de la poésie latine.

On connaît l'*Homoïoteleuton*, qu'on peut considérer comme de la prose léonine. C'est une figure de rhétorique, par laquelle les différents membres qui composent une période se terminent de la même manière ; comme : *Ut vivis invidiosè, delinquis insidiosè, loqueris odiosè*. Elle n'avait lieu que dans la prose chez les Anciens, et elle y formait un agrément. Les modernes l'ont bannie de la leur comme un défaut, et au contraire ils l'ont introduite dans leur poésie. Quelques critiques pensent trouver des traces de la rime dans l'*Homoïoteleuton* des Grecs et des Latins ; mais ce n'était autre chose qu'une consonnance de phrase. *Homoïoteleuton* est formé du grec *homos*, pareil, et du verbe *teleô, definio*, je termine, terminaison pareille.

On peut mettre au nombre des vers léonins, ceux qui sont entremêlés de français et de latin. Nous en pourrions citer un grand nombre d'exemples ; mais comme il serait aussi fastidieux pour les autres de les lire, que pour nous de les rapporter, nous nous contenterons de rappeler à la mémoire du lecteur la chanson de Panard qui commence ainsi :

> Bacchus, cher Grégoire,
> *Nobis imperat ;*
> Chantons tous sa gloire,
> *Et quisque bibat !*
> Hâtons-nous de faire
> *Quod desiderat ;*
> Il aime en bon frère
> *Qui sæpe bibat.*

Ce couplet suffit pour donner une idée de ce genre baroque.

Voici encore quelques vers léonins burlesques qu'on peut regarder comme ce qu'il y a de plus pitoyable en ce genre :

> Ite foras la*ici* ; non est vester locus *ici*.

Ce vers a sans doute été fait par quelque moine.

On prétend qu'un bon curé champenois du xive siècle, avait inséré, ou plutôt écrit dans son livre d'église, ces deux vers sur les Picards :

> Isti Picar*di* non sunt ad prælia tar*di ;*
> Primo sunt har*di*, sed sunt in fine cohar*di.*

Enfantillage léonin sur la souris :

> Mus cavet ire *au lard* quando videt *mitouard.*

Autre sur le même sujet, par M. Girard, neveu de Jacques Girard, conseiller au Parlement de Dijon.

> Mus cavet ire *là où* resonat persæpe *miaou.*

Nous terminerons ici ces citations qui deviendraient plus que ridicules si nous les prolongions.

DES VERS LETTRISÉS

OU TAUTOGRAMMES (1).

On nomme vers lettrisés ou tautogrammes ceux dont tous les mots commencent par la même lettre. On n'en connaît guère qu'en latin ; ils sont très difficiles, et ne valent ordinairement rien ; il faut les mettre au rang de ces *difficiles nugæ*, indignes d'occuper un écrivain sensé : aussi en rencontre-t-on très peu. Cependant la bizarrerie et la difficulté des petits poëmes de ce genre les rend curieux : et c'est ce qui nous engage à en présenter quelques exemples.

Leo Placentius a publié, sous le nom de Publius Porcius, un poëme tautogramme de neuf à dix pages, intitulé : PUGNA PORCORUM, dont tous les mots commencent par la lettre P. Ce poëme, dont le style est digne des héros qu'on y célèbre, a été imprimé, pour la première fois, non pas à Louvain en 1546, *in*-8°, comme je l'ai lu quelque part ; mais il y en

---

(1) Tautogramme vient du grec *tautos*, même, et *gramma*, lettre, même lettre ; c'est-à-dire que la même lettre se trouve au commencement de chaque mot. Les Latins appellent cette sorte de vers *paromœa*, ou *parcomia*, ou *litteralia æquidica*.

a deux éditions de 1530, l'une et l'autre *pet. in-8°* de huit feuillets, dont l'une, en caractère italique, est sans lieu d'impression, et l'autre, en caractère romain, est d'Anvers. Une autre édition a vu le jour à Anvers en 1533, *in-8°*. On en connaît aussi une de *Paris, Jer. Germont,* 1539, *pet. in-8°*. On retrouve ce poëme dans un recueil intitulé, *Acrostichia,* Basileæ, 1552, *in-8°* de vingt-quatre feuillets. Il en existe encore plusieurs autres éditions ; enfin il a été réimprimé dans le *Nugæ venales* de 1644, *in-12*, et dans celui de 1720, également *in-12*. Voici le titre de cet ouvrage : *Pugna porcorum per P. (Publium) Porcium (Leonem Placentium), poetam. Paraclesis pro Potore.* (Avec cette épigraphe) :

Perlege porcorum pulcherrima prælia, Potor,
Potando poteris placidam proferre poesin.

Niverstadii, apud Gasparum Myrrheum, Melchiorem Thureum, et Balthasarum Aureum, 1720. Ce titre est tiré de l'édition du *Nugæ venales* de 1720. L'auteur commence par une petite dédicace en prose, en dix lignes. En voici le titre et le début :

Potentissimo patrono Porcianorum P. Porcius Poeta prosperitatem precatur plurimam. Postquam publicè porci putamur, præstantissime patrone, placuit porcorum pugnam poemate pangere, potissime proponendo pericula pinguium, etc. Un petit préambule en vers précède le poëme ; il commence ainsi :

Præcelsis proavis pulchre prognate patrone,
Pectore prudenti pietateque prædite priscâ,
Præter progeniem, præter præclara parentum
Prælia pro patriâ, etc.

Après ce préambule, qui a dix-huit vers, commence le poëme ; nous en citerons seulement quelques vers :

> Plaudite porcelli, porcorum pigra propago
> Progreditur, plures porci pinguedine pleni
> Pugnantes pergunt, pecudum pars prodigiosa,
> Perturbat pede petrosas plerumque plateas,
> Pars portentosa populorum prata profanat.
> Pars pungit populando potens, pars plurima plagis,
> Prætendit punire pares, prosternere parvos.
> Primo porcorum præfecti pectore plano.
> Pistorum porci prostant pinguedine pulchri.
> Pugnantes prohibent porcellos, ponere pœnas
> Præsumunt pravis : porro plebs pessima pergit
> Protervire prius, post profligare potentes.
> Etc., etc.

Voici les sept derniers vers de ce poëme burlesque :

> Postquam parturiunt præclara penaria prædas
> Perficiunt pacem patitur populusque
> Posteaquam patuit prærepta pecunia plebi.
> Plangunt privatim procerum præcordia pacem.
> Plectunt perjuro perjuria plura patrantes.
> Proptereà porci, porcelli plebs populusque.
> Posthac principibus prohibent producere pugnam.

Personavit Placentius post pocula.

On trouve à la suite du poëme, une pièce de vers ainsi intitulée :

Potentissimo, pientissimo prudentissimoque Principi. Patri purpurato, præsenti Pontifici, (le prince Evêque de Liège), *Placentius plurimum precatur prosperitatis.*

Elle commence ainsi :

> Perge, pater patriæ, patriarum perfice pacem.
> Promereare palam palmam placidissime princeps.
> Possessæ pacis primam perhibe pietatem
> Priscorum patrum per prudentissima pacta.
> Etc.

Elle finit par ces vers :

> Prudens pontificis pectus, per plura probetur
> Plectra poetarum, plerique poemata promant
> Præcipuam plerique parentelæ probitatem
> Pertractent prosa, præstante poemate prorsus
> Præcellat princeps pacis, princeps pietatis.
> Pensa pauperiem, princeps præclare, poetæ.

Ce singulier ouvrage est terminé par une seconde pièce de vers intitulée *Præcatiuncula P. Porcii poetæ,* dont voici le début :

> Parce precor pingui pagellæ, parce prudente
>   Pugnantium parœmiæ
> Parce parum pulchræ picturatæque poesi,
>   Præsente pictæ poculo.
> Phœbo postposito placuit profundere plura,
>   Præceps poemaque promere.
> Etc., etc.
> . . . .
> Porcorum populus, porcellorumque precatur
>   Promiscue plebecula,
> Perfectam pugnam perfecto ponere prælo
>   Propediem Placentium.
>
>   Charus centurio curavit comere chartas
>   Censorem, curæ commisit chalcographorum.

Enfin ce morceau est suivi du *Testamentum ludicrum Grunnii Porcelli, cujus D. Hieronymus ad Eustochium meminit.* C'est une mauvaise farce en prose latine. Le *Pugna Porcorum*, comme nous l'avons dit, ne vaut rien, et n'a que le mérite de la difficulté vaincue ; comment pourrait-on faire quelque chose de bon avec de pareilles entraves ?

Un nommé Henri Harder a composé un petit poème de quatre-vingt-treize vers, sous le titre de *Canum cum Cattis certamen carmine compositum currente calamo C. Catulli Caninii* (*Henrici Harderi*), à la fin du *Nugæ venales* de 1720. Il débute ainsi :

Cattorum canimus certamina clara canumque,
Calliope concede chelyn ; clariæque Camœnæ
Condite cum cytharis celso condigna cothurno
Carmina : certantes canibus committite cattos,
Commemorate canum casus casusque catorum,
Cumprimis causas certamina cuncta creantes.
Currentem cupide cruda cum carne catellum
Conspexere cati, captique cupidine cœnæ
Comprendunt catulum, capiunt coguntque carere
Carne, canis clamor complebat compita, cuncti
Confluxere canes ; conamina cruda catorum
Conqueritur catulus ; captas carnesque cibosque
Commemorat ; etc.

Voici les six derniers vers du poème :

Colle cavo comitum congesta cadavera condunt
Cattorumque canumque cohors curantque cruentos
Complexi catulos catti cattosque catelli
Civili certant caudâ, cubitisque cohærent :
Cantatur, crudam claudunt convivia cædem,
Cunctaque composito cessat certamine clades.

Hugbaldus ou Hubaldus, bénédictin de Saint-Amand, qui vivait du temps de Charles-le-Chauve, et qui est mort en 930, a fait un poème tautogramme en l'honneur des chauves, qu'il a dédié à cet empereur. Tous les mots commencent par un C. L'une des plus anciennes éditions de ce poème a pour titre : *Hugbaldi monachi carmen mirabile ad Carolum imperatorem calvum.* On lit à la fin : *Explicit carmen Hugbaldi monachi ad Carolum de laude calvorum.* In-4° goth. de quatre feuillets. Il a été imprimé à Mayence avant 1500. Il sort des presses de Pierre Fridberg de Mayence. Panzer en parle tom. II, pag. 144; et il cite aussi deux éditions différentes de Bâle, 1516 et 1519, in-4°. Il en existe encore plusieurs autres. Ce poème a cent trente-six vers. Voy. à ce sujet Freytag, *Adparatus litterarius*, tom. II, p. 933-39. Gaspard Barthius a découvert en Bohême un manuscrit qui renfermait quinze vers de plus, et ces vers, en l'honneur de l'empereur Charles-le-Chauve, sont dans Freytag, p. 934-35.

Voici le début du poème :

CALVORUM ENCOMIUM.

Carmina clarisonæ calvis cantate Camœnæ,
Comere condigno conabor carmine calvos,
Contra cirrosi crines confundere colli.
Cantica concelebrent callentes clarè Camœnæ,
Collaudent calvos, collatrent crimine claros
Carpere couantes calvos crispante cachinno.
Conscendat cœli calvorum causa cacumen.
Conticeant cuncti concreto crine comati
Cerrito calvos calventes carmine cunctos.
Consona conjunctim cantentur carmina calvis.
Etc., etc., etc.

Martinus Hamconius Frisius a composé un poème

macaronique, de plus de douze cents vers, intitulé :
*Certamen catholicum cum calvinistis , continuo caractere
C conscriptum.* Lovani, 1612, *in-4°.* La première édition est *Monasterii Westphaliæ, Lambertus Rassfeldt,*
1607, *in-4°.* Tous les mots de ce poème commencent par C, ainsi que ceux d'une épître dédicatoire
de trois pages qui se trouve en tête.

Un allemand, nommé Christianus Pierius, a fait
aussi un poème de près de douze cents vers, sur Jésus-Christ, dont tous les mots commencent également par un C.

Le titre de cet ouvrage est CHRISTUS CRUCIFIXUS,
*Carmen cothurnatum, catastrophicumque, crudeles Christi,
cunctorum credentium conservatoris, cruciatus cædemque
cruentam contumeliosamque continens. Concinnatore Christiano Pierio colonensi.* Francofurti, ap. hæred. Christiani Egenolphi, 1576, *pet. in-8°, figur.* En voici un
petit échantillon :

> Currite Castalides Christo comitante Camœnæ
> Concelebraturæ cunctorum carmine certum
> Confugium collapsorum , concurrite, cantus
> Concinnaturæ celebres celebresque cothurnos.
> Etc., etc.

On a encore du même auteur un poème en l'honneur de Maximilien, intitulé : *Maximilianeis major
Maximiliano multipotenti mancipata ; modulatore Christiano Pierio.* Tubing, 1570, *in-4°.* Tous les mots de ce
poème commencent par la lettre M.

On ne s'est pas contenté de faire des vers lettrisés;
on connaît aussi de la prose du même genre. Un

nommé Guillaume Héris, liégeois, de l'Ordre des Carmes, a publié un volume de 400 pages, composé de panégyriques des Saints de son Ordre, loués, dit-il, *cum extraordinariâ methodo* (1); et cette méthode qui effectivement n'est pas fort usitée, consiste à commencer tous les mots d'un panégyrique, par la lettre initiale du nom du Saint qui en est l'objet. Voici comment l'auteur débute dans son éloge de saint Louis : *Ludovicus Lutetianorum legislator laudatissimus, Lutetiam liberali lumine Lugdunumque locupletavit, lepore laudabilis, litteraturâ laudabilior, liberalitate laudabilissimus.* Il parle ainsi de la prise de saint Louis par les Sarasins : *Lacrymalem luctum lugete; ligatur Ludovicus; lumbi, latera, lacerti, laqueis ligaminibusque ligantur; luxuriantia lacerantur lilia; lacessuntur legiones; languent ludovisiani lauri; latinaque labara labefactantur.* Ce G. Héris, né en 1657, est mort vers la fin du 17ᵉ siècle, après avoir publié plusieurs pièces de vers en l'honneur de Sᵗ. Joseph, patron de la ville de Liège, 1691, *in-4°*. Chacune de ces pièces est de dix vers.

Le Pape Adrien, mort en 795, présenta à Charlemagne une épître en forme de poème, dont chaque vers commence par une lettre du monarque. C'est lorsqu'il donna à ce prince le recueil des canons, des épîtres des Papes et des décrétales.

---

(1) Le titre de son ouvrage est : *Carmelus triumphans, seu sacræ panegyres sanctorum Carmelitarum, ordine alphabetico compositæ; ab Hermano à Sanctâ Barbâ* (*Guillelmo Heris*). Lovanii, 1688, *in-8°*.

Dom Liron, dans ses *Singularités historiques*, tom. 1er, pag. 383, parle d'un avocat nommé Chrestien Adam, poète, né à Dreux, et mort subitement en 1675, qui a composé une vie de sainte Cécile, dont tous les mots, à la réserve d'un petit nombre, commencent par la lettre C. Le même Adam est encore auteur d'une harangue sur la mort d'un professeur de Dreux, nommé Arnicourt, dont tous les mots commencent par la lettre A. En voici le début : *Abiit atque abscessit, ac ad alios agros advolavit admirabilis Anicurtius, auditores amplissimi*, etc.

La poésie française connaît aussi des espèces de vers lettrisés ; c'est ce qu'on appelle la *rime senée*. Tous les vers ou tous les mots de chaque vers y commencent par une même lettre, comme dans

Miroir mondain, madame magnifique,
Ardent amour, adorable Angélique, etc.

Notre langue ne se prête pas aussi volontiers que la latine à ce genre de bagatelles. Nos articles et nos pronoms y seront toujours un obstacle. En voici la preuve dans des vers plus que médiocres, faits par Tabourot en acrostiche, sur François II, roi de France :

F rançois faisant florir France,
R oyalement régnera,
A mour amiable aura,
N y n'aura nulle nuisance ;
C onseil constant conduira,
O rdonnant obéissance ;
J ustice il illustrera
S ur ses sujets sans souffrance.

L'acrostiche lettrisé suivant fait par un écolier en l'honneur de Charles IX, l'année de son sacre, 1561, confirme encore notre opinion sur ces sortes de vers :

C arole, cui clarius, cui culte cuncta Camœnæ
A spirant, altis altior Æthereis,
R eligio regni recta ratione regatur,
O mnibus objicias obsequiosus opem,
L auria lex laudes lucentes lata loquatur,
U exillum vafrum vis violenta vehat.
S uspice Sicelidum solemnia sacra superstes,
F lorescat fœlix Francia fac faveas.

La lettre F surabondante signifie *Francicus*.

On pourrait encore regarder comme lettrisé ce vers tiré d'Ennius :

O Tite tute Tati tibi tanta tyranne tulisti.

Voyez Prisc. *in pronomen* te.

et cet autre du même auteur :

At tuba terribili sonitu taratantara dixit,

ainsi imité par Virgile,

At tuba terribilem sonitum procul ære canoro
Increpuit......

Le français se rapproche un peu de ce genre dans les plaisanteries suivantes :

Didon dîna, dit-on,
Du dos d'un dodu dindon.

Ou

Il m'eût plus plu qu'il plût plutôt.

Ou

Ton thé t'a-t-il ôté ta toux ?

En voilà beaucoup trop sur ces bagatelles insignifiantes.

DES VERS LIPOGRAMMATIQUES.

La lipogrammatie est l'art d'écrire en prose ou en vers, en s'imposant la loi de retrancher de l'alphabet une ou plusieurs lettres, ou toutes les lettres successivement. Ce mot vient du grec *leipô* manquer, et *gramma* lettre; c'est-à-dire, que *lipogrammatique* désigne un ouvrage dans lequel il manque une ou plusieurs lettres de l'alphabet. Nestor de Laranda, qui vivait du temps de l'empereur Sévère, a fait une *Iliade* lipogrammatique; le premier chant était sans A, le second sans B., le troisième sans C, etc. Tryphiodore a fait son Odyssée dans le même genre. Lasus d'Hermione, très-ancien poète, avait fait une ode et une hymne sans S. Pindare avait également une ode sans S.

Fabius Claudius Gordianus Fulgentius a composé un petit ouvrage en prose latine, divisé ou plutôt annoncé suivant l'ordre des vingt-trois lettres, en vingt-trois chapitres, dont le premier est sans A, le second sans B, etc. Il n'en reste que treize entiers et une bonne partie du 14e; c'est-à-dire jusqu'à O inclusivement. Ces treize chapitres ont été publiés par Jacques Hommey Augustin, sous ce titre : *Liber absque litteris historia. De œtatibus mundi et hominis, absque A, absque Z. Opus mirificum. Auctore Fabio Cl. Gord. Fulgentio V. Cl. Eruit à manuscriptis codicibus P. Jacobus Hommey, Augustinianus, et notis illustravit*. Pictavii. Prostat Parisiis, apud viduam Caroli Coignard, 1696, *in*-8° de cinquante-huit pages, et de plus huit au commencement et douze à la fin. Cet ouvrage en prose n'a guère de remarquable que la singularité de son exécution lipogrammatique. Le 14ᵉ chapitre (sans O), non terminé, a pour titre *Cæsarum mores et victoriæ*. Il est question dans les préliminaires de ce livre d'un poème attribué à Pierre de Riga, qui pouvait avoir quatre cents vers, toujours sur l'histoire des hommes, mais dans les rapports de cette histoire avec la venue de Jésus-Christ. On n'a cité que trois strophes, la première en dix vers sans A, la seconde en douze vers sans B, et la troisième en dix vers sans C.

L'abbé de Court a donné dans ses *Variétés ingénieuses*, cinq épîtres, dans chacune desquelles il n'a employé que quatre voyelles ; l'A manquait dans la première ; l'E dans la seconde ; l'I dans la troisième, etc. On voit dans le même recueil une lettre écrite en monosyllabes, pareille à celle que Boufflers a adressée au duc de....

Lope de Vega a publié cinq Nouvelles en prose, la première sans A, la seconde sans E, etc. Je présume que ces cinq Nouvelles sont dans le recueil dont voici le titre : *Varios efectos de amor en onze novelas exemplares, nuevas, nunca vistas, ni impressas. Las cinco escritas sin una de las cinco letras vocales, y las otras de gusto, y apacible entretenimiento; compuestas por diferentes autores los mejores ingenios de Espana; recogi-*

das por Isidro de Robles natural desta coronada villa de Madrid, etc. En Madrid, 1666, *in*-4°.

Comme nous l'avons dit, la première Nouvelle est sans A, la seconde sans E, la troisième sans I, la quatrième sans O, et la cinquième sans U. Ces Nouvelles lipogrammatiques occupent les cent soixante-deux premières pages du volume.

Léti a présenté à l'Académie des humoristes de Rome un discours sous le titre de *De R bandita*. Il ne s'y trouvait point d'R. Au commencement de 1826, la même lettre R a été exclue d'une comédie publiée à Gênes ; en général, on peut dire que tous les ouvrages de ce genre tiennent à ce qu'on appelle *nugæ difficiles*, et qu'ils ne sont propres qu'à amuser un instant. Aussi un auteur serait bien condamnable s'il y employait tout son temps ; il donnerait une mauvaise idée de son goût et de son talent. Mais on peut, quelquefois, se distraire d'occupations sérieuses, par une de ces bagatelles. C'est dans ce motif qu'ont été faits les vers suivants, qui sont vraiment lipogrammatiques. Ce sont des quatrains moraux sur différents sujets ; ils n'ont d'autre mérite que celui de la difficulté attachée à ces sortes de vers. On en a fait autant qu'il y a de lettres dans l'alphabet.

SANS A.

Ton désir, ô mon Prince, est de nous rendre heureux,
De tes peuples divers écoute donc les vœux :
Sur ton trône chéri, sois longtemps le modèle
Des rois dignes un jour d'une gloire immortelle.

SANS B.

Sois juste, mais sois fort ; sois humain, généreux ;
Des princes adorés sois le plus vertueux.
Songe qu'à chaque pas ton peuple te contemple ;
Chaque pas que tu fais doit lui servir d'exemple.

SANS C.

Des querelles des grands pâtissent les petits.
Les peuples sont-ils faits pour vivre en ennemis !
Dans vos tristes débats tremblez, rois de la terre !
On égorge en vos noms, quand vous voulez la guerre.

SANS D.

A soulager son peuple, à prévenir ses maux,
Un prince vertueux consacre ses travaux ;
Il n'écoute jamais un funeste caprice,
Il fuit les passions, il abhorre le vice.

SANS E.

Toi qu'on connais partout, ô divin artisan !
Tu nous as tous soumis à la loi d'un tyran,
Tyran craint d'un chacun, qu'on baptisa LA MORT.
Oui, mourir tôt ou tard, humain, voilà ton sort (1).

SANS F.

Mais cette horrible mort a pourtant quelques charmes,
Quand jusqu'au désespoir on se voit tourmenté ;
Souvent on la désire au milieu des alarmes,
Pour s'ouvrir une route à l'immortalité.

SANS G.

L'homme de bien la voit sans la fuir, ni la craindre ;
Jamais de son destin il ne pense à se plaindre.
Le suprême moment est pour lui le vrai port
Qui le met à l'abri des tempêtes du sort.

---

(1) La suppression de l'E a forcé de mettre quatre rimes masculines de suite.

SANS H.

L'enfant rit de la mort, le vieillard la redoute;
La camarde aux reins secs n'en suit pas moins sa route,
Avec elle entraînant époux, femmes, enfants,
Empereurs, papes, rois, prêtres, nobles, manants.

SANS I.

Le méchant est tremblant, quand l'horloge banale,
Auprès de son grabat, sonne l'heure fatale;
Et son cœur ulcéré par les remords rongeurs
Sent à chaque moment redoubler ses douleurs.

SANS J.

Dieu, quand vous enverrez la dame au teint d'ivoire,
M'inviter sans délais à passer l'onde noire,
Ah! faites que mon cœur soumis à votre loi,
Sur le triste rivage arrive sans effroi.

SANS K.

Vivre heureux, me dit-on, est la chose impossible:
Cependant un peu d'or, une femme sensible,
Des livres, un ami, la santé par-dessus;
Tout cela doit suffire. Eh! que faut-il de plus?

SANS L.

Je crains un cœur ardent qui sans cesse désire,
Pour assouvir sa soif, d'étendre son empire.
Ce qui nous rend heureux ne suffit à ses goûts:
Mettons sans différer cet homme au rang des fous.

SANS M.

Borné dans ses désirs, le sage se contente
De ce que lui fournit la fortune inconstante.
Dans ses goûts réfléchi, tranquille il vit de peu,
Déteste les grandeurs, la débauche et le jeu.

SANS N.

Je hais le sot flatteur; car sa bouche dorée
A voiler mes défauts est toujours préparée;

Il a beau se farder, il découvre à mes yeux
Le zèle exagéré d'un fourbe officieux.

sans O.

Le ciel, en sa fureur, a semé sur la terre
Les peines, les chagrins, la fièvre, la misère;
Chacun en a sa part, et chacun ici bas
Ne peut en espérer le terme qu'au trépas.

sans P.

A soulager les maux de la nature humaine,
Galien fait servir sa science incertaine.
Quant aux soucis du cœur, aux ennuis, aux chagrins,
L'amour et l'amitié sont les seuls médecins.

sans Q.

Amitié, doux trésor! tu soulages mes peines;
Je suis fier de porter tes agréables chaînes;
Il n'est point avec toi de maux à redouter;
Tu sais les partager et les faire oublier.

sans R.

Oh! combien j'ai béni ta divine influence,
Quand un destin fâcheux lassait ma patience.
Mille soucis cuisants m'accablaient sans pitié;
C'est toi qui me sauvas, bienfaisante amitié!

sans S.

On plaint la jeune tête où l'amour fait ravage;
Et la tendre amitié rend heureux à tout âge.
L'un, d'un trait acéré me déchire le cœur;
Et l'autre me protège et veille à mon bonheur.

sans T.

Voulez-vous vivre en paix? D'abord en homme sage,
Renoncez à l'amour ainsi qu'au mariage.
Ne vous laissez jamais guider par les plaisirs;
Fuyez même avec soin l'amorce des désirs.

sans U.

De la Religion respectez les mystères;
Et dans vos ennemis ne voyez que des frères.
Donnez à l'indigent, protégez l'orphelin;
De vos bienfaits cachés ne soyez jamais vain.

sans V.

Heureux l'homme de goût qui peut en solitude,
Consacrer ses moments aux charmes de l'étude!
Goûtant des plaisirs purs, tout en méprisant l'or,
Il amasse en secret un solide trésor.

sans X.

Parmi tous les objets qu'embrasse la science,
Jeune homme, vous devez choisir avec prudence.
Par un éclat trompeur ne soyez pas séduit,
A la fleur la plus belle on préfère le fruit.

sans Y.

Des livres dangereux craignez l'attrait perfide;
Prenez, dans vos écrits, la vérité pour guide;
L'auteur sage est aimé; l'auteur licencieux
Rougit et se dérobe aux regards curieux.

sans Z.

Fortune, explique-moi tes singuliers caprices;
Opprimant les vertus et couronnant les vices,
Tu fuis qui te recherche, et tu vas caresser
L'homme qu'on présumait ne pouvoir te fixer.

Nous croyons pouvoir parler ici de quelques vers alphabétiques.

Un poète a renfermé toutes les lettres de l'alphabet dans le vers suivant :

Qui flamboyant guidait Zéphire sur ces eaux.

On trouve dans les *Nugæ venales*, édition de Londres, 1741, *in*-12, page 256, l'*Historia de gallo gallinaceo*, pièce en douze vers latins élégiaques. Les deux premiers vers renferment toutes les lettres de l'alphabet ; les deux suivants de même, etc.

On a remarqué que les vingt-deux lettres hébraïques sont contenues dans le verset 22 du chapitre v d'Isaïe ; et l'alphabet grec se trouve tout entier dans les versets 19 et 20 du iii° chapitre de la première épître de saint Pierre.

Toutes les lettres latines sont dans ce vers :

Gaza frequens Lybicos duxit Kartago triumphos.

et dans celui-ci fait par Scaliger :

Vix Phlegeton Zephiri, quæres modo flabra Mycillo.

Un des versets des sept psaumes de la pénitence *Beati quorum,* etc., n'a point d'A : *Nolite fieri sicut equus et mulus, quibus non est intellectus.* Cette remarque n'a pu être faite que par un désœuvré, qui l'était peut-être moins que cet Américain qui a employé trois ans à compter exactement le nombre de versets, de mots et de lettres qui composent la Bible (1). Si on l'en croit, la Bible contient :

---

(1) Les Mahométans sont très-scrupuleux sur le nombre de mots et de lettres qui composent le Koran. Les mots y sont au nombre de 77,639, et les lettres au nombre de 323,015. La première édition, faite à Médine, contient 6,000 vers ou lignes, et les autres en ont 200 ou 236 de plus. Il y a sept éditions principales du Koran : deux à Médine, une à la Mecque, une à Kufa, une à Bassora, une en Syrie, et l'édition commune.

La langue française ne possède qu'environ 32,000 mots différents ; et son alphabet n'a que 24 caractères, qui par leur transposition offrent un certain nombre de combinaisons, que le mathématicien Tacquet ne porte qu'à 620,448,401,733,239,439,360,000.

73 livres, dont 46 pour l'Anc. Test.
et 27 pour le Nouv. Test.
1,334 chapitres dont 1074 pour l'Anc. Test.
et 260 pour le Nouv. Test.
31,175 versets.
773,692 mots.
3,566,480 lettres.
6,855 fois le mot JEHOVA répété.
45,227 fois la particule ET.

Le cxvii^e psaume composé de 29 versets, forme le juste milieu de la Bible.

Jean Leusden a donné des éditions du Nouveau Testament, qui sont très-communes en Hollande. Il y a marqué d'un signe les mots qui ne se rencontrent qu'une seule fois dans le Nouveau Testament ; ils sont au nombre de 1686. Une autre marque indique ceux qui se trouvent plus d'une fois dans le texte ; il y en a 3270. Ces 4956 mots se trouvent dans 1900 versets, quoique le nombre total des versets se monte à 7959.

Une personne du même genre que l'Américain cité plus haut, a remarqué que le nom de JÉSUS a deux syllabes qui signifient deux natures en Jésus-Christ, trois voyelles qui signifient la Trinité, et deux consonnes qui dénotent les deux substances, le corps et l'ame.

Je crois qu'aucun ouvrage n'a été réimprimé aussi souvent que la Bible ; pour en donner la preuve, il suffit de dire que le baron de Canstein a établi à Halle, vers le commencement du xviiie siècle, une imprimerie des orphelins, pour l'impression de l'*Ecriture Sainte*, et que depuis 1710 jusqu'en 1810, c'est-à-dire, pendant un siècle, il en est sorti environ deux millions de Bibles complètes, et plus d'un million de Nouveaux Testaments imprimés à part avec les Psaumes. Si l'on ajoute à ce nombre celui de toutes les Bibles qui ont été imprimées isolément dans toute la chrétienté, et surtout le résultat des travaux des sociétés bibliques modernes de France, d'Angleterre, de Russie, de l'Inde, etc., l'imagination sera effrayée de la quantité inouie d'exemplaires de l'Ecriture Sainte, répandus dans les différentes parties du Monde; on peut très bien sans exagération en porter le nombre à quarante millions. Pour le prouver, nous ajouterons que le duc de Wurtemberg possédait, avant la Révolution, dans sa bibliothèque de Stuttgard, plus de neuf mille exemplaires d'éditions différentes de la Bible (1); et on prétend qu'il lui en manquait trois à quatre mille (2). Supposons qu'il existât alors douze mille

---

(1) Parmi lesquelles on en comptait, dit-on :

221 hébraïques,	15 malayes,
24 arabes,	647 latines,
14 éthiopiennes,	13 portugaises,
4 indiennes,	14 espagnoles,
34 italiennes,	240 françaises,
663 de la version de Luther,	2 laponaises,
225 hollandaises,	91 éditions apocryphes,
150 anglaises,	151 traductions en vers,
9 irlandaises,	21 concordances,
3 groënlandaises,	115 avec figures, etc., etc, etc.

(2) Mais il serait difficile d'établir un chiffre positif à cet égard, car

éditions de l'Ecriture Sainte, et que chacune eût été tirée à trois mille (terme moyen, car beaucoup l'ont été à plus de cinq mille), cela donnerait trente-six millions d'exemplaires. Nous savons de plus que la société biblique britannique a, de 1804 à 1820, distribué à ses frais deux millions six cent dix-sept mille deux cent soixante-huit Bibles ou Nouveaux Testaments; la société biblique russe en avait déjà en 1817 fait imprimer, en seize langues différentes (1), cent quatre-vingt-seize mille exemplaires. Nous ne parlons pas des autres sociétés non moins fécondes. Trouvera-t-on d'après cela qu'il y a exagération en portant à quarante millions le nombre de Bibles qui existent?

Revenons aux lipogrammes. Nous avons parlé en tête de cet article, des cinq lettres écrites par l'abbé de Court, où chacune des cinq voyelles manque à chaque épître; nous en trouvons de pareilles dans l'*Encyclopédie méthodique*; elles sont attribuées à

---

dans le *Journal de Littérature étrangère*, 1824, p. 157, on lit : « Dans » la bibliothèque du roi de Wurtemberg, il y a 4,000 éditions différentes » de la Bible en toutes sortes de langues européennes, dont 290 en français » et 215 en anglais. » On voit que ceci ne s'accorde point avec le nombre des Bibles françaises et anglaises portées dans la note précédente. Il est vrai que dans cette note il est question du nombre de Bibles antérieur à la Révolution française, tandis que le *Journal de la Littérature étrangère* parle du nombre des Bibles tel qu'il existait en 1824.

(1) Un journal français, *L'Etoile*, n° du 12 nov. 1823, a prétendu qu'un savant Russe a calculé que la Bible, à cette époque, avait déjà été traduite en cent trente-neuf langues différentes. (Ce savant est M. Frédéric Adelung, neveu du célèbre J. Christ. Adelung, auteur du *Mithridates*, etc., etc.)

M. Marchand. Nous allons citer quelques lignes de chacune de ces cinq lettres : leur longueur nous empêche de les rapporter en entier.

LETTRE SANS A.

Voici une nouvelle invention, mon cœur, pour exciter votre curiosité : nous voulons juger de l'inutilité de quelques-unes des cinq voyelles. L'écriture seroit très-bonne, si l'on pouvoit se réduire et n'en conserver que deux ou trois, le tout fondé sur le principe, que c'est une folie que de multiplier les êtres lorsqu'on n'y voit point de nécessité. Peut-être réussirons-nous. Eh bien ! nous serons glorieux de l'entreprise. Tout homme qui invente mérite que le peuple lui décerne le triomphe.

Le prix que j'espère recevoir de mes longues recherches doit être votre cœur. Jugez si vous pouvez douter de l'excès de mon zèle. Vous devinerez cette voyelle, que j'exclus ici. C'est celle que j'emploie si souvent pour vous exprimer les tendres sentiments que vous m'inspirez. Puisqu'elle me sert si utilement, pourquoi l'exterminer? Je devrois plutôt lui dédier un temple.

. . . .

Mon invention est une misère qui donne bien des peines, pour dire des bêtises ou ne rien dire. Ne vous en servez point, si vous m'en croyez; pourvu que je sois sûr de recevoir de vos lettres, il n'importe comment.

Mille compliments, et puis c'est tout, puisqu'il m'est impossible de rien dire de plus, si ce n'est que je suis votre très-humble serviteur.

B......z.

LETTRE SANS E.

J'avais conçu, mon charmant papa, l'opinion d'avoir pour mon logis un trou obscur à Saint-Victor, au bas du pays latin. Mon goût m'y portait; mais l'abord du canton m'a paru alarmant. Chacun a sa raison, ou son motif, bon ou mauvais, pour agir. Plus ou moins d'or à Paris contraint l'inclination ;

nn pouvoir sonnant fait la loi qu'on doit subir pour choisir du blanc, du noir ou du gris. Un climat trop haut ou trop bas produit, m'a-t-on dit, tantôt un air lourd, froid, malsain; tantôt un air trop vif. Il faut pourvoir à tout, avant d'avoir pris mon parti pour oui ou pour non. J'approfondirai mon local. J'irai pour savoir si l'on m'a fait un rapport vrai du canton Victorin. J'ai cru qu'un faubourg lointain irait à ma situation; l'on y vit sans façon, à l'abri d'un tas d'oisifs à coup sûr importuns. Sauvons-nous d'un poison si fatal. D'abord ma maison paraîtra trop loin aux gros richards; d'accord; mais j'y vivrai sans bruit, sans fracas, affranchi d'un chaos assommant.

. . . .

J'aspirais à vous voir, mais j'ignorais où nous pourrions discourir. Il fait grand froid; quand on pourra sortir sans manchon, nous choisirons un jour pour nous unir aux Capucins, au Cours ou au Vauxhall. Bon soir, mon voisin; tout à vous.

F.....z

LETTRE SANS I.

Comment vous portez-vous, ma chère sœur? Mon humeur veut vous gronder un peu, et tout en douceur. C'est le rôle d'un frère auquel on pardonne de murmurer par un excès d'attachement. Vous me mandez des nouvelles étrangères à mon cœur; et vous gardez le *tacet* sur les événements que vous savez m'être les plus chers. Vos enfants, votre grossesse, vos nerfs, vos langueurs, votre chute et le rhume, n'ont pas trouvé place dans le compte que vous me rendez de votre état et de vos passe-temps. Vous me supposez, sans doute, un prophète, dont les vues s'étendent à tout, même à la santé d'une malade absente. Pour vous donner une leçon, apprenez que mon être fâcheux est débarrassé des entraves de l'art d'Esculape et de ses suppôts. L'école de Salerne a perdu son procès contre ma frêle substance. Un repos favorable, sans le concours de la manne et du séné, m'a rendu mes forces, mon courage et mon goût pour toutes les choses bonnes et agréables.

. . . .

Mandez-nous souvent comment vous passez le temps. Les nouvelles du monde et de la Cour m'affectent peu. Mon attachement sans mesure demande du personnel ; mon zèle n'est affamé que d'apprendre l'état de votre santé. C'en est assez ; recevez les embrassements de votre bon frère

K....z.

LETTRE SANS O.

Dès demain, cher ami, je vais chercher une retraite aux Capucins. J'ai malheureusement perdu au jeu l'argent que ma mère m'a remis afin d'acquitter des dettes criardes. Elle en est furieuse, et je m'en désespère jusqu'à m'arracher les cheveux. J'ai déjà parlé au Père gardien du Marais, qui m'a dit de revenir à la huitaine. Tu riras quand tu me verras une belle barbe, et les épaules chargées d'une besace. Je sais que je figurerai mal avec un habit de bure, des sandales, et les jambes nues ; mais je suis dans la nécessité malheureuse d'expier mes fredaines. Il faudra vivre sans argent, sans chemise, jeûner, prier, se discipliner. Cette vie est dure. Je sens que l'état auquel je me livre a ses désagréments ; mais je ne suis pas maître d'agir d'une autre manière. Ma pénitence ne sera qu'une suite nécessaire de l'état affreux qui m'accable.

. . . .

Je ne me fais déjà plus raser ; et n'ayant ni gîte, ni espèces, je me prépare d'avance à la face pâle d'un pénitent. Au reste le métier que je vais embrasser est assez avantageux dans la vie présente et la vie future. Un frère quêteur de la rue Saint-Jacques m'a assuré qu'il n'y avait jamais eu de Capucins dans l'enfer : c'est apparemment qu'à leur arrivée le feu leur brûle la barbe, et qu'ils deviennent Picpus. Passe un peu sur cette facétie. Adieu, cher ami, je t'embrasse.

P....z.

LETTRE SANS U.

J'allai hier, mon cher confrère, dans le Marais, chez le moins gras des financiers de Paris. Le repas était excellent. Cinq personnes le partageaient, mon ami, sa femme, sa nièce, son abbé et moi. La table était proprement garnie. Et, dès les entrées, le maître de la maison songea à satisfaire les besoins de l'appétit. Il entreprit de manger des petits pâtés, des cardons, et de tâter à différents mets; sa femme s'y opposa fortement, prétextant des craintes fondées, comme le mal d'estomach, la migraine, etc. Le mari désirant n'être point en reste, prit les mêmes attentions à l'égard de sa femme. Et par cette complaisance recherchée et tendre, s'ils se garantirent d'accidents, ils s'abstinrent de l'innocent plaisir d'essayer des mets délicats permis à des malades. Le rôti, la salade, l'entremets, le dessert enfin, ont été l'objet de semblables soins. Moi, je mangeai en affamé ; le frère m'imita ; et la nièce, en grignotant, s'attacha à empiffrer son chat angora.

. . . .

J'entends sans cesse dans ce pays-ci parler de liberté, et jamais on n'en profita moins. L'esprit badin rencontre des obstacles, et malgré sa circonspection, il est exposé à des recherches incommodes. Il est bon de prendre son parti et de se consoler en attendant le temps désiré par le sage. Bon soir, mon ami.

X....z.

DES VERS MACARONIQUES.

La poésie macaronique est composée de mots de différentes langues, mélangés avec des mots du langage vulgaire latinisés, c'est-à-dire, auxquels on donne une terminaison latine. C'est une véritable poésie burlesque. Naudé dit que la poésie macaronique est la troisième espèce du burlesque latin. Elle tire son origine de l'Italie, et son étymologie du mot italien *macarone* ou macaron. *Macarone* signifie, dit Cœlius Rhodiginus, un homme grossier, un lourdaud, qui emploie toutes sortes de mots ridicules, barbares, inusités; et macaron signifie de petits gâteaux, ou une pâte composée de différentes choses, de farine non blutée, d'œufs, de fromage, etc. De même, la poésie macaronique est composée de latin, d'italien, de français, d'espagnol, etc. Telles sont donc les deux étymologies que l'on peut donner au genre de poésie dont nous parlons.

Naudé regarde Théophile Folengi, moine bénédictin de Mantoue, sinon comme l'inventeur de la poésie macaronique, du moins, comme le premier qui l'a cultivée avec succès. Il parle d'une *Macaronea Ariminensis,* de fort vieille lettre, dit-il, qui commence par ce vers :

Est auctor Tiphys Leonicus, atque Paransus.

Elle est d'Odaxius ou plutôt de Tifi degli Odassi, et a pour titre : *Typhis Odaxii Patavini carmen macaronicum de Patavinis quibusdam arte magica delusis* (Arimini, circa 1490), *in-4°* de 10 feuillets. Mais il ne regarde pas cette macaronée comme antérieure à celle de Folengi; si elle ne l'est pas pour la composition, elle l'est certainement pour l'impression. Ensuite Naudé attribue cette pièce à Guarino Capella de Sarsine. Ce Capella serait-il le même qu'Odaxius, ou Naudé s'est-il trompé? Quoi qu'il en soit, Capella fit imprimer à Rimini, six livres de poésies macaroniques, sous le titre de *Macharonea in Cabrinum Gagamagogæ regem composita, multum delectabilis ad legendum,* 1526, petit *in-8°*. La première édition de l'*Opus Merlini Cocaii* (Theoph. Folengi), *poetæ Mantuani, Macaronicorum, etc.*, est de Venise, 1517, petit *in*-8°; mais la plus recherchée et la plus complète, est celle de 1521, *in*-16, exécutée en caractères singuliers, avec des figures en bois. On fait cependant encore cas de l'édition de Naples, sous le nom d'Amsterdam, 1692, petit *in*-8°, fig. Ce poème est riche d'invention, et on y admire les épisodes qui se rencontrent dans l'histoire de Balbus, principal sujet de ce poème; c'est une raillerie très-amusante. Le cardinal Mazarin l'aimait au point, qu'il en récitait quelquefois jusqu'à 3 à 400 vers de suite. Cette macaronée a été traduite en français, Paris, 1606, ou 1734, 2 vol. pet. *in*-12. Rabelais a tiré de l'ouvrage de Folengi les plus beaux morceaux de son Pantagruel. Folengi a ensuite donné *Il Chaos del tri per uno*, qui ne réussit pas; cet ouvrage n'est pas entièrement macaronique. Folengi est mort en 1544.

Après les macaronées de Folengi et de Guarino Capella, parut une petite pièce de poésie macaronique, sous le titre : *Macaronica de syndicatu et condemnatione doctoris Samsonis Lembi*, qui est froide et languissante.

Le jésuite Bernardino Stefonio (ou plutôt Sthetonio), composa un poème macaronique, qu'il appelait *Macaronis forza*, et qui fut très-bien reçu du public, en 1610.

André Baïani en fit imprimer un en 1620, auquel

il donna le titre de *Carnavale, fabula macaronea*, bien inférieur au précédent.

César Ursinius a publié à Venise, en 1636, *Capricia macaronica magistri Stopini poetæ Pouzanensis*, ouvrage assez estimé.

Gioan Giacomo Ricci a donné quelques compositions macaroniques, dans ses *Poetæ rivali*, et ses *Diporti di Parnasso*, imprimés l'un et l'autre à Rome, en 1632 et 1635.

Bartolom. Bolla a fait aussi *Nova novorum novissima, sive poemata macaronica, quæ faciunt crepare lectores ob nimium risum et saltare capras*, etc. Stamp. *in stamparià stampatorum*, anno 1670, *in*-12.

Parmi les Français, *Antonius de Arena, provençalis de bragardissima villa de Soleriis* (Antoine de la Sable), est le premier qui a obtenu quelque succès dans le genre macaronique. Il nous a laissé différents ouvrages assez recherchés, entre autres, le suivant, dont l'édition de 1537, que nous citons, est fort chère : *Meygra entrepriza Catoliqui Imperatoris, quando de anno Domini 1536 veniebat per Provensam bene corrossatus, in postam prendere Fransam cum villis de Provensa, propter grossas et menutas gentes rejohire, per Antonium Arenam bastifausata*. Avenione, 1537, *in*-8°. La réimpression de Lyon, 1760, est moins estimée. On prétend que cet ouvrage a d'abord paru sous le titre suivant : *Poema macaronicum; id est, historia bravissima Caroli Quinti Imperatoris, à provincialibus paysanis triumphanter desbifati, macaronico carmine recitans, per Joannem Germanum*, 1536. Le même Antonius de Arena a fait une élégie macaronique, à la louange du président d'Oppède, que l'on trouve au commencement des arrêts et appointements faits l'an 1542, par le parlement de Provence. Mais les vers macaroniques ne conviennent point à des matières sérieuses.

On connaît encore les deux ouvrages suivants : *Ant. de Arena, de bragardissima villa de Soleriis, ad suos compagnones studiantes, qui sunt de persona friantes, bassas dansas et branlos practicantes,* etc. Stamp. in *stamparia stampatorum,* anno 1670, *in-12.* Réimprimé en 1758, *in-12,* jolie édition.—*Ant. de Arena Provençalis utilissimum opus guerrarum et dansarum. Impressatum in bragardissima villa de Parys,* 1574, *in-8°.* Nous nous contenterons de citer ici un fragment du poème de la danse qui commence l'article intitulé *De choreando bene;* cela suffira pour donner une idée du genre de l'auteur; il paraît qu'il est ici question du grave menuet, qui a disparu depuis la Révolution.

> Incipiendo dansam fit reverentia semper,
>   In facie dominam respiciendo tuam ;
> Largando gambam, ipsam fauchare memento,
>   Sed teneat justos fœmina ritè pedes.
> De gamba semper reverentia fitque sinistra,
>   Ad libitum plures quamvis id esse velint.
> Bragardi certant, et adhuc sub judice lis est,
>   De quali gamba sit facienda salus,
> Atque omnes dansas tibi gamba sinistra commencet,
>   Byrettum moveat atque sinistra manus.
> Et manibus nudis teneas dansando puellam,
>   Si teneas gantos, tu benè solus eris.
> Quando salutabis, digitis tribus accipe byrrum ;

Non oculis noceat, quando levabis eum.
Arresta modicam, etc., etc.

Remi de Belleau mêla parmi ses poésies françaises, un *Dictamen metrificum de bello hugonotico et rusticorum pigliamine ad sodales,* qui est estimé.

On ne connaît pas l'auteur de la *Cagasanga Reistro-Suisso-Lansquenetorum per M. J. B. Lichiardum recatolichatum, Spaliporcinum poetam. Parisiis,* 1588, in-12; à laquelle Etienne Tabourot Des Accords a répondu sur le même ton.

Jean-Edouard du Monin a laissé, *inter teretismata sua,* une macaronée intitulée : *Carmen Arenaicum de quorumdam nugigerulorum piaffa insupportabili.*

Frey nous a donné une très-bonne pièce macaronique, intitulée : *Recitus veritabilis super terribili esmeuta paysanorum de Ruellio.* C'est une description du tumulte arrivé entre les vignerons du village de Ruel, et les archers de Paris.

Les Anglais n'ont presque rien dans le genre macaronique : on ne leur connaît que quelques feuilles volantes, qui ont été recueillies par Cambden.

Après avoir parlé de la poésie macaronique, et des principaux auteurs qui se sont distingués dans ce genre, il est bon d'en citer quelques exemples tirés de leurs ouvrages.

Un soldat fanfaron dit :

Enfilavi omnes scadrones et regimandos.

Autre exemple :

Cavalierus eques galopando subibat in urbem.

Autre digne de ce genre bizarre :

> Jupiter altifoirans totum embrenavit olympum.

Autre exemple tiré de l'émeute de Ruel par Frey :

> Archeros pistoliferos, furiamque manantum,
> Et grandem esmeutam, quæ inopinum facta Ruellæ est,
> Toxinumque alto troublantem corda clochero
> Totius populi, quodque est miserabile dictu,
> Troublantem parvos incinctæ in ventre parentis,
> At prestres omnes, hardito carmine dicam.
> Musæ nudipedes, seu vos ad littora Chatou
> Gardetis vaccas, seu desjeunetis in agris,
> Seu potius vos nocturno brandone Lenæi
> Bouchonare juvet vites, grappasque volare,
> Dicite cur animis tantæ vigneronibus iræ.

Autre exemple :

> Extemplo esmeutæ signum toxinus ab altâ
> Turre strepens, rauco cassatæ murmure clochæ
> Tin, tan, tin iterans, don, don, don, donque sonabat.
> Effroyati animi, quivis maisone relictâ
> Indomiti accurrunt, magno simul omne tumultu
> Troublatur querulo vulgus, jeunessaque sævit
> Effera, grisouique senes, pleurosaque femma,
> Et trepidæ matres embrassavere puellos, etc.

Autre exemple tiré de la guerre des huguenots, non de celle d'Hamconius, dont nous avons parlé, mais du *Poema macaronicum de bello huguenotico*, par Antoine de la Sable (*de Arena*). L'auteur commence son poème par célébrer la paix qui régnait avant cette funeste guerre ; voici son début :

> Tempus erat quo Mars rubicundam sanguine spadam
> Fucarat crocco, permutaratque botilla,

Ronflabatque super lardum, vacuando barillos,
Gaudebatque suum ad solem distendere ventrem....

Ensuite il peint le bonheur dont on jouissait :

Omnia ridebant securum ; namque canailla
Frantopinorum spoliata, domumque reversa,
Agricolam aculeo tauros piccare sinebat,
Et cum musetta festis dansare diebus
In rondum umbroso patulæ sub tegmine fagi.
Denique pastillos parvos, tartasque coquebat ;
Pax cœlo delapsa.........

Mais bientôt les querelles de religion se renouvellent, et les huguenots excitent la bile du poète par leurs fureurs :

Nunquam visa fuit canailla brigandior illâ ;
Egorjant homines, spoliant, forçantque puellas.
. . . . Massacrant, inque rivieras
Nudos dejiciunt mortos, pascuntque grenouillas.
. . . .
Auriculas sacras pretris monachisque revellunt,
Deque illis faciunt andouillas atque bodinos,
Aut cervelassos pratico de more Milani.....

Terminons ces différents exemples par le petit poème intitulé : *Micheli Morini funestissimus trepassus.*

Est juxtà nostram grandissimus ormus eglisam,
Plebs paysana suos ubi plaidatura processus
Convenit, ut cunctas demêlet mairus afairas.
Illic, æstivis terram brûlante diebus
Sole, ramassati juvenes queis primula mento
Barba frisat mollis, relevatâ veste, reponunt
Herbibus in viridis fessas, largâque sub ormo
In vastum tournant rondum ; charmantia vina,
Incertis ludunt cartis ; gagnataque læti

Ebibunt à tarlarigo petulantis Iacchi
Munera : violono hilares sonante gavottas ,
Gaillardi.trepignant omnes , sabotantque frequenti
Saltu tremblantem lourdo sub pondere terram.

Ormi in extremo nidum pia garrula bouto
Perchârat. Dominum sæpè hæc diablessa prechantem
Troublabat parochum , vilenisque erat osa jugeantis
Ora mairi , et totos etronis operire clientes :
Sæpè avidos etiam trompavit , fœda , bibrones ,
Dum chiat , et calidis remplissat pocula merdis.
Tandem derniero numerosa cohua dimancho
Se assemblat , perchisque tâchat si fortè per auras
Avolare piam faciat, nidumque denichet.
Arduum opus ! Soli Michelo fata Morino
Triste reservabant decus. Hurlamenta criantûm
Audiit , et totis, ut cervus , currit iambis :
Pan , pata pan , resonat sabotoso sub pede tellus.
« Ah ! criat, ô socii ! Quæ vos furiosa prenavit
» Stultitia , ut nostrum fracassetis perchibus ormum !
» OMNIS HOMO cherchandus erat , cui grandia tanta
» Antreprenare licet., maisonnas abattare volucrum.
» Ecquis , cum terriblo Burgundica vina Morino ,
» Vestrûm audet pariare, quòd hanc montatus in arbram,
» Babiliardarum ruinabit tecta piarum ? »
Dixerat; atque statim chopinam charmantis Iacchi
Grandilion pariat. Tunc vaillantissimus heros ,
Sub pileum retroussans crines, sabotosque dechaussans,
Vestem deshabillat, grandi signat cruce frontem ,
In manibus crachat, elato pede , grimpat in ormum.
Interea hùc parochus magnâ cum voce cucurrit :
« Omnis homo ! Quò jam tua te vaillantiá portat?
» Quid statuis ? Certam cur quæris in arbore mortem ?
» Ergo voce tuâ non plus resonabit eglisæ
» Voûta; nec ad nostrum cantabis *sol, fa*, pupîtrum !

» Quis post hæc agreabilibus *dis, dis, li, di, den, don,*
» Clocharum sonibus, nostras charmabit oreillas?
» Siste, rogo, atque meis te redde, Morine, prieris ! »
Proh Deus ! Ah ! quò non mortalia pectora poussat
Vini sacra sitis ! Parochi parolæque precesque
Arrêtare ipsum nequeunt; verùm ociùs, ormi
De branchâ in brancham pergit grimpare, cacumen
Attrapat, et toti victor supereminet arbræ.
Tunc solita entieras subvertere dextra foretas,
Arripiens nidum, dechirat, prolesque piarum
Envoyat ad diablum. Statuunt sed fata quod illas
Suivabit. Michelus ramo tunc forte sedebat
Artisonis rongeato intùs, sub cortice pulchro;
Cumque peraugusto gloriantes pondere branchæ
Portassent heroem, super has sederetque Morinus,
De branchâ in brancham degringolat, et faciens *pouf,*
Ex ormo cadit, et clunes obvertit olympo.
Hurlat *ho! ho!* paysana cohors, junctisque priantes
In cœlum recriant manibus; sed frustrà ! Morinus
Non est in vivis numerandus ! Tombat, et hujus
Tota rabotoso fracassantur membra paveto.

On ne s'est pas contenté de faire de la poésie macaronique ; quelques auteurs se sont mêlés de faire de la prose du même genre ; entre autres, Théodore de Bèze, qui a cherché à tourner en ridicule le président Lizet, dans une lettre écrite en prose macaronique. Il dit de Calvin : *Neque magnus neque parvus ; sed inter duos : non dares liardum de ejus minâ.*

En voilà suffisamment sur ce genre de poésie qui, comme on vient de le voir, tient très-bien sa place parmi les bagatelles ridicules et quelquefois amusantes.

DES VERS MÉTRIQUES FRANÇAIS.

Quelques auteurs ont cherché à donner aux vers français la mesure des vers grecs et latins; Jean Mousset, poète français du XVIe siècle, sous Henri II, est l'auteur de ces sortes de vers, qui n'ont point eu de succès. On a eu tort d'en attribuer l'invention à Jodelle et à Baïf. Nicolas de Noncel, qui est mort en 1610, a fait un ouvrage sur ce sujet : cette production singulière, dans laquelle il veut assujettir la poésie française aux règles de la poésie grecque et latine, a pour titre : *Stichologia graeca latinaque informanda et reformanda*, in-8°. Ce livre ne fait point honneur à son auteur.

Dans le principe, on ne faisait point rimer les vers métriques; ce fut Butel qui, le premier, les assujettit à la rime.

Plusieurs poètes se sont exercés dans ce genre, qui n'a pas été long-temps en vogue. Voici un exemple d'un vers latin et d'un vers français, coupés sur la même mesure :

Cæsare-ventu-ro, — phosphore,-redde di-em.
César-va reve-nir; — aube, ra-mène le-jour.

On a trouvé les vers métriques de Baïf, défectueux, parce qu'il en termine beaucoup par une rime féminine; celui-ci n'est pas du nombre de ces derniers :

Aube, re-baille le-jour; pour-quoi notre-aise re-tiens-tu?

Pasquier a laissé quelques épigrammes et quelques élégies en vers hexamètres et pentamètres français. Vigenère a traduit les psaumes de David, en vers métriques. Durfé a composé un poème dramatique du même genre. Nicolas Rapin a laissé plusieurs livres de ces vers mesurés ; en voici un exemple en hexamètres et pentamètres, tiré de l'un de ses livres :

Vénus grosse, voyant approcher son terme, demanda
 Aux trois Parques de quoi elle devait accoucher ;
D'un tigre, dit Lachesis ; d'un roc, Cloton ; Atropos, d'un feu.
 Et pour confirmer leur dire, naquit Amour.

Il faut avouer que voilà de la singulière poésie. Ce Rapin avait cependant une grande idée de ces sortes de vers, puisqu'il dit dans son premier livre des vers mesurés :

Sainte-Marthe, enfin je me suis avancé
Sur le train des vieux, et premier commencé
Par nouveau sentier m'approchant de bien près,
 Au mode des Grecs.
Maintenant les vers que façonne à leur point,
Et d'un air hardi que la Cour ne craint point ;
Au pays des rois je commence à chanter
 Sans m'épouvanter.

Nous pourrions encore citer plusieurs exemples tirés des poésies de Rapin ; ils prouveraient qu'il a un peu mieux réussi dans ce genre de poésie, que Butel, Desportes, Passerat, Callier, etc. Ainsi qu'on juge des vers de ces messieurs et d'autres qui ont voulu s'en mêler ! Pasquier, qui lui-même avait travaillé dans ce genre, le condamna ensuite comme un genre barbare et misérable, qui mourut aussitôt qu'il vit le jour. Scevole de Sainte-Marthe fut de l'avis de Pasquier, et il eut raison.

Cependant Turgot, après avoir quitté le ministère, s'amusa à traduire le ive livre de l'Enéide et quelques églogues de Virgile, en vers hexamètres français. M. François de Neufchâteau dit que ces morceaux de Turgot sont des essais uniques dans la langue française. Ce que nous venons d'exposer ci-dessus, prouve que ce genre était déjà connu, et que notre prosodie ne peut pas lutter avantageusement avec la prosodie latine. La traduction de Turgot en offre une nouvelle preuve. Voici le titre de cet ouvrage, tiré, dit-on, à 12 exemplaires :

Didon, poème en vers métriques hexamètres, divisé en trois chants ; traduit du quatrième livre de l'Énéide de Virgile ; avec le commencement de l'Enéide, et les seconde, huitième et dixième églogues du même auteur ; le tout accompagné du texte latin ; par Turgot, (avec cette épigraphe :

Eloquium et Gallis, Gallis dedit ore rotundo
Musa loqui.

Mais toutes ces poésies ont été réimprimées dans un ouvrage intitulé : *le Conservateur ou Recueil de morceaux inédits d'histoire, de politique, de littérature et de philosophie, tirés des portefeuilles de M. N. François (de Neufchâteau), de l'Institut national.* Paris, de l'imprimerie de Crapelet, an viii, 2 *vol. in-*8°. Les poésies de Turgot occupent les pages 1—97 du 1er volume.

Nous ne citerons rien du poëme de Didon, parce que les bornes de ce recueil ne nous permettent pas de le donner en entier. Nous nous contenterons de donner tout ce que Turgot a traduit du début de l'Enéide.

Jadis sur la fougère une musette accompagna mes chants.
J'osai depuis; sortant des bois, disciple de Cérès,
Forcer la terre à répondre aux vœux de l'avare agriculteur.
Mars aujourd'hui m'appelle. O Muse! embouche la trompette,
Dis les combats, Muse! et ce guerrier que l'ordre du destin,
Loin des murs d'Ilion en cendre et du tombeau de ses pères,
Aux champs ausoniens fit aborder après mille dangers.
Errant chez cent peuples divers, il combattit long-temps
L'onde, la terre et le ciel réunis pour lasser sa constance.
L'inflexible Junon avoit aux dieux inspiré ses haines.
Sous les murs naissants de Lavinium, il souffrit encore
Les innombrables maux qu'entraîne la guerre; et cependant
Transportant ses lois, sa patrie et le culte de ses dieux
Sur les rives du Tibre; il fondait à force de victoires
Un trône immortel, qui depuis fut le berceau d'où sortirent
Ces antiques Latins tant vantés, Albe et sa splendeur,
Ses valeureux enfants les pères de Rome, et Rome enfin.
Quel motif armait Junon? Quelle offense avait ulcéré son cœur?
Pourquoi du haut des cieux, leur reine avait-elle rassemblé
Tant de périls, de travaux, pour accabler la vertu la plus pure?
Ils sont donc comme nous, ces dieux! La colère habite aussi
Dans leur Olympe! et la haine peut naître au sein du bonheur
    même!

Voltaire reçut un exemplaire de l'ouvrage de Turgot; il ne jugea pas bien de l'introduction du mètre prosodique dans notre poésie; il ne vit dans les vers métriques de son illustre ami, qu'une très-belle prose. D'Olivet est également d'avis, que la composition des vers mesurés en français ne convient nullement à notre langue. C'est M. François de Neufchâteau, qui nous fournit ces détails sur la traduction de Turgot.

DES VERS MONORIMES.

La dénomination de ces vers vient du Grec *monos* seul, et *rhuthmos* rhythme, justesse, cadence, d'où le mot *rime* est peut-être dérivé. Une pièce de poésie monorime est celle dont tous les vers sont sur la même rime; on prétend qu'on doit l'invention des monorimes latins au poète Léonin, qui en adressa au pape Alexandre III, dans le douzième siècle. On en fit aussi alors des français, qui ne furent en usage que dans les vers de douze syllabes. Le monorime n'est bon en français, que dans les sujets de plaisanterie, parce que l'oreille est fatiguée par le retour continuel des mêmes rimes; et l'on ne se sert plus des vers alexandrins pour ce jeu poétique, parce qu'ils sont trop majestueux. Les monorimes sont bannis depuis long-temps de la poésie latine.

Il me semble qu'on peut distinguer deux sortes de monorimes, les parfaits et les imparfaits; les parfaits ou vrais monorimes sont ceux qui composent une pièce de vers ayant tous la même rime, et les imparfaits appartiennent à une pièce de poésie où les vers féminins seuls, ou masculins seuls, sont sur la même rime.

Voici un exemple d'un monorime parfait, que je puise dans le *Voyage de Languedoc et de Provence*, par M. Lefranc; le sujet est le château d'If, où jadis l'on enfermait, par lettre de cachet, les jeunes gens libertins :

> Nous fûmes donc au château d'If :
> C'est un lieu peu récréatif,
> Défendu par le fer oisif
> De plus d'un soldat maladif,
> Qui, de guerrier jadis actif,
> Est devenu garde passif.
> Sur ce roc taillé dans le vif,
> Par bon ordre on retient captif,
> Dans l'enceinte d'un mur massif,
> Esprit libertin, cœur rétif
> Au salutaire correctif
> D'un parent peu persuasif.
> Le pauvre prisonnier pensif,
> A la triste lueur du suif,
> Jouit pour seul soporatif
> Du murmure non lénitif,
> Dont l'élément rébarbatif
> Frappe son organe attentif.
> Or, pour être mémoratif
> De ce domicile afflictif,
> Je jurai d'un ton expressif
> De vous le peindre en rime en if.
> Ce fait, du roc désolatif
> Nous sortîmes d'un pas hâtif,
> Et rentrâmes dans notre esquif,
> En répétant d'un ton plaintif :
> Dieu nous garde du château d'If.

Un certain grammairien me paraît n'avoir pas été aussi heureux que M. Lefranc, dans le monorime suivant, adressé à une dame qui se plaignait que, le jour de sa fête, ce grammairien ne lui adressait que de vulgaires compliments sans y joindre un petit plat de son métier. Le rival de Despautère prend aussitôt la plume et trace ce petit poulet grammatical :

> Quoi ! ce n'est point assez d'un bouquet *substantif!*
> Madame, il faut encore y joindre un *adjectif!*
> Comment chanter en vers votre *nominatif?*
> Ma muse n'eut jamais le pouvoir *génitif,*
> Et pour elle Apollon ne fut jamais *datif.*
> N'en faites pas, madame, un cas *accusatif;*
> J'ai voulu; mais Phœbus, sourd à mon *vocatif,*
> Malgré moi m'a réduit au plus triste *ablatif.*
> Agréez en échange un zèle *positif,*
> Un zèle sans égal et sans *comparatif,*
> Un zèle qui, pour vous, est au *superlatif.*
> Que ne suis-je pourvu d'un verbe assez *actif!*
> Que ne puis-je à vos yeux le rendre *indicatif!*
> Vous pouvez l'éprouver par votre *impératif,*
> Toujours vous le verrez surpasser *l'optatif.*
> Mon seul respect pour vous garde le *subjonctif;*
> Mes autres sentiments sont à *l'infinitif.*

Le morceau suivant pourrait être, ainsi que les deux précédents, considéré comme monorime; mais il n'est fait que pour l'oreille. C'est Panard qui nous le fournit; nous y faisons quelques légers changements ;

> Médecin mal instruit,
> Qui voudrais aujourd'hui

De mon corps faire un puits,
Va-t-en vîte et t'enfuis ;
Ton breuvage m'a toujours nui.
Si j'avais eu recours à lui
Je serais aujourd'hui
Cloué dans un étui.
Vive, vive celui
Qui sort du muid :
Dans mon réduit
C'est mon plus ferme appui :
C'est par lui
Que je suis jour et nuit
Sans ennui.

Quant aux monorimes imparfaits, Mme Deshoulières en offre des exemples trop longs pour les rapporter ici ; mais comme ses œuvres sont entre les mains de tout le monde, on peut en consulter le 1er volume, édition de 1754 ; on y trouvera, pages 197—206, six pièces de vers dont les rimes féminines sont toutes pour la première pièce en *ailles*, pour la seconde en *eilles*, pour la troisième en *ille*, et les trois dernières sont en *ouille*.

On peut mettre encore au rang des monorimes imparfaits, l'épitaphe de Pierre de Marca, nommé archevêque de Paris, et mort le jour de son installation :

Ci gît l'illustre de Marca,
Que le plus grand des rois marqua
Pour le prélat de son église ;
Mais la mort qui le remarqua,
Et qui se plaît à la surprise,
Tout aussitôt le démarqua.

POÉTIQUE CURIEUSE.   149

Il existe aussi des espèces de monorimes, où un nom propre est exprimé par les dernières syllabes, de deux vers en deux vers. Nous en trouvons un exemple dans Voiture, qui a composé les stances suivantes sur M. d'Avaux ; on y voit que les dernières syllabes des vers, réunies deux à deux, expriment *d'Avaux,* ou *d'Avots,* etc.

 L'autre jour Jupiter man*da*
 Par Mercure et par ses pré*vots,*
 Tous les dieux, et leur comman*da*
 Qu'on fît honneur au grand d'A*vaux.*

 En deux parts le Ciel se ban*da,*
 Avec noises et grands tra*vaux ;*
 Et maint dieu jaloux clabau*da*
 Contre l'honneur du grand d'A*vaux.*

 Entre autres, un grand halbre*da,*
 Nommé Mars, Mavors ou Ma*vos,*
 Les dents grinça, jura, gron*da,*
 Et dit rage contre d'A*vaux.*

 Un jour, dit-il, il débri*da*
 Sur mon char mes quatre che*vaux,*
 Et la Pologne accomm*oda*
 Avec Suède, ce d'A*vaux.*

 Etc., etc.

Nous ne citerons pas cette pièce en entier ; ce que nous en disons suffit pour faire connaître ce genre plus difficile qu'agréable.

DES VERS MONOSYLLABIQUES.

On sait combien les vers de deux et trois syllabes sont pénibles à entendre lorsqu'ils sont en grand nombre : ils sautillent trop et tourmentent l'oreille par le retour trop fréquent des mêmes consonnances. Que dirons-nous donc de ceux qui ne sont composés que d'une syllabe? La Harpe en rapporte sur la résurrection du Sauveur ; mais il ne les cite pas exactement comme ils ont été faits et comme je les rapporte ici. Cette singularité a eu lieu dans un dîner chez le président Hénault, où l'on parlait de l'impossibilité de faire des vers monosyllabiques. L'abbé de G... fit sur-le-champ les douze suivants qui ne plaident pas en faveur de ce genre :

De
Ce
Lieu
Dieu
Sort
Mort ;
Sort
Fort
Dur !
Mais
Très
Sûr.

Je doute que l'auteur ait continué cette pièce.

Il existe des *Noëls nouveaux sur les chants anciens*,

par P. Bonjean, prêtre, Paris, 1733, *in*-8°. A la fin de ce volume il y a une pièce de vers sur la naissance de J.-C. dont tous les mots n'ont qu'une syllabe. N'ayant pas l'ouvrage sous les yeux, j'ignore si ces vers ont quelque rapport avec ceux que je viens de citer.

Les Anglais ne sont point partisans de ces sortes de vers ; au contraire, ils en ont de quatorze syllabes ; et Swift, dit-on, s'est amusé à en faire de vingt, de trente, et même d'aller jusqu'à soixante syllabes.

Les vers composés de monosyllabes sont désagréables et même défectueux dans la poésie française, à moins que la richesse de la pensée ne dédommage, comme dans ce vers de *Phèdre :*

Le jour n'est pas plus pur que le fond de mon cœur.

Mais ceux-ci paraissent faibles :

Non, ce n'est pas pour moi que sont faits les beaux jours..
O roi ! de tous les rois le plus grand, le plus sage....
Qui plaît est roi, qui ne plaît plus n'est rien....

Tabourot a une pièce de quarante-cinq vers, toute en monosyllabes ; c'est peu de chose. Voyez ses *Bigarrures,* Paris, 1586, *pet. in*-12, pag. 193.

On peut opposer à ces sortes de vers ceux où l'on emploie peu de mots ; mais ces mots, pour remplir la mesure du vers, doivent renfermer un certain nombre de syllabes : ainsi le distique suivant, composé d'un hexamètre et d'un pentamètre, ne compte que quatre mots en tout :

Perturbabantur Constantinopolitani
Innumerabilibus sollicitudinibus.

Mais est-ce là de la poésie ? O non ! bien certainement.

DES VERS PARODIÉS.

Le mot parodie qui vient du grec *parôdia*, canticum ; rac. *para* juxta, et *ôdê* cantus, carmen, signifie à la lettre un chant composé à l'imitation d'un autre; et par extension, on donne le nom de parodie à un ouvrage en vers, dans lequel on détourne dans un sens railleur des vers qu'un autre a faits dans une vue différente. On a la liberté d'ajouter ou de retrancher ce qui est nécessaire au dessein qu'on se propose ; mais on doit conserver autant de mots qu'il est nécessaire pour rappeler le souvenir de l'original dont on emprunte les paroles ; l'idée de cet original et l'application qu'on en fait à un sujet d'un ordre moins sérieux, forment dans l'imagination un contraste qui la surprend, et c'est en cela que consiste la plaisanterie de la parodie.

Corneille a dit dans le style grave, parlant du père de Chimène :

Ses rides sur son front ont gravé ses exploits.

Racine a parodié ce vers en parlant d'un sergent, dans les Plaideurs.

Il gagnait en un jour plus qu'un autre en six mois;
Ses rides sur son front gravaient tous ses exploits.

Les vers les plus connus sont ceux qui sont le plus exposés à la parodie.

Boileau nous a donné une parodie ingénieuse de quelques scènes du Cid.

Madame Deshoulières a également une parodie d'une scène de la même tragédie.

Le poème du *Vice puni* est rempli d'applications heureuses de vers de nos poètes.

Dans la Gastronomie, dans un poème sur la danse autre que celui de Berchoux, dans l'Art poétique de Le Duc, dans la vie de Beaumarchais, etc., etc., il y a des parodies heureuses.

Nous nous contenterons de citer celle qui a été faite sur la détention momentanée de Beaumarchais à St.-Lazare, vers 1785, à l'occasion de quelques articles de journaux où il réfutait avec des sarcasmes très-piquants une critique qu'un ANONYME qu'il méconnaissait avait faite de la pièce de Figaro. Cette parodie est celle du récit de Théramène dans *Phèdre* :

<pre>
A peine Beaumarchais, débarrassant la scène,
Avait de Figaro terminé la centaine,
Qu'il volait à Tarare ; et pourtant ce vainqueur,
Dans l'orgueil du triomphe, était morne et rêveur.
Je ne sais quel chagrin, le couvrant de son ombre,
Lui donnait, sur son char, un maintien bas et sombre.
Ses *vertueux amis* (1), sottement affligés,
Copiaient son allure, autour de lui rangés.
</pre>

---

(1) Expression qu'on trouve communément dans les écrits de Beaumarchais, et qui lui attira une épigramme sanglante. Un plaisant s'écria, en lisant cette apostrophe continuelle à ses vertueux amis : *Cela a dû faire un grand mouvement à Bicêtre.*

Sa main sur *Sabathier* (1) laissait flotter les rênes ;
Il filait un discours (2) tout rempli de ses peines.;
Les *Sepher*, les *Gudin* (3), qu'on voyait autrefois,
Fanatiques ardents, obéir à sa voix,
L'œil louche maintenant, et l'oreille baissée,
Semblaient se conformer à sa triste pensée.
Un effroyable cri, sorti du sein des *eaux* (4);
Des *Perrier* tout-à-coup a troublé le repos ;
Et du fond du Marais une voix formidable
Se mêle éloquemment à l'écrit redoutable (5).
Jusqu'au fond de nos cœurs notre sang s'est glacé ;
Des badauds attentifs le crin s'est hérissé.
Cependant sur le dos d'un avocat terrible (6),
S'élève avec fracas un Mémoire invincible :
Le volume s'approche, et vomit à nos yeux,
Parmi de noirs flots d'encre, un monstre furieux (7) :
Son front large est couvert de cornes flétrissantes ;
Tout son corps est armé de phrases menaçantes :
Indomptable allemand, banquier impétueux,
Son style se recourbe en replis tortueux ;
Ses longs raisonnements font trembler le complice ;
Sa main, avec horreur, va démasquer le vice.
Le Châtelet s'émeut, Paris est infecté,
Et tout le Parlement recule épouvanté.
On fuit, et, sans s'armer d'un courage inutile,

---

(1) Beaumarchais s'appuyant sur l'abbé Sabathier à la répétition de Tarare.

(2) Expression qu'on trouve dans le Mémoire contre Kornmann : *Filer des phrases et tricoter des mots.*

(3) Gudin a consigné un éloge de Beaumarchais dans le Journal de Paris.

(4) Premier écrit sur les eaux de Paris.

(5) Réplique du comte de Mirabeau.

(6) Bergasse.

(7) K..........

Dans les cafés voisins chacun cherche un asile.
PIERRE AUGUSTIN, lui seul, protecteur de Nassau (1),
Harangue la cabale, et saisit ses pinceaux,
Pousse au monstre un pamphlet *vibré* d'une main sûre (2),
Et que, dans quatre nuits, trama son imposture (3).
De dégoût et d'horreur le monstre pâlissant,
Autour de Beaumarchais se roule en mugissant ;
Il bâille, et lui présente une gueule enflammée,
Qui le couvre à la fois de boue et de fumée.
La peur nous saisit tous ; pour la première fois,
On vit pleurer *Cubière*, et rougir *S*..... (4) :
En calembourgs forcés leur maître se consume ;
Ils n'attendent plus rien de sa pesante plume.
On dit qu'on a vu même, en ce désordre affreux,
Lenoir (5), qui d'espions garnissait tous les lieux.
Soudain vers l'Opéra l'effroi nous précipite :
On nous suit ; nous entrons : mon maître, mis en fuite,
Voit voler en lambeaux *Tarare* fracassé (6) ;
Dans les rênes lui-même il tombe embarrassé.
Excusez ma longueur : cette scène cruelle
Sera pour moi d'ennuis une source éternelle.

---

(1) Beaumarchais, dans un de ses écrits, semblait offrir son amitié au prince de Nassau.

(2) Dans la préface de FIGARO, l'auteur dit qu'au seul nom de Conti on sent VIBRER le vieux mot PATRIE. Un mauvais plaisant répondit, dans le temps, qu'au nom de Beaumarchais on entendait VIBRER les fouets de Saint-Lazare.

(3) Beaumarchais avoua qu'il n'avait employé que quatre nuits à faire ce Mémoire.

(4) On prétend que le premier riait toujours, et que le second n'a jamais rougi.

(5) Lieutenant de police.

(6) A la dernière répétition de TARARE, Beaumarchais, troublé par un concert de sifflets, dit que le cinquième acte de son opéra n'était pas fait. Il lisait depuis trois ou quatre ans, de maison en maison, cet opéra pour lequel on fit 200,000 livres de dépenses.

J'ai vu, messieurs, j'ai vu ce maître si chéri,
Traîné par un exempt que sa main a nourri (1).
Il veut le conjurer, mais l'exempt est de glace :
Ils montent dans un char qui s'offre sur la place.
De nos cris glapissants le quartier retentit ;
Le fiacre impétueux enfin se ralentit :
Il s'arrête non loin de cet hôtel antique
Où de Vincent de Paul est la froide relique (2).
J'y cours en soupirant, et la garde me suit ;
D'un peuple d'étourneaux la file me conduit :
Le faubourg en est plein ; cent bouches dégoûtantes
Content de Beaumarchais les détresses sanglantes.
J'arrive, je l'appelle ; et, me tendant la main,
Il ouvre le guichet, qu'il referme soudain :
« Le Roi, dit-il alors, me jette à Saint-Lazare ;
» Prenez soin, entre vous, du malheureux *Tarare* :
» Cher ami, si le prince, un jour plus indulgent,
» Veut bien, de cet affront me payer en argent,
» D'avance il peut compter sur ma reconnaissance ;
» Pour me faire oublier quelques jours d'abstinence,
» Qu'il me rende.... » A ces mots, le héros contristé,
Sans couleur et sans voix, dans sa cage est resté ;
Triste objet où des rois triomphe la justice,
Mais qu'on n'aurait pas dû traiter comme un novice.

Les malins, ou plutôt les méchants, auteurs de cette parodie, firent encore une autre pièce beaucoup plus mordante contre Beaumarchais, et toujours au sujet de cette détention à Saint-Lazare.

---

(1) L'exempt qui l'arrêta dinait tous les jours chez lui. Exemple sublime de dévouement et de reconnaissance !

(2) Saint-Lazare.

C'est une confession générale, où le vers d'Hippolyte

> Le jour n'est pas plus pur, etc.

est ainsi parodié :

> L'enfer n'est pas plus noir que le fond de mon cœur.

Cette confession, entièrement écrite dans ce genre, prouve quelle était l'animosité des ennemis de Beaumarchais contre sa personne.

DES VERS PROTÉES.

Ce sont des vers qui, par la transposition des mots qui les composent, peuvent se tourner de mille manières différentes, sans changer le sens, surtout si l'on peut y introduire des mots formés de peu de syllabes.

Tout le monde connaît le vers :

> Tot tibi sunt dotes, Virgo, quot sidera cœlo.

Mais ce que tout le monde ne sait pas, c'est que ce vers, qui est de Bernard Bauhusius d'Anvers, peut se tourner de plus de mille manières différentes sans en altérer ni le sens ni la mesure.

On peut consulter à cet égard un petit volume curieux, intitulé : *Proteus Parthenius, id est, Bern. Bauhusii hexameter marianus millies bis et vicies, sensu et metro servatis, variatus, accedunt, etc.* Lovanii, excudebant Vanlinthout et Vandenzande, 1833, pet. in-16, de vi-74 pag. Notre vers protée y est imprimé de

1022 manières différentes ; (c'était le nombre des étoiles énumérées dans le ciel, dont Ptolémée, dans son *Almageste,* avait dressé le catalogue vers l'an 137 de l'ère vulgaire (1)) ; et Jacques Bernoulli a démontré, dans son *Ars conjectandi,* imprimé après sa mort, en 1713, que ce vers pouvait se tourner de 3,312 manières.

Si un vers protée n'était composé que de monosyllabes ou à peu près, alors les différentes manières de le tourner deviendraient presque innombrables. Nous citerons pour exemple le vers suivant qu'on peut appliquer à dix personnes différentes; les neuf premiers pourront se tourner, dit-on, de sept cent vingt-cinq mille sept cent soixante manières, et le dixième en trente-un millions neuf cent seize mille huit cents façons.

1° Ad Stultum.

Cor, vox, dens, frons, ren, splen, pes, lux sunt tibi, deest mens.

2° Ad Cæcum.

Mens, cor, vox, dens, frons, ren, splen, pes sunt tibi, deest lux.

3° Ad Claudum.

Lux, mens, cor, vox, dens, frons, ren, splen sunt tibi, deest pes.

4° Ad Tristem.

Pes, lux, mens, cor, vox, dens, frons, ren sunt tibi, deest splen.

5° Ad Infacundum.

Splen, pes, lux, mens, cor, vox, dens, frons sunt tibi, deest ren.

---

(1) Mais dès-lors on en a trouvé un bien autre nombre; l'Académie de Berlin en 1776 a publié un catalogue de 4,535 étoiles observées par Hevelius, Flamsteed, Lacaille et Bradley.

6° Ad Inverecundum.

Ren, splen, pes, lux, mens, cor, vox, dens sunt tibi, deest frons.

7° Ad Mitem.

Frons, ren, splen, pes, lux, mens, cor, vox sunt tibi, deest dens.

8° Ad Mutum seu Taciturnum.

Dens, frons, ren, splen, pes, lux, mens, cor sunt tibi, deest vox.

9° Ad Timidum.

Vox, dens, frons, ren, splen, pes, lux, mens sunt tibi, deest cor.

10° De Perfecto.

Cor, vox, dens, frons, ren, splen, lux, mens, pes, vola, crus huic.

C'est encore un vers de cette dernière espèce que rapporte le petit *Proteus Parthenius* cité plus haut; ce vers de Thomas Lansius, si l'on peut donner le nom de vers à une ligne composée de onze monosyllabes et un bisyllabe réunis, est ainsi disposé :

Crux, fex, fraus, lis, Mars, mors, nóx, pus, sors mala, Styx, vis.

Cette disposition peut changer, comme dans le dixième que nous venons de citer, 31,916,800 fois.

Nous terminons ce chapitre par les propres paroles que les éditeurs du *Proteus Parthenius* ont mises à la fin de leur dédicace *lectori benevolo.... Persuasum habeto, ludos jocosque, quibus majorum nostrorum eruditissimi et gravissimi delectati sunt, nec hodièque esse homine liberali prorsus indignos.*

DES VERS RAPPORTÉS.

On appelle vers rapportés, ceux qui, mis en distiques, sont tellement arrangés, que les mots du premier vers se rapportent pour la pensée, et dans l'ordre où ils se trouvent, aux mots du second vers; par exemple, l'inscription placée sur l'hôtel-de-ville de Delft (Hollande), est un distique composé de ces deux vers rapportés :

>Hæc Domus odit, amat, punit, conservat, honorat
>   Nequitiam, pacem, crimina, jura, probos.

On voit par cette inscription que l'administration municipale de Delft déteste les méchants, *odit nequitiam;* qu'elle aime la paix, *amat pacem;* qu'elle punit les crimes, *punit crimina;* qu'elle respecte les droits de chacun, *conservat jura;* et enfin qu'elle honore les gens de bien, *honorat probos.*

Les quatre vers rapportés, qui suivent, sont de Lamonnoye ; ils ont été trouvés dans les papiers de l'abbé D'Olivet, que M. Guillaume de Besançon a bien voulu me communiquer; ils sont inédits :

>Hispanus, Gallus, Burgundus, Vasco, Sabaudus,
>   Constans, inconstans, fidus, avarus, inops,
>Victum, vestitum, promissum, furta, laborem,
>   Temperat, immutat, servat, adauget, amat.

Il paraît que ces quatre vers avaient été promis à l'abbé d'Olivet, par Lamonnoye qui avait négligé de les lui envoyer, car à la suite du quatrain latin, était ce sixain français sous le titre d'ENVOI :

Pour avoir oublié l'envoy de cet ouvrage,
   Vous m'avez traité de gascon ;
Mais un simple défaut de mémoire à mon âge
   N'est pas indigne de pardon :
Surtout lorsque l'on a comme moi l'avantage
D'avoir pour ses amis le cœur franc-bourguignon.

Autres vers rapportés :

Hircus, cum pueris puer unus ; sponsa, maritus,
   Cultello, lymphâ, fune, dolore cadunt (1).

On a indiqué dans les deux vers suivants, les trois sortes d'ouvrages que nous a laissés Virgile :

Pastor, arator, eques, pavi, colui, superavi,
   Capras, rus, hostes, fronde, ligone, manu.

Le bon abbé de Marolles a ainsi rendu ce distique :

Pasteur, rustic, guerrier, j'ai pû, béché, mis bas,
Chèvres, champs, ennemis, d'herbe, de soc, de bras.

Croirait-on que cet intrépide et malheureux traducteur était content de cette sotte caricature ?

---

(1) C'est à tort que l'on a attribué à Santeul l'anecdote d'un écolier pour lequel il fit, dit-on, ce distique rapporté avec quelques variantes (dans le *Santoliana* de l'abbé Dinouart, 1764, in-12, p. 65) :

Alter cum puero, mater conjuncta marito,
   Cultello, lymphâ, fune, dolore, cadunt.

Ces vers bien plus anciens que Santeul, (né à Paris le 12 mai 1630, mort à Dijon le 5 août 1697), se voient dans le *Pratum Cl. Prati* (Dupré), imprimé en 1614, in-8°; ils sont encore cités dans le *Thesaurus epitaphiorum veterum ac recentium* du P. Labbe, *Parisiis*, 1666, in-8°, p. 364.

« J'ai rendu le latin, disait-il, d'une manière assez
» juste ; faites attention que le mot *pû* vient du
» verbe *paistre* et non de pouvoir ; *mis bas* ne rend-
» il pas très-bien *superavi ?* et *bras* rend parfaitement
« *manu.* » Pauvre Marolles (1) !

Tabourot a essayé des vers rapportés, en français, qui sont bien faibles :

Ta beauté, ta vertu, ton esprit, ton maintien,
Esblouit et deffait, assoupit et renflamme
Par ses rais, par penser, par crainte, pour un rien,
Mes deux yeux, mon amour, mes desseins et mon ame.

Citons un dernier exemple que nous fournit un Vésulien, nommé Pierre Durand, qui existait en 1592 :

Bellator, sapiens, justus : porto, lego, condo,
Arma, libros, leges : Cæsar, Apollo, Numa.

---

(1) On lui doit les traductions de Plaute, de Térence, de Lucrèce, de Catulle, de Tibulle, de Properce, de Virgile, d'Horace, d'Ovide, de Sénèque le trag., de Lucain, de Juvénal, de Perse, de Martial, de Stace, d'Aurelius Victor, de Sextus Rufus, des écrivains de l'histoire Auguste, d'Ammien Marcellin, etc., etc., etc., etc. Quel triste bagage ! En général, les traductions de l'abbé de Marolles sont inexactes, lâches et plates au dernier degré. Mais il a d'autres ouvrages qui ne sont pas sans mérite et que l'on recherche encore, tels que ses deux *Catalogues de livres d'Estampes*, 1666, *in-*8° et 1672, *in-*12 ; ses *Tableaux du Temple des Muses*, 1655, *in-fol., fig.*; ses *Mémoires*, 1755, 3 vol. *in-*12, etc., etc. Claude Michel de Marolles, né le 22 juillet 1600, est mort le 6 mars 1681.

DES VERS RHOPALIQUES.

Ce sont des vers dont la dénomination provient du grec *rhopalon*, massue. Ils ont été ainsi nommés, parce que les mots allant en augmentant de syllabes (le premier est un monosyllabe, le second est composé de deux syllabes, le troisième de trois, etc.), ont quelque rapport avec une massue, dont la substance va toujours en augmentant de volume de l'une de ses extrémités à l'autre. Voici un exemple de ce genre de poésie ; on a eu tort de l'attribuer à Ausone.

> Spes Deus, æternæ stationis conciliator,
> Si castis precibus veniales invigilamus,
> His pater oratis placabilis adstipulare.

Ces vers s'appellent encore vers croissants ; on en connaît aussi des décroissants, tels que celui-ci :

> Vectigalibus armamenta referre jubet rex.

On trouvera plusieurs espèces de vers croissants, dans les *Bigarrures* de Tabourot.

Lamonnoye parle des vers rhopaliques dans le *Menagiana* ; il s'en exprime ainsi : « Jules Scaliger, c. 28 du L. II de sa Poétique, dit que ces sortes de vers ont été nommés euryaliques par quelques-uns, désignant par là Servius à la fin de son *Centimetrum*, où apparemment il avait lu *Euryalicus versus*. Vinet a lu dans son exemplaire *Eurypalicus* ; Putschius a fait imprimer *Rhopalicus*, et cette leçon serait préférable à toute autre, si elle était fondée sur un manuscrit ; au défaut de quoi celle de Despautère, qui porte *Euryphallicus,* peut fort bien être retenue; l'idée que donne le mot *Euryphallicus,* composé d'*Eurus* et de *Phallos* (que nous ne traduirons pas), ne revenant pas mal à celle de *Rhopalicus.* Il est surprenant que Turnèbe et Vinet aient cru que les vers rhopaliques, attribués à Ausone, soient de lui. Joseph Scaliger a eu raison de les rejeter. »

Ne pourrait-on pas aussi regarder, comme des espèces de vers rhopaliques, mais d'un autre genre, ceux qu'on nomme vers pyramidaux ? Ce sont des vers disposés de manière que le premier est un monosyllabe, le second a deux syllabes, le troisième trois, etc.; de sorte que dans cette poésie-ci, les vers suivent chacun le même accroissement que les mots employés dans les vrais rhopaliques dont nous parlons en tête de cet article. Veut-on un exemple de vers pyramidaux croissants et décroissants ? On le trouve dans les *Losanges* de Panard ; ils sont assez curieux, et je vais les rapporter ici.

Tes
Attraits,
Pour jamais,
Belle Elmire,
M'ont su réduire
Sous ton doux empire :
Content quand je te vois,
Mon ardeur pour toi
Est extrême.
De même
Aime
Moi.

Les
Sonnets
Les mieux faits
Sont chimère :
Que font-ils faire ?
De l'eau toute claire.
Que sont tant de nigauds
Dans leurs madrigaux
Pour Céphise,
Bélise,
Lise ?
Sots.

Tous
Jaloux
Sont des fous
Que je blâme :
Fi d'une flamme
Qui nous ronge l'ame !
Fais, mon cher, comme moi.
Pour braver la loi
D'une amante
Changeante,
Chante,
Boi.

Tôt
Cataut
Il me faut
Du Tonnerre ;
Vîte, ma chère,
Remplis-en mon verre :
Fais-moi du bois tortu
Goûter la vertu ;
Ce commerce
Me berce :
Verse
Dru.

Ajoutons à ces *Losanges*, la *Bouteille* figurée du même Panard ; on sait que la réalité de cet instrument bachique était l'objet particulier du culte de cet enfant de la joie.

BOUTEILLE DE PANARD.

Que mon
Flacon
Me semble bon !
Sans lui
L'ennui
Me nuit,
Me suit ;
Je sens
Mes sens
Mourans,
Pesans.
Quand je le tiens,
Dieux ! Que je suis bien !
Que son aspect est agréable !
Que je fais cas de ses divins présents !
C'est de son sein fécond, c'est de ses heureux flancs
Que coule ce nectar si doux, si délectable,
Qui rend tous les esprits, tous les cœurs satisfaits.
Cher objet de mes vœux, tu fais toute ma gloire ;
Tant que mon cœur vivra, de tes charmants bienfaits
Il saura conserver la fidelle mémoire.
Ma muse, à te louer se consacre à jamais.
Tantôt dans un caveau, tantôt sous une treille,
Ma lyre, de ma voix accompagnant le son,
Répétera cent fois cette aimable chanson :
Règne sans fin, ma charmante bouteille ;
Règne sans cesse, mon cher flacon.

Après la *Bouteille*, devait nécessairement venir le *Verre*; aussi la muse de Panard s'est-elle empressée d'en fabriquer un qui fût le digne accompagnement de la pièce précédente.

VERRE DE PANARD.

Nous ne pouvons rien trouver sur la terre
Qui soit si bon, ni si beau que le verre.
Du tendre amour berceau charmant,
C'est toi, champêtre fougère,
C'est toi qui sers à faire
L'heureux instrument
Où souvent pétille,
Mousse et brille
Le jus qui rend
Gai, riant,
Content.
Quelle douceur
Il porte au cœur !
Tôt,
Tôt,
Tôt,
Qu'on m'en donne,
Qu'on l'entonne ;
Tôt,
Tôt,
Tôt,
Qu'on m'en donne,
Vîte et comme il faut :
L'on y voit sur ses flots chéris
Nager l'alégresse et les ris.

On trouve dans le *Caveau moderne*, ou *le Rocher de Cancale, chansonnier de table,* 1806, *in*-18, deux chansons de M. Capelle, calquées sur celles de Panard, que nous venons de citer.

Ces espèces de vers s'appellent *vers figurés*. Ils étaient connus des Anciens ; les Grecs et les Latins se sont occupés de ces frivolités. On connaît les *Ailes*, l'*OEuf* et la *Hache* de Simmias de Rhodes, les deux *Autels* de Dosiadas, la *Syrinx* de Théocrite, l'*Autel*, la *Syrinx* et l'*Orgue* de Porphyrius. On trouve dans le *Journal de l'Empire, novembre* 1806, une bonne dissertation sur les vers représentant ces sortes de figures. Voy. les *Amusements* de 1824, pp. 144-150.

Il existe encore un petit volume intitulé : *Sylvæ quas vario carminum genere primani scholastici collegii Dolani S. J., in publicâ totius civitatis gratulatione lœtitiâque, ex tempore obtulerunt.* Dolæ, 1592, *pet. in*-4°. On y trouve des vers figurés, en grec et en latin, de toutes les espèces ; les uns représentent des aîles, des autels, des œufs, des lunettes ; les autres, des cercles, des angles, des triangles, etc. Les acrostiches, les anagrammes y abondent. Ce petit volume a été composé par des Francs-Comtois, élèves au collége de Dôle ; toutes les pièces de vers sont en l'honneur de M. de Vergy, comte de Champlitte et gouverneur de Franche-Comté. Nous en citerons par la suite quelques-unes que la disposition des mots rend assez singulières.

DES VERS EN TARANTARA.

Ce sont des vers français de dix syllabes dont le repos est après la cinquième. Le fameux Desperriers a composé une pièce de vers, intitulée : Carême-prenant, *en tarantara.* Voyez le Recueil de ses OEuvres, 1544, *in-*8°. Christophe de Barrousso a donné son *Jardin amoureux,* à Lyon, 1501, in-8°, en vers de cette mesure. Regnier Desmarets a composé une *Épître morale* en tarantara ; elle n'est pas fort harmonieuse, et il était impossible qu'elle le fût, avec une pareille mesure. Cet écrivain se croyait l'auteur de cette sorte de vers, sur laquelle voici notre opinion, prouvée par cette mesure même que nous employons :

>Disons que ces vers sans nulle cadence,
>Aux gens de bon goût ne plairont jamais ;
>Apollon prescrit que les vers en France,
>Très-bien cadencés, autrement soient faits.

En voici un second exemple, qui confirme encore ce que nous venons de dire :

>L'Amour est un Dieu que la terre adore ;
>Il fait nos tourments, il sait les guérir.
>Dans un doux repos, heureux qui l'ignore !
>Plus heureux cent fois qui peut le servir !

Nous terminons ici notre petite poétique curieuse, et nous souhaitons que tout en amusant un instant par sa bizarrerie les amateurs de ces singularités, elle prouve aux jeunes poètes combien il est ridicule de s'adonner à un genre futile, de mauvais goût, et qui n'a pour tout mérite que la difficulté vaincue.

CHOIX
DE QUELQUES PIÈCES DE VERS.
ASSEZ SINGULIÈRES.

Nous croyons devoir ajouter au recueil précédent quelques vers singuliers ou remarquables, soit par le sujet, soit par la manière dont il est traité.

SUR LES DOUZE CÉSARS.
DONT SUÉTONE A ÉCRIT LA VIE.

Cæsareos proceres, in quorum regna, secundis
Consulibus, dudum romana potentia cessit,
Accipe bis senos, sua quemque monosticha signant,
Quorum per plenam seriem Suetonius olim
Nomina, res gestas, vitamque obitumque peregit.

Primus regalem patefecit Julius aulam
Cæsar, et Augusto nomen transcripsit, et arcem.
Privignus post hunc regnat Nero Claudius, à quo
Caius, cognomen Caligæ cui castra dederunt.
Claudius hinc potitur regno. Post quem Nero sævus
Ultimus Æneadum. Post hunc tres, nec tribus annis;
Galba senex, frustra socio confisus inerti :

Mollis Otho, infami per luxum degener ævo :
Nec regno dignus, nec morte Vitellius ut vir.
His decimus, fatoque accitus Vespasianus.
Et Titus imperii felix brevitate. Secutus
Frater quem Calvum dixit sua Roma Neronem.

DESCRIPTION DE L'ITALIE MODERNE,
EN VERS LATINS.

Cette description a été faite au commencement du dix-septième siècle; on y voit, en peu de vers, un petit tableau caractéristique de chaque ville d'Italie, à cette époque.

Sancta es sanctorum pretioso sanguine Roma.
Cingitur urbs Venetum pelago ditissima nummis.
Inclyta Parthenope gignit comitesque ducesque.
Est Mediolanum jucundum, nobile, magnum.
Excellit studiis jucunda Bononia cunctis.
Sena tenet portum, mercesque domosque superbas.
Exhaurit loculos Ferraria ferrea plenos.
Verona humana dat singula commoda vitæ.
Extollit Paduam juris studium et medicinæ.
Illustrat Senas patriæ facundia linguæ.
Maxima pars hominum miseram canit esse Cremonam.
Mantua gaudet equis ortu decorata Maronis.
Vina Utini varias generosa vehuntur ad urbes.
Brixia dives opum parcè succurrit egenis.
Italicos versus præfert Papia latinis.
Libera Luca tremit ducibus vicina duobus.
Flent Pisæ amissum dum contemplantur honorem.
Commendant Parmam, lac, caseus atque butyrum.
Non caret hospitiis perpulchra Placentia charis.
Taurinum exornant virtus, pietasque fidesque.
Militibus validis studiosa Perusia claret.
Emporiæ in portis consistit gloria clausis.

Mordicùs urbs Mutinæ ranas tenet esse salubres.
Contemnunt omnes Anconæ mœnia Turcas.
Litibus imponit finem Macerata Picenis.
Urbs Livii celebris nimis est proclivis ad arma.
Pergamum ab incultâ dictum est ignobile linguâ.
Vercellæ lucro non delectantur iniquo.
Spernit mundanas sincera Novaria fraudes.
Per multos comites Vencentia nutrit egenos.
Omnibus exponit gladios Aretium acutos.
Dulcia felicem cingunt vineta Cesennam.
Civibus humanis decorata est Asta fidelis.
Fructibus, anseribus, pomis Arimenia abundat.
Omnes commendant ficos grossosque Pisauri.
Castaneis, oleo, tritico, Pistorium abundat.
Rustica frugales nutrit Dertona colonos.
Postponit Rhegium cornuta animalia porcis.
Tarvisium exhilarant nitido cum flumine fontes.
Sancta patent cunctis peregrinis claustra Viterbi.
Imola divisa est, nocet hæc divisio multis.
Urbinum statuit ducibus clamare valete.
Nota est fictilibus figlina Faventia vasis.
Laus Pompeia boves pingues producit ovesque.
Spoletum clamat, peregrini, intrate, manete.
Narnia promittens epulas dabit ova vetusta.
Concilium illustrat sanctum generale Tridentum.
Assisium sancti Francisci corpore gaudet.
Fanum virginibus fertur florere venustis.
Hospitibus Comum pisces cum carnibus offert.
Divitias studiis quærit Savona relictis.

VERÆ RELIGIONIS DESCRIPTIO

à Joanne Serrano.

Quænam age tam lacero vestita incedis amictu,
Relligio, summi vera Patris soboles?

POÉTIQUE CURIEUSE.

Cur vestis tam vilis? *Opes contemno caducas.*
   Quis liber hic? *Patris lex veneranda mei.*
Cur nudum pectus? *Decet hoc candoris amicam.*
   Cur innixa cruci? *Crux mihi grata quies.*
Cur alata? *Homines doceo super astra volare.*
   Cur radians? *Mentis discutio tenebras.*
Quid docet hoc frenum? *Mentis cohibere furores.*
   Cur tibi mors premitur? *Mors quia mortis ego.*

VERS TECHNIQUES
SUR LES LIVRES DE L'ANCIEN TESTAMENT.

Gignit, abit, sacrat, numerat, legemque reponit,
Post Josue, Judex, Ruth, Reges, Paralipomen :
Esdras, Tobias, Judith recolantur, et Esther :
Job, David, Salomon, nati sapientia Syrac
Ecclesi . . . .
Isaiam, Jeremiam, Baruch, Ezechielem
Subsequitur Daniel : bis senos junge minores,
Osee, Joël, Amos, Abdias, mersus Ionas,
Sophonias, Nahum, Habacuc, Sophonias; Aggæ,
Zachariæ subsint Malachias et Machabæi.

SUR LES LIVRES DU NOUVEAU TESTAMENT.

Mathæo, Marco, Lucæ, castoque Joanni
Nuntia fausta dato : ast actus decernito Lucæ.
Unica Romanis, Galatis quoque, bina Corinthis;
Ephesiis, Philipp., Colossis unica queisvis :
Thessaloni duplex et duplex Timothæo adsit.
Tito, Philemoni, Hebræis sit propria cuique.
Jacobo una, Petro duplex, triplexque Joanni.
Unica Judæ. . . . .
Principium Genesis, finis datur Apocalypsis.

LES CIRCONSTANCES DE LA PASSION.

Cœna, Hortus, Caïphas, Pilatus, cruxque, sepulcrum.

VERS SUR LES COMMANDEMENTS DE DIEU.

Unum cole Deum : nec jures vana per ipsum :
Sabbata sanctifices : habeas in honore parentes :
Non sis occisor : mœchus : fur : testis iniquus :
Alterius nuptam, nec rem cupias alienam.

MONITA SALUTARIA.

Fide Deo, diffide tibi, fac propria, castas
   Funde preces, paucis utere, magna fuge.
Multa audi, dic pauca, tace abdita, disce minori
   Parcere, majori cedere, ferre parem.
Tolle moras, mirare nihil, contemnere superbos,
   Fer mala, sed miseris viscera semper habe.
Mortuus ut vivas, vivens moriaris oportet,
   Ergo disce priusquàm moriare, mori.

LES CIRCONSTANCES DU PÉCHÉ.

Quis, quid, ubi, quibus auxiliis, cur, quomodo, quando.

Ce vers a été traduit en français, par un sieur Magnon, sans doute plus religieux que poëte, qui y a joint les développements ainsi qu'il suit :

Qui, quoi, par qui, combien, où, pourquoi, comment, quand :
Ainsi chaque degré rend le crime plus grand.
Qui, marque la personne et quelle est sa puissance,
Tant celle du pécheur que celle qu'on offense.
Par qui, dit l'instrument; *quoi* regarde le fait ;
Combien, dit la rechute; *où* le lieu du forfait.
Comment, dit la manière; et *pourquoi*, dit la cause;
Et *quand* dit en quel temps le crime se propose.

Cette pièce est extraite des *Heures du Chrétien divisées en trois journées : le tout traduit fidellement en vers et en prose par le sieur Magnon.* Paris, 1654, *in-8°.*

ATTRIBUTS DES CLOCHES.

C'est l'une d'elles qui parle :

Laudo Deum verum, populum voco, congrego clerum,
Defunctos ploro, fugo fulmina (1), festa decoro.

ÉPIGRAMME SUR LE MÊME SUJET.

Æra sacerdotes à nobis sæpe requirunt,
  Et tantum reddunt æris, ob æra, sonum.

LAMONNOYE.

GOUTS DES FONDATEURS D'ORDRES.

Bernardus valles, colles Benedictus amabat,
Oppida Franciscus, magnas Ignatius urbes.

ÉPITAPHE DE SAINT BERNARD.

Dans cette ancienne et bizarre épitaphe, on a joué sur le mot Clairvaux (*clara vallis*) et particulièrement sur *clarus*.

Claræ sunt valles, sed claris vallibus abbas
  Clarior his clarum nomen in orbe dedit.

---

(1) C'est un ancien préjugé. Il est reconnu depuis long-temps que le son des cloches pendant les orages est très-dangereux. Un savant allemand a prouvé dans une dissertation en 1785, que dans l'espace de 33 ans, le tonnerre est tombé sur 386 clochers où l'on sonnait, et que 121 sonneurs ont été tués, et plusieurs blessés. Voyez à ce sujet notre *Essai chronologique sur les hivers rigoureux et sur les effets les plus singuliers de la foudre.* Paris, Renouard, 1821, 1 *vol. in-8°*, pag. 170, 175, etc., etc.; etc.

Clarus avis, clarus meritis et clarus honore,
　Clarus et ingenio, relligione magis.
Mors est clara, cinis clarus, clarumque sepulcrum ;
　Clarior exultat spiritus antè Deum.

SUR LA MORT
D'UN JEUNE HOMME DE MÉRITE.

Virtuti æquales annos quia Parca putavit,
　Te rapuit juvenem dum putat esse senem.

SUR LA MORT
DU JEUNE JEAN LEVEAU.

O Deus omnipotens, Vituli miserere Joannis
　Quem mors præveniens non tulit esse bovem.

LE VERGER POÉTIQUE.

Cette pièce de vers a été faite en 1592, par un écolier Franc-Comtois, de 12 ans, en l'honneur du comte de Vergy qui portait trois roses d'or dans ses armoiries. Elle offre cette singularité, que la première et la dernière syllabe de chaque vers, étant réunies, expriment une fleur ou un fruit.

Versus senarii iambici.

Flo-rentem ad hortum Threïcia resonet ly-RA,
Ro-sæque odores sequanæ jactent ca-SÆ :
Po-tentis ecce gentis halat balsa-MUM,
Vi-cosque doctæ recreat multùm D-OLÆ.
Py-thie, fer alto digna Parnasso met-RA.
Li-gustra spirent sequana, ac præmol-LIA
Nar-da, et colorem lilia dantia candi-DUM :
Myr-rhas Arabiæ Vergio ex horto cru-TA
Ce-lebrior rosa superat, nubes ce-DRUS

Lau-data, cœli vincit ardua supe-RI
Pur-o rosa auro splendida, jacet pur-PURA,
Pal-lent olivæ ; cecropia cedunt thy-MA
Cro-ceique olympi ubi hortus est Vergæa-CUS.

La réunion de la première et dernière syllabes des vers précédents, forme les mots suivants composant un distique.

Flora, rosæ, pomum, violæ, pyra, lilia, nardum,
Myrta, cedrus, lauri, purpura, palma, crocus.

LE FESTIN POÉTIQUE.

Autre pièce du même genre, faite en 1592, par un nommé Terrey, âgé de 15 ans, élève au collége de Dôle ; toujours adressée à M. de Vergy.

Vi-rtutes natura omnes in te intulit u-NUM
   Ca-llida, mæonio dux celebrande met-RO.
Pan-chæo fument altaria thure quotann-IS,
   Dis-jecit patriæ bella parata de-CUS.
Und-ique burgundo cœlo fugere molest-A
   Nu-bila, jamque suos cernit ad astra du-CES.
A-lma voca superûm, Burgundia, numina sup-LEX,
   Ver tibi tam optatum posse vigere di-U.
Plac-ata latè pax est tellure ret-ENTA,
   Scrib-et te varia doctus in arte LITA.
Mens tua palladia mage nil exhalat oliv-A,
   Pern-iciem charæ qua reprimes patri-Æ.

Les mots coupés par ces vers sont :

Vinum, caro, panis, discus, unda, nuces, alex, veru, placenta, scriblita, mensa, pernæ.

J'avoue que ces deux pièces de vers sont des jeux de mots ; mais trouverait-on maintenant beaucoup d'élèves de douze à quinze ans, qui en fissent autant?

EPIGRAMMA

Ex cujus versibus singulis singula sumpta vocabula à primo ad ultimum versum efficiunt, ut observatis interpunctionibus, sit facile sensum percipere. Auctore Petro Boytouseto Dolano, anno ætat. 15mo.

Salve	munimen	turmarum	regie,	splendor,
Solamen	populi,	omnipotens	tutela	Gradivi,
Mavortis	præses,	pax	optatissima,	claræ
Gloria	virtutis,	princeps,	lumen	pietatis,
Fortis	amator	relligionis,	amoris	imago.

Sic innectuntur, ità ut resumpta eodem pacto singula vocabula, eosdem versus diverso ordine tamen referant :

Salve	solamen,	Mavortis	gloria	fortis,
Munimen	populi,	præses,	virtutis	amator,
Turmarum	omnipotens	pax,	princeps	relligionis
Regie,	tutela	optatissima,	lumen	amoris,
Splendor	Gradivi,	claræ	pietatis	imago.

Aliud ejusdem generis longè laboriosius, ut diverso versui et sensui eadem verba inserviant, auctore Francisco Othenino Jusseïano, an. æt. 16mo :

In D. Vergœum.

Mars abit	armipotens	Vergæo	principe	victus :
Armipotens	ditat nos.	Pallas	divite	pace :
Vergæo	Pallas	stat	regnatore,	fugit Mars :
Principe	divite	regnatore,	nitentior	est sol :
Victus	pace	fugit Mars,	est sol	Vergius orbe.

Les trois pièces précédentes sont extraites du petit volume intitulé *Sylvœ*, etc., mentionné ci-devant, p. 168.

OPES.

Propter opes acquirendas mala plurima fiunt.
 Et bona deficiunt plurima propter opes;
Propter opes se mercator dat mille periclis;
 Exponitque mari se, sua, propter opes.
Propter opes vetulo fit sponsa puella marito,
 Ducit anum juvenis vir quoque propter opes.
Propter opes quandoque volens vir cornua sumit,
 Sæpè dat invito fœmina propter opes.
Propter opes tolli patitur sibi virgo pudorem,
 Floreque fit demto publica propter opes.
Propter opes quæruntur opes, opulentia crescit;
 Crescit avarities sordida propter opes.
Propter opes, quæcunque prius promissa negantur,
 Et data dicuntur non data propter opes.
Propter opes spes sæpè ruit, vota irrita fiunt,
 Summaque ad ima ruunt omnia propter opes.
Propter opes medicus sæpè haud bona pharmaca scribit :
 Æger et hæc renuit sumere propter opes.
Propter opes etiam carissima pharmaca fiunt,
 Quæ nequeunt inopes sumere propter opes.
Propter opes inopes medicos accedere nolunt,
 Auxiliumque negant hi quoque propter opes.
Propter opes lites injustæ, injustaque dantur
 Judicia injusto à judice propter opes.
Propter opes, ditumque domos inopumque pererrant,
 Et cupiunt fures omnia propter opes.
Propter opes passim sunt prælia, bella, rapinæ,
 Pacis iniqua etiam fœdera propter opes.
Propter opes quid non patitur miserabile mundus?

Proditur arx, urbes, regnaque propter opes.
Propter opes nunquid Christum vendebat Iudas,
Et crepuit pendens arbore propter opes.
Propter opes homines animam cum corpore perdunt,
Sic perduntur opes, cunctaque propter opes.

SUR LES DANGERS
DE L'AMOUR ET DU VIN.

Un poète du vi^e siècle, nommé Basilius, a ainsi exprimé, dans un badinage moral, les dangers de l'amour et du vin :

Nec Veneris, nec tu vini capiaris amore,
Uno namque modo vina Venusque nocent.
Ut Venus enervat vires, sic copia vini ;
Et tentat gressus, debilitatque pedes.
Multos cæcus amor cogit secreta fateri ;
Arcanum demens detegit ebrietas.
Bellum sæpè parit ferus exitiale Cupido ;
Sæpè manus itidem Bacchus ad arma movet.
Perdidit horrendo Trojam Venus improba bello ;
At Lapithas bello perdis, Iacche, gravi.
Denique cum mentes hominum furiavit uterque,
Et pudor et probitas et metus omnis abest.
Compedibus Venerem, vinclis constringe Lyæum ;
Ne te muneribus lædat uterque suis.
Vina sitim sedent, natis Venus alma creandis
Serviat, hos fines transiluisse nocet.

ÉTYMOLOGIE D'*HONOR*.

Divitias et opes HON lingua hebraica vocat ;
Gallica gens aurum OR, indeque venit HONOR.

TRES STUDENDI MODI PARUM UTILES.

Non benè fit studium quodcunque fit antè fenestram,
  Nec valet in lecto, nec valet ante focum.
Flamma nocet libris : studium impedit antè fenestram
  Visa Venus : somnum lectus inire monet :
Ergò relinque focum, lectum simul atque fenestram ;
  Major et è studiis sic tibi messis erit.

SUR LE TRAVAIL.

Nunc lege, nunc ora, nunc cum fervore labora ;
  Sic erit hora brevis, sic labor ille levis.

AUTRE.

Non jacet in molli veneranda scientia lecto,
  Illa sed assiduo parta labore venit.

SUR UN CHEVAL QUI ÉTAIT ENTRÉ DANS UNE CLASSE.

Quid miraris equum nostras intrasse palæstras ?
  Quò veniunt asini, nonne veniret equus ?

SUR LES ANCIENS COLLÉGES

De l'Arc à Dôle en Franche-Comté, et de la Flèche en Anjou.

Arcum Dola dedit patribus, dedit alma sagittam
  Gallia ; quis funem quem meruêre dabit ?

On prétend que le malin élève qui fit ces deux vers pour une composition dont le sujet était de célébrer la munificence de la ville de Dôle et celle de Henri IV, se nommait Dabo, et qu'ayant signé son distique, il eut la première place pour son talent et le fouet pour sa malice.

Il en fut de même d'un autre élève qui ayant pour sujet de composition le proverbe, *Après la pluie vient le beau temps*, rendit sa pensée par le vers suivant :

Jupiter ut vidit Junonem mingere risit.

LE BIBLIOPHILE.

Salvete, aureoli mei libelli,
Meæ deliciæ, mei lepores :
Quam vos sæpe oculis juvat videre,
Et tritos manibus tenere nostris !
Tot vos eximii, tot eruditi,
Prisci lumina sæculi et recentis,
Confecere viri, suasque vobis
Ausi credere lucubrationes,
Et sperare decus perenne scriptis ;
Neque hæc irrita spes fefellit illos.

IN HOMERUM.

Septem urbes certant de stirpe insignis Homeri :
Smyrna, Rhodus, Colophon, Salamin, Chios, Argos, Athenæ.

ENIGMES, CHARADES ET LOGOGRIPHES.

ENIGMES.

1. Je suis un mot léger formé des cinq voyelles ;
Un S est le seul nœud qui les unit entre elles.

2. Vous connaissez Paris,
Eh bien, mes bons amis,
Sans moi ce beau pays
A coup sûr serait pris.

3. Ego sum principium mundi,
    Et finis seculorum,
    Ego sum trinus et unus,
    Et tamen non sum Deus.

---

4. Mitto tibi navem puppi proraque carentem.

---

5. Dic mihi quid majus fiat quo pluria demas?

Cette énigme fut proposée aux savants par Jean Isaac Pontanus; l'un d'eux, Scriverius, qui l'avait devinée, lui répondit malignement :

> Pontano demas carmina, major erit.

---

6. Dic mihi quæ fuerit matri quæ filia nupsit,
    Cujus erat mater mascula, nemo pater?

---

7. Una fuit mulier patuit quâ janua letho;
    Et quâ vita data est una fuit mulier.

---

8. Quæ manè incedit manibus natura quaternis?
    Luce bipes mediâ? Sole cadente tripes?

---

9. Sum genitor veri, domitor livoris acerbi,
    Index astrorum, filius atque comes.
    Me sequor ac fugio mea pervestigia, nunquam
    Cum sim quotidiè nascor et intereo.

    Buchanan.

---

10. Est unus genitor cujus sunt pignora bis sex,
    His quoque trigenta natæ sunt dispari formâ,
    Aspectu hinc niveæ, nigris sunt vultibus indè,
    Sunt immortales omnes, moriuntur et omnes.

CHARADES ET LOGOGRIPHES.

11. Quatre membres font tout mon bien ;
Mon dernier vaut mon tout et mon tout ne vaut rien.

---

12. Sume caput, curram ; ventrem conjunge, volabo ;
Adde pedes, comedes ; et sine ventre bibes.

---

13. Si quid det pars prima mei, pars altera rodit.

---

14. Quem mea præteritis habuerunt mænia sæclis
Vatem ; si vertas, hoc modo nomen habent.

---

15. Nil erimus, totas si vis existere partes ;
Omnia (scinde caput), lector amice, sumus.

---

16. Primum tolle pedem, tibi fient omnia fausta :
Inversum, quid sim dicere nemo potest.

---

17. Aspicio solem mutilus, navalia totus ;
Sola potest læsum flectere cauda Jovem.

---

18. Cortice sub gelido reserant mea viscera flammam.
A capite ad calcem resecare ex ordine membra
Si libeat, varias assumam ex ordine formas :
Spissa viatori jam nunc protenditur umbra ;
Nunc defendo bonos et amo terrere nocentes ;
Mox intrare veto ; sum denus denique et unus.
Unica si desit mihi cauda, silere jubebo (1).

De la Condamine.

---

(1) Voyez les mots des Enigmes à la fin de la Poétique curieuse, p. 202.

LES SIGNES DU ZODIAQUE.

Sunt aries, taurus, gemini, cancer, leo, virgo,
Libraque, scorpius, arcitenens, caper, amphora, pisces.

SUR LA LUNE.

Pallida luna pluit, rubicunda flat, alba serenat.

AUTRE.

Cornua crescentis lunæ vertuntur ad ortum :
Si sit decrescens, occasum cornua cernunt.

SUR LES QUATRE SAISONS.

Æternos menses, et tempora quatuor anni
Quatuor ista tibi subjecta monosticha dicent;
Martius, Aprilis, Maius, sunt tempora veris;
Julius, Augustus, nec non et Junius æstas;
Septembri, Octobri, autumnus, totoque Novembri;
Brumales Janus, Februarius atque December.

SUR LES MOIS DE L'ANNÉE.

Pocula Janus amat; Februarius algeo clamat;
Martius arva fodit; sed florida pandit Aprilis;
Ros et flos nemorum Maio sunt fomes amorum;
Dat Junius fœnum; Julio resecatur avena;
Augustus spicas, September colligit uvas;
Seminat October; spoliat virgulta November;
Quærit habere cibum porcos mactando December.

NOMBRE DES JOURS DE CHAQUE MOIS.

Trigenta aprilis, junius, septemque, novemque;
Uno plus alii; vigenti, februus octo;
Et si bissextus fuerit, super additus unus.

LES QUATRE SAISONS DU LABOUREUR.

Il sème, attend, récolte et compte ses richesses.
DELILLE.

TALENTS DES DIFFÉRENTES NATIONS.

Divisæ ingeniis patriæ : Germania fabros,
   Jurisconsultos Gallia nostra dedit,
Theologos genitrix nutrixque Hispania servat,
   Pingere Roma docet, Græcia disserere.

GOUTS DE QUELQUES PEUPLES.

Parca manus Belgis, Anglisque superbia regnat,
   Germanis Bacchus, fronsque proterva Lechis.
Gens est Sueca rapax, vindictæ Romula servit,
   Hispanus gravis est, Gallia mente levis.

AUTREMENT.

Divitiæ Belgis, Anglis audacia summa est.
   Germanis animus, libera mensque Lechis.
Pugnaces dicant Suecos, Romamque sagacem.
   Prudens Hispanus, Gallia fortis erit.

LES MÉTAMORPHOSES DE JUPITER.

Taurus, olor, satyrus fit et aurum Jupiter, ardens
   Europen, Læden, Antiopen, Danaen.

Cette leçon-ci est préférable :

Fit cycnus, taurus, satyrus, fit Jupiter aurum,
   Ob Lædam, Europen, Antiopen, Danaen.
HIERON. ANGARIANUS.

LES TRAVAUX D'HERCULE.

Prima Cleonæi tolerata ærumna leonis.
Proxima Lerneam ferro et face contudit hydram.

Mox Erymantheum vis tertia perculit aprum.
Æripedis quarto tulit aurea cornua cervi.
Stymphalides pepulit volucres discrimine quinto.
Threïciam sexto spoliavit amazona balteo.
Septima in Augeis stabulis impensa laboris.
Octava expulso numeratur adorea tauro.
In diomedeis victoria nona quadrigis.
Geryone extincto, decimam dat Iberia palmam.
Undecimum mala Hesperidum tribuere triumphum,
Cerberus extremi suprema est meta laboris.

VERS DE CICÉRON (1).

Sic Jovis altisoni subito pinnata satelles,
Arboris è trunco, serpentis saucia morsu ;

---

(1) Ces vers qui faisaient partie d'un poëme que Cicéron avait composé en l'honneur de son compatriote Marius, et qui est perdu, annoncent que cet orateur était plus familiarisé avec la poésie, que ne le donnerait à penser ce vers qui a toujours passé pour ridicule et qui l'est en effet :

O fortunatam natam me consule Romam!

D'ailleurs il avait composé plusieurs autres poëmes outre sa traduction des *Phénomènes d'Aratus*; et Plutarque dit qu'il fut le meilleur poëte de son temps ; il est vrai qu'Horace et Virgile n'avaient pas encore paru. On voit que Voltaire a très-heureusement traduit les vers que nous citons.

Revenons au vers *O fortunatam* etc. M. Granville Penn, dans la séance de la Société royale de littérature de Londres, du 18 janvier 1826, a lu un savant Mémoire dans lequel il s'est proposé de venger Cicéron du ridicule que ce vers, cité par Quintilien et Juvénal, lui a attiré. Il est d'avis que Cicéron aura écrit :

O fortunatam nato me consule Romam...

vers qui, transcrit à la manière accoutumée des copistes, c'est-à-dire avec les abréviations du temps, aura présenté les termes suivants :

O fortunat. nat. me consule Romam...

De là l'erreur. Il est certain que, dans l'*Oratio post reditum*, Cicéron parlant au peuple romain dit : *à parentibus, id quoque necesse est, parvus sum procreatus; à vobis natus sum consularis*. C'est une figure de rhétorique

Ipsa feris subigit transfigens unguibus anguem
Semianimum, et varia graviter cervice micantem,
Quem se intorquentem lanians rostroque cruentans,
Jam satiata animos, jam duros ulta dolores,
Abjicit efflantem, et laceratum affligit in undas;
Seque obitu a solis nitidos convertit ad ortus.

TRADUCTION PAR VOLTAIRE.

Tel on voit cet oiseau qui porte le tonnerre,
Blessé par un serpent élancé de la terre :
Il s'envole; il entraîne au séjour azuré
L'ennemi tortueux dont il est entouré.
Le sang tombe des airs. Il déchire, il dévore
Le reptile acharné qui le combat encore ;
Il le perce, il le tient sous ses ongles vainqueurs.
Par cent coups redoublés il venge ses douleurs.
Le monstre en expirant se débat, se replie;
Il exhale en poisons les restes de sa vie ;
Et l'aigle tout sanglant, fier et victorieux,
Le rejette en fureur et plane au haut des cieux.

VIE HEUREUSE DE MARTIAL.

Vitam quæ faciunt beatiorem,
Jucundissime Martialis, hæc sunt :
Res non parta labore, sed relicta ;
Non ingratus ager, focus perennis ;
Lis nunquam, toga rara, mens quieta,
Vires ingenuæ, salubre corpus,
Prudens simplicitas, pares amici,
Convictus facilis, sinè arte mensa,

---

qu'il aura ensuite transportée dans ses vers en changeant simplement *consularis* en *consul*. M. Penn croit que ce qu'il regarde comme une mutilation du véritable vers, est d'une époque postérieure à celle du siècle des écrivains qui l'ont cité, etc., etc. Voyez le Bulletin Ferussac, sciences historiques, tom. VI, pp. 104-106.

Nox non ebria, sed soluta curis;
Non tristis torus, attamen pudicus,
Somnus qui faciat breves tenebras;
Quod sis, esse velis, nihilque malis,
Summum nec metuas diem, nec optes.

TRADUCTION.

Aimable Jule, écoutez le détail
De ce qui fait le bonheur de la vie :
Fortune honnête, recueillie
Par héritage et sans travail,
Terrain fécond, cuisine bien nourrie
Toujours en feu; point de procès,
Et fort peu de cérémonie;
Le corps en santé, l'ame en paix;
Force et vigueur, mais sans excès;
Simplicité, franchise avec prudence;
Bon repas sans magnificence;
Sommeil sans crainte, sans soucis,
Mais sans ivresse, accourcissant les nuits;
Vivre content de son partage
Sans y vouloir rien ajouter;
Prévoir la mort, mais sans la redouter
Ni l'appeler : voilà les biens du sage.

SONNET
Sur ce que peut le génie de l'homme.

Emprisonner le temps dans sa course volante;
Graver sur le papier l'image de la voix;
Tirer d'un ver l'éclat et l'ornement des rois;
Rendre par les couleurs une toile parlante;

Donner au corps de bronze une ame foudroyante;
Sur les cordes d'un luth faire parler les doigts;
Savoir apprivoiser jusqu'aux monstres des bois;
Brûler avec un verre une ville flottante;

De la foudre dompter les carreaux rassemblés ;
Lire du firmament les chiffres étoilés ;
Faire un nouveau soleil dans le monde chimique ;

Dompter l'orgueil des flots et pénétrer partout ;
Employer dans les airs un nouvel art nautique ;
C'est ce qu'entreprend l'homme, et l'homme en vient à bout.

STANCE.

Où sont tant de superbes rois,
Ces conquérants, maîtres du monde,
Qui de leurs glorieux exploits,
Remplissaient et la terre et l'onde ?
La mort les soumet à ses lois ;
C'est là que leur grandeur se brise ;
Et de leurs titres superflus
Il reste pour toute devise :
    Ils ne sont plus.

AUTRE.

La pompe des héros ! Eh, quoi de plus frivole ?
La gloire qui les suit après tant de travaux
Se passe en moins de temps que la poudre qui vole
    Du pied de leurs chevaux.

VERS CITÉS PAR MAROT.

Paix engendre prospérité :
De prospérité, vient richesse :
De richesse, orgueil, volupté :
D'orgueil, contention sans cesse :
Contention la guerre addresse :
La guerre engendre povreté :
La povreté, humilité :
D'humilité revient la paix :
Ainsi retournent humains faits.

SUR LE DANUBE.

Déjà nous avons vu le Danube inconstant,
Qui tantôt catholique et tantôt protestant,
   Sert Rome et Luther de son onde,
   Et qui comptant après pour rien
   Le Romain, le Luthérien,
   Finit sa course vagabonde
   Par n'être pas même chrétien.
   Rarement à courir le monde
   On devient plus homme de bien.

SUR LA VANITÉ DU SIÈCLE.

Quid juvat et populis atque urbibus esse potentem?
   Structa quid è Pario marmore celsa, domus?
Quid famuli prosunt? quid pondera divitis auri?
   Quidquid et è rubris colligit Indus aquis?
Quid Tyrio prosunt saturatæ murice vestes?
   Quid clarum ingenio nomen habere juvat?
Nerea quid facie, quid vi superare Milonem?
   Si tibi post obitum spes sit adempta poli.

QU'EST-CE QUE L'HOMME?

Sum primùm gradiendi impos, quadrupesque deindè,
Tum bipes, indè tripes, gressus videt ultima meta
Expertem, primus qualem quoque viderat ortus.

AUTRE PENSÉE MORALE.

Quare superbit homo, cujus conceptio culpa,
   Nasci pœna, labor vita, necesse mori?

VERS GRAVÉ SUR UN TOMBEAU A MALTE.

Fumus, humus sumus, et cinis est nostra ultima finis.

AUTRE PENSÉE.

Quidquid habes hodiè cras te fortasse relinquet,
Aut modo dum loqueris desinet esse tuum.

AUTRE.

Chaque jour est un bien que du ciel je reçoi,
Je jouis aujourd'hui de celui qu'il me donne,
Il n'appartient pas plus aux jeunes gens qu'à moi,
Et celui de demain n'appartient à personne.

AUTRE.

Trop heureux un vieillard au bout de sa carrière,
Qui fermant au grand jour sa débile paupière,
Et libre de tout soin, sans crainte et sans remord,
S'endort tranquillement dans les bras de la mort.

AUTRE.

Il est juste, il est bon d'aimer tous ses semblables,
C'est une bienfaisante et douce vérité;
Je n'y vois plus au fond qu'une difficulté,
C'est qu'ils ne sont pas tous aimables.

FABLE.

Sur la cime d'un arbre un limaçon grimpé
  Fut par un aigle aperçu d'aventure;
Comment à ce haut poste oubliant ta nature,
As-tu pu t'élever, dit l'oiseau? — J'ai rampé.....

  Combien dans le siècle où nous sommes,
  De limaçons parmi les hommes.

RECETTE POUR VIVRE LONGTEMPS.

Omnibus hæc rectè scribit schola tota Salerni :
Si vis incolumem, si vis te reddere sanum,
Curas tolle graves, irasci crede nocivum.
Parce mero, cœnato parum, non sit tibi vanum

Surgere post epulas; somnum fuge meridianum,
Ne mictum retine, nec comprime fortiter anum;
Hæc bene si serves, tu longo tempore vives.

RECETTE POUR ABRÉGER SES JOURS.

Ancipiti si vis præceps occurrere morti,
Sæpè tibi venas incidito, sæpè lavato.
Sit cibus immodicus, numerosaque pharmaca sume.
Sollicitus vivas, gravibus constringere curis.
Atque vacans studiis, fetens habitato cubile,
Invidiaque iraque frequens consumere, nullis
Vivito cum sociis, vitam sic perdis et horas.

INSCRIPTION

Pour un amphithéâtre d'anatomie.

Pallida scrutantes solerte cadavera cultro,
Hìc mors ipsa docet morti subducere vivos.

En français.

Sur les corps que moissonne une mort homicide,
Esculape en ce lieu forme ses nourrissons;
Dans l'art de nous guérir un cadavre les guide;
La mort contre la mort donne ici des leçons.

VERS

Sur les rois de France qui ont porté le nom de Louis.

814.	Louis, premier du nom, fut un roi débonnaire.	840 (1)
877.	Louis second fut sage, héroïque et clément.	879
879.	Louis trois, quoique jeune, était brave et prudent.	882
936.	Louis quatre eut le sort favorable et contraire.	954
986.	Louis cinq fut docile et n'eut point d'adversaire.	987
1108.	Louis six, pour l'Eglise, eut un zèle éclatant.	1137

(1) Le chiffre à gauche, en tête de chaque vers, indique l'époque à laquelle le roi dont il est question est monté sur le trône; le chiffre à droite indique l'époque de sa mort.

1137. Louis sept, sur les flots fit pâlir le Croissant.   1180
1223. Louis huit eut de Mars le parfait caractère.   1226
1226. Louis neuf fut vaillant, sobre, chaste et pieux.   1270
1316. Louis dix fit punir un ministre odieux (1).   1316
1461. Louis onze fut grave et zélé politique.   1483
1498. Louis douze eut du peuple et le cœur et la voix.   1514
1610. Louis treize fut juste, intègre et magnifique.   1643
1643. Louis quatorze seul vaut tous les autres rois.   1715
1715. Louis quinze pouvait mourir plus regretté.   1774
1774. Louis seize périt par excès de bonté.   1793
1793. Louis dix-sept martyr mourut dans son enfance.   1795
1795. Louis le Désiré régna par la clémence.   1824
1830. Louis-Philippe règne avec habileté.

Résumé des dates de la naissance, de l'avénement au trône, de la mort, de l'âge et de la durée du règne de chacun des rois précédents.

	Naissance.	Avénement.	Mort.	Age.	Règne.
Louis I....	778 —	814 —	840 —	62 ans. —	26 ans.
Louis II...	846 —	877 —	879 —	33 —	2.
Louis III..	863 —	879 —	882 —	19 —	3.
Louis IV...	921 —	936 —	954 —	33 —	18.
Louis V....	967 —	986 —	987 —	20 —	1.
Louis VI...	1077 —	1108 —	1137 —	60 —	29.
Louis VII..	1120 —	1137 —	1180 —	60 —	43.
Louis VIII..	1187 —	1223 —	1226 —	39 —	3.
Louis IX..	1215 —	1226 —	1270 —	55 —	44.
Louis X....	1289 —	1314 —	1316 —	27 —	2.
Louis XI...	1423 —	1461 —	1483 —	60 —	22.
Louis XII.	1462 —	1498 —	1514 —	52 —	16.
Louis XIII..	1601 —	1610 —	1643 —	42 —	33.
Louis XIV..	1638 —	1643 —	1715 —	77 —	72.
Louis XV..	1710 —	1715 —	1774 —	64 —	59.
Louis XVI..	1754 —	1774 —	1793 —	39 —	19.
Louis XVII.	1783 —	1793 —	1795 —	12 —	(2).
Louis XVIII.	1755 —	1795 —	1824 —	69 —	(3).
Louis-Philippe	1773 —	1830 —	occupe le trône.		

(1) Enguerrand de Marigny fut pendu à Montfaucon, au gibet que lui-même avait fait dresser, sous Philippe-le-Bel, prédécesseur de Louis X.

(2) Louis XVII n'a point régné de fait.

(3) Louis XVIII n'a régné de fait que depuis le 3 mai 1814 jusqu'au 16 septembre 1824, date de sa mort.

AVIS AUX PRINCES FAIBLES.

Certain sultan était si bon
Que pour éviter tout reproche,
Un matin il se fit mouton ;
Le soir on le mit à la broche.

ÉPITAPHE
Du maréchal de Saxe, mort âgé de 55 ans.

Cette épitaphe est en dix vers blancs terminés chacun par un nombre, et le total de ces différents nombres donne 55.

Son courage l'a fait admirer de chac.	1
Il eut des ennemis, mais il triompha. . . .	2
Les rois qu'il défendit sont au nombre de. .	3
Pour Louis son grand cœur se serait mis en.	4
Des victoires par an il gagna plus de.	5
Il fut fort comme Hercule et beau comme Tyr.	6
Pleurez, braves soldats, ce grand homme *hic ja*.	7
Il mourut en novembre et de ce mois le . . .	8
Strasbourg contient son corps en un tombeau tout.	9
Pour tant de *te Deum* (1), pas un *de profun* .	10
	55

LA POULE AU POT.

On connaît le mot d'Henri IV, sur la *poule au pot*.

Quand Louis XVI monta sur le trône, quelqu'un écrivit en gros caractères, au bas de la statue de Henri IV qui était sur le Pont-Neuf, RESURREXIT. Le lendemain on y trouva attaché ce distique :

Resurrexit : J'approuve fort ce mot ;
Mais pour y croire, il faut la poule au pot.

---

(1) Le maréchal de Saxe était protestant.

Deux mois après, on a fait le quatrain suivant, sur le même sujet :

Enfin, la poule au pot sera donc bientôt mise ;
  On doit du moins le présumer,
Car depuis deux cents ans qu'on nous l'avait promise,
  On n'a cessé de la plumer.

L'épigramme suivante a été faite également au sujet du *Resurrexit*.

Grâce au bon roi qui règne en France
Nous allons voir la poule au pot !
Et cette poule est la finance
Que plumera le bon Turgot.
Pour cuire cette chair maudite,
Il faut la Grève pour marmite,
Et l'abbé Terrai pour fagot.

SUR FRANKLIN.

Eripuit cœlo fulmen sceptrumque tyrannis (1).

TRADUCTION.

Il arracha la foudre au maître du tonnerre,
Et délivra Boston du joug de l'Angleterre.

---

(1) Dans son éloge de Franklin prononcé en 1790 et qui commence par ces mots : « Un homme est mort et deux mondes sont en deuil, » Vicq d'Azir s'exprima ainsi au sujet de ce vers : « Turgot décerna à Francklin
» ce beau vers :

» Eripuit cœlo fulmen, mox sceptra tyrannis,

» qui, digne par son éclat et son harmonie de servir à la plus magnifique
» apothéose, ne peint cependant rien que d'exact et ne dit que la vérité... »
La première leçon de ce vers a été changée, du moins pour le second hémistiche ; à *mox sceptra tyrannis*, on a substitué *sceptrumque tyrannis* qui est préférable. Mais d'où Turgot a-t-il tiré ce vers ? Il est certain que le premier hémistiche se trouve dans une prose pour la nativité de la Sainte-

CONTRE PUFFENDORF.

Multa monenda tacet, multa tacenda monet.

TRADUCTION.

Il tait ce qu'il faut dire et dit ce qu'il faut taire.

SUR LUCRÈCE ET SUSANNE.

Casta Susanna placet : Lucretia, cede Susannæ :
Tu post, illa mori maluit antè scelus.

TRADUCTION.

Des fureurs de Tarquin, malheureuse victime,
Lucrèce, vante moins ton généreux effort.
  Le crime a précédé ta mort,
  Ta mort eût prévenu le crime.

CARACTÈRE DE LA FEMME.

Flet, ridet, simulat, dat, petit, odit, amat.

SUR UNE FEMME SANS LANGUE.

Non mirum elinguis mulier si verba loquatur;
Mirum cum linguâ si qua tacere queat.

TRADUCTION.

 Qu'une femme parle sans langue,
 Et fasse même une harangue,
  Je le crois bien ;
 Qu'ayant une langue, au contraire,
 Une femme puisse se taire,
  Je n'en crois rien.

Vierge, 8 septembre, insérée dans le bréviaire de Besançon, imprimé en 1762, par ordre du cardinal de Choiseul ; voici le verset :

  Eripuit cœlo fulmen,
  Demisit in terras lumen
  Et ignem ad inferos.

Turgot a-t-il connu cette pièce ? Quoi qu'il en soit, le vers est fort beau, et a été reçu dans le temps avec un véritable enthousiasme, enthousiasme que n'a point partagé Louis XVI. Voyez les *Mémoires* de Mme Campan, 3 vol. in-8º, 2º édit., tom. 1er, p. 233.

JOLIE DOT AUX CINQ P.

Quam sis ducturus teneat P quinque puella :
  Sit Pia, sit Prudens, Pulchra, Pudica, Potens.

DE TRIBUS THEODORI BEZÆ UXORIBUS.

Tres mihi disparili sunt junctæ ætate puellæ;
  Hæc juveni, illa viro, tertia deindè seni.
Propter opus validis prima est mihi ducta sub annis,
  Altera propter opes, tertia propter opem.

L'épigramme si simple, et qui plaisait tant à Boileau :

  Ci-gît ma femme; oh qu'elle est bien
  Pour son repos et pour le mien!

est de Jacques Lorens, magistrat jurisconsulte, et auteur de vingt-six satires publiées en 1646; il la fit pour sa propre femme. Lui-même mourut en 1658, âgé de 75 ans.

Les vers suivants de Mécène, sur l'attachement à la vie, nous ont été conservés par Sénèque, qui les appelle *turpissimum votum :*

  Debilem facito manu,
    Debilem pede, coxâ;
  Tuber adstrue gibberum,
    Lubricos quate dentes :
  Vita dùm superest, benè est :
    Hanc mihi, vel acutâ
  Si sedeam cruce, sustine.

  TRADUCTION LIBRE.

Que de tous maux je sois le centre,
Que je sois bossu, dos et ventre;
Que je n'aie aucuns membres sains;
Que je sois goutteux pieds et mains;

Que la tristesse me poursuive;
Tout va bien, pourvu que je vive.
Duryer.

SUR DIDON.

Infelix Dido, nulli benè nupta marito!
Hoc pereunte fugis, hoc fugiente peris.

TRADUCTION.

Pauvre Didon, où t'a réduite
De tes maris le triste sort!
L'un en mourant cause ta fuite,
L'autre en fuyant cause ta mort.

AUTRE TRADUCTION.

Didon, que tes époux t'ont causé de malheurs!
L'un périssant, tu fuis; l'autre fuyant, tu meurs.

SUR LE JOUR DE L'AN.

Hæc est illa dies quâ plebs vesana furensque
Se fugiendo petit, seque petendo fugit.
LE DOCTEUR Lorry.

TRADUCTION.

C'est le jour où chacun allant, venant, courant,
En se fuyant se cherche ou fuit en se cherchant.

SOYEZ PATIENT.

Gutta cavat lapidem non vi sed sæpè cadendo.

SUR UN CHIEN.

Latratu fures excepi, mutus amantes;
Sic placui Domino, sic placui Dominæ.
Par Joachim Dubellay.

TRADUCTION.

Rude aux voleurs, doux à l'amant,
J'aboyais ou faisais caresse;

Ainsi j'ai su diversement
Servir mon maître et ma maîtresse.
Par Malleville.

SUR LES BALLONS.

Un espace infini nous séparait des cieux ;
Mais grâce aux Montgolfier, que le génie inspire,
L'aigle de Jupiter a perdu son empire,
Et le faible mortel peut s'approcher des dieux.
Vasselier.

DE TROIS CHOSES
QUI NE SOUFFRENT POINT LA MÉDIOCRITÉ.

Dic mihi quæ tria sint queis fas mediocribus esse
   Non fuit, est, nec erit? Carmina, vina, pepo.
Lamonnoye.

TRADUCTION.

Point de milieu : les vers, le vin et les melons
   Sont et seront toujours tout mauvais ou tout bons.

LE BON VIN.

Ut bona vina probes, sapor explorandus odorque,
   Et calor ostendet, testis eritque calor.

Le Père Sirmond disait qu'il fallait boire cinq coups dans un repas :

Si benè commemini, causæ sunt quinque bibendi :
Hospitis adventus, præsens sitis atque futura,
Et vini bonitas, et quælibet altera causa.

DISTIQUE
FAIT PAR UN IVROGNE.

Sta pes, sta mi pes, sta pes, ne labere, mi pes.
   Ni steteris, lapides hi mihi lectus erunt.

Ce n'est point Heinsius (1), tout biberon qu'il

---

(1) Ce bon homme Heinsius disait avec une simplicité tout-à-fait hollan-

était, qui a fait ce distique, mais bien Petrus Paganus, autre buveur, professeur en poésie et en histoire, à Marbourg au pays de Hesse, mort le 20 mai 1576.

On peut mettre à côté du distique de Paganus, les paroles suivantes d'une chanson bachique dont le fameux Orland de Lassus (né à Mons en 1520, mort à Munich en 1595), a fait la musique :

> Deus qui bonum vinum creavit
> Et vino abutentes capitis dolore mulctavit
> Tollet prorsus istis intellectum,
> Nec unquam quitum invenient lectum.

Voilà le vrai texte de cette chanson, tel qu'il se trouve dans le *Thrésor de Musique d'Orland de Lassus, prince des musiciens de notre temps*, etc., 1582, *in*-12. Cependant ce texte a été altéré et on l'a toujours cité ainsi qu'il suit :

> Deus qui bonum vinum fecisti
> Et ex eodem multa capita dolore creasti,
> Da nobis, quæsumus, intellectum
> Ut saltem possimus invenire lectum (1).

---

daise, qu'il se trouvait si charmé et si enthousiasmé de la lecture de Platon, qu'une page de ses ouvrages l'enivrait autant que s'il avait avalé dix verres de vin.

Scaliger le père disait aussi qu'il trouvait Hérodote un auteur si charmant, qu'il avait autant de peine à le quitter que son verre.

Obsopœus, dans son *De arte bibendi, libri tres*, Nuremb., 1536, in-4°, regrette qu'en Saxe, la nature n'ait pas été assez prodigue des dons de Bacchus; car selon lui, les Saxons le méritent : *digna mero gens*.

(1) Voyez à ce sujet la curieuse et savante *Notice biographique sur Roland de Lattre, connu sous le nom d'Orland de Lassus, par H. Delmotte*; imprimerie de A. Prignet à Valenciennes, 1836, gr. in-8°, p. 80 et 107.

EXPLICATION

Des mots des énigmes, charades et logogriphes cités aux pages 182-184.

1. Enigme ; le mot est oiSeau.
2. Enigme ; la lettre A.
3. Enigme ; la lettre M.
4. Enigme ; le mot ave.
5. Enigme ; les mots trou, fosse.
6. Enigme ; le mot eva.
7. Enigme ; les noms eva et maria.
8. Enigme ; le mot homo.
9. Enigme ; le mot tempus.
10. Enigme ; le mot annus.
11. Charade ; le mot est zéro.
12. Charade ; le mot est muscatum.
13. Charade ; le mot est domus.
14. Charade ; les mots sont roma et maro.
15. Logogriphe ; le mot est somnia.
16. Logogriphe ; le mot est nomen.
17. Logogriphe ; le mot est portus.
18. Logogriphe ; le mot est silex (pierre à feu). Otez l's, vous avez *ilex* (chêne vert) ; ôtez l'i, vous avez *lex* (la loi) ; ôtez l'l, vous avez *ex*, préposition expulsive ; ôtez l'e, vous avez *x* qui exprime en une seule lettre le nombre dix ; enfin prenez le mot en entier excepté l'x, vous aurez *sile* qui signifie *faites silence*.

FIN DE LA PETITE POÉTIQUE CURIEUSE.

VARIÉTÉS
EN TOUS GENRES.

DES DIFFÉRENTES ESPÈCES D'EMBLÈMES.

L'emblême, en général, est un petit tableau ingénieux, une image allégorique et symbolique, qui se présente à l'esprit d'après le caractère, les propriétés ou la forme d'un objet qui tombe sous les sens, et auquel il est emprunté : ainsi l'agneau est l'emblême de l'innocence et de la douceur ; la rose est l'emblême de la fraîcheur et de la beauté ; la figure du cercle, dont la ligne orbiculaire n'offre à l'œil ni commencement ni fin, est l'emblême de l'éternité ; etc., etc., etc. On conçoit que les emblêmes peuvent être multipliés à l'infini, puisqu'il peut en exister autant qu'il y a d'objets qui frappent nos sens dans la nature et dans la société ; mais entreprendre de les tous détailler, ce serait s'embarquer sur une mer sans rivage, et par conséquent une folie. Il faut donc se restreindre à ce que ce genre symbolique offre de plus essentiel et de plus amusant dans les nombreuses classes sous lesquelles on pourrait le diviser. Par exemple, on a toujours distingué les emblêmes tirés, soit du règne végétal, soit du règne animal, et même du règne minéral ; le caractère distinctif de plusieurs hommes célèbres offre également beaucoup d'emblêmes ; et combien d'autres sont empruntés aux couleurs et à une infinité d'objets sacrés, profanes, allégoriques, symboliques, etc., etc., etc. C'est dans ces diverses catégories emblématiques que nous avons fait un choix dont nous allons exposer les nomenclatures par ordre alphabétique.

Nous nous proposions de les accompagner de la bibliographie des auteurs qui ont traité des emblêmes, allégories, attributs, symboles, devises, énigmes, etc., etc.; mais cette bibliographie seule eût formé un volume; contentons-nous donc de donner la liste des écrivains emblématographiques que chaque amateur pourra consulter à son gré.

Les principaux sont Artémidore, Horapolle, Jamblique, Pierius Valerianus et Cœlius Curio, Alciat, Schoonhovius, Bocchius, M. Zuerius Boxhornius, Heinsius, Rollenhagius, Jean de Boria, Georges et Joachim Camerarius, Reusner, Hadrianus Junius, Maccius, Cornelius Lepidus, Sambuc, Reiffembergius, Joa. Euseb. Nierembergius, Frideric, Gomberville, Corrozet, Baudoin, Georgette de Montenay, André Mendo, Menestrier, L. Pignorius, Langlois, Caussin, Kircher, Maïer, Warburton, Pincierius, Boissard, Covarruvias, César Ripa, Paradin, Lemoine, Lacombe, Laperrière, Pallavicini, *etc.*, *etc.*, *etc.* Tels sont les principaux écrivains auxquels nous renvoyons ceux qui voudront approfondir la science des emblèmes, allégories, hiéroglyphes, etc.

Passons maintenant aux nomenclatures que nous avons annoncées.

EMBLÈMES
TIRÉS DU RÈGNE VÉGÉTAL.

ABSINTHE signifie	Absence, chagrin.
ACACIA	Amour platonique.
ACACIA rose	Elégance.
ACANTHE	Nœuds indissolubles, arts.
ACHILLÉE	Guerre.
ADONIDE	Douloureux souvenirs.
ADOXA musqué	Faiblesse.
AGNUS-CASTUS	Froideur, vivre sans amour.
AGRIMOINE	Reconnaissance.
ALISIER	Accords.
ALOES	Amertume, douleur.
ALYSSE des Rochers	Tranquillité.
AMANDIER	Etourderie.
AMARANTHE	Indifférence.
AMARYLLIS	Fierté.
ANAGOSIS	Oubli éternel.
ANANAS	Vous êtes parfaite.
ANÉMONE	Souffrance, abandon.
ANGÉLIQUE	Extase, inspiration.
ARGENTINE	Naïveté.
ASTER à grandes fleurs	Arrière-pensée.
AUBÉPINE	Doux espoir, courage.
BAGUENAUDIER	Amusement frivole.
BALSAMINE	Prévoyance.
BARBEAU	Fidélité, délicatesse.
BARDANE	Importunité.
BASILIC	Haine.
BAUME	Vertu, guérison.
BELLE-DE-JOUR	Coquetterie, infidélité.

---

(1) Nous pouvons assurer que cette nomenclature est l'une des plus complètes qui existent ; nous avons fait un grand nombre de corrections et d'additions à toutes celles que nous avons consultées.

Belle-de-nuit.	Redouter l'amour, timidité.
Belvéder.	Je vous déclare la guerre.
Blé (*Epis de*).	Fertilité.
Bluet.	Pureté de sentiment.
Bouquet de feuilles vertes.	Espérance.
Bourrache. . . . . . - . . .	Brusquerie.
Bouton de rose.	Sentiment près d'éclore.
Bouton de rose blanche. . .	Cœur qui ignore l'amour.
Bouton d'or.	Bienveillance.
Branche-ursine ou Acanthe.	Nœuds indissolubles.
Bruyère.	Humilité, solitude.
Buglose.	Mensonge.
Buis.	Stoïcisme.
CAPILLAIRE.	Discrétion.
Capucine.	Réserve et discrétion.
Centaurée	Félicité.
Cerisier.	Bonne éducation.
Champignon.	Soupçon.
Chardon	Austérité.
Chardon à foulon.	Misanthropie.
Charme.	Ornement.
Chataignier.	Rendez-moi justice.
Chelidoine.	Premier soupir d'amour.
Chêne	Force, longévité.
Cheveux-de-Vénus	Sympathie.
Chèvre-feuille	Concupiscence, liens d'amour.
Chicorée	Frugalité.
Chou	Profit.
Chrysocome	Vous vous faites attendre.
Citronelle	Douleur.
Clochette	Verbiage, causerie.
Coquelicot	Repos ou consolation.
Coriandre	Mérite caché.
Cormier	Prudence.
Coudrier.	Réconciliation.
Couronne impériale. . . .	Fierté sans douceur.
Cyprès	Douleur, regrets.
DATURA	Charmes trompeurs.
Dictame de Crète.	Naissance.
Double-feuille.	Consolation.

VARIÉTÉS.

ÉBÉNIER.	Noirceur.
Eglantine	Amour malheureux.
Ellébore	Folie.
Epine.	Flèche d'amour.
Epine noire	Mélancolie.
Epine-vinette.	Désespoir.
Erable	Réserve.
FENOUIL.	Force.
Feuille de Bruyère.	Humilité.
Feuille de Chêne.	Force.
Feuilles mortes.	Mélancolie.
Fleur d'Abricot	Charme.
Feur de Laurier.	Ardent désir.
Fleur de Limon.	Constance idéale.
Fleur de Marronnier.	Fierté.
Fleur d'Orange	Générosité, douceur.
Fleur de la Passion	Douleur cuisante d'amour.
Fleur de Pêcher.	Agrément, fragilité.
Fleur de Pommier.	Plaisir, repentir.
Fougère	Sincérité.
Fraisier	Bonté parfaite.
Frêne	Grandeur.
Fumeterre.	Crainte, fiel.
GARANCE	Calomnie.
Genet	Propreté.
Genette	Espérance trompeuse.
Genièvre.	Défaut.
Geranium citronné.	Caprice.
Geranium musqué	Causticité.
Geranium rosé.	Préférence.
Geranium triste.	Esprit mélancolique.
Germandrée	Amour toujours redoublant.
Girofle	Dignité.
Giroflée.	Bonheur, sympathie.
Giroflée blanche	Simplicité.
Giroflée jaune	Préférence.
Giroflée rouge	Dépit.
Giroflée de Mahon	Sagesse.
Grande Mauve.	Humanité.
Grenade	Ambition, fatuité.

Gueule-de-Loup	Politique.
Gui	Je surmonte tout.
HÉLIOTROPE	Violent amour.
Hépatique	Confiance.
Herbe Gazon	Utilité.
Hêtre	Prospérité.
Hortensia	Amour constant.
Houblon	Injustice.
Houx	Prévoyance.
Hyacinthe	Amour chagrin.
IBÉRIDE de Perse	Indifférence.
Immortelle	Amour sans fin.
Impériale	Puissance.
Iris blanc	Ardeur, raccommodement.
Iris bleu	Confiance.
Ivraie	Vice.
JASMIN BLANC	Candeur.
Jasmin commun	Amabilité.
Jasmin d'Espagne	Sensualité.
Jasmin jaune	Première langueur d'amour.
Jonc des Champs	Docilité.
Jonquille	Désir ardent.
Joubarbe	Esprit.
Julienne	Fausseté.
Jusquiame	Défaut.
LAITUE	Refroidissement.
Laurier-Amandier	Perfidie.
Laurier d'Espagne	Désespoir.
Laurier franc	Triomphe, gloire.
Laurier rose	Bonté et beauté.
Lavande	Méfiance, coquetterie.
Lierre	Attachement réciproque.
Lilas	Première émotion d'amour.
Lilas blanc	Jeunesse, innocence.
Lin	Je sens vos bienfaits.
Lupin	Reconnaissance.
Luzerne	Vie.
Lys	Candeur, pureté, grandeur.
MANCENILLIER	Fausseté.

Mandragore	Rareté.
Marguerite	Patience, tristesse, regrets.
Marguerite double	Je partage vos sentiments.
Marronnier d'Inde	Luxe.
Marjolaine	Tromperie.
Matricaire	Union.
Mauve	Douceur.
Mélèse	Audace.
Mouron	Rendez-vous.
Mousse	Amour maternel.
Muguet	Coquetterie, légèreté.
Myrobolans	Privation.
Myrte	Amour, tendre retour.
Myrte fleuri	Amour trahi.
Myrte et roses	Volupté.
NARCISSE	Egoïsme, amour propre.
Noyer	Sentiment religieux.
Nymphæa lotus	Éloquence.
OEILLET BLANC	Fidélité, sentiments purs.
OEillet incarnat	Réciprocité.
OEillet d'Inde	Flatterie.
OEillet jaune	Dédain.
OEillet mêlé	Encouragement.
OEillet ponceau	Horreur.
OEillet rose	Sensation.
OEillet rouge	Amour vif et pur.
Olivier	Paix.
Oranger	Générosité.
Oreille d'ours	On cherche à vous séduire.
Ortie	Cruauté.
Osier	Franchise, souplesse.
PAILLE brisée	Rupture.
Paille entière	Union.
Paquerette	Éclat.
Passe-rose	Plaisir doux, calme.
Patience	Accord.
Pavot	Langueur, sommeil.
Pavot blanc	Soupçon.
Pavot mêlé	Surprise.

Pavot rose	Vivacité.
Pavot rouge	Orgueil.
Pavot simple	Etourderie.
Pensée	Souvenir expressif.
Perce-neige	Courage dans l'adversité, consolation.
Pervenche	Amitié sans fin, doux souvenirs.
Petite-marguerite	Innocence.
Petite-sauge	Estime.
Pied-d'alouette	Légèreté, ingénuité.
Pin	Hardiesse.
Pivoine simple	Honte.
Platane	Bonheur.
Pois musqués	Plaisirs délicats.
Pomme d'amour	Amitié.
Pomme de terre	Bienfaisance.
Primevère	Crédulité, espérance.
Prunier sauvage	Indépendance.
Pyramidale bleue	Constance.
REINE-MARGUERITE	Variété.
Renoncule	Fierté, impatience.
Réséda	Douceur, jouissance.
Romarin	Franchise, bonne foi.
Ronces	Soucis, envie.
Roquette	Je brûle.
Rose	Fraîcheur.
Rose-a-cent-feuilles	Grâces.
Rose blanche	Innocence.
Rose blanche desséchée	Plutôt mourir que céder.
Rose capucine	Eclat.
Rose carminée	Fraîcheur.
Rose de jardin	Beauté passagère.
Rose en bouton	Cœur qui ignore l'amour.
Rose jaune	Infidélité, dédain.
Rose de mai	Précocité.
Rose mousseuse	Amour, volupté.
Rose musquée	Beauté capricieuse.
Rose pompon	Gentillesse.
Rose sauvage	Simplicité.
Rose trémière	Fécondité.

VARIÉTÉS.

SAFRAN.	N'abusez pas.
Sainfoin oscillant.	Agitation.
Sapin.	Elévation.
Sauge (petite).	Estime.
Saule.	Docilité.
Scabieuse.	Mystère.
Senevé.	Fécondité.
Sensitive.	Pudeur, estime.
Seringat.	Mépris.
Serpentaire.	Horreur.
Serpolet.	Etourderie.
Souci.	Tourment, peine.
Souci des jardins.	Inquiétudes.
Soucis sur la tête.	Noirs chagrins.
Soucis sur le cœur.	Jalousie.
Soucis et cyprès.	Désespoir.
THYM	Passion dominante, activité.
Tilleul.	Amour conjugal.
Tournesol.	Je ne vois que vous.
Troene.	Défense.
Truffe.	Surprise.
Tubereuse.	Délicatesse, volupté.
Tulipe.	Déclaration d'amour.
VALERIANE rouge.	Facilité.
Véronique.	Fidélité.
Verveine.	Enchantement.
Violette.	Modestie, pudeur.
Violette blanche.	Candeur, innocence.
Violette double.	Amitié réciproque.
Violier.	Attachement.
Viorne-Laurier-Tin.	Négligée, je meurs.
ZERUMBETH.	Artifice.

LIEUX D'ORIGINE
DE QUELQUES FRUITS ET VÉGÉTAUX.

Nous croyons devoir ajouter à la nomenclature précédente, une notice indicative des lieux d'où l'on a tiré dans le principe, quelques-uns des principaux végétaux et fruits qui servent à la vie et qui ornent nos tables.

L'Abricot *provient*.	De l'Arménie.
L'Acacia connu dès 1640.	De Barbarie.
L'Ail.	Du Levant.
L'Amande.	De Mauritanie.
L'Ananas.	De l'Amérique.
L'Anis.	D'Afrique (Egypte).
L'Artichaud.	De Sicile ou d'Andalousie.
L'Asperge, connue des Anglais en 1608.	De l'Asie.
L'Aster ou Reine-Marguerite.	De la Chine.
L'Aveline.	De l'Asie.
La Bourrache.	De Syrie.
Le Cacao.	Du Mexique.
Le Café.	De l'Arabie et des Antilles.
Le Camélia (1).	De la Chine et du Japon.
La Capucine.	Du Mexique et du Pérou.
La Carde.	D'Italie.
La Carotte.	De France.
Le Cassis.	Du Pont (Asie Mineure).
Le Céleri.	De France.
La Cerise.	De Cérasonte (dans le Pont).
Le Cerfeuil.	D'Italie.
Le Chanvre.	D'Asie.
La Chataigne.	De Sardes (en Lydie).
Le Chou-blanc.	Du Nord.
Le Chou-fleur.	De Chypre.
Le Chou-rouge.	D'Afrique.
Le Chou-vert.	D'Afrique.
Le Citron.	De la Médie.
La Citrouille.	D'Astrakan.
Le Coing.	De l'Asie.
Le Concombre.	d'Espagne.
Le Cresson.	De l'île de Crète.

---

(1) On doit, dit-on, à l'Impératrice Joséphine, la naturalisation en France du *Camelia* ou plutôt *Kamélia*; mais il était connu depuis 1740.

VARIÉTÉS.

Le Dahlia.	Du Mexique.
L'Echalotte.	D'Ascalon, (Syrie).
L'Épinard.	De l'Asie Mineure.
Le Fenouil.	Des Canaries.
La Figue.	De la Mésopotamie.
La Fraise-ananas.	De la Louisiane.
La Framboise.	Du Mont-Ida.
Le Froment.	De l'Asie.
Le Girofle.	Des Moluques.
La Grenade.	De l'Asie.
Le Haricot.	Des Indes Orientales.
L'Hortensia cultivé en Europe depuis 1790.	De la Chine.
Le Jasmin.	De l'Inde.
La Laitue.	De l'île de Cos.
Le Laurier.	De l'île de Crète.
La Lentille.	De France.
Le Lin.	D'Asie.
La Luzerne.	D'Asie.
Le Lys.	De Syrie.
Le Marron sauvage.	Des Grandes Indes.
Le Melon.	De l'Orient.
Le Murier.	De l'Asie.
Le Narcisse.	D'Italie.
Le Navet.	De France.
La Noisette.	Du Pont.
La Noix.	De la Perse.
L'Oeillet.	D'Italie.
L'Oignon.	D'Afrique.
L'Olive.	De Grèce.
L'Orange.	De l'Inde ou de Tyr.
L'Oreille d'ours.	Des Alpes.
L'Oseille.	De France.
Le Panais.	De France.
La Pêche.	De Perse.
Le Persil.	De Sardaigne.
Le Piment.	De l'Amérique Méridionale.
La Poire.	De France.
La Poire de bon chrétien.	D'Italie.
La Pomme.	De Neustrie, (Normandie).
La Pomme-reinette.	De Syrie.

LA POMME DE TERRE. . . .	Du Pérou ou du Brésil.
LE POURPIER.	D'Asie.
LA PRIMEVÈRE A BOUQUET.	De la Chine.
LA PRIMEVÈRE A FEUILLES DE CORTUSE.	De la Sibérie.
LA PRUNE.	De Syrie.
LE RAIFORT.	De la Chine.
LE RAISIN.	D'Asie.
LE RICIN.	De l'Inde.
LE RIZ.	De l'Asie Orientale.
LA ROSE A CENT FEUILLES.	Du Caucase.
LA ROSE, mal nommée du Bengale	De la Chine.
LA ROSE de Montagne. . .	Des Cévennes, des Vosges et des Alpes.
LA ROSE Multiflore.	Du Japon.
LA ROSE Musquée.	Des rives de la Méditerranée.
LE SARRASIN, cultivé en France depuis 1527. . . .	D'Asie.
LA SCORSONÈRE.	D'Afrique.
LE SEIGLE.	De Crimée et de Sibérie.
LE SUREAU.	De Perse.
LE TABAC.	Du Brésil
LE THÉ.	De la Chine et du Japon.
LES TOMATES.	D'Amérique.
LES TOPINAMBOURS.	De l'Amérique.
LA TUBÉREUSE.	De Java et de Ceylan.
LA TULIPE.	De la Cappadoce.

EMBLÈMES

TIRÉS DU RÈGNE ANIMAL.

ABEILLE *signifie*.	Travail.
AGNEAU	Douceur.
AIGLE.	Elévation, supériorité.
ANE	Obstination, ignorance.
ANGUILLE	Misanthropie.
BOUC.	Luxure.
CASTOR	Industrie.
CERF.	Timidité, crainte, longue vie.

Chat	Liberté, trahison, gourmandise.
Chèvre	Adresse.
Chien	Fidélité, odorat.
Cigogne	Piété filiale, reconnaissance.
Cochon	Indocilité, égoïsme, saleté.
Colombe	Sincérité, candeur.
Coq-d'Inde	Orgueil, sottise, arrogance.
Crocodile	Luxure.
Eléphant	Intelligence, tempérance.
Faucon	Goût.
Fourmi (1)	Economie.
Grenouille	Curiosité.
Hanneton	Etourderie.
Hermine	Prédestination.
Hibou	Reconnaissance.
Hippopotame	Dommage.
Hirondelle	Félicité passagère.
Huitre	Tranquillité, imbécillité.
Lapin	Luxure, fécondité.
Léopard	Férocité.
Lézard	Affection.
Lièvre	Peur, lâcheté, oubli.
Lion	Force, courage, générosité.
Lion rugissant	Fureur.
Lion sous le joug	Raison.
Moineau	Lasciveté.
Mouche	Impudence.
Mulet	Entêtement.
Oie, une pierre dans le bec	Silence.
Papillon	Inconstance, légèreté.
Passereau	Mélancolie.
Pélican	Compassion, amour maternel.
Perdrix	Luxure.
Perroquet	Docilité.
Poule	Fécondité.
Rat	Destruction.
Renard	Ruse, fourberie.

(1) La fourmi est, dit-on, le seul animal qui, à l'exemple de l'homme, se donne la sépulture ; cela est-il bien avéré ?

SANGLIER	Impétuosité.
SERPENT.	Prudence.
SERPENT MORDANT SA QUEUE.	Éternité.
SERPENS (deux) ENTRELACÉS.	Commerce.
SINGE.	Imitation, finesse.
SPHINX.	Secret.
TAUREAU.	Tempérance, force.
TORTUE.	Lenteur.
TOURTERELLE.	Foi conjugale.
VIPÈRE	Médisance.

Après avoir vu les emblèmes tirés des animaux, on ne sera peut-être pas fâché de savoir jusqu'à quel âge quelques-uns d'entre eux prolongent ordinairement leur existence : voici une petite Notice extraite des meilleurs naturalistes sur la durée ordinaire de la vie des animaux.

Abeille.	1 an.	Brebis.	12 ans.
Aigle	100 et plus.	Brême.	10 à 12
Alouette.	16 à 18	Brochet (1)	40
Ane.	25 à 30	Carpe (2).	100 à 150
Anguille.	15	Cerf	35 à 40
Araignée.	1 et plus.	Chameau	50 à 60
Autour.	40 ans.	Chardonneret. . .	23
Bœuf de trait. . .	19	Chat	18

(1) En 1497, on a pris à Kayserlautern un brochet long de 19 pieds, pesant 350 livres; son squelette est à Manheim. Il avait dans les opercules des ouïes un anneau d'airain avec une inscription grecque annonçant qu'il avait été mis dans l'étang de ce château par ordre de l'empereur Frédéric II, en 1230, c'est-à-dire, 267 ans avant d'être pris.

(2) Buffon dit que des carpes nourries dans les fossés de Pontchartrain, avaient plus de 150 ans. Ledelius prétend que dans quelques étangs de la Lusace on nourrit des carpes âgées d'environ 150 ans. Bloch assure que l'on voit dans le jardin de Charlottembourg, en Prusse, des carpes si vieilles, que leur tête est toute couverte de mousse.

Bloch prétend que la carpe vient du midi de l'Europe; Mascall la procura en 1514 à l'Angleterre; et Pierre Oxe en gratifia le Danemarck, vers l'an 1560.

Cheval	25 à 40 ans.	Loup	20 ans.
Chèvre	10	Moineau	10 à 15
Chien	23 à 28	Ours	20
Coq	20	Oie	50
Corbeau	100	Paon	24
Crocodile	100 et plus.	Perroquet	24
Cygne	100	Pinçon	23
Daim	20	Polype	2
Dauphin	30	Porc	20
Ecrevisse de rivière	20 et plus.	Poule	10
Ecureuil	7	Renard	15
Eléphant	150 à 200	Rhinocéros	50 à 60
Ephémère, 1 jour	»	Rossignol	16 à 18
Epinoche, poisson	2	Serin, sans accouplement	22
Grillon	10	Serin, nich. chaq. année	10
Lapin	8 à 9	Tanche	10 à 12
Lièvre	7 à 8	Taureau	30
Linotte	14 à 15	Vache	20
Lion	60		

Après avoir parlé de l'âge des animaux, passons à l'âge de l'homme. On sait qu'il prolonge ordinairement sa carrière jusqu'à 70, 80, 90 et même 100 ans. On me permettra à ce sujet une petite digression sur la longévité; quoiqu'elle soit étrangère à mon sujet, elle paraîtra peut-être assez curieuse pour que l'on me pardonne de l'avoir placée ici.

DE LA LONGÉVITÉ.

Tous les hommes cherchent à prolonger leur existence au-delà des bornes ordinaires; les uns y parviennent sans s'en douter, et les autres donnent d'excellents avis à ce sujet, mais rarement ils les mettent en pratique; c'est ce que prouve trop souvent leur mort prématurée. Parmi les opinions émises sur cette matière, voici celles qui m'ont le plus frappé.

Un auteur prétend que pour vivre long-temps, il faut être ainsi conformé : taille moyenne, bien proportionnée; peu de couleurs; cheveux châtains; tête plus grosse que petite; veines fortes; épaules arrondies; poitrine large; voix mâle; sens exquis; pouls lent et uniforme; bon estomac; appétit ouvert; aimer la table sans trop se livrer à ses plaisirs; manger lentement et jamais avec excès; avoir rarement soif; une soif ardente est signe d'une consomption rapide; front serein; œil vif; bouche souriante; cœur accessible à l'amour, à l'espérance, à la joie, mais inaccessible à la haine, à la colère, à l'envie; aimer l'occupation, les méditations, les rêveries agréables; optimiste dans la force du terme; ami de la nature et du bonheur domestique; sans ambition, sans avarice, sans inquiétude.

Un autre auteur (John Sainclair, dans son *Essai sur la longévité*) invite ceux qui aiment à vivre long-temps, à suivre certaines règles qu'il établit dans cet ordre : 1° la nourriture qui doit être saine et sans excès; 2° l'habillement, qui doit être chaud, surtout dans l'âge avancé et pendant la saison rigoureuse; 3° le logement dans une maison bien aérée, et dans une température égale; 4° un exercice sans fatigue, et surtout des promenades agréables et à pied; 5° des habitudes salutaires, à la tête desquelles il faut mettre la propreté. 6° Il faut avoir rarement recours aux médecins et jamais aux charlatans. 7° Enfin rien n'est plus propre à prolonger les jours, qu'une égalité d'ame, un caractère gai, et du courage pour supporter les revers auxquels, dans cette vie, tout le monde est plus ou moins exposé, surtout dans un âge avancé.

M. Hoffman, dans le compte flatteur qu'il a rendu de la seconde édition du présent ouvrage (voy. *journal des Débats* du 14 janvier 1824, 2e article), présente une observation curieuse et utile sur les moyens de prolonger sa carrière, et, comme il le dit plaisamment, de se procurer plus longtemps le plaisir de se plaindre de la vie. Cette observation doit trouver place à la suite des deux précédentes ; voici comment l'auteur s'exprime :

« M. Barrow, dans son voyage en Chine, nous apprend que l'Empereur Tchien-Long attribuait sa santé robuste à l'habitude de se lever toujours de très-grand matin ; l'opinion de ce monarque ne serait pas une grande autorité en hygiène ; mais le voyageur anglais confirme cette présomption par un fait assez curieux. Un grand-juge de Londres (lord Mansfield) qui avait bonne envie de vivre, ne manquait jamais de questionner tous les vieillards bien portants qui paraissaient à son tribunal, et il prenait note exacte du régime que ces personnes avaient suivi, de leurs goûts, de leurs passions, de leurs habitudes. Le résultat de ces confessions accumulées pendant un assez grand nombre d'années, fut que l'on ne pouvait tirer aucune conséquence hygiénique, ni de la nourriture animale ou végétale, ni des boissons simples ou fermentées, ni même, ce qui est plus étonnant, de la sobriété ou de l'intempérance ; mais tous ces vieillards remarquables par la vigueur et la santé, s'accordaient sur ce point seulement, qu'ils s'étaient toujours levés de grand matin. S'il m'est permis, continue M. Hoffman, d'ajouter quelque chose à l'opinion de M. Barow, je dirai que tous les médecins qui traitent de la prophylactique, ou du moins tous ceux que j'ai lus, nous recommandent de nous lever le matin, dès que nous nous éveillons, et de ne pas faire un second somme. Ce conseil a une grande analogie avec l'expérience du grand-juge de Londres, et je le crois excellent, *sed canimus surdis*. Ni les prescriptions de la Faculté, ni les notes de lord Mansfield, ni l'autorité de M. Barow n'empêcheront point nos jolies femmes de dormir la grasse matinée, et s'il leur prend quelquefois la fantaisie d'admirer l'aurore en nature, et non pas à l'opéra, ce sera toujours avant de se coucher elles-mêmes qu'elles iront voir le soleil se lever. »

Nous dirons encore que Fontenelle n'a dû en grande partie sa longue carrière qu'à la douceur uniforme de son caractère et à l'enjouement qui ne lui fit jamais envisager que le côté plaisant des choses. Il fut jeune jusqu'au dernier jour de sa vie.

Les Anciens nous ont conservé quelques exemples de longévité ; on rapporte qu'une actrice de Rome, du temps de Sylla, a joué la comédie pendant 100 ans.

Une autre actrice, après avoir joué 99 ans, reparut sur la scène pour féliciter Pompée ; et quelques années après elle reparut encore pour féliciter Auguste sur l'issue de la bataille d'Actium.

Au dénombrement fait par Vespasien, l'an 76 de l'ère chrétienne, Pline dit qu'on trouva dans une partie considérable de l'Italie,

   4 hommes de 140 ans.
   6   de 135 à 139.
   4   de 130.
   1 femme de 132.

Il y en avait un assez grand nombre de 125, 120, 110, etc.

Pline s'étend assez sur la longévité, dans son *Histoire naturelle* (*liv.* VII), et il en cite beaucoup d'exemples, les uns évidemment exagérés et que lui-même rejette, et d'autres qui paraissent avérés d'après les recensements qu'il cite. Nous renvoyons pour cet objet, aux *Morceaux extraits de Pline et trad. par M. Gueroult,* Paris, 1809, 2 vol. *in-*8°. V. le tome Ier, pp. 127—133. L'âge le plus prolongé qu'il cite, est de 140 ans.

On rapporte dans la *Chronique de Guillaume de Nangis,* quelque chose de plus surprenant : « En » 1139, y est-il dit, mourut Jean des Temps qui » avait vécu 361 ans, depuis le temps de Charle- » magne dont il avait été homme d'armes. » Voy. *Mémoires relatifs à l'Histoire de France,* par M. Guizot, *Paris,* 1825, *tom. XIII,* pag. 20. Ne pourrait-on pas appliquer ici le *credat judœus Apella ?*

Les pays les plus remarquables pour la longévité, sont ceux de montagnes, surtout dans le nord ;

beaucoup d'habitants de la Sibérie, dans des districts hérissés de montagnes, atteignent cent, cent dix ans. Buffon, dans une liste qu'il a donnée de tous les pays de l'Europe, remarquables pour la longévité, met en tête les montagnes d'Ecosse; et en effet on y trouve plus d'octogénaires, de nonagénaires et de centenaires que partout ailleurs, en proportion du nombre de ses habitants.

Haller, dans ses *Elementa physiologiæ corporis humani*, vol. VIII, lib. xxx, sect. 3, donne un tableau des personnes qui ont vécu au-delà de 100 ans. De 1113 centenaires,

1000 ont vécu de 100 à 110 ans.	
62	de 110 à 120
29	de 120 à 130
15	de 130 à 140
5	de 140 à 150
1 (T. Parr.)	152
1 (Jenkins.)	169

Easton, dans son ouvrage anglais publié sur la longévité, en 1799, présente le tableau suivant de 1712 centenaires qui ont vécu, savoir :

1310 personnes de 100 à 110 ans.	
277	de 110 à 120
84	de 120 à 130
26	de 130 à 140
7	de 140 à 150
3	de 150 à 160
2	de 160 à 170
3	de 170 à 185

On trouve dans le *Journal de Littérature étrangère*, n° 9, an XIII, *page* 430, des exemples de longévité qui sont peut-être tirés de l'ouvrage de M. Easton.

On n'y a compris que les personnes âgées de 130 ans et au-dessus. Je vais rapporter cette liste, et j'y ajouterai quelques articles, dont deux au-dessous de 130 ans. L'année, portée en tête de chaque nom, indique la date de la mort du centenaire.

		ans.			ans.
1751	Ferdinand de la Espada, plus de.	117	1772	John Richardson	137
			1793	John Robertson	137
1791	Jean Jacob, du Jura.	122	1757	William Sharpley.	138
1795	David Cameron.	130	1768	John M'donough.	138
1766	John de la Somel.	130	1770	John Fairbrother.	138
1766	George King.	130	1772	Mistriss Clum.	138
1767	John Taylor.	130	1766	Thomas Dobson.	139
1774	William Béattie.	130	1785	Mary Cameron.	139
1778	John Waston.	130	1752	William Laland.	140
1780	Robert Macbride.	130	1752	La Comt. d'Esmond.	140
1780	William Ellis.	130	1770	James Sands.	140
1764	Elisabeth Taylor.	131	1773	Swarling, moine.	143
1775	Peter Garden.	131	1773	Charles M'findlay.	143
1761	Elisabeth Merchant.	133	1757	John Effingham.	144
1772	Mistriss Keith.	134	1782	Evan Williams.	145
1767	Francis Agne.	134	1766	Thomas Vinslor	146
1777	John Brookey.	134	1772	C. J. Drahakenberg.	146
1744	Jean Harrisson.	135	1652	William Mead.	148
1759	James Sheile.	136	1768	Francis Consir.	150
1768	Catherine Noon.	136	1542	Thomas Newman.	152
1771	Margaret Forster.	136	1635	Thomas Parr (1).	152
1776	John Moriat.	136	1656	James Bowles	152

(1) Ce paysan anglais, né en 1483, était fils de John Parr de Vinnington, paroisse d'Alberbury, au comté de Shropshire; cultivateur, il se livra constamment aux travaux les plus pénibles de la campagne. Il ne vivait, dit-on, que de vieux fromage, de lait, de pain et de petite bierre. A l'âge de 100 ans, en 1583, il eut une aventure galante, digne d'un jeune étourdi, et pour laquelle il fut condamné à faire pénitence publique, à la porte de l'église, nu en chemise, un drap blanc sur la tête et un cierge à la main. Cette peine était alors usitée en Angleterre, à l'égard de ceux qui séduisaient une fille et la rendaient mère. Notre étourdi devenu raisonnable par

	ans.		ans.
1656 Henri West	152	. . . Jean Rowen (1).	172
1648 Thomas Damm	152	1782 Louise Truxo	175
1762 Un paysan polonais	157	1797 Un mulâtre de Frédérik-	
1797 John Surrington	160	Town	180
. . Un Lithuanien	163	1724 Pierre Zorten	185
1668 W. Edwards	168	1588 Thomas Carn	207
1670 Henri Jenkins	169		
1810 Un homme de la religion grecque, mort en Russie			160

Il existait dernièrement à Posen, en Pologne, un vieillard né en 1667, à Oleczow, de parents pauvres. Agé de 80 ans, il se maria pour la première fois; et 10 ans après, sa femme lui donna deux jumeaux, un garçon et une fille; il vécut 30 ans avec cette femme, et quelque temps après la mort de

---

suite de cette correction, se maria en 1603 avec une veuve; il avait alors 120 ans. Sa vue s'affaiblit et il la perdit en 1619. Seize ans après, le comte d'Arundel le fit venir à Londres et le présenta à la Cour le 9 octobre 1635; mais le 24 novembre suivant il mourut presque subitement, âgé de 152 ans et 9 mois. C'est sans doute le changement de climat et de nourriture qui a accéléré sa fin. Il a vu dix Rois se succéder sur le trône d'Angleterre; ce sont :

Edouard IV, m. 1483.	Edouard VI, m. 1553.
Edouard V, — 1484.	Marie, *Reine*, — 1558.
Richard III, — 1485.	Elisabeth, *Reine*, — 1602.
Henri VII, — 1509.	Jacques Ier, — 1625.
Henri VIII, — 1547.	Charles Ier, — 1649.

Il a aussi vu trois fois la religion changer en Angleterre; mais né dans la catholique, il n'a jamais voulu la quitter. « L'autre, disait-il, est plus jeune que moi, je ne puis me décider à lui obéir.

Il a été enterré à Westminster, comme phénomène de longévité. J'ai vu sa tombe, le 22 mai 1791, jour où je visitai cette abbaye, et j'ai copié son épitaphe.

(1) Chose assez remarquable, ce vieillard de Hongrie a eu sa femme qui est parvenue à l'âge de 164 ans; la durée de leur mariage a été de 142 ans, et le moins décrépit de leurs enfants en avait 115.

celle-ci, il en épousa une seconde nommée Barowska, qui mourut 10 ans après ; en 1805, il était veuf depuis 18 ans.

D'après un état des naissances et décès, publié par le synode de Pétersbourg, pour l'année 1806, il est mort pendant cette année :

1 individu âgé de	. . .	145 à 150 ans.
1	de . . .	130 à 145
4	de . . .	125 à 130
6	de . . .	120 à 125
32	de . . .	115 à 120
26	de . . .	110 à 115
86	de . . .	105 à 110
137	de . . .	100 à 105

En 1800, selon le rapport de M. Larrey, il y avait au Caire, 35 individus de cent et plusieurs années.

En Espagne, dans le dernier siècle, on vit à Saint-Jean-le-Payo, ville de Galice, communier treize vieillards dont le plus jeune avait 110 ans et le plus âgé 127 ans. Ils formaient ensemble 1499 ans.

On compte ordinairement en Angleterre un centenaire sur 3,100 individus.

Au commencement de ce siècle, il y avait en Irlande 41 individus de 95 jusqu'à 104 ans, sur une population de 47,000 ames.

En Russie, parmi 891,632 morts en 1814, il y avait 3,531 individus de 100 à 132 ans. — Et en 1819, on y a compté 947 personnes mortes, dont les plus jeunes avaient 100 ans et le plus âgé 140 ans.

A deux milles de Witehall, sur la route de Salem à Albany, dans l'état de New-York, vivait en 1822 un Français nommé Francisco que l'on croyait âgé de 134 ans. Il avait toujours joui d'une très-bonne santé. Il racontait que son père avait été chassé de France du temps de Louis XIV par suite de la révocation de l'édit de Nantes, et avait fui à Amsterdam. Il disait avoir assisté, à l'âge de 16 ans, au couronnement de la reine Anne (qui eut lieu le 3 mai 1702); il était donc né en 1686. Il était venu d'Angleterre à New-York probablement au commencement du xviii° siècle, mais il ne pouvait se rappeler la date. Il s'était trouvé à toutes les guerres de la reine Anne et y avait reçu beaucoup de blessures.

Voici un exemple touchant de longévité conjugale, dont le *Panorama d'Angleterre* nous fournit les détails : « Le 30 novembre 1817, Williams Douglas et sa femme viennent de mourir le même jour; ils étaient nés à la même heure; la même sage-femme les avait introduits dans le monde; ils avaient été baptisés en même temps dans la même église. A l'âge de 19 ans, ils se marièrent dans l'église où ils avaient reçu le baptême. Ils n'ont éprouvé aucune infirmité pendant le cours de leur longue carrière; ils sont morts à 100 ans, couchés ensemble dans le vieux lit nuptial, et ont été enterrés dans la même bière, au-dessous des fonts baptismaux où ils avaient été présentés un siècle auparavant. »

Il existait en 1822 à Felicianowo près de Rava

(Pologne) un vieillard nommé Jabkouski, âgé de 138 ans. Il s'est décidé à se marier à l'âge de 100 ans, et a épousé une veuve de 50 ans. Dans sa jeunesse il avait servi en Prusse.

Albert Montautot, jésuite, né en 1689, entré dans la Société des Jésuites en 1706, y ayant fait profession en 1724, existait encore à Pérouse en 1814.

A Dorsi, petit village de la Calabre, on voyait en 1824 une femme nommée Rosaria Pencalo, née en 1698. Elle jouissait de toutes ses facultés physiques et morales. Elle a été mariée quatre fois ; son premier mariage remonte à 105 ans. Ce prodige de longévité est d'autant plus étonnant que l'air du village qu'habite cette femme est, dit-on, malsain. Si elle vit encore, elle a 143 ans.

A la suite de tous ces exemples d'une longévité assez prolongée, nous pensons que certaines anecdotes sur une fécondité non moins extraordinaire (dans quelques familles) ne seront pas déplacées.

On rapporte que, chez les Romains, un certain Caïus Crispinus Hilarus, d'une honnête famille de Fesulum, vint en grande cérémonie, l'an 749 de R. (5 ans av. J.-C.), sacrifier au Capitole, accompagné de neuf enfants (7 garçons et 2 filles), de 27 petits-enfants, et de 37 arrière-petits-enfants, dont 8 petites-filles.

Un baron d'Abensberg, en Bavière, nommé Bébon, eut 40 enfants de deux femmes légitimes, savoir 32 fils et 8 filles. Etant en faveur auprès de l'empereur Henri II, il lui présenta un jour à la chasse ses 32 fils bien lestes et bien montés. L'empereur les accueillit avec bonté, leur fit beaucoup de caresses, et se chargea de les tous placer avantageusement.

Un noble de Sienne, nommé Pichi, qui a été marié trois fois, a eu 150 enfants tant légitimes que naturels, et il en emmena 48 à sa suite, étant ambassadeur vers le pape et l'empereur.

Une femme de Paris, qui a vécu 88 ans, a vu 288 de ses enfants, petits-enfants et arrière-petits-enfants.

Madame Henoywood, du comté de Kent, mariée à 16 ans, a eu 16 enfants dont 3 moururent jeunes, et 1 dont le mariage fut stérile ; mais les douze autres l'en dédommagèrent bien, car à la seconde génération sa postérité se montait à 114, à la troisième à 228 ; mais à la quatrième elle retomba à 9. Le nombre total des enfants qu'elle avait pu voir, se montait donc à 364. Elle pouvait dire comme dans les lettres de Madame de Sévigné : « Ma fille, allez dire à votre fille, que la fille de sa fille crie. »

Le distique suivant va encore plus loin :

> Mater ait natæ : Dic natæ, filia, natam
> Ut moneat natæ plangere filiolam.

Jean Szep, mort le 18 septembre 1804 à Zolnoch, âgé de 98 ans, avait été marié fort jeune. Il eut de sa première femme 14 enfants qui lui ont donné 82 petits-enfants et 62 arrière-petits-enfants, lesquels ont encore accru sa lignée de 45 rejetons, ce qui a formé en tout une postérité de 203 personnes.

Il est mort en 1805 à Kuttigen, canton d'Argovie, une femme âgée de 86 ans qui a vu sortir de ses trois fils et de ses cinq filles, 49 petits-fils et 66 arrière-petits-fils.

Il est bien présumable que semblable progéniture ne sortira jamais des deux mariages dont il nous reste à parler. Ces deux mariages célébrés simultanément, le 24 novembre 1836, à l'église paroissiale de la commune de Champigni (Aube), sont remarquables par la maturité d'âge des époux, des garçons d'honneur servant de témoins et du célébrant.

Les deux noces formaient en tout une réunion de huit personnes, outre le célébrant.

Celui-ci, respectable ecclésiastique, était âgé de 81 ans.
L'un des nouveaux époux, M. Léandre T..., comptait 65
Sa nouvelle épouse, Sophie Gar..., en comptait aussi 65
L'autre nouvel époux, M. Ed. Gar..., même nombre 65
Et sa nouvelle épouse, Mélanie M..., seulement... 64
Le premier garçon d'honneur, M. Cam..., dit Fanfan, était âgé de.............. 94
Le second garçon d'honneur, M. Nic. Cam..., dit Cadet, en avait.............. 90
Le troisième, M Ant. Cam..., dit l'Ami, ne comptait que.................. 87
Le quatrième, M. Jean Cam..., dit Doudou, en avait seulement................ 82

Somme totale des années....... 693 ans.

On a vanté l'excellente santé dont jouissaient les conjoints; mais on n'a pas dit si beaucoup de folies et d'espiégleries avaient signalé ces joyeux hymens; on a seulement regretté que, pour servir la messe et chanter au repas, on n'ait pas invité un voisin fort gai et fort bon vivant, le père Gateau de Torcy-le-Petit, né en 1737 et qui par conséquent eût ajouté un siècle au vénérable total ci-dessus énoncé.

Nous terminerons ce chapitre sur la longévité par l'indication d'un petit recueil assez curieux, relatif à cette partie, mais qui malheureusement nous est parvenu trop tard pour que nous puissions en profiter. On pourra le consulter avec fruit. Il a paru pendant douze ans (de 1761 à 1773, excepté 1764), les deux 1res années, sous le titre d'*Almanach de la vieillesse, ou notice de tous ceux qui ont vécu cent ans et plus*, et les dix années suivantes, sous celui d'*Almanach des centenaires ou durée de la vie humaine jusqu'à cent ans et au delà, démontrée par des exemples sans nombre, tant anciens que modernes*, (par Aug. Martin Lottin). Paris, 1761-1773, 12 *vol. in*-24. Cette collection renferme les notices de plus de 3,000 centenaires dont le doyen, comme de raison, est le vénérable Mathusalem, né d'Hénoch l'an 686 du M., et mort en 1655, âgé de 969 ans. Adam n'en a vécu que 930, et Caïnan 910.

EMBLEMES

TIRÉS DES COULEURS.

Commençons par un mot sur la division des couleurs.

Le spectre solaire nous en offre d'abord sept que l'on qualifie de primitives ; ces sept couleurs, en les prenant du dedans au dehors de l'arc-en-ciel, sont classées dans l'ordre suivant : le *rouge*, le *jaune*, le *vert*, le *bleu*, l'*orangé*, le *pourpre* et le *violet*. Mais ces sept classes sont-elles réellement distinctes dans le spectre solaire ? ou bien sont-elles une seule série de nuances dégradées d'une manière insensible du commencement à la fin ? Cette question très-débattue n'a point encore été résolue (1).

Chez les Anciens, si l'on en croit Pline et Vitruve, les peintres employaient neuf sortes de couleurs qu'ils appelaient ainsi : 1° le *Sinopis pontica* jaune, sorte d'ocre fin ; — 2° le *Parœtonion*, couleur blanche qu'on trouvait en Egypte sur les bords de la mer ; — 3° le *Purpurissum*, rouge foncé d'un

---

(1) Cependant on voit dans les *Annales de Chimie*, tom. LIX, qu'une suite d'expériences a conduit M. Prieur à ce résultat : « Notre système de coloration, dit-il, paraît réduit à ce peu de données : trois sortes de rayons lumineux d'une nature particulière, des rouges, des verts et des violets. Combinés deux à deux, les rouges et les verts produisent le jaune ; les verts et les violets produisent le bleu ; les violets et les rouges produisent le pourpre ; etc., etc., etc. »

grand prix ; on le composait de *creta argentaria* et de la coquille de la pourpre ; — 4° l'*Indicus color*, très-belle couleur bleue ; — 5° l'*Armenium*, azur ; — 6° le *Cinabre*, rouge ; — 7° le *Minium*, autre rouge ; — 8° l'*Auripigmentum*, très-beau vert ; — et 9° l'*Atramentum*, noir.

Chez les Modernes, les peintres reconnaissent trois couleurs primitives dont le mélange produit toutes les autres et toutes leurs nuances ; ces trois couleurs sont le *rouge*, le *jaune* et le *bleu*; mais il faut y ajouter le *blanc* pour rendre la lumière, et le *noir* pour en exprimer la privation. Ces cinq couleurs par leurs diverses combinaisons, peuvent produire, dit-on, huit cent dix-neuf changements ou nuances différentes.

Mais il est temps d'arriver aux couleurs allégoriques ou emblématiques ; ce sont celles qui désignent et rendent sensibles les propriétés de certaines choses auxquelles on les applique. Ainsi, un auteur du xvii° siècle, fort médiocre d'ailleurs, a fait un assez juste emploi des couleurs allégoriques quand il a ridiculement comparé le Mont Carmel à une opale, « en laquelle on voit, dit-il, la *blancheur* de
» la virginité, l'*azur* de la fidélité, la *verdure* de
» l'espérance, la *rougeur* de la charité, le *jaune* du
» contentement spirituel et le *violet* de l'amour di-
» vin. » Quoique ces applications ne soient pas toutes parfaitement exactes, elles sont préférables à celles de Caraccioli qui traite le *rose* de couleur libertine, le *cramoisi* de couleur voluptueuse, le *rouge*

de couleur vicieuse, le *bleu* de couleur ambitieuse, etc., etc., etc.

Avant de passer aux couleurs emblématiques ordinaires, disons un mot de celles que l'Eglise a adoptées. L'auteur d'un petit ouvrage intitulé, la *Liturgie sacrée*, etc., Paris, 1678, 2 vol. pet. *in*-12, s'exprime ainsi à ce sujet : « L'Eglise ne se sert régulièrement que de cinq couleurs, du *blanc*, du *rouge*, du *vert*, du *violet* et du *noir* ; encore n'y a-t-il pas longtemps que le violet est en usage dans les églises de France, (l'auteur écrivait dans le xviie siècle). Le *blanc*, la couleur la plus délicate, est le symbole d'une pureté accomplie du corps et de l'ame; il regarde les vierges et les confesseurs. On emploie le *rouge* en mémoire des apôtres et des martyrs, parce que c'est la couleur du sang qu'ils ont répandu pour le soutien de la foi (1). Le *vert* sert aux dimanches ordinaires, etc.; il désigne les efforts de l'Eglise pour fortifier nos espérances dans les traverses de la vie. Le *violet* est consacré aux temps de pénitence et d'affliction, comme l'avent, le carême, les quatre-temps, les vigiles, etc. Enfin le *noir* sert aux funérailles et

---

(1) On trouve dans un savant ouvrage intitulé, *Lettres sur Jésus-Christ*, par Cl. Rossignol, Paris, 1841, *in*-8°, une application de la couleur rouge au Sauveur, qui a bien lieu de surprendre au premier coup-d'œil, car cette couleur y est présentée comme symbole du péché. Mais à mesure qu'on avance dans les développements de ce paradoxe apparent, la surprise cesse bientôt et l'on ne peut trop admirer la saine et profonde érudition de l'auteur ; rien n'est plus curieux et plus satisfaisant que ce qu'il dit sur le *blanc* et le *rouge*, couleurs fondamentales des vêtements sacerdotaux chez les Juifs, et de leur application allégorique à Jésus-Christ (pp. 103—105 de l'ouvrage).

aux cérémonies mortuaires, et exprime le deuil et la tristesse.

Voyons maintenant les emblêmes ordinaires, tels que chaque couleur les exprime. Un vieil auteur de la fin du xv⁰ siècle nous a ainsi donné le *Blason des couleurs,* dans le style poétique de son temps :

> Pour fermeté et dueil le noir est pris ;
> Le gris travail, le verd dénote espoir :
> Le blanc est foy ainsy que j'ay apris,
> Et le tanné monstre le désespoir ;
> Le rouge veult pour luy vengeance avoir,
> Et l'incarnat tousjours est en douleur;
> Contentement porte jaune couleur,
> S'il est paillé, car l'orengé est change ;
> Le violet d'amour a la chaleur :
> Et puis le bleu sur le jaloux se range.

La liste suivante qui est du xix⁰ siècle offre quelques légères modifications à la précédente :

BLANC *signifie*.	Pureté, joie, candeur, innocence, liberté, modestie.
BLANC MÊLÉ DE ROSE. — . . .	Louange.
BLEU —.	Amour et trahison.
BRUN —.	Humilité.
FEUILLE MORTE — . . .	Vieillesse.
GRIS-DE-FER —	Courage.
GRIS-DE-LIN —	Amour constant.
JAUNE —	Impudicité, jalousie, richesse, noblesse.
NOIR. —	Deuil, tristesse, mélancolie, ténèbres, mort.
OR (*couleur d'*) —	Magnificence, puissance.
POURPRE	Autrefois c'était la couleur affectée aux empereurs romains ; elle est devenue la marque d'honneur de la haute magistrature.
ROSE — . . . . :	Tendresse, amour changeant.

VARIÉTÉS.

Rouge — . . . . Cruauté, colère, feu, zèle, pudeur.
Souci ou Orange — . . . Chagrin.
Vert — . . . . Espérance, affection, jeunesse. Autrefois les banqueroutiers étaient obligés de porter un bonnet vert. Le bonnet a passé de mode, mais non la chose.
Violet. — . . . . Jalousie.

Couleur des mois de l'année.

Janvier. . . . . Blanc.
Février. . . . . Couleur arbitraire.
Mars. . . . . Rouge-noirâtre.
Avril. . . . . Vert.
Mai. . . . . Vert.
Juin. . . . . Vert tirant sur le jaune.
Juillet. . . . . Jaune.
Août. . . . . Couleur de feu.
Septembre. . . . . Pourpre.
Octobre. . . . . Incarnat.
Novembre. . . . . Feuille morte.
Décembre. . . . . Noir.

Couleur des Saisons.

Le Printemps. . . . . . . Vert tendre.
L'Été. . . . . Jaune.
L'Automne. . . . . Rouge.
L'Hiver. . . . . Blanc.

EMBLÊMES
TIRÉS DE DIFFÉRENTS OBJETS.

Agneau immolé sur l'Autel. . . . . Sacrifice de Jésus-Christ.
Ampoule (Sainte). . . . . Sacre des Rois de France.
Ancre. . . . . Espérance, commerce.
Balance et Épée. . . . . Justice civile et criminelle.
Bride. . . . . Modération.
Cachet et Clef. . . . . . Fidélité, secret.

Calice et Hostie dessus.	Eucharistie.
Cendres.	Mort.
Cercle.	Perfection.
Chaines environnant un globe.	Esclavage.
Chandelier a sept branches.	Les Sacrements.
Cierge allumé.	Bon exemple.
Cierge pascal.	Lumière de l'Evangile.
Clefs croisées.	Autorité de l'Eglise, armoiries du Pape.
Cœur enflammé.	Charité.
Colombe descendant du ciel avec des flammes	Saint-Esprit.
Colonne taillée dans le roc	Constance, fermeté.
Cornes de bœuf.	Travail
Corne d'Amalthée d'où il sort des fruits.	Abondance.
Couronne d'épines	Pénitence.
Couronne d'étoiles	Immortalité, gloire des justes.
Echelle de Jacob.	Contemplation.
Encensoir fumant.	Prière.
Feu et Eau.	Pureté.
Girouette.	Sottise, instabilité, frivolité.
Globe surmonté de la Croix.	Le Monde soumis à Jésus-Christ.
Lampe	Etude.
Lanterne sourde.	Fausse religion.
Mains (deux) qui se tiennent.	Fidélité, bonne foi.
Marotte et Grelots.	Folie.
Marteaux et Clous.	Nécessité.
Masque.	Hypocrisie, fourberie.
Miroir.	Vérité, prudence.
Or.	Pureté.
Oreilles d'ane sur une tête humaine, bandeau sur les yeux, poignard a la main.	Fanatisme.
Palme.	Récompense des justes.
Plomb.	Esprit pesant.
Robe blanche.	Baptême de l'innocence.
Roue.	Changement, instabilité.
Sceptre et Main de Justice.	Autorité des Rois de France.
Soleil et livre ouvert.	Vérité de la Religion.

TRIANGLE LUMINEUX. . . .	La Trinité.
TROMPETTES.	Prédication de l'Evangile.
VIF-ARGENT.	Turbulence, agitation continuelle chez les enfants.
VOILE.	La Foi.

SYMBOLES ET ENSEIGNES
DE QUELQUES PEUPLES.

LES CHINOIS.	Des queues de cheval, ou un dragon.
LES ATHÉNIENS.	Une chouette.
LES PERSES.	Un aigle d'or sur un drapeau blanc, selon Xénophon.
LES CORINTHIENS.	Un cheval ailé ou Pégase.
LES PÉLOPONÉSIENS.	La feuille de platane, dont leur pays avait la forme (1).
LES MESSÉNIENS	La lettre grecque M.
LES LACÉDÉMONIENS.	La lettre grecque Λ.
LES THRACES.	Une tête de mort.
LES CARTHAGINOIS.	Une tête de cheval.
LES ROMAINS.	Dans le principe, une botte de foin, puis la louve, le minotaure, un cheval, un sanglier, enfin l'aigle, auquel ils s'arrêtèrent la seconde année du consulat de Marius.
ROME MODERNE	Les clefs de saint Pierre, couronnées d'une tiare.
LES CELTES	Une épée.
LES CHEFS DES DRUIDES . . .	Des cerfs.
LES GAULOIS.	Un coq.
LES ALAINS ET LES SUÈVES . .	Un chat.
LES GOTHS	Un ours.
LES SAXONS.	Un coursier bondissant.
LES VÉNITIENS.	Le lion.
L'EMPIRE D'ALLEMAGNE. . .	L'aigle à deux têtes.
LES ANCIENS BOURGUIGNONS. .	Un chat.

(1) La feuille d'ache ou de persil se trouvait sur les monnaies de Selinonte. La tortue était le type des monnaies d'Ægium.

Les Français.	Les fleurs de lys.
Les Turcs.	Le croissant.
La Russie.	Un cavalier armé, la lance en arrêt, et un dragon sous ses pieds.
La Prusse.	Un aigle couronné.
L'Espagne.	Deux châteaux et deux lions écartelés.
Le Portugal	Cinq écussons chargés de pesons représentant les deniers, prix du sang de Jésus-Christ.
L'Angleterre.	Trois léopards.
La Suède.	Trois couronnes.
La Pologne.	Un aigle avec les ailes ouvertes.
etc., etc., etc.	

EMBLÈMES

TIRÉS DES HOMMES CÉLÈBRES.

Abel	L'innocence.
Agamemnon.	Fierté.
Alexandre	Magnanimité, intrépidité.
Aristarque.	Un bon critique.
Artémise.	Fidélité dans le veuvage.
Benjamin.	Enfant pour lequel son père a de la prédilection.
Bias.	La science préférable à l'opulence.
Caïn.	L'envie et la haine entre frères.
Caton	La sévérité.
César.	Courage, grandeur d'ame.
Cicéron.	L'éloquence.
Crésus.	La richesse.
Curtius.	Dévouement pour la patrie.
Daniel.	Pénétration dans les choses obscures et la divination.
David	La douceur.
Démosthène.	L'éloquence impétueuse.
Diogène.	Le cynisme.
Élie.	L'abstinence, le zèle.
Érostrate.	L'immortalité par le crime d'incendie.
Esther.	La modestie, la pudeur.

VARIÉTÉS.

Eve.	La curiosité.
Hercule	La force.
Jezabel.	L'impudence, la cruauté.
Job.	La patience.
Joseph	La chasteté.
Mathusalem	La longévité.
Mécène.	La protection accordée aux littérateurs et aux savants.
Melchisedech	Le sacerdoce et la royauté.
Messaline.	La débauche excessive.
Moyse	La loi.
Néron.	La cruauté.
Nestor	La longévité et l'abondance dans le discours.
Oreste et Pylade	L'amitié.
Orphée.	La musique.
Pandore.	La curiosité.
Pénélope	La fidélité conjugale.
Phalaris.	La cruauté.
Pharaon.	L'ambition et l'impiété.
Salomon	La sagesse.
Samson.	La force.
Sardanapale	La débauche.
Socrate.	La sagesse et la patience.
Vitellius.	La gloutonnerie.
Zoïle.	Critique outré, injuste et ignorant.

ATTRIBUTS

DES PRINCIPAUX SAINTS.

Agneau.	Sainte Agnès.
Agneau pascal	S. Jean-Baptiste.
Aigle.	S. Jean l'évangéliste.
Ange.	S. Mathieu, évangéliste.
Baton long dont l'extrémité se termine en croix.	S. Philippe, apôtre.
Boeuf	S. Luc, évangéliste.
Bourdon de pèlerin et gourde	S. Jacques le Mineur, apôtre.

Caillou a la main et lion a ses pieds.	S. Jérôme.
Cailloux.	S. Etienne, premier martyr.
Cerf, portant un crucifix entre ses cornes.	S. Eustache, et parfois S. Hubert.
Charitas, ce mot rayonnant.	S. François de Paule.
Chien fidèle.	S. Roch.
Clefs.	S. Pierre, apôtre.
Cochon.	S. Antoine.
Coeur enflammé et un livre.	S. Augustin.
Cor de chasse.	S. Hubert.
Coupe d'où sort un serpent ailé.	S. Jean, apôtre.
Couronne d'épines et trois clous	S. Louis.
Couteau	S. Barthelemi.
Croix en sautoir.	S. André, apôtre.
Diable terrassé.	S. Michel.
Dragon	S.te Marguerite.
Enfant Jésus porté sur les épaules	S. Christophe.
Enfants dans un tonneau	S Nicolas.
Epée flamboyante.	Elie.
Glaive et un livre	S Paul, apôtre.
Globe de feu	S. François de Sales.
Globe avec un chien qui tient un flambeau allumé.	S. Dominique.
Gril	S. Laurent.
Hache d'armes	S. Mathieu, apôtre.
Lance.	S. Thomas, apôtre.
Lion	S. Marc, évangéliste.
Livre sur lequel on lit: *Ad majorem Dei gloriam* (1).	S. Ignace de Loyola.
Mamelles coupées	S.te Agathe.

---

(1) Depuis plusieurs années il a été publié un bon nombre de petits ouvrages classiques et historiques, destinés à l'instruction de la jeunesse, sur le frontispice desquels on lit *par A. M. D. G.* Ces sigles signifient *ad majorem Dei gloriam*, et annoncent que ces livres sont particulièrement destinés aux établissements des Pères de la foi. M. L...... en est l'auteur.

VARIÉTÉS.

Massue	S. Jude, apôtre.
Orgue, ou tympanon	Ste Cécile.
Perche de foulon.	S. Jacques le mineur, apôtre.
Robe de palmes nattées, et un corbeau avec un demi-pain au bec.	S Paul, premier hermite.
Roue armée de rasoirs . . .	Ste Catherine.
Ruche.	S. Ambroise.
Scie	S. Simon, apôtre.
Serpent sortant d'un calice.	S Jean.
Stigmates	S. François d'Assise.
Tau *(lettre grecque)*	S. Antoine.
Tête portée entre les bras.	S. Denis.
Yeux dans un plat.	Ste Lucie.

ANIMAUX

CONSACRÉS AUX DIEUX.

On comprend dans cette Notice, les oiseaux, les quadrupèdes, les reptiles, les poissons et les animaux fabuleux.

Agneau	A Junon.
Aigle.	A Jupiter.
Alcyon.	A Thétis
Anchois.	A Vénus.
Ane.	A Priape.
Barbeau.	A Diane.
Biche.	A Diane.
Brebis	Aux Furies.
Cerf	A Hercule.
Cheval.	A Mars.
Chien.	Aux dieux Lares ou Pénates.
Chouette.	A Minerve.
Cochon.	A Cérès.
Colombe..	A Vénus.
Coq.	A Esculape.

Corbeau............	A Apollon et à Hercule.
Dragon, *animal fabuleux*..	A Bacchus.
Génisse............	A Isis.
Griffon, *animal fabuleux*..	A Bacchus.
Hydre, *animal fabuleux*...	A Hercule.
Lion..............	A Vulcain.
Loup..............	A Mars.
Oie...............	A Isis.
Paon..............	A Junon.
Pivert.............	A Mars.
Pie...............	A Bacchus.
Phénix, *animal fabuleux*...	A Phébus et au Soleil.
Serpent............	A Esculape.
Thon..............	A Neptune.
Truie..............	A Hécate.

Arbres et plantes consacrés aux Dieux.

Ail...............	Aux Lares ou Pénates.
Capillaire..........	A Pluton.
Chêne.............	A Jupiter, à Rhée et à Sylvain.
Chiendent..........	A Mars.
Cyprès............	A Pluton, à Sylvain.
Dictame...........	A Lucine.
Feuilles de figuier....	A Bacchus.
Frêne.............	A Mars.
Genièvre...........	Aux Euménides.
Hêtre.............	A Jupiter.
Hyacinthe..........	A Apollon.
If................	A Cérès.
Laurier............	A Apollon, à Mars.
Lierre.............	A Bacchus, à Hébé.
Lys...............	A Junon.
Myrte.............	A Vénus.
Narcisse...........	A Pluton, aux Euménides et à Proserpine.
Nerprun...........	Aux Furies ou Euménides.
Olivier............	A Minerve.
Palmier............	Aux Muses.
Pampre............	A Bacchus.
Pavot..............	A Cérès.
Peuplier...........	A Hercule.
Le Pin.............	A Cybèle, à Rhée, à Pan, à Faune.

Platane.	Aux Génies.
Pourpier.	A Mercure.
Roseau.	A Pan.
Rosier.	A Vénus.
Safran.	A Cérès.
Vigne.	A Bacchus.

Mois des Romains consacrés aux Dieux.

Chaque mois du calendrier des Romains était sous la protection d'une des douze grandes divinités que les Romains nommaient *Dii consentes*, et dont les douze statues enrichies d'or étaient, dit Varron, dans la grande place de Rome.

Minerve *présidait au mois*	de Mars, *sous le signe du*	Bélier.
Vénus.	d'Avril.	Taureau.
Apollon.	de Mai.	Gémeaux.
Mercure.	de Juin.	Cancer.
Jupiter.	de Juillet.	Lion.
Cérès.	d'Août.	Vierge.
Vulcain.	de Septembre.	Balance.
Mars.	d'Octobre.	Scorpion.
Diane.	de Novembre.	Sagittaire.
Vesta.	de Décembre.	Capricorne.
Junon.	de Janvier.	Verseau.
Neptune	de Février.	Poissons.

On prétend que les Grecs, dans l'érection de leurs temples, employaient les ordres d'architecture, selon les divinités auxquelles ils les consacraient :

Le dorique était réservé à Minerve, à Mars, à Hercule, pour rappeler au premier abord la sévérité de ces dieux.

Le corinthien ornait les temples de Vénus, de Flore, de Proserpine et des Nymphes des fontaines, parce que les fleurs, les volutes, les feuilles conviennent au caractère de ces divinités.

L'ionique était employé pour Junon, Diane, etc. Ce qu'il y a de certain, c'est que tous les temples consacrés à Diane étaient d'ordre ionique, à commencer par celui d'Éphèse dont Ctésiphon et son fils Mélagène jetèrent les fondations, qui fut terminé par Démétrius et Pœonius, et enfin brûlé par Erostrate qui avait résolu d'aller à l'immortalité sur un tas de cendres et de charbons, et qui y parvint par le moyen même qu'on employa pour l'en empêcher.

ATTRIBUTS DES MUSES (1)

EN LATIN ET EN FRANÇAIS.

CLIO gesta canens transactis tempora reddit.
MELPOMENE tragico proclamat mœsta boatu.
Comica lascivo gaudet sermone THALIA.
Dulciloquis calamos EUTERPE flatibus urget.
TERPSICHORE affectus citharis movet, imperat, auget.

---

(1) Dans la première édition de cet ouvrage, on n'avait pas rapporté les vers d'Ausone, et on s'était contenté de donner trois traductions de cette pièce en vers français. Ces traductions étaient celle d'un anonyme, celle de Danchet et celle de M. Aug. de Labouisse. On a cru, dans cette nouvelle édition, devoir donner les vers d'Ausone, et se borner à une seule traduction française. La difficulté de faire coïncider les rimes masculines et féminines avec les quatre derniers vers de Danchet sur Apollon, et le désir de rapprocher le plus qu'il était possible, quant à l'ordre des Muses, les vers français des vers latins, nous ont seuls engagé à mêler quelques vers des deux premières traductions à ceux de M. de Labouisse.

Plectra gerens Erato, saltat pede, carmine, vultu.
Carmina Calliope libris heroïca mandat.
Uranie cœli motus scrutatur et astra.
Signat cuncta manu, loquitur Polyhymnia gestu.
Mentis Apollineæ vis has movet undique Musas.
In medio residens complectitur omnia Phoebus.

* * * * * * * * *

Uranie embrassant mille mondes divers,
De son hardi compas mesure l'univers.
Clio, des noms inscrits au Temple de mémoire,
Sillonne en traits de feu le marbre de l'histoire.
Le sceptre en main et l'œil trempé d'augustes pleurs,
Melpomène des rois soupire les douleurs.
Pour corriger les mœurs, la légère Thalie
Prend le masque enjoué de l'aimable folie.
Euterpe modulant des sons harmonieux,
Enchante par sa voix les mortels et les dieux.
Terpsichore réglant les pas et la cadence,
Sait l'art de marier la musique et la danse.
En vers gais ou plaintifs, Erato, des amants
Célèbre les plaisirs, ou pleure les tourments.
Polymnie a du geste enseigné le langage,
Et l'art de s'exprimer des yeux et du visage.
Calliope, en ses vers nobles, harmonieux,
Célèbre les exploits des héros et des dieux.

De l'esprit d'Apollon une vive étincelle
Des Filles de mémoire anime les concerts ;
Et toujours présidant à leur troupe immortelle,
Il rassemble en lui seul tous leurs talents divers.

DE QUELQUES IDÉES BIZARRES
ET SINGULIÈRES
QUI ONT ÉTÉ AVANCÉES PAR DES SAVANTS.

La science, en général, est bien la chose la plus belle, la plus utile qui puisse honorer et servir la société; mais elle ne préserve pas toujours ceux qui cultivent ses riches domaines, de s'égarer parfois et de se fourvoyer en suivant les caprices d'une imagination déréglée qui leur suggère des idées fort singulières; nous allons en citer quelques exemples.

M. Henrion, membre de l'académie royale des belles-lettres, porta un jour à l'académie une espèce de table ou d'échelle chronologique sur la différence de la taille des hommes depuis la création du Monde jusqu'à la naissance de J.-C. Dans cette table il assigne à Adam 123 pieds 9 pouces de haut et à Ève 118 pieds 9 pouces $\frac{1}{4}$; d'où il établit une règle de proportion entre les tailles des hommes et celles des femmes à raison de 25 à 24. Cette taille excessive diminua bientôt. Noé avait déjà 20 pieds de moins qu'Adam; Abraham n'en avait plus que 28, Moïse 13, Hercule 10, et ainsi des autres toujours en diminuant. De sorte que, comme le dit très-bien M. Sabbathier, si la Providence n'avait pas suspendu cette prodigieuse diminution, à peine oserions-nous aujourd'hui nous compter entre les insectes qui rampent sur la terre.

Jean Goropius, auteur brabançon, surnommé Becanus, prétend, dans ses *Origines Antverpianæ*, Anvers, 1569, *in-fol.*, que le flamand ancien (le cimbrique) était la langue qu'Adam parlait dans le Paradis terrestre. Ailleurs il dit ingénument que si le mot *sac* est commun à la plupart des langues, (comme *sakkos* en grec; *saccus* en latin; *sakk* en goth; *sac* en anglo-saxon; *sack* en allemand, en anglais, en danois et en belge; *sacco* en italien; *saco* en espagnol; *sac* en français; *sak* en hébreu, en chaldéen et en turc; *sac* en celtique; *sach* en teuton, etc.), la raison en est toute simple : c'est que lors de la confusion des langues, personne n'oublia son *sac* en quittant le chantier de Babel.

Nous avons des savants qui font remonter le bas-breton à l'origine du monde.

André Kempe soutient dans son singulier ouvrage des langues du Paradis, que Dieu parla à nos premiers parents en suédois, qu'Adam répondit en danois, et que le serpent tenta Eve en français. On voit que le français a toujours eu une certaine réputation de galanterie.

Godefroi Henselius a publié un *Synopsis universæ philologiæ*, Nuremb., 1741, *in-8°*, dans lequel il donne l'alphabet d'Adam, d'Enoch, celui de Noé, et même des détails sur la langue des anges (pag. 20 de son ouvrage).

Chardin rapporte que les Persans s'imaginent que les trois langues primitives sont l'*arabe*, le *persan* et le *turc*. Elles étaient toutes trois en usage dans le Paradis terrestre. Le serpent pour séduire nos premiers parents se servit de l'*arabe*, langue éloquente, forte et persuasive, qui sera un jour la langue du Paradis. Adam et Eve parlaient entre eux *persan*, idiome doux, flatteur, poétique, insinuant. L'ange Gabriël qui les chassa du Paradis, fut obligé de leur parler *turc;* parce que leur ayant commandé d'abord de sortir en *persan*, puis en *arabe*, sans qu'ils en fissent rien, il s'exprima enfin dans les termes de cette langue menaçante qui les effraya et les fit obéir.

Mr J.-B. Erro, Espagnol, a publié en 1806 un alphabet de la langue primitive d'Espagne, dans lequel il cherche à prouver que le peuple basque est le premier qui ait habité la péninsule ; et dans son *El Mondo primitivo*, etc., ou *Recherche de l'antiquité et de la civilisation de la nation basque*, Madrid, 1814, *in-*4°, il se lance à travers les siècles anté-diluviens, pour y trouver la preuve qu'avant l'existence des Égyptiens et des Babyloniens, les savants basques avaient ordonné le systême du mouvement universel, systême complètement inconnu de nos jours, qui embrasse sous une seule loi, le cours des astres, et la végétation des plantes les plus humbles. Il ne fait aucun doute que les noms donnés par Adam à toutes les productions de la nature, ne soient tirés de la langue basque.

Qu'on nous permette ici une petite digression sur les principaux auteurs qui se sont occupés de l'énumération des langues parlées sur le globe. Ces auteurs sont en très-grand nombre; voici les plus connus et les plus célèbres. Qu'on se rappelle qu'il n'est ici question que de ceux dont les travaux sont relatifs au nombre et non à la théorie ou à l'histoire des langues.

Chamberlayne, en 1715, nous a donné l'*Oraison dominicale* en 150 langues différentes.

Benjamin Schultze a publié la même *Oraison* en 200 langues, dans son *Maître de langues orientales et occidentales*, etc. (en allemand), Leips., 1748, 2 tom. *in-8°*.

Laurent Hervas, Espagnol, l'a donnée en plus de 300 langues dans son *Saggio prattico delle lingue*, etc., Cesena, 1787, *in-4°*.

La belle édition de l'*Oraison dominicale* de M. Marcel, *Paris*, 1805, gr. *in-4°*, en renferme 150 traductions.

Bodoni, dans une édition qui passe pour un chef-d'œuvre, *Parme*, 1806, *in-folio* de 328 pages, a donné 155 traductions de cette *Oraison*, dont 97 ont été imprimées en caractères exotiques.

Jean-Christophe Adelung, dans son *Mithridate ou Science générale des langues* (en allemand), *Berlin*, 1806-1817, 5 *vol. in-8°*, nous présente près de 500 langues dans lesquelles a été traduite la même *Oraison*.

Enfin le neveu du même Adelung, M. le chevalier Frédéric Adelung, conseiller d'état russe, nous offre, dans son *Catalogue de toutes les langues connues et de leurs dialectes* (en allemand) ; Pétersbourg, 1820, *in*-8° de 185 pag., une nomenclature de 3094 langues et leurs dialectes qu'il divise ainsi qu'il suit : En Asie 987 ; en Europe 587 ; en Afrique 276, et en Amérique 1244 ; ce qui fait bien 3094. M. Louis de Lor a critiqué assez vivement l'ouvrage de M. Fr. Adelung dans une *Lettre adressée à la Société asiatique de Paris*, en janvier 1823, *in*-8°.

N'oublions pas les *Linguarum totius orbis vocabularia,* etc. (en russe) du célèbre Pallas ; *Pétersbourg,* 1786-89, 2 parties *in*-4°, de 410 et 490 pag. ; il en a paru une nouvelle édition (aussi en russe) par Théod.-J. Kiewitch de Miriewo ; *Pétersbourg,* 1790-91, 4 *vol.* in-4°. Cet ouvrage aussi rare qu'intéressant renferme dans chaque volume de la première édition, 130 mots choisis et exprimés en 200 langues d'Asie et d'Europe ; et dans la seconde édition, il y a une addition de 130 mots dans les langues communes d'Afrique et d'Amérique. M. Fréd. Adelung a donné de bons détails sur ces deux éditions dans un *Mémoire sur l'étude comparative des langues, provoquée et encouragée par l'impératrice Catherine* II (en allemand) ; *Pétersbourg,* 1816, *in*-4° de 210 pag. On en a donné un bon extrait dans le *Journal de la littérature étrangère,* 1816, pag. 316.

Tous les ouvrages que nous venons de citer sont

très-rares, surtout ceux qui ont été publiés à Saint-Pétersbourg, et qu'on ne connaît guères que par les extraits qu'en ont donnés quelques savants et quelques journaux.

Quoique nous n'ayons pu nous procurer que quelques ouvrages sur l'*Oraison dominicale* en 150 langues, nous avons tâché de réunir des nomenclatures de quelques mots en un grand nombre d'idiomes, en consultant non-seulement Chamberlayne, Marcel, etc., mais encore une certaine quantité de vocabulaires donnés par les voyageurs dans les différentes parties du monde. Nous allons présenter au lecteur un petit échantillon de ces nomenclatures, dans le mot PÈRE rendu en 170 langues différentes des cinq parties du Monde, qui formeront les cinq divisions de cette liste.

Ainsi le mot en question, PÈRE, se dit :

1° *Dans les* LANGUES DE L'EUROPE (1).

En cantabre ou biscayen,	aita.	En épirot (albanais),	atti.
En gothique,	atta.	En laponais,	atti.

---

(1) On trouvera dans cette liste, où l'on a suivi, pour chaque partie du Monde, l'ordre alphabétique du mot PÈRE énoncé en chaque langue; on trouvera, dis-je, quelquefois plusieurs mots différents appartenant au même peuple et à la même langue pour exprimer le mot *père*; en voici la raison : nous avons souvent consulté pour la même langue plusieurs vocabulaires donnés par des voyageurs de différentes nations; chacun de ces voyageurs peut avoir eu une manière différente de prononcer et d'écrire les mots (un Anglais ne prononce ni n'écrit un même mot comme un Français). Dans le doute de la véritable orthographe, nous avons donné les deux variantes. D'ailleurs, cette différence du même mot peut tenir à la diversité des dialectes d'une même langue. Au reste, nous donnons toutes les traductions du mot *père*, telles que nous les avons trouvées dans différents auteurs.

En hongrois,	atyank.	En portugais,	pae.
En man,	ayr.	En gallois,	paerinthele.
En sarde (rustique),	babu.	En gascon,	paire.
En islandais,	fader.	En grison,	pap ou bap.
En danois,	fader.	En anc. rhœtiq.,	papa.
En suédois,	fader.	En sarde,	pare.
En anglo-saxon,	fader.	En catalan,	pare.
En écossais,	fader.	En frioul,	pari.
En franco-théotisque,	fader.	En walaque,	parintye.
En runique,	fader.	En grec,	patér.
En anglais,	father.	En latin,	pater.
Aux Orcades,	favor.	En portugais,	pay.
En frison (d'Hinlopen),	feer.	En leodique,	peer.
En anglo-saxon,	fæder.	En français,	père.
En frison,	haite.	En juif-allem.,	phadaer.
En frison (Pays-Bas),	heita.	En breton,	taad.
En frison (commun),	heite.	En livonien,	tabes.
En finlandais,	isa.	En werulique,	tabes.
En esthonien,	issa.	En breton-armoriq.,	tád.
En vaudois,	narme.	En cambro-breton,	tad.
En irlandais,	nathair.	En lettique,	taews.
En écossais,	nathairne.	En walaque,	tatul.
En russe,	otcts	En cornouaillier,	tat.
En slavon (cyroul.),	otsche.	En lithuanien,	tewe.
En moscovite,	otsche.	En curlandais,	tews.
En servien,	otse.	En prussien,	thewes.
En dalmatien,	otse.	En hollandais,	vader.
En croate,	otse.	En norwégien,	vader.
En bulgare,	otskye.	En allemand,	vater.
En slavon (hieroni.)	ottse.	En anglo-saxon,	vatter.
En bohémien,	ottse.	En gueldre,	vayer.
En carniole,	otze.	En frison (molquer.),	veer.
En polonais,	oycze.	En Lusace,	voshe.
En italien,	padre.	En vandale,	wotz ou woschzi.
En espagnol,	padre.		

2°. *Dans les* LANGUES DE L'ASIE.

En hébreu,	ab.	En chaldéen,	abba.
En samaritain,	ab.	En pehlvi,	abider.
En arabe,	aba.	En syriaque,	aboh.
En samoyede,	abam.	En arabe vulgaire,	abu.

En tatare mantchou,	ama.	En tangut,	hapa.
En tungusien,	aminmoen.	En ibérien (Géorgie),	mamao.
En madecasse,	amproy.	En thibetant,	pà, jap.
En birman,	apa.	En persan,	pader.
En sibérien,	atai.	A Java,	paman.
En calmouck,	atey.	En grec,	patêr.
En rabbinique,	av.	En persan-jaghuti,	peder.
En mogol,	baab.	En koriake,	pepe.
En turc,	baba.	Au Thibet,	pha.
En tatare,	babamuz.	Au Tonquin,	phu.
Au Bengale-Malais,	bappa.	Au Malabar,	pitave.
En tamoul,	bita.	Au Malab.-Tranquebar,	pitawe.
En tonquinois,	cha-tocha.	A Ceylan,	pita.
En annamatique,	cia.	En sanscrit,	piter.
En japonais,	cici ou jitzi.	En siamois,	poo.
A Formose,	diameta.	A Java,	rama.
A Jeso,	faupé.	En japonais,	riosin.
En zend,	fedré.	Autre en japonais,	tete, toto.
En chinois,	fu.	En chinois,	ticou.
En arménien,	hair.	En tamoul,	vida.

3° Dans les LANGUES DE L'AFRIQUE.

En amharique,	aba.	En hottentot,	bo.
En Barbarie,	aba.	En copte moderne,	jót.
En melindan,	aba	En égyptien,	taaut.
En abyssin,	abba.	Au Congo,	tat.
En moresque,	abbo.	En copte ancien,	teut.
En éthiopien,	abi.	En hottentot,	tikkop.
En hottentot,	ambup.	En angolan,	tot.
En shilah,	baba.		

4° Dans les LANGUES DE L'AMÉRIQUE.

En huron,	aihtaha.	En algonquin,	nousce.
En canadien,	aistan.	A la Nouvelle Angleterre,	oshe.
En groënlandais,	attata.	Au Canada,	outa.
En caraïbe,	baba.	En guarinien (Bresil),	ruba.
En crikique,		En mexicain,	rure.
ou karirique,	chalkée.	Autre mexicain,	tahtli.
En chilois,	chou.	En brasilien,	tuba.
En apalachique,	kelké.	En groëulandais,	ubia.
En virginien,	noosh.	En chacktawique,	ungey.
En savanahique,	nossé.	En mohogique,	waniha.

5° *Dans les* langues de l'océanique.

Aux îles Pelew, *cattam.*
A Otahiti (Sandwich), *metouatané.*
A Atooi (*id.*) *modooátané.*

En voilà suffisamment pour les langues. Reprenons la suite des idées bizarres de quelques savants.

Gaspard Schott, auteur érudit, mais fort singulier, dit, dans son ouvrage *De Secretis naturæ*, que l'enfant apporte en naissant le visage tourné vers la terre comme un coupable. Son premier cri en paraissant au grand jour est o a; celui de la mère est o e. Ainsi rien n'est plus facile que d'expliquer ces sons significatifs : o a ne peut se rendre autrement que par : « O Adam ! pourquoi avez-vous péché ? » Et o e veut dire : « O Eve ! pourquoi avez-vous induit en erreur notre premier père ? »

Ce même auteur dit ailleurs que les animaux qui ont peuplé l'Amérique y ont été apportés par les anges.

Je ne sais quel autre singulier observateur a remarqué que les cinq voyelles servent de diapason au rire en général. Selon lui l'homme rit en A ; la femme rit en E ; la dévote rit en I ; le villageois rit en O ; et la vieille femme rit en U.

Un abbé Damascène, astrologue italien, avait à-peu-près exprimé la même idée dans une brochure de six feuilles, imprimée à Orléans en 1662 ; mais, selon lui, la diversité des tempéraments est exprimée par les différentes manières de rire. Il prétend que le rire en I dénote les mélancoliques ; le rire en E, les bilieux ; le rire en A, les phlegmatiques ; et le rire en O, les sanguins. Voici ses propres expressions : » *S'affaticano,* dit-il, *per conoscer le complessioni i periti, e, per mezzo di questa fatica, l'hanno, assotiliata in modo che dicono, quando rida l'huomo, et fa* Hi, Hi, Hi, *e, malinconica; se* Hé, Hé, Hé, *e collerica; se* Ha, Ha, Ha, *e flematica; se* Ho, Ho, Ho, *e sanguigna.* ».

Charles-Quint voulant faire sentir la différence du caractère des langues propre à différents objets, disait qu'il parlerait français à un ami, *francese ad un amico;* allemand à son cheval, *tedesco al suo cavallo;* italien à sa maîtresse, *italiano alla sua signora;* espagnol à Dieu, *spagnuolo à Dio;* et anglais aux oiseaux, *inglese a gli uccelli.*

Lorsqu'il n'était encore que le prince don Carlos, il avait coutume de dire qu'il voulait se servir de la langue italienne pour parler au Pape ; de l'espagnole, pour parler à la reine Jeanne sa mère ; de l'anglaise, pour parler à la reine Catherine sa tante ; de la flamande, pour parler à ses amis ; et de la française, pour s'entretenir avec lui-même.

M. Michaud, dans sa *Correspondance d'Orient* de 1830

à 1831, Paris 1833, tom. 1, in-8°, p. 211, dit: «On parle à Smyrne (capitale de l'Ionie) plus de langues qu'on n'en parlait dans la tour de Babel....... Dans une seule rue, dans un seul bazar de cette ville on peut se donner le plaisir de voir rassemblés chaque jour les débris de trois grands peuples, les Romains, les Grecs et les Juifs. Quoique chaque peuple, chaque secte ait sa langue particulière, néanmoins les langues qu'on parle communément se réduisent à trois, le turc, l'italien et le grec moderne. Si chacune de ces langues exprimait le caractère, la position et les besoins de ceux qui les parlent, je dirais volontiers que dans la langue turque on commande; que dans le grec moderne on supplie, et qu'on demande la charité en italien. Quant à la langue française qui était autrefois la langue dominante parmi les francs de Smyrne, elle a beaucoup perdu dans les derniers temps, elle a suivi le déclin du commerce dans ce pays; on ne la parle plus que chez le consul et parmi les voyageurs de distinction.

La langue la plus usitée maintenant parmi les francs, est un mauvais jargon italien fort répandu dans l'archipel et sur toutes les côtes de la Méditerranée.

Pour ce qui regarde la religion, à Smyrne, chaque peuple a la sienne avec ses cérémonies, ses fêtes et même son calendrier. Par exemple, le vendredi, les Turcs ferment leurs boutiques; le samedi, les Juifs ferment les leurs; et le dimanche est célébré, boutiques closes, par les Grecs, les Arméniens et les Francs. »

———

On connaît un grand nombre de dédicaces qui renferment des louanges hyperboliques ; mais il en est peu qui puissent rivaliser avec le passage suivant de celle qu'un auteur adressait au cardinal de Richelieu : « Monseigneur, qui jamais a pu contem-
» pler la figure de votre éminence sans être saisi de
» ces douces terreurs qui faisaient frissonner les
» Prophètes quand Dieu leur montrait les rayons
» de sa gloire? Mais de même que celui qu'ils n'o-
» saient approcher dans le buisson ardent et au
» milieu des éclats de son tonnerre, leur paraissait
» quelquefois entouré de la fraîcheur des zéphirs,
» de même l'aménité de votre auguste visage dis-
» sipe et change en rosée les légères vapeurs qui
» couvrent la majesté de votre front. »

———

L'amour de la patrie est une vertu ; mais pour montrer qu'on la possède, il ne faut pas pousser ses preuves jusqu'au ridicule, comme l'ont fait certains savants qui ont voulu exalter par des conjectures fort singulières le pays qui les a vus naître ; j'en connais beaucoup, je me contenterai d'en citer un exemple.

Pierre le Loyer a publié un ouvrage intitulé : *Edom ou les colonies iduméennes*, etc.; Paris, 1620, *in-8°*; il prétend y prouver que les Angevins tirent leur origine d'Esaü ; que non-seulement les noms des villes de France, mais encore ceux des villages d'Anjou, des hameaux, des maisons, des pièces de terres de la paroisse d'Huillé, lieu de sa naissance, viennent de la langue hébraïque et chaldaïque. Il trouve dans cette paroisse les noms d'une infinité d'Hébreux qu'il regardait comme les ancêtres des habitants du pays. Il met aussi à contribution Homère, qui, tout occupé sans doute de M. le Loyer, a renfermé dans un seul vers ses noms de baptême et de famille, ceux du village où il est né, du royaume et de la province où il a vu le jour. Cet heureux vers est le 183e de l'Odyssée. En intervertissant l'ordre des lettres et des mots, on y trouve Petros Loerios, etc., c'est-à-dire *Pierre le Loyer, Angevin, Gaulois d'Huillé*. Et comme il y a trois lettres qui restent de tout ce vers, notre habile auteur les prend pour numérales, et y trouve 1620, date de l'année de sa brillante découverte.

Nous pourrions encore rapporter beaucoup d'autres exemples d'opinions bizarres, entre autres celles du P. Hardouin avec ses révérends pères Virgile, Horace, Ovide, etc., moines du moyen âge selon lui; ce qui faisait dire à Boileau : « Quoique je n'aime pas les moines, je n'aurais pas été fâché de vivre avec frère Horace et dom Virgile. » Mettons encore au nombre des folies dont nous avons déjà parlé, ce qu'on a dit du livre d'Enoch; de la prétention qu'ont les Sabéens de posséder un livre écrit de la main d'Adam ; des antiquaires irlandais qui parlent de bibliothèques publiques existantes avant le déluge, et particulièrement de Paul-Christian Ilsker dont l'érudition plus profonde encore nous a donné un catalogue exact des livres que possédait Adam ; enfin des bibliothèques astronomiques déposées dans l'arche de Noé ; mais tous ces sujets intéressants ne contribuant pas beaucoup à l'instruction du lecteur, nous terminerions ici cette notice déjà peut-être un peu longue, si nous ne voulions y ajouter les *quatre âges de la littérature latine, figurés, selon quelques visionnaires, dans la statue de Nabuchodonosor.*

Ces profonds érudits ont trouvé une image des révolutions arrivées à la langue latine, dans la statue que Nabuchodonosor vit en songe (Daniel II, v. 31); c'est selon eux, une allégorie de ce qui devait arriver à cette langue.

Cette statue était extraordinairement grande ; la langue latine n'était-elle pas répandue presque partout ?

La tête de cette statue était d'or ; c'est le siècle d'or de la langue latine ; c'est le temps de Térence, de Lucrèce, de César, de Catulle, de Cicéron, de Salluste, de Cornélius-Népos, de Tibulle, de Virgile et d'Horace, de Vitruve, de Properce ; en un mot c'est le siècle d'Auguste.

La poitrine et les bras de la statue étaient d'argent ; c'est le siècle d'argent de la langue latine, depuis la mort d'Auguste jusqu'à celle de Trajan, c'est-à-dire jusqu'environ cent ans après Auguste. Dans cette période ont brillé Tite-Live, Ovide, Manilius, Sénèque, Pline l'aîné, Velleius-Paterculus, Phèdre, Perse, Lucain, Juvénal, Quintilien, Pline le Jeune, Pomponius-Mela, Petrone, Stace, Silius-Italicus, Valérius-Flaccus, etc.

Le ventre et les cuisses de la statue étaient d'airain; c'est le siècle d'airain de la langue latine qui comprend depuis la mort de Trajan jusqu'à la prise de Rome par Alaric, chef des Goths, en 409. On voit dans cette période, Martial, Tacite, Suétone, Florus, Apulée, Justin, Aulu-Gelle, Solin, Calpurnius, Nemesianus, Ausone, Lactance, Aurelius-Victor, Ammien-Marcellin, Claudien, Sulpice-Sévère, Macrobe, etc.

Les jambes de la statue étaient de fer, et les pieds partie de fer et partie de terre; c'est le siècle de fer de la langue latine, pendant lequel les différentes incursions des Barbares plongèrent les hommes dans une extrême ignorance: A peine la langue latine se conserva-t-elle dans le langage de l'Eglise. On voit paraître dans cette période Sidonius-Apollinaris, Boece, Végece, Cassiodore, Saint Grégoire de Tours, Saint Isidore de Seville, etc.

Enfin une pierre abat la statue; c'est la langue latine qui cesse d'être langue vivante.

DES GENS DE LETTRES.

MARSILE Ficin a fait un petit traité *De studiosorum sanitate tuendà*, dont la lecture est utile et agréable. Il conseille aux gens d'étude d'avoir un soin particulier de quatre choses : *cerebrum, cor, stomachus, et spiritus*. Il parle ensuite des ennemis qui font la guerre aux personnes d'une grande application, savoir : la pituite, l'atrabile, la réplétion et le sommeil du matin, dont il examine les conséquences. Il ajoute à cela le moyen de faire durer la vie.

―――

Il existe deux maux redoutables auxquels les gens de lettres sont sujets, et contre lesquels la médecine semble avoir échoué jusqu'à ce moment ; ce sont la migraine et la goutte. Le célèbre Linné atteint de l'une et de l'autre prétend s'en être guéri par les deux recettes suivantes.

Sujet à des migraines qui duraient environ vingt-quatre heures, il attribue le rétablissement de sa santé à un peu d'exercice qu'il faisait le matin après avoir bu un verre d'eau pure.

Tourmenté à 29 ans de la goutte, il ne mangea que des fraises pendant un mois ; sa douleur se calma. Un an après, même régime, et la goutte disparut. La troisième année, les fraises prévinrent le retour du mal. Jusqu'à son dernier jour, Linné prévint ou chassa ainsi cette cruelle maladie.

Heureusement je n'ai pas été dans le cas d'éprouver cette dernière recette ; mais je puis assurer que la première, relative à la migraine, m'a parfaitement réussi depuis plus de vingt-cinq ans.

―――

On connaît l'histoire vraie ou supposée du gros livre magnifiquement relié qui était dans la bibliothèque du célèbre Boërhaave de Leyde et qu'il avait annoncé comme contenant les plus beaux secrets de la médecine. On l'ouvrit et il était blanc d'un bout à l'autre ; mais on lisait sur la première page : « Tenez-vous la tête fraîche, les pieds chauds, le ventre libre, et moquez-vous des médecins. »

La frugalité doit être le partage d'un homme de lettres. Chacun n'a pas la force de tempérament de Lainez, qui, un jour, trouvé par un ami à huit heures du matin dans la bibliothèque du Roi, à la sortie d'un repas de la veille où le jour l'avait surpris à table, lui répondit par cette jolie parodie de deux vers de Virgile (1) très-connus :

> Regnat nocte calix, volvuntur biblia manè ;
> Cum Phœbo Bacchus dividit imperium.

On peut appliquer les deux vers suivants à bien des écrivains qui prêchent la vertu dans leurs livres, et qui, dans leur conduite, oublient de mettre en pratique leurs excellents préceptes :

> Quid juvat humanos scire atque evolvere casus,
>   Si fugienda facis, si facienda fugis ?

Cette épigramme a été faite par Latomus au sujet de Sabellicus, poète d'Italie, qui mourut en 1506, des suites de ses débauches, après avoir étalé les plus belles maximes de sagesse dans ses écrits.

---

(1) Nocte pluit totâ, redeunt spectacula manè ;
   Divisum imperium cum Jove Cæsar habet.

Quand on voit tout ce qui se passe dans la république des lettres, la conduite de certains auteurs, la vogue de certains livres, les articles qu'on leur consacre dans les journaux, etc., ne dirait-on pas que les ouvrages les plus médités par quelques écrivains sont le *de Machiavelismo litterario* de Michel Lilienthal, 1713, *in-8°*, où il dévoile toutes les petites ruses dont se servent les gens de lettres pour se faire un nom ; et le *Jo. Burch. Menckenii de charlataneria eruditorum declamationes duæ,* etc. editio quinta, 1747, *in-8°*, trad. en français, sous le titre *de la Charlatanerie des savans ;* 1721, *in-8°*, qui est également curieux? Quel supplément il y aurait à faire à ces deux livres !

Je ne sais quel observateur a dit : « La plupart des gens de lettres ressemblent aux jolies femmes qui ne peuvent se regarder sans perdre la tête. »

MANIES DE QUELQUES AUTEURS.

Voici encore un chapitre qui tiendrait une place assez spacieuse dans les annales de la bizarrerie humaine ; bornons-nous à quelques citations.

Asinius POLLION, le plus fécond écrivain des Romains, avait chaque jour une heure fixée pour le travail; passé ce temps, il n'eût pas ouvert un livre, touché sa plume, ni dicté un mot pour tout au monde.

Le célèbre CUJAS avait contracté l'habitude singulière d'étudier et de travailler, couché tout de son long sur un tapis, le ventre contre terre, ayant ses livres autour de lui.

L'historien MEZERAI s'était fait une loi de ne travailler qu'à la chandelle, même en plein jour au milieu de l'été; et comme s'il fût persuadé qu'il n'y avait plus de soleil au monde, il ne manquait jamais de reconduire, même à midi, jusqu'au milieu de la rue, le flambeau à la main, ceux qui lui rendaient visite. De plus la bouteille était toujours sur sa table lorsqu'il travaillait.

VARILLAS, également historien, a toujours vécu dans la solitude; il était très-simple dans ses habits et dans ses meubles, quoiqu'il fût à son aise. Il ne travaillait qu'au grand jour. Il se vantait d'avoir été trente-quatre ans sans avoir mangé une seule fois hors de chez lui. Il déshérita un de ses neveux parce qu'il en avait reçu une lettre qui péchait par l'orthographe. Il prétendait que de dix choses qu'il savait, il en avait appris neuf dans la conversation.

THOMAS, de l'Académie française, restait tous les jours au lit jusqu'à midi; c'est là que, les rideaux bien fermés, il méditait, composait et rédigeait dans sa mémoire l'ouvrage qui l'occupait; ensuite il se levait et le jetait par écrit à-peu-près d'un seul trait.

Le fameux BAYLE avait un tel goût pour les baladins et les marionnettes, qu'aussitôt qu'il entendait le tambour ou la trompette qui les annonçait, il quittait tout, se rendait des premiers sur la place, au milieu de la populace ordinairement seule spectatrice de ces sortes de farces, et il n'en revenait que le dernier.

MAGLIABECCHI, savant Italien, bibliothécaire du duc de Toscane à Florence, avait un caractère singulier. Il a passé toute sa vie (80 ans) au milieu des livres. Il était très-frugal; quelques œufs, un peu de pain et de l'eau faisaient sa nourriture ordinaire. Il mangeait sur ses livres, dormait sur ses livres, et ne s'en séparait que le plus rarement possible; pendant toute sa vie il n'est sorti que deux fois de Florence, l'une pour aller à deux lieues, et l'autre pour en faire trois et demie par ordre du Grand Duc. Sa manière de vivre était uniforme. Toujours environné de livres, il ne s'embarrassait de rien autre chose; et les seuls êtres vivants auxquels il paraissait s'intéresser, le croirait-on! étaient les araignées; aussi il lui arrivait souvent, au milieu de ses piles de livres, de crier à ceux dont la curiosité lui paraissait imprudente : « Prenez garde de faire du mal à mes araignées (1). » Son habillement répon-

---

(1) Si ce savant italien avait la manie de prendre les araignées sous sa protection, nous avons connu un savant français qui avait une manie tout opposée à l'égard de ces insectes; c'était celle de les poursuivre partout, de les prendre, de les croquer et de s'en régaler avec volupté. Il les recherchait comme les enfants recherchent les bonbons. Cet aranéivore était l'astronome Lalande. M. Delambre, son biographe, dit en propres termes : « Il affectait
» de manger avec délices des araignées et des chenilles. » Croirait-on qu'il fut imité dans cette bizarre dépravation de goût par une de ses élèves de pré-

dait parfaitement à son genre de vie : il se composait d'une grande veste brune qui lui tombait sur les genoux, d'un pantalon, d'un manteau noir plein de pièces et de coutures, d'un chapeau déformé à grands bords percés de toutes parts, d'une large cravate toute farcie de tabac, d'une chemise sale qu'il ne quittait jamais tant qu'elle durait et que l'on voyait à travers les coudes percés de sa veste. Enfin, une paire de manchettes, qui ne tenait pas à la chemise, achevait ce brillant costume. Ajoutons qu'il avait toujours en hiver une chaufferette ou

---

dilection, Mᵐᵉ le Paute, qu'il parvint à guérir de l'horrible frayeur qu'elle avait des araignées ? C'est sans doute à cause de cela, que dans une pièce de vers, la seule qu'il ait faite, notre mathématicien qualifie cette dame de *Sinus* des grâces et de *tangente* de nos cœurs. Ce qu'il y a de certain, c'est qu'il portait toujours sur lui une jolie bonbonnière pleine de ces vils insectes et se faisait gloire devant les dames d'en puiser quelques-uns dans cette boîte élégante, de les porter délicatement à sa bouche, de les sucer et de les avaler avec sensualité. Il appelait cela, se mettre au-dessus des préjugés. Il dit un jour à Mᵐᵉ de Condorcet, qu'il trouvait à ce mets singulier un goût de noisette; « Oui, répondit malignement cette dame, comme on peut trouver à
» l'athéisme une odeur de philosophie. » Le mot était heureux et assez bien appliqué. — Piis a fait sur ce goût dépravé du vieil incrédule, le couplet suivant :

> Quand sur votre blanche assiette
> La noire arachné courra,
> Pour la croquer sans fourchette
> Entre vos doigts prenez-la ;
> Sinon de vous, Landerirette,
> Monsieur de Lalande rira.

Joseph-Jérome le Français de Lalande est né à Bourg en Bresse le 11 juillet 1732. Il est mort à Paris le 4 avril 1807.

On trouvera dans *l'Aranéologie* de M. Quatremère-Disjonval, *Paris,* an V (1797), in-8⁰ de 164 pag., beaucoup de détails sur ce goût hétéroclite de Lalande pour les araignées.

couvet suspendu à ses mains, de sorte que la braise roussissait souvent ses manchettes ou lui brûlait les doigts. Croirait-on avec cela que Magliabecchi était dans l'aisance, et que son affabilité pour les gens de lettres ne laissait rien à désirer?

DU PRIX
QUE CERTAINS AUTEURS CÉLÈBRES
ONT RETIRÉ
DES MANUSCRITS DE LEURS OUVRAGES CÉDÉS A DES LIBRAIRES.

Il paraît que du temps de Boileau, on cultivait déjà cette branche mercantile de l'histoire littéraire, car dès 1672, il disait à ses confrères, avec sa sévérité ordinaire :

> Travaillez pour la gloire, et qu'un sordide gain
> Ne soit jamais l'objet d'un illustre écrivain.

Il est vrai qu'il ajoute sur-le-champ :

> Je sais qu'un noble esprit peut, sans honte et sans crime,
> Tirer de son travail un tribut légitime.
> ART POÉTIQUE. L. IV. vv 125-128.

Ces deux derniers vers avaient sans doute trait à son ami Racine, qui, en 1667, avait cédé le manuscrit d'*Andromaque* à son libraire, moyennant 200 fr.; et l'on dit que Boileau lui-même a vendu, en 1674, son manuscrit du *Lutrin* pour 600 liv., au libraire Thierry.

Quoi qu'il en soit, quelques recherches que nous avons dirigées sur les profits que certains écrivains anciens et modernes ont retirés de leurs travaux littéraires, nous ont fourni beaucoup de renseignements qui formeraient un recueil assez curieux. Nous allons en extraire quelques articles puisés chez les Modernes, et commençant seulement au xviie siècle, quoique nous puissions remonter beaucoup plus haut. Nous abrégerons ces articles pour proportionner ce chapitre à l'étendue du présent volume. Rien de plus singulier, de plus bizarre et de plus disparate que le taux pécuniaire auquel ont été fixées d'abord certaines œuvres inédites du génie, surtout si l'on compare ce taux ridicule avec le mérite de ces œuvres et la réputation dont elles ont joui dès-lors.

Croirait-on, par exemple, que « par acte passé à Londres, le 27 avril 1667, entre John MILTON, Gentleman et Samuel Symons, imprimeur, le manuscrit du *Paradis perdu* a été donné, concédé et abandonné par ledit Milton, audit Symons, moyennant la somme de 5 liv. sterl. (125 fr.)? » On prétend qu'après la mort de Milton arrivée le 10 novembre 1674, sa veuve a cédé à perpétuité à un libraire, la propriété du même manuscrit, pour la somme de 8 liv. st. (environ 200 fr.) une fois payée.

———

Un autre sujet d'étonnement non moins remarquable que le précédent, mais en sens inverse, est le prix que le ridicule Jean CHAPELAIN (né en 1595 — mort en 1674) a touché pour le manuscrit de son ridicule poëme de *la Pucelle*. Le libraire Courbé, de

Paris, lui a donné 2000 liv. pour la première édition des XII premiers chants de ce poëme, *in-fol.*, plus, cent exemplaires de l'ouvrage; et 1000 liv. pour l'édition *in*-12. L'une et l'autre ont paru en 1656, et ont été débitées avec une telle rapidité, que cette insipide gazette rimée a eu six éditions dans dix-huit mois. Mais, grâce à Boileau, le colosse d'argile s'est promptement écroulé, et il n'est resté de son immense réputation qu'une légère et nauséabonde vapeur.

On assure que le comte de Gramont a vendu pour la somme de 1500 liv. le manuscrit de ses *Mémoires*, rédigés si agréablement par son beau-frère Antoine HAMILTON (n. 1646 — m. 1719); et l'on ajoute que Fontenelle, censeur royal, à qui fut présenté l'ouvrage, refusa d'abord de l'approuver, parce que le comte de Gramont y est représenté comme ayant parfois employé l'adresse pour corriger la fortune au jeu. Le comte, vrai personnage excentrique, informé de ce refus, court chez Fontenelle et lui demande, en riant, de quoi il se mêle de vouloir être plus soigneux que lui-même de sa réputation, il lui déclare qu'il prend sur son compte tout ce que son historien a dit de lui. Fontenelle approuve (1).

James THOMSON (n. 1700 — m. 1748) eut bien de la peine, en 1726, à tirer du libraire Millar, la

---

(1) Ce fait est-il bien avéré? J'en ai discuté la véracité ailleurs, et je crois avoir prouvé que l'anecdote est plus que douteuse.

somme de 3 liv. st. (75 fr) pour prix du premier chant de son immortel poëme des Saisons, (l'*Hiver*); mais il faut dire que le succès de cette publication fut tel, que Millar paya 50 liv. st. (1200 fr.) le manuscrit du 2⁰ chant, le *Printemps*, et augmenta encore le prix des deux chants suivants, l'*Été* et l'*Automne*.

Henry Fielding (n. 1707—m. 1754) allait donner en 1749, à un libraire, le manuscrit de son *Tom-Jones*, pour la modique somme de 25 liv. st. (600 f.), quand Thomson, qui avait lu l'ouvrage, empêcha le marché et adressa l'auteur au libraire Millar, qui du premier mot lui dit : « J'aime à terminer ces affaires sur-le-champ; je vous donne de votre manuscrit 600 liv. st. (14,400 fr.) et pas un sou de plus. » Que l'on juge de l'étonnement, de la joie et de la reconnaissance du pauvre Fielding. On signa l'acte à l'instant. Millar fut si content du débit de l'ouvrage, qu'il ajouta 100 liv. st. (2,400 fr.) à la somme primitive. — Puis, en 1750, il acquit du même Fielding, le manuscrit de son *Amélie*, autre roman qu'il lui paya 1000 guinées (environ 25,000 f.).

On prétend que les manuscrits laissés par Samuel Richardson (n. 1689 — m. 1761) ont été achetés par le libraire Philips, la somme de 1500 guinées (environ 37,500 fr.), et l'on ajoute qu'un de ses confrères lui a offert 1000 guinées de profit. Il est présumable que le droit de réimprimer *Paméla*,

Clarisse et *Grandisson*, qui ont paru du vivant de l'auteur, a été compris dans le marché, car ces trois romans sont les plus beaux diamants de la couronne littéraire de Richardson.

Nous ignorons si Edouard YOUNG (n. 1681 — m. 1765) a tiré beaucoup d'argent du manuscrit de ses *Nuits*, mais nous savons qu'il a reçu 2000 liv. st. (48,000 fr.) du Duc de Grafton, pour lui avoir dédié ses satires de l'*Amour* et de la *Renommée*.

Lawrence STERNE (n. 1713 — m. 1768) ne fut pas heureux dans ses premières négociations avec les libraires. Celui de Londres, auquel il envoya le manuscrit des deux premiers livres de son *Tristram Shandy* pour 50 liv. st. (environ 1200 fr.), le refusa. Alors il se décida à faire imprimer ses deux livres à Yorck, où, cependant, on ne lui offrit pas ce que le papier et la copie du manuscrit avaient coûté. Mais à peine l'ouvrage parut-il, qu'il fut enlevé avec une rapidité incroyable. On lui donna 1000 guinées (24,000 fr.) pour en permettre une seconde édition.

David HUME (n. 1776) avait, dit-on, retiré de ses travaux historiques, la somme de 10,000 liv. st. (248,000 fr.) de rente, avec laquelle il passait doucement sa vie en Écosse, lorsqu'il fut visité de nouveau par ses libraires qui lui demandèrent la continuation de son *Histoire d'Angleterre*, et lui firent les offres les plus avantageuses. Hume s'excusa d'abord en termes généraux ; enfin pressé plus vivement et forcé de s'expliquer, « Je ne puis, leur répondit-il, accepter vos propositions ni autres du même genre, par quatre raisons péremptoires, je suis trop vieux, trop gras, trop paresseux et trop riche. »

Voici comment J. J. ROUSSEAU (n. 1712 — m. 1778) parle lui-même de ce que lui ont produit quelques-uns de ses ouvrages : « Après avoir demeuré longtemps sans entendre parler du manuscrit de l'*Emile* que j'avais remis à mad⁰. de Luxembourg, j'appris enfin que le marché en était conclu à Paris, avec le libraire Duchesne, et par celui-ci avec le libraire Neaulme d'Amsterdam. Le traité en double me fut envoyé par mad⁰ de Luxembourg, je le signai. Duchesne me donna de ce manuscrit 6000 fr., moitié comptant, moitié en billets payables à divers termes, puis cent ou deux cents exemplaires........

» Je mis la dernière main au *Contrat social*, et l'envoyai à Marc-Michel Rey, fixant le prix à 1000 liv., qu'il me donna... (1). »

Le *Devin du village* a été vendu par Rousseau à la Direction de l'Opéra, moyennant la somme de 1200 liv. une fois payée, avec ses entrées pour toute sa vie.

Nous ignorons ce que lui a valu la *Nouvelle Héloïse*.

---

(1) Ce Marc-Michel Rey fit une pension viagère de 300 liv. à Thérèse Levasseur, femme et gouvernante de Rousseau.

Edouard Gibbon (n. 1737 — m. 1784) déclare lui-même qu'il n'a reçu que 6000 liv. pour le manuscrit de son *Histoire de la décadence de l'Empire Romain*, et que cette somme a été à peine suffisante pour le défrayer de tout ce qu'il a dépensé en livres pour la composition de cet ouvrage.

Denis Diderot (n. 1713 — m. 1784), entrepreneur et directeur de la grande *Encyclopédie*, Paris, 1751-80, 35 vol. *in-fol.* dont 12 de pl., n'a eu pour prix de cet immense travail qu'une modique rente viagère de 1000 liv.; et cependant l'ouvrage, qui a coûté à-peu-près huit millions de frais, en a rapporté deux de profit aux libraires. — Le même Diderot a retiré, en 1746, la somme de 600 liv. du manuscrit de ses *Pensées philosophiques*, qu'il composa en quatre jours, pour obliger une Dame qui étaitvenue lui demander à emprunter cette somme.

Samuel Johnson (n. 1709 — m. 1784), pauvre dans sa jeunesse, n'eut pas beaucoup à se louer du produit de sa plume dans le premier ouvrage qu'il offrit à son libraire; c'était une traduction des *Voyages de Jérôme Lobo en Abyssinie;* la chétive somme de 5 guinées (125 f.) fut tout ce qu'il obtint de son manuscrit. Mais par la suite la fortune le dédommagea de cette triste appréciation de son mérite. En 1747, des libraires de Londres acquirent le manuscrit de son grand *Dictionnaire Anglais*, moyennant la somme de 1575 liv. st. (environ 39,375 f.).

William Robertson (n. 1721 — m. 1793) fut encore mieux traité par les libraires Strachan et Cadell de Londres; ils lui payèrent 4000 liv. st. (environ 105,000 f.) le manuscrit de son *Histoire de Charles-Quint*. Mais celui de son *Histoire d'Ecosse* ne lui rapporta que 500 liv. st. (15,000 f.).

———

Charles-James Fox (n. 1748 — m. 1806) est auteur d'une *Histoire des deux derniers Rois de la maison de Stuart,* dont le manuscrit (presque entièrement écrit de la main de Mme Fox, sous la dictée de son mari) a été payé, dit-on, par M. Miller, libraire à Londres, la somme de 4500 liv. st. (environ 108,000 f.). Cet ouvrage posthume a paru en 1808, par les soins de lord Holland, neveu de l'auteur, qui, dans un avertissement, rend compte du but que son oncle s'était proposé en commençant cette histoire, du plan qu'il avait adopté et de l'état dans lequel s'est trouvé le manuscrit à l'époque de sa mort.

———

Richard Cumberland (n. 1732 — m. 1811) a cédé le manuscrit de ses *Mémoires*, à la maison Lackington de Londres, pour la somme de 500 liv. st. (12,000 f.); ils ont paru en 1807, in-4°, ou 2 *vol.* in-8°.

———

Jacques Delille (n. 1738 — m. 1813) n'a retiré du manuscrit de sa belle traduction des *Géorgiques*, que la somme de 400 f. Mais on prétend que par la suite il a été bien dédommagé de la modicité de ce prix par les sommes exorbitantes que lui ont rapportées les manuscrits de ses derniers poëmes.

Jacques-Henri BERNARDIN DE SAINT PIERRE (n. 1737 —m. 1814) avait, par l'entremise de d'Alembert, vendu à un libraire de Paris, en 1772, le manuscrit de son premier ouvrage (*Voyage à l'Ile de France*), pour la somme de 1000 liv. Mais le recouvrement de cette somme qui ne devait pas être payée comptant, causa à l'auteur quelques désagréments qui sont très-agréablement racontés par son digne biographe, M. Aimé Martin.

Anne RADCLIFFE (n. 1764 — m. 1823) a-t-elle retiré des manuscrits de ses romans une valeur proportionnée à la vogue qu'ils ont eue? Les libraires de Londres lui ont offert 500 liv. st. (12,000 f.) de ses *Mystères d'Udolphe*, et non pas 1000 liv. comme le dit la *Biographie universelle*, qui se trompe également en avançant qu'elle a touché des libraires Cadell et Davies 1500 liv. st. pour son roman *l'Italien*; elle n'en a retiré que 800 liv. st. (19,200 f.); c'est déjà fort honnête.

Georges-Gordon lord Noël BYRON (n. 1788 — m. 1824) est l'un des écrivains que le commerce des muses a le plus enrichi. On a plusieurs fois publié l'état des sommes que le libraire Murray de Londres lui a payées pour chaque ouvrage ou parties d'ouvrages dont il a acquis les manuscrits. Cet état, qui consiste en dix-neuf articles, étant très-connu, nous nous bornerons à donner ici le total de ces différentes sommes; il monte à celle de 15,455 liv. st. (386,375 f.). Nous ajouterons toutefois que les détails que nous venons de donner sont peut-être incomplets, et que le total que nous donnons des sommes qu'a touchées lord Byron est sans doute au-dessous de la réalité. Cela se peut. Qu'on nous fasse connaître l'erreur, et nous nous empresserons de la rectifier.

Nous dirons encore que dans le total énoncé ci-dessus, ne sont point comprises 2,000 liv. st. (50,000 fr.) que le libraire Murray avait payées pour les *Mémoires* de lord Byron, mais qui lui ont été rendues, après que la famille, ayant pris connaissance du manuscrit, en a jugé la publication inconvenante, et l'a brûlé.

Charles-Robert MATURIN (n. 1782—m. 1825), romancier anglais, n'a pu placer, de ses nombreux ouvrages, que *The Milesian* (le Chef milésien), dont, en 1811, le libraire Colburn lui a donné 80 liv. st. (1,920 f.).

Georges CUVIER (n. 1769—m. 1832), notre célèbre naturaliste, a reçu de M. Panckoucke la somme de 10,833 f. pour les notes qu'il a fournies à l'édition de Pline, de 1829-33, 20 *vol. in-8°*.

Sir Walter SCOTT (n. 1771 — m. 1832) l'emporte encore sur lord Byron, par les faveurs que la fortune a répandues sur chacun de ses travaux littéraires. On prétend que la vente de ses manuscrits à différents libraires lui a valu plus de 2,000,000 f., et l'on n'en est point surpris quand on voit les journaux de Londres annoncer dès 1823, que l'auteur a reçu de son libraire la somme de 26,000 liv. st. (593,980 f.) pour les quatre romans, *le Pirate, Nigel, Peveril du Pic* et *Quentin Durward.* Le roman de *Voodstock* lui a été payé 6,800 liv. st. (170,000 f.). Sa *Vie de Napoléon,* plus estimée en Angleterre qu'en France, lui a rapporté, dit-on, 11,000 liv. st. (275,000 f.), etc., etc., etc. Mais la faillite du libraire Constable, arrivée en 1826, lui suggéra de grands embarras pendant les six dernières années de sa vie. Il apprit ce malheur avec calme et le supporta avec courage. « C'est bien dur, dit-il, de perdre tout le fruit d'une vie occupée, et de devenir pauvre de riche que j'étais. Mais si Dieu m'accorde encore pendant quelques années la santé et la force, j'espère pouvoir me tirer d'affaire. » Et dès-lors sa vie ne fut plus employée qu'à tâcher d'acquitter l'énorme dette qui pesait sur lui. Elle était de 120,000 liv. st. (3,000,000 f.); ses travaux littéraires postérieurs en acquittèrent 40,000, c'est-à-dire 1,000,000 f.

Quant aux auteurs français vivants dont nous avons une liste assez étendue, nous nous bornerons à un choix de quelques articles puisés dans les journaux, et qui prouveront que l'art ou le talent de faire de l'or avec sa plume n'est pas moins connu en France qu'en Angleterre.

On a annoncé en 1826 que « M. DE CHATEAUBRIAND avait cédé à trois libraires associés de Paris (MM. Urbain Canel, Ladvocat et Baudouin) le privilège de la publication de ses ouvrages, moyennant la somme de 550,000 fr. » — Dix ans après, en 1836, il a été dit que « M. de Chateaubriand a vendu ses *Mémoires d'outre-tombe,* qui ne paraîtront qu'après sa mort, moyennant la somme de 150,000 fr. comptant, plus une rente viagère de 24,000 fr. réversible par moitié sur madame sa femme. » — Enfin « Les manuscrits des *OEuvres complètes* de M. de Chateaubriand ont été, dit-on, vendus (le 18 février 1842) aux enchères, devant Mᵉ Fremyn, notaire, à M. de Landine de Saint-Esprit, pour la somme de *cent cinquante-trois mille francs.* » Voilà, certes, de brillants marchés; nous les rapportons sur la foi des journaux ; mais dans tout cela nous ne garantissons que le beau talent de M. de Chateaubriand.

―――

On lit dans la *Revue de Paris,* tom. III, 2 mars 1834, p. 64 : « M. Charles Gosselin, entre tous nos libraires, l'a emporté pour publier le grand poëme auquel M. Alphonse DE LA MARTINE travaille depuis quinze années, et son *Voyage d'Orient.* On parle de plus de 100,000 liv. comme prix d'acquisition de ces deux ouvrages. A ce prix on peut dire que nos poètes et nos romanciers ont en France leur Murray et leur Constable; nous en félicitons M. Charles Gosselin autant que nos auteurs. » — Un autre journal de 1838, porte : « On assure que M. de La Martine a touché de son libraire 45,000 f. pour son dernier poëme intitulé *La chute d'un Ange,* que certains malins appellent.... » mais chut! ne troublons pas le triomphe métallique du poète. — On a dit encore que MM. Dondey-Dupré et Ponthieu avaient donné 10,000 fr. à M. de La Martine pour son manuscrit du dernier chant de *Child-Harold*, complément du poëme de Byron.

M. Victor Hugo a retiré, dit-on, plus de 60,000 fr. du manuscrit de sa *Notre-Dame de Paris*. Ses autres ouvrages n'ont sans doute pas été moins productifs.

On a parlé, il y a plusieurs années, d'un traité passé entre M. L'abbé de la Mennais et un libraire de Paris, par lequel celui-ci s'engage à publier tous les ouvrages de M. l'abbé, moyennant la somme de 15,000 f. qu'il lui paiera par volume. Le traité *de l'Indifférence*, à coup sûr, n'a point été cher à ce prix.

Plusieurs journaux ont annoncé, en 1839, que « M. Paulin, libraire, avait acquis de M. Thiers la propriété de son manuscrit de *l'Histoire du Consulat et de l'Empire,* au prix de 500,000 f.

Etc., etc., etc., etc.

Nous terminons ici cette petite série d'écrivains plus ou moins bien traités de la fortune. Nous n'en avons rapporté que vingt-sept, au lieu de plus de deux cents sur lesquels nous avons d'amples renseignements. Ce n'est donc que l'échantillon d'un travail plus étendu que nous publierons un jour si nous pouvons espérer autant de lecteurs qu'il existe en Europe d'écrivains jaloux de voir leur nom inscrit en gros caractères dans un pareil ouvrage qu'on pourra appeler le *Livre d'or* des gens de lettres. Il aura pour épigraphe : *Multi vocati, pauci verò electi*, et subsidiairement *gaudeant benè nati*.

FAIBLESSES

DE QUELQUES GRANDS HOMMES.

On a remarqué de tout temps dans la société, une espèce d'anomalie assez singulière et qui peut-être n'a pas déplu au vulgaire toujours jaloux des supériorités qui le dominent. Cette anomalie est relative aux hommes célèbres qui, parfois descendant au-dessous du vulgaire, ont payé leur tribut à la faible humanité, soit en se livrant à des idées superstitieuses, soit en se livrant à des craintes chimériques, soit en éprouvant des antipathies ridicules dont il est impossible de se rendre raison, faiblesses toutes vraiment inconcevables dans des hommes de génie, dans des gens à grand caractère. Nous allons en citer quelques exemples puisés chez les Anciens et chez les Modernes.

Socrate trouva, dit-on, le présage de sa mort dans un vers d'Homère, auquel il avait songé en dormant. Cela explique le motif qui lui fit sacrifier un coq à Esculape avant de mourir, quoiqu'il reconnût l'unité de Dieu.

Sylla voyant un serpent s'élancer à côté de l'autel où il faisait un sacrifice, en tire l'induction que c'est le moment de prendre les armes ; il vole au combat et défait les Samnites.

Jules-César craignait singulièrement le tonnerre ; on prétend qu'il mettait une couronne de laurier pour se préserver de la foudre ; d'autres croient que c'était pour couvrir son front chauve.

Mithridate croyait aux songes.

Auguste croyait également aux songes. Le même esprit superstitieux le faisait toujours partir du pied droit. Il craignait les années climatériques.

Domitien joignait à une cruauté excessive la faiblesse de croire aux songes.

Marc-Aurèle, tout philosophe qu'il était, avait la même superstition.

Uladislas, roi de Pologne, se troublait à la vue d'une pomme.

Louis XI avait toute confiance à une petite Sainte Vierge de plomb attachée à son bonnet. Cette confiance n'est blâmable qu'autant qu'elle était superstitieuse et qu'il lui demandait pardon des fautes qu'il se proposait de commettre.

Erasme ne pouvait respirer l'odeur du poisson de mer sans éprouver un accès de fièvre.

Scaliger ne pouvait regarder du cresson fixement sans éprouver un frémissement involontaire.

Le maréchal d'Albret se trouvait mal devant une tête de marcassin.

Cardan annonça l'année de sa mort et vérifia sa prédiction.

Catherine de Médicis croyait à l'astrologie.

Henri III, son fils, avait une telle antipathie pour les chats, qu'il n'aurait pu rester dans une chambre où il y en aurait eu un.

Le seigneur de Cohan, oncle de Desessarts, prévôt de Paris, du temps des tristes dissentions, entre les Armagnacs et les Bourguignons, tenait pour les Bourguignons. Il fut pris par les Armagnacs au village de St.-Cloud. Les soldats qui s'emparèrent de lui usèrent d'un singulier moyen pour lui faire avouer où était son argent. Ayant appris qu'il avait la plus grande aversion pour les pommes et qu'il se trouvait mal quand il en voyait ou en sentait une, ils l'enfermèrent dans un grenier entièrement rempli de ce fruit. Ce fut pour le malheureux Cohan un supplice affreux qu'il s'empressa de faire cesser en accordant tout ce qu'on lui demanda. Quelques instants de plus dans le grenier et il allait périr.

Le Tasse croyait voir quelquefois le diable à ses côtés.

Ticho-Brahé changeait de couleur et sentait ses jambes défaillir à la rencontre d'un lièvre ou d'un renard.

Bacon tombait en syncope toutes les fois qu'il arrivait une éclipse de lune.

Hortensius, professeur de mathématiques à Amsterdam, prédit qu'il mourrait en 1639, et que deux jeunes Hollandais de sa compagnie mourraient la même année. Cette idée le frappa tellement, qu'il mourut effectivement dans l'année prédite, ainsi que l'un des deux Hollandais; Daniel Heinsius, qui était l'autre jeune homme, devint languissant et eut beaucoup de peine à éviter le fatal horoscope. Quoique ce soit Descartes qui raconte ce fait, nous dirons, *Credat Judæus*.........

Le fameux La Varenne, porte-manteau de Henri IV, est mort de la frayeur que lui causa une pie qu'il couchait en joue et qui prononça le mot *maquereau ;* il ignorait que cette pie était apprivoisée, et il prit ce mot pour un avertissement du Ciel.

Le duc d'Epernon s'évanouissait à la vue d'un levraut.

Lamothe-le-Vayer ne pouvait souffrir le son d'aucune espèce d'instrument, quelque harmonieux qu'il fût; mais le bruit du tonnerre et le sifflement des vents le mettaient en extase.

Hobbes, célèbre esprit fort, ne pouvait rester un instant sans lumière pendant la nuit, qu'il ne délirât. Il ne croyait pas en Dieu, et il avait une frayeur inconcevable du diable.

Pascal voyait toujours un précipice à sa gauche.

Boyle tombait en convulsion, quand il entendait le bruit que fait l'eau en tombant d'un robinet.

Jacques I, roi d'Angleterre, de 1603 à 1625, ne pouvait voir une épée nue sans pâlir et sans tomber dans une espèce de défaillance. On prétend que cette faiblesse provenait de la frayeur que sa mère, l'infortunée Marie Stuart, étant au cinquième mois de sa grossesse, avait eue, lorsqu'elle vit assassiner, pour ainsi dire dans ses bras, David Rizzo, ce fameux musicien de Turin qui passait pour son amant, ce qui n'est guère présumable, puisqu'il était vieux et dégoûtant. C'est donc dans le sein de sa mère que Jacques Ier aurait puisé cette antipathie, qui, certes, convenait moins à un Roi qu'à tout autre.

Un chapelain du duc de Bolston sentait au cœur et au sommet de la tête un froid de glace, lorsqu'on le forçait à lire le 25e chapitre d'Isaïe et certains versets du Livre des Rois.

Louis XIV ne pouvait supporter la vue du clocher de Saint-Denis.

Turenne, à la vue d'une araignée, était prêt de tomber en faiblesse.

Le chevalier d'Alcantara se trouvait mal toutes les fois qu'il entendait prononcer le mot *lana,* laine; et cependant il portait des habits de laine sans répugnance.

Le maréchal de Montrevel est mort en 1716. On attribue sa mort à une espèce de superstition dont bien des gens sont encore atteints. On versa sur lui une salière; l'effroi le prit, et il s'écria qu'il était mort : une faiblesse s'ensuivit, et au bout de quatre jours il mourut. C'est une triste fin pour un maréchal de France.

On pourrait ajouter à ces traits beaucoup d'autres exemples de superstition ou de faiblesse de la part de certains grands hommes; mais nous en avons rapporté suffisamment pour prouver que les génies les plus élevés, non-seulement se rapprochent quelquefois du commun des hommes, mais même vont souvent au-delà de ce qu'on voit ordinairement dans ce genre.

N'oublions pas que les phénomènes de la nature ont souvent jeté l'épouvante parmi les peuples ; quand la superstition régnait en Europe.

Dans le moyen âge, l'apparition des comètes a surtout inspiré de grandes terreurs. Celle de 840 effraya tellement Louis le Débonnaire, qu'il consulta tous les astrologues de son empire et fonda des monastères; il mourut deux ans après de la frayeur que lui causa une éclipse totale de soleil.

La grande queue que traînait après elle la comète de 1456 répandit la terreur dans l'Europe déjà effrayée des succès rapides des Turcs, qui venaient de détruire l'empire grec et de s'emparer de Constantinople. Le pape Calixte III ordonna une espèce d'*Angelus* que l'on récitait le matin, à midi et le soir, dans lequel on conjurait la comète et les Turcs.

En 1686, les protestants, en France, regardaient

les comètes qui venaient de paraître en grand nombre, comme les avant-coureurs des persécutions qu'ils essuyaient.

Lors de l'éclipse du 12 août 1654, la consternation fut si grande, qu'un curé de campagne ne pouvant suffire à confesser tous ses paroissiens qui croyaient mourir et qui se précipitaient au confessionnal, leur dit au prône : « Mes enfants, ne vous » pressez pas tant ; je vous annonce que l'éclipse » est remise à quinzaine. » Depuis la fin du dix-septième siècle, on est guéri de ces vaines frayeurs.

Charles-Quint crut reconnaître dans la comète de 1556 un signe qui l'avertissait de songer à la mort.

Le même Charles-Quint avait pris en affection l'un des jours du second mois de l'année, c'était le 24 février, fête de Saint Mathias ; ce prince faisait la remarque qu'il avait été constamment heureux ce jour-là, pendant le cours de sa vie.

Le 24 février 1500, il vint au monde dans la ville de Gand.

Le 24 février 1525, ses troupes gagnèrent la trop célèbre bataille de Pavie.

Le 24 février 1527, les Bohémiens élurent pour roi son frère Ferdinand.

Le 24 février 1529, Charles-Quint se fit couronner à Bologne par le Pape Clément VII, qui lui conféra trois couronnes.

Le 24 février 1540, cet empereur arrive à Gand et apaise la révolte de cette ville contre sa sœur l'archiduchesse Marguerite.

Le 24 février 1556, Charles-Quint abdique l'empire.

Il mourut le 21 septembre 1558.

Le célèbre Sixte-Quint (Félix Peretti, qui avait été pâtre dans son enfance) avait aussi son jour de prédilection ; c'était le mercredi :

Le mercredi 13 décembre 1521 il naquit ;
Un mercredi il fit profession chez les Cordeliers ;
Un mercredi il fut promu Cardinal sous le nom de Montalte;
Un mercredi il fut élu Pape ;
Le mercredi suivant, il fut exalté.

Il mourut le 27 août 1590.

EXPLICATION

DES CARTES A JOUER.

Dans une dissertation sur l'origine (1) et sur l'emblème des figures des cartes à jouer, on dit que les AS signifient richesses, argent, du mot latin *as*, qui, chez les Romains, désignait une pièce de monnaie. Le TRÈFLE, herbe si commune dans les prairies, veut dire provisions, fourrages. Les PIQUES et les CARREAUX

---

(1) On ignore la date précise de l'invention des cartes à jouer, mais elles ont dû voir le jour au commencement du xiv° siècle et peut-être auparavant, car elles étaient déjà communes sous Charles V qui est monté sur le trône en 1364 ; et l'on voit dans la *Chronique de Jehan de Saintre*, qu'en 1367 on félicita et récompensa ce jeune page parce qu'il ne *jouait pas aux cartes* comme ses camarades. Alors la dénomination des personnages représentés sur les cartes figurées serait bien postérieure à l'époque de leur invention, puisque Charles VII, sa femme et Jeanne d'Arc, etc., n'ont vécu que dans le siècle suivant.

indiquent les magasins d'armes qui doivent toujours être bien fournis. Les *carreaux* étaient des flèches fortes armées d'un fer carré et qui se tiraient avec l'arbalète. Les CŒURS sont le symbole du courage des chefs et des soldats. DAVID, ALEXANDRE, CÉSAR et CHARLEMAGNE sont les quatre chefs. Sous le nom de *David,* roi de pique, on désigne Charles VII. (On ne donne pas l'allusion des trois autres rois; cependant, d'après le costume, ils doivent (du moins pour Alexandre et César) désigner quelques-uns de nos rois, car il est ridicule de les représenter en perruque, en pourpoint, etc.). Quant aux dames, ARGINE, dame de trèfle, dont l'anagramme est *regina,* c'est la reine Marie d'Anjou, femme de Charles VII; RACHEL, dame de carreau, c'est Agnès Sorel; PALLAS, dame de pique, c'est la chaste et guerrière Jeanne d'Arc; et JUDITH, dame de cœur, c'est l'impératrice de ce nom, femme de Louis le Débonnaire. Les valets sont OGIER et LANCELOT, deux preux du temps de Charlemagne ; et LAHIRE et HECTOR (de Galard), deux grands capitaines sous Charles VII. Le titre de *varlet* était anciennement honorable, et les plus grands seigneurs le portaient jusqu'à ce qu'ils eussent été faits chevaliers. Les quatre valets (au jeu de piquet) représentent donc la noblesse, et les dix, les neuf, les huit et les sept désignent les soldats. On a beaucoup écrit sur l'origne des cartes à jouer; mais on n'est point d'accord, ni sur la date de leur invention, ni sur le peuple auquel on les doit.

Tableau du Nœud conjugal.

Sur huit cent soixante et douze mille cinq cent soixante-quatre mariages, on compte :

1362 Femmes qui ont quitté leurs maris pour suivre leurs amants.
2361 Maris qui se sont enfuis pour éviter leurs femmes.
4120 Couples séparés volontairement.
191023 Couples vivant en guerre sous le même toit.
162320 Couples se haïssant cordialement, mais cachant leur haine sous une feinte politesse.
510132 Couples vivant dans une indifférence marquée.
1102 Couples réputés heureux dans le monde, mais qui ne conviennent pas intérieurement de leur bonheur.
135 Couples heureux par comparaison avec bien d'autres plus malheureux.
9 Couples véritablement heureux.

Dans laquelle de ces catégories placerons-nous le pauvre Elie Benoît, savant réfugié français, le plus malheureux des maris, qui, en 1728, est mort en Hollande? A coup sûr ce ne sera pas dans la dernière. Il était patient, doux, timide ; mais sa femme ne lui ressemblait en rien. On prétend que celle de Socrate eût été un ange en comparaison de madame Benoît. Au reste on en peut juger par le portrait que nous en a laissé son cher époux : « *Uxorem duxi,* dit-il, *vitiis omnibus quæ conjugi pacem amanti gravia esse possunt, implicitam; avara, procax, jurgiosa, inconstans et varia, indefessâ contradicendi libidine, per annos quadraginta septem miserum conjugem omnibus diris affecit.* » Ce qui en français signifie : « j'ai pris une femme ayant tous les défauts les plus insupportables pour un mari aimant la paix. Avare, insolente, hargneuse, inconstante, et habile à varier son infatigable plaisir de contredire, elle a, pendant QUARANTE-SEPT ANS, accablé son misérable époux de tous les maux imaginables. » Si jamais mari a été fondé à faire usage de l'épitaphe ,

> Ci gît ma femme, oh! qu'elle est bien
> Pour son repos et pour le mien!

c'est certainement M. Elie Benoît.

DE QUELQUES SIGLES,
OU LETTRES ISOLÉES DESTINEÉS A EXPRIMER DES MOTS.

Diverses interprétations du fameux
S. P. Q. R.

SENATUS POPULUSQUE ROMANUS.
Salva Populum Quem Redemisti.
Sono Poltroni Questi Romani.
Sancte Pater, Quid Rides?
Rideo Quia Papa Sum.
Salus Papæ, Quies Regni.
Salvasti Populum Quem Regis.
Solidavit Pace Quietem Regni.
Salvavit PacavitQue Regnum.
   Si Peu Que Rien.
   Si Plein Qu'il Répande.

Les trois
R. R. R.
Du Pape Silvestre II.

Gerbert avait été archevêque de Reims en 992, archevêque de Ravenne en 998, et il fut élu pape à Rome en 999 sous le nom de Silvestre II. On a désigné ces trois siéges par ce vers :

Transit ab R Gerbertus ad R, fit Papa regens R.

Ce Pontife est mort le 11 mai 1003.

Inscription du pape Nicolas V.

Cette inscription placée dans les lieux les plus apparents du Vatican, consistait dans ces trois lettres :

N. P. V.

qui signifient simplement *Nicolaus Papa Quintus ;* mais des malins interprétèrent ainsi ces trois sigles :

Nil Papa Valet.

Cette sotte plaisanterie n'avait aucun fondement, car Thomas de Sarzane, qui a occupé le saint-siège, sous le nom de Nicolas V, de 1447 à 1455, a été un pape distingué. C'est sous son pontificat que les Turcs se sont emparés de Constantinople le 29 mai 1453. Le chagrin qu'en a éprouvé S. S. l'a conduite au tombeau en mars 1455.

Interprétation des sigles suivants.

R. R. R.
T. S.
D. D.
R. R. R.
F. F. F. F.

Romulo Regnante, Roma
Triumphante, Sybilla
Delphica Dixit:
Regnum Romæ Ruit
Flamma, Fame, Ferro, Frigore.

Autres sigles expliqués.

Un jour on trouva placardée à la porte du Sénat de Venise cette inscription énigmatique :

P. P. P.
J. J. J.
R. R. R.

L'inquisition d'Etat promit une récompense à celui qui donnerait le sens de ces caractères et qui en ferait connaître l'auteur. Le lendemain, on trouva écrit sur la même porte :

Prudentia Patrum Periit.
Jmprudentia Juvenum Jmperat
Respublica Recens Ruit.
Gratis.

Je ne sais si un distique que j'ai trouvé dans un

vieux recueil d'inscriptions n'aurait pas rapport à cet événement :

> Defunctis patribus successit prava juventus,
> Cujus consilio quæ valuere ruunt.

Il est vrai que ce distique est précédé d'un autre que l'on dit avoir été gravé sur les portes de la cathédrale de Breslaw, et on considère les deux comme appartenant au même sujet ; voici le premier :

> Quas sacras ædes pietas construxit avorum
> Has nunc hæredes invadunt more luporum.

Autre inscription fort simple.

Dans le siècle dernier, en creusant vers Montmartre, à Paris, on a découvert une pierre sur laquelle était gravée l'inscription suivante :

I. C.
I. E. S. T.
L. E. C. H. E. M.
I. N. D. E.
S. A. N. E. S.

Cela était d'abord indéchiffrable pour tout le monde, même pour les membres de l'Académie des inscriptions, quand un bon paysan s'approchant du bloc, dit : « Ça n'est pourtant pas bien difficile à de- » viner, car j'y lis tout couramment : ICI EST LE » CHEMIN DES ANES ; adieu, messieurs, vous voilà » sur la voie. »

DES VOYELLES.

Les cinq voyelles A, E, I, O, U, formant la clef de la voûte de la porte de l'ancien palais de l'Empereur à Vienne, signifiaient, dit-on, cette modeste inscription : Austriacorum Est Imperare Orbi Universo. Matthæus Tympius donnait à ces mêmes lettres une autre interprétation ; selon lui elles exprimaient : Aquila Electa Justè Omnia Vincit ; c'est toujours le même fond de modestie.

Comme les cinq voyelles A, E, I, O, U, étaient la devise de l'Empereur Frédéric III, il y a apparence que c'est sous son règne (de 1439 à 1493) qu'a été bâti le palais en question.

Nous avons parlé précédemment, *pp.* 182 et 202, d'un mot de la langue française uniquement composé des cinq voyelles liées entre elles par une consonne formant le crochet.

DES MOTS ISOPHONIQUES.

Nous entendons par mots isophoniques ceux qui, abstraction faite de la manière dont ils sont écrits, présentent à l'oreille la même consonnance, tout en indiquant des objets différents. En voici deux exemples bien connus. Dans le premier, six monosyllabes ayant la même consonnance, quoique écrits différemment, expriment six divers objets :

« J'ai rencontré *cinq* capucins, *sains* de corps et
» d'esprit, qui, *ceints* du cordon de *saint* François,
» portaient dans leur *sein* un blanc-*seing* du Saint-
» Père. »

Dans le second exemple, sept mots ayant la même consonnance, expriment également sept objets distincts :

« J'ai vu, près de *Namur,* M. de *Murr* (1) qui
» *murmure* de ce qu'on *mure* ses mûriers; car avec ce
» *mur,* comment cueillera-t-il ses *mûres* quand elles
» seront *mûres ?* »

Trève à ces amusettes enfantines.

DE LA PONCTUATION CHANGEANT LE SENS DE LA PHRASE.

Voici quelques exemples qui prouveront combien il est essentiel d'apporter tous ses soins à la ponctuation, si l'on ne veut pas quelquefois s'exposer à dire tout le contraire de ce que l'on désire exprimer :

Qui vult recedere, pergat ; ego autem non , hic stabo.

Que celui qui veut se retirer, le fasse ; pour moi, non : je resterai ici.

Qui vult recedere pergat ; ego autem, non hic stabo.

Quiconque veut se retirer peut le faire; pour moi, je ne resterai point ici.

Reginam Albam occidere bonum est; timere nolite. Etiam si omnes censuerint, ego non dissentio.

C'est fort bien de tuer la Reine Blanche ; ne craignez point. Si tout le monde y consent, je ne m'y oppose point.

---

(1) Savant et fécond allemand de Nuremberg, né en 1733, mort en 1811; près de cent ouvrages sont sortis de sa plume, et tous sont plus ou moins curieux et intéressants.

Reginam Albam occidere! Bonum est timere ; nolite. Etiam si omnes censuerint, ego non, dissentio.

Tuer la Reine Blanche ! Craignez, gardez-vous-en bien. Quand tout le monde y consentirait, moi, non : je m'y oppose.

Porta, patens esto nulli, claudaris honesto (1).

Qu'on n'ouvre la porte à personne, qu'on la ferme à tout homme honnête.

Porta, patens esto, nulli claudaris honesto.

Qu'on ouvre la porte, et qu'on ne la ferme point à quiconque est honnête.

Doubles sens.

Ibis, redibis, non morieris in bello.

Vous irez, vous reviendrez, vous ne mourrez pas à la guerre.

Ibis, redibis non, morieris in bello.

Vous irez, vous ne reviendrez pas, vous mourrez à la guerre.

In memoria semper erit.

On en conservera toujours la mémoire.

In me moria semper erit.

Je serai toujours fou.

Securè Domine stes.

Monsieur, n'ayez aucune inquiétude.

Securè domi ne stes.

Ne restez pas tranquille à la maison.

---

(1) On prétend que ce vers était sur la principale porte de l'abbaye d'Azelle. La mauvaise ponctuation fit renvoyer l'abbé et donna lieu à ce second vers :

Ob solum punctum, caruit Martinus asello.

Faute d'un point, Martin perdit son âne.

Aio te, Æacida, Romanos vincere posse (1).
Je dis, Eacide, que les Romains pourront vous vaincre.

Ou bien

Je dis, Eacide, que vous pourrez vaincre les Romains.

CARRÉS LITTÉRAIRES.

On entend par carré littéraire, un mot dont les lettres disposées soit horizontalement, soit verticalement, soit diagonalement, présenteront toujours ce même mot facile à lire dans tous ces sens ; ainsi, dans l'exemple suivant, le mot AGRARIA écrit trois fois horizontalement, trois fois verticalement et deux fois diagonalement, formera un carré parfait, qui présentera régulièrement ce mot répété huit fois.

```
A G R A R I A
G G   G   G G
R   R R R   R
A G R A R I A
R   R R R   R
I I   I   I I
A G R A R I A
```

Il en est de même du mot AMARA ainsi disposé :

```
A M A R A
M M M R M
A M A R A
R M R R R
A M A R A
```

---

(1) Cette phrase n'est pas seulement un double sens, mais une faute contre la grammaire latine ; car le moindre écolier sait que pour faire cesser l'amphibologie, il faut tourner l'actif en passif, à moins que le sens ne présente aucune équivoque.

On pourrait encore faire des carrés littéraires beaucoup plus étendus avec certains vers rétrogrades tels que ceux-ci :

> Signate signa temere me tangis et angis.
> Roma tibi subito motibus ibit amor.

Le premier a trente-trois lettres, le second en a vingt-neuf. Nous nous contenterons de former le carré du second, le nombre de lettres du premier ne lui permettant pas d'entrer dans la justification de la page. Voici donc ce carré :

On voit que dans ce carré, le vers est répété six

fois : deux fois horizontalement, deux fois verticalement, et deux fois diagonalement; les deux lignes diagonales croisées ont pour centre l'M de MOTIBUS.

A propos de ce vers rétrograde, sa citation nous rappelle que nous avons omis, dans la *petite Poétique curieuse* précédente, un article consacré à ces sortes de vers, et qui devait se trouver, p. 162-163, entre les vers *Rapportés* et les vers *Rhopaliques*; nous allons réparer cette omission.

DES VERS RÉTROGRADES.

Le vers rétrograde est composé de mots dont les lettres sont tellement disposées qu'on peut le lire indifféremment de droite à gauche ou de gauche à droite, c'est-à-dire à rebours, et l'on y trouvera toujours les mêmes mots et les mêmes lettres, mais dans un ordre renversé. Quant au sens, nous n'en parlons pas ; ce vers est une petite singularité métrique, faite presque toujours pour les yeux et non pour l'esprit. Son invention un peu puérile, comme on le voit, date déjà de loin, car Sidoine Apollinaire, né à Lyon en 430 et mort évêque de Clermont en 489, donne dans ses LETTRES (*liv.* IX, *epist.* 14) la définition de ces sortes de vers qu'il nomme *Recurrentes*, et il en cite deux qu'il dit anciens. Voici le passage abrégé : *Ii versus sunt recurrentes qui, metro stante, neque litteris loco motis, ut ab exordio ad terminum, sic a fine releguntur ad summum. Sic est illud antiquum :*

Roma tibi subito motibus ibit amor.

Et aliud :

> Sole medere pede, ede perede melos.

TRADUCTION : « On appelle rétrogrades (*recurrentes*)
» des vers qui, sans que la mesure soit dérangée ni
» les lettres changées de place, présentent les mêmes
» mots, soit qu'on les lise dans leur ordre naturel,
» soit qu'on remonte de la fin au commencement.
» Tel est cet ancien vers : *Roma tibi*, etc. »

Voici d'autres exemples de vers du même genre :

> Signa te signa temere me tangis et angis.

On cite ordinairement ce vers avec le précédent, *Roma tibi*, etc.; cependant il n'est point dans Sidoine Apollinaire.

Un vieil auteur français, Adrien d'Amboise, dit, dans ses *Devises royales*, Paris, 1621, *in-8°*, qu'étant sur le chemin de Rome avec un de ses amis nommé Tedet, qui était aussi altéré que son mulet, il lui adressa le distique suivant :

> Et tenet assa sitis mulum, sitis assa tenet te,
> Ebibe, te det amor Roma, Tedete, bibe.

« C'est bien un rétrograde, dit l'auteur, lettre
» pour lettre, chaque vers en droit soy, à l'imitation
» de celui qui est tant admiré dans Sidoine, etc. »

M. Fétis, dans son traité de *la musique mise à la portée de tout le monde*, Paris, 1830, *in-8°*, parlant des *Canons* (1) que jadis les musiciens des XVIe et XVIIe

---

(1) On entend par *Canons* certaines phrases musicales dont le caractère plus prononcé offre l'avantage de pouvoir être répété plusieurs fois en contribuant à augmenter l'effet général du morceau. La principale phrase

siècles se proposaient entre eux et qu'ils accompagnaient de devises propres à en faciliter la solution, cite une de ces devises qui est un véritable rétrograde, dépourvu, comme à l'ordinaire, de toute espèce de sens :

In girum imus noctu ecce ut consumimur igni.

On voit que toutes les lettres de cette devise prises de droite à gauche, forment les mêmes mots qu'en les lisant de gauche à droite.

En voilà suffisamment sur les vers rétrogradant lettres par lettres ; donnons maintenant la définition de ceux qui rétrogradent seulement mot par mot. Sidoine Apollinaire va encore nous la fournir.

« On appelle aussi vers rétrogrades, dit-il, ceux qui conservent la même mesure pour les pieds, en reprenant non pas chaque lettre, mais chaque mot depuis le dernier jusqu'au premier ; tel est ce distique que j'ai fait sur un petit ruisseau, qui s'étant tout-à-coup grossi par un orage, avait inondé le grand chemin et les terres labourées des environs,

---

ainsi conduite d'une partie dans une autre, et variée de position, prend le nom d'*Imitation*, parce que les voix ou les instruments s'imitent mutuellement. Quand ces *Imitations* plus rigoureuses non-seulement se poursuivent dans toute l'étendue d'une phrase, mais se continuent pendant toute la durée d'un morceau, elles prennent alors le nom de *Canons*. Ce genre de musique était autrefois fort à la mode dans la société ; on les chantait à table, et presque toujours les paroles en étaient burlesques. Tout le monde connaît celui qui commence par ces mots : *Frère Jacques, dormez-vous ?* etc. Vincenzo Martini est le premier qui ait introduit les *Canons* au théâtre dans son opéra de *La Cosa rara*.

mais qui après l'orage reprit son lit ordinaire. Voici ce distique :

> Præcipiti modo quod decurrit tramite flumen,
> Tempore consumptum jam cito deficiet.

En retournant ces vers, c'est-à-dire en commençant par le dernier mot et plaçant successivement les autres dans leur ordre jusqu'au premier, on trouvera :

> Deficiet cito jam consumptum tempore flumen
> Tramite decurrit quod modo præcipiti.

La seule différence entre les vers de ces deux distiques, c'est qu'ils ont changé de mesure, l'hexamètre dans le premier est devenu pentamètre dans le second, *et vice versâ.* »

CARRÉS MAGIQUES.

Ce sont des figures carrées, composées d'une suite ou séries de nombres en proportion arithmétique, disposés dans des lignes parallèles ou en des rangs égaux, de telle sorte que les sommes de tous ceux qui se trouvent dans une même bande horizontale, verticale ou diagonale, soient toujours les mêmes, c'est-à-dire toutes égales entre elles.

Exemple de trois chiffres au carré :

$$\begin{array}{ccc} 2 & 7 & 6 \\ 9 & 5 & 1 \\ 4 & 3 & 8 \end{array}$$

Ces neuf chiffres sont disposés sur trois lignes horizontales ; additionnez les trois chiffres de chaque ligne, chaque résultat vous donnera 15.

Ces mêmes neuf chiffres forment trois colonnes ou lignes verticales, dont les additions partielles vous donneront également 15.

Enfin il y a encore dans ce carré deux lignes diagonales (savoir celle de gauche à droite, 2, 5, 8, et celle de droite à gauche, 6, 5, 4); additionnez les chiffres de ces deux lignes, vous aurez encore 15.

Autre exemple de quatre chiffres au carré :

1	2	3	4
2	3	2	3
4	1	4	1
3	4	1	2

Le résultat des diverses additions de ces lignes prises soit horizontalement, soit verticalement, soit diagonalement, présentera toujours le nombre 10. Celui-ci sera pair, tandis que le précédent était impair.

Encore un exemple ; celui-ci sera de cinq nombres au carré, et toutes les sommes sont 65 :

1	7	13	19	25
18	24	5	6	12
10	11	17	23	4
22	3	9	15	16
14	20	21	2	8

On a donné à ces différentes sortes de carrés le nom de magiques, parce que dans le principe on les a employés à des opérations superstitieuses telles que la construction des talismans, déduite de la doctrine de Pythagore et des folies de l'astrologie. Quoiqu'en général les problêmes dits *Carrés magiques* ne peuvent être d'aucun usage sérieux, et que ce ne sont que des jeux dont la difficulté fait tout le mérite, beaucoup d'auteurs s'en sont occupés. Mais le traité le plus curieux, le plus profond et le plus complet qui ait paru sur cette partie, est dû à un mathématicien dijonnais qui l'a publié récemment sous le titre suivant : TRAITÉ COMPLET *des Carrés magiques pairs et impairs, simples et composés, à bordures, compartiments, croix, chassis, équerres, bandes détachées,* etc. ; *suivi d'un Traité des cubes magiques et d'un essai sur les cercles magiques ; par M. Violle, géomètre, chevalier de S. Louis, avec atlas de 54 grandes feuilles comprenant* 400 *figures.* A Paris, chez Bachelier, libraire, quai des Augustins ; à Dijon, chez l'auteur, rue Chabot-Charny, et chez Douïllier, imprimeur-libraire-lithographe, rue des Godrans ; 1837, 2 *vol. in-8°, le 1er de* 593 *pag., et le* 2e *de* 616 *pag., avec atlas in-fol.* Prix, 36 fr. — On peut dire que la matière est épuisée dans cet ample et beau travail, dont l'impression fait le plus grand honneur à la fonderie, aux presses et à la lithographie de M. Douïllier.

DE QUELQUES NOMBRES CURIEUX,

Ou plutôt Notices relatives à la terre, à sa courbure, à sa distance du soleil, à sa surface, à sa population, etc.

La terre que nous habitons est un globe dont la circonférence est de 9,000 lieues, puisqu'elle comprend 360 degrés de 25 lieues chacun (la lieue de 2282 toises et demie); et son diamètre étant comme 355 à 113, sera de 2865 lieues; mais comme elle est aplatie aux pôles, le diamètre pris d'un pôle à l'autre sera moins grand que celui pris à l'équateur, d'un 334e (un peu moins de 9 lieues).

La terre étant sphérique, ceux qui voyagent sur mer s'aperçoivent de sa courbure en quittant les côtes qu'ils perdent insensiblement de vue à mesure qu'ils s'éloignent du rivage. On a calculé les effets de cette courbure, de sorte que dans le tableau suivant on verra que l'œil placé à telle ou telle hauteur peut apercevoir un objet à telle ou telle distance. Nous supposons que le terrain où est l'œil et où est l'objet à voir se trouve aussi uni qu'une glace ou que la mer lorsqu'elle est calme. Ainsi ce tableau va présenter les distances auxquelles, à cause de la courbure de la terre, se borne le rayon visuel, l'œil étant supposé à une certaine hauteur. Nous remarquerons d'abord que si l'œil rasait la surface de la mer, il n'apercevrait pas une planche flottante au-delà de 50 toises.

Hauteur de l'œil.		Distance à laquelle on voit.	Hauteur de l'œil.		Distance à laquelle on voit.
Pieds.	Pouces.	Toises.	Pieds.	Pouces.	Toises.
1	«	1,050	18	6	4,500
2	«	1,500	19	4	4,600
3	3	1,900	20	2	4,700
4	7¹	2,100	21	1	4,800
5	3	2,400	22	«	4,900
6	2	2,600	22	11	5,000
7	2	2,800	33	«	6,000
8	3	3,000	40	«	6,603
9	4	3,200	50	«	7,382
10	7	3,400	60	«	8,087
11	2	3,500	70	«	8,735
12	6	3,700	80	«	9,338
13	2	3,800	90	«	9,904
14	8	4,000	100	«	10,440
15	4	4,100	150	«	12,786
16	2	4,200	747	«	28,035
17	8	4,400	2988	«	57,069

Ce dernier résultat est à-peu-près la valeur d'un degré terrestre ; c'est-à-dire qu'un homme placé sur le bord de la mer à une élévation de 2988 pieds (un peu moins d'un quart de lieue de hauteur) apercevrait un objet éloigné de près de vingt-cinq lieues.

La courbure de la terre produit encore un autre effet, c'est la diminution progressive des degrés de longitude, soit au nord, soit au sud, depuis l'équateur (où ils ont 25 lieues) jusqu'aux pôles (où ils sont réduits à zéro). Les fuseaux en papier qui composent la carte que l'on colle sur les globes terrestres sont une image sensible de cette diminution, dont nous allons présenter un petit tableau calculé de cinq degrés en cinq degrés. Le premier degré qui est sous l'équateur a 25 lieues, et nous le supposons de 1000 parties ; à mesure que nous nous éloignerons de l'équateur, nous verrons ces lieues et ces parties diminuer successivement.

Degrés.	Parties.	Lieues.	Toises.	Degrés.	Parties.	Lieues.	Toises.
au 1ᵉʳ	1000	25—	»	au 50ᵉ	643	16—	159
5ᵉ	996	24—	2,065	55ᵉ	574	14—	774
10ᵉ	985	24—	1,415	60ᵉ	500	12—	1,141
15ᵉ	966	24—	338	65ᵉ	423	10—	1,290
20ᵉ	940	23—	1,123	70ᵉ	342	8—	1,256
25ᵉ	906	22—	1,501	75ᵉ	259	6—	1,072
30ᵉ	866	21—	1,484	80ᵉ	174	4—	779
35ᵉ	819	20—	1,092	85ᵉ	87	2—	408
40ᵉ	766	19—	345	87ᵉ	52	1—	704
45ᵉ	707	17—	1,546	90ᵉ	0	0—	0

Nous ne parlerons pas ici des climats, parce qu'il en est question dans toutes les géographies., au lieu que les tableaux ci-dessus s'y rencontrent rarement; nous nous contenterons de dire que, par suite des climats, les jours qui sont toujours égaux aux nuits sous l'équateur, augmentent ou diminuent de chaque côté de ce grand cercle, à mesure que le soleil s'en éloigne ou s'en rapproche en allant et revenant de l'un à l'autre tropique. Il résulte de là qu'à *Quito*, sous l'équateur, les jours et les nuits sont de 12 heures; à *Paris* les plus longs jours en été et les plus longues nuits en hiver (aux solstices) sont de 15 heures 50 minutes ; à *Torneo*, ils sont de 22 heures 14 minutes; au *Cap Nord*, ils sont de 74 jours ; et enfin à l'île *Melville*, ils sont de 102 jours. Nous n'avons pas besoin de dire que sous les pôles il y a successivement six mois de jour, et six mois de nuit y compris l'aurore et le crépuscule.

Nous ne dirons également rien du méridien, quant à la nature de ce cercle, parce que cela tient à la connaissance de la sphère, qui est familière à tout le monde ; mais comme il est difficile de se rappeler à l'instant la différence qui existe entre le méridien de tel pays et le méridien de tel autre pays, nous présenterons un petit tableau de cette différence, après avoir dit un mot du soleil dont la distance à la terre offre aussi quelques nombres curieux, et qui doit être mentionné ici d'autant plus que c'est par sa présence et par suite du mouvement diurne de la terre, que tous les points du globe de l'est à l'ouest ont successivement midi.

Le soleil est un corps sphérique et lumineux par lui-même, qui nous paraît stable au milieu de l'univers ; son diamètre est de 319,314 lieues, tandis que celui de la terre n'est que de 2865 ; il est donc 111 fois et $\frac{1}{48}$ plus grand que celui de la terre, et sa circonférence est de 957,942 lieues, ce qui le rend 1,384,462 fois plus gros que la terre. Une telle grosseur comparée à celle qui frappe nos yeux quand nous regardons cet astre, fait présumer que sa distance à la terre doit être immense. Elle l'est en effet ; mais elle varie tous les jours, parce que la terre dans sa révolution annuelle autour du soleil ne décrit pas un cercle, mais une ellipse. Il résulte de cette marche de la terre dans son orbite elliptique, que lorsque nous sommes arrivés au solstice d'été, vers le 22 juin (temps des plus longs jours de l'année), la terre est dans sa plus grande distance du soleil, et cette distance est de 34,935,000 lieues.

Au solstice d'hiver, vers le 22 décembre (temps des jours les plus courts de l'année), la terre est dans sa plus petite distance du soleil; elle n'en est plus qu'à 33,780,000 lieues.

Enfin aux équinoxes (temps où les jours sont égaux aux nuits), c'est-à-dire aux points intermédiaires entre le solstice d'hiver et le solstice d'été, vers le 21 mars; ou entre le solstice d'été et le solstice d'hiver, vers le 23 septembre, la terre est alors dans sa moyenne distance du soleil, et elle en est à 34,357,000 lieues.

Et chose qui paraît singulière aux personnes étrangères à l'astronomie, c'est que le soleil est plus près de nous de 1,155,000 lieues, au 22 décembre, où il fait si froid, qu'au 22 juin où la chaleur est déjà forte (1).

Ajoutons que la lune a aussi sa plus grande distance de la terre, qui est de 91,371 lieues; la moyenne est de 86,324 lieues; et la plus petite est de 79,963 lieues.

Mais il est temps de revenir à notre tableau relatif aux méridiens; nous l'avons composé d'un certain nombre de villes qui ont midi à des heures différentes, et nous faisons voir le rapport qu'il y a entre

---

(1) On en trouve la raison dans tous les éléments d'astronomie; nous en parlons aussi dans notre *Essai chronologique sur les hivers les plus rigoureux, depuis 396 ans av. J.-C., jusqu'en 1820 inclusivement*. Paris, Renouard, 1821, 1 vol. in-8°, page 8.

le midi d'une ville et celui d'une autre ville. Ainsi,

Quand il est midi à Paris, il est	Et quand il est midi	Il est à Paris,
h. m. s.	à	h. m. s.
midi, 10 44	à Dijon.	11 49 16 matin.
0 14 44	à Besançon.	11 45 16
0 15 12	à Vesoul	11 44 48
0 40 30	à Rome.	11 19 30
0 48 32	à Malte.	11 11 28
0 56 12	à Vienne en Autriche.	11 3 48
1 12 0	à Varsovie.	10 48 0
1 27 9	à Athènes.	10 32 51
1 46 20	à Constantinople.	10 13 40
1 51 56	à Pétersbourg.	10 8 4
1 57 32	au Caire.	10 2 28
2 12 36	à Jérusalem.	9 47 24
2 52 8	à Bagdad.	9 7 52
3 20 48	à Ispahan.	8 39 12
3 38 0	à Ormus.	8 22 0
4 39 52	à Surate	7 20 8
4 42 40	à Goa.	7 17 20
5 3 36	à Agra (Mogol).	6 56 24
6 33 0	à Siam.	5 27 0
6 57 48	à Batavia.	5 2 12
7 36 20	à Pékin.	4 23 40
8 56 36	à Méaco.	3 3 24
9 1 12	aux îles de Jeso	2 58 48
9 4 20	à l'île de Paxaros.	2 55 40
11 43 20	à l'île S.-Pierre septentrion. . . .	0 16 40
minuit 0 0	aux îles des Amis.	minuit 00
matin. 4 48 0	à Santa-Fé.	7 12 00 soir.
4 56 0	à Mexique.	7 4 00
6 37 48	à Panama	5 22 12
6 42 44	à Lima	5 17 16
6 49 40	à Philadelphie.	5 10 20
7 24 0	à Potosi.	4 36 00
7 8 0	à Quebec.	4 52 00
7 46 12	à la Martinique, au fort.	4 13 48
8 21 49	à Cayenne.	3 38 11

Quand il est midi à Paris, il est	Et quand il est midi	il est à Paris,
h. m. s.	à	h. m. s.
9 23 12	à Olinde............	2 36 48
10 2 20	aux îles Açores.........	1 57 40
10 18 40	à l'île de Fer..........	1 41 20
10 47 24	aux Canaries.........	1 12 36
11 14 13	à Lisbonne.........	midi 45 47*
11 35 52	à Madrid.............	0 24 08
11 25 24	à Dublin............	0 34 36
11 37 58	à Edimbourg........	0 22 2
11 48 24	à Bordeaux..........	0 11 36
11 50 17	à Londres...........	0 9 43
11 55 0	à Rouen............	0 5 00
11 58 4	à Calais............	0 1 56
11 59 12	à Versailles.........	0 0 48

Voyons quelle est la surface de la terre en lieues carrées. On l'évalue ainsi :

Terres connues. $\begin{cases} \text{Europe..} & 575,862 \text{ l.} \\ \text{Asie...} & 1,391,666 \\ \text{Afrique.} & 1,247,700 \\ \text{Amérique} & 1,823,563 \end{cases}$ 5,038,791 lieues.

Mers et terres inconnues. . . . . . . 20,744,409.

Total de la surface du globe . . 25,783,200 lieues car. (1).

Suivant Struyk, l'eau occupe les deux tiers, et l'on

---

(1) R. Turner, dans ses *Eléments de Cosmographie*, édition française, Paris, an XI, in-12, parle, pag. 49, d'une expérience assez bizarre qu'il a faite pour trouver dans quelle proportion est la terre relativement à l'eau, sur la surface du globe. Après avoir pris tous les fuseaux en papier qui représentent la terre en général, et dont on couvre un globe terrestre, il en a découpé avec le plus grand soin les parties qui représentent la terre et les îles; il les a pesées, ensuite il en a fait de même pour celles qui représentent la mer. Il s'est trouvé que la terre a pesé 367 grains, et la mer 1125. Ainsi le rapport de la terre à la mer serait d'un à trois, à la surface du globe. Ce qui ne s'écarte pas des données que l'on a à cet égard.

n'en connaît qu'un quart d'habité ; c'est-à-dire 6,442,500 lieues.

Quant au nombre de lieues cube, qui composent la masse du globe, on peut l'estimer 12,332,400,000.

Puisqu'on vient de parler de la quantité d'eau qui environne la terre, disons un mot des expériences de M. Halley sur l'évaporation de l'eau de la mer. Il a calculé qu'un degré de la mer (de 25 lieues carrées) doit perdre en un jour par l'exhalation 33,000,000 de tonneaux d'eau (à 2000 liv. le tonneau). Puis ensuite, supposant que la Méditerranée a 160 degrés carrés de surface, il prétend qu'elle doit perdre en vapeur dans un jour d'été, au moins 5,280,000,000 de tonneaux d'eau, ou 10,560,000,000,000 liv. Mais quelle est la quantité d'eau qu'elle reçoit? Neuf rivières considérables y ont leur embouchure ; ces rivières sont l'Ebre, l'Aude, le Rhône, le Tibre, le Pô, le Danube, le Dnieper ou Borysthène, le Don ou Tanaïs, et le Nil. Les autres rivières sont peu de chose en comparaison. D'après les expériences faites sur la Tamise, M. Halley trouve que chacune de ces rivières peut porter à la Méditerranée 203,000,000 de tonneaux par jour (1), ce qui fait pour les neuf ensemble 1,827,000,000 de tonneaux par jour ; or cette quantité ne fait guères plus que

---

(1) M. Mariotte, de l'Académie des sciences, a calculé qu'il passait sous le Pont-Royal, à Paris, 105,120,000,000 de pieds-cube d'eau par an, et que les terres qui fournissent l'eau à la Seine reçoivent des pluies 114,150,000,000 de pieds-cube dans un an, en supposant même qu'il ne tombe en pluie, par année, que 15 pouces d'eau, au lieu de 19, ainsi qu'il est reconnu pour les années communes.

le tiers de ce qui s'exhale en vapeurs en douze heures de temps ; mais les pluies et les rosées qui tombent sur sa surface y suppléent.

Passons maintenant à la population de la terre. Il est inutile de dire qu'on ne peut avoir à cet égard que des données plus que conjecturales. C'est ce que prouve la diversité des opinions de ceux qui se sont occupés de cette partie ; diversité qui est démontrée dans le petit tableau suivant où nous présentons synoptiquement le relevé de la plupart de ces différentes opinions. Chaque nombre exprime des millions, parce que la ligne ne pourrait pas contenir les six zéros à ajouter à chacun de ces nombres :

Asie.	600	500	580	500	360	330	240
Afrique . .	100	150	80	30	60	70	30
Amérique . .	160	150	80	20	50	40	25
Europe . . .	140	153	160	150	170	172	142
Australasie .	«	«	«	1/2	«	20	«

Il résulte de là que la première colonne donne un total général de popula-

tion de	1,000,000,000 d'hab.
La seconde, de	953,000,000
La troisième, de.	900,000,000
La quatrième, de	700,500,000
La cinquième, de	640,000,000
La sixième, de.	632,000,000
Et la septième, qui est de M. de Volney, de	437,000,000

On voit quelle divergence règne dans ces diverses opinions ; on sait d'ailleurs que Bushing portait l'Amérique à 160 millions, tandis que M. de Humboldt la réduit à 22. M. Goldberry met l'Afrique à 160 millions, et M. Durand n'en compte que 50. On ne varie pas moins sur la Chine; lord Macartney en porte la population à 333 millions ; le P. Amiot à 200 ; M. de Guignes à 100 ; les Russes à 70, et Sonnerat à 27. Qui pourra concilier tant de contradictions? La chose est-elle possible? Nous ne le croyons pas. Malgré cela, nous avons pensé qu'il était à propos de présenter ces différents systèmes comme objet de curiosité ; et pour compléter le tableau de ces rêveries, car on ne peut guères leur donner un autre nom, nous allons donner un aperçu des naissances par an, par jour, par heure, minute et seconde, sur toute la surface de la terre, et sur celle de l'Europe en particulier, aperçu que l'auteur du système mentionné ci-dessus dans la sixième colonne, y a ajouté. Ces tableaux ont été tirés d'un journal napolitain, intitulé l'*Echo de la vérité;* on peut dire que ce titre n'a rien de commun avec l'article en question; il n'est ici que l'écho des conjectures.

L'auteur prétend que sur le globe il naît

Par an.	23,407,407 indiv.
Par jour.	64,130
Par heure	2,632
Par minute	135
Par seconde	7

Mais pour l'Europe, il donne les proportions suivantes entre les naissances et les décès :

	Naissances.	Décès.
Par an	6,371,370	5,058,822
Par jour.	17,453	13,860
Par heure.	727	577
Par minute	66	62
Par seconde.	1	1

Un journal de Turin de 1817, supposant la terre peuplée d'un milliard d'individus qui meurent tous dans l'espace de cent ans, et comptant 33 ans par génération, estime

	qu'il naît	qu'il meurt
Par an	37,037,037 indiv.	33,333,333 indiv.
Par jour	101,471	91,324
Par heure	4,228	3,803
Par minute	70	65
Par seconde	1	1

Ensuite il établit que, sur 1000 enfants qui naissent en même temps, il en reste au bout

D'un an	740	De 60 ans	226
De 3 ans	600	De 80 ans	49
De 5 ans	584	De 90 ans	11
De 10 ans	540	De 95 ans	9
De 30 ans	446	De 97 ans	1

et il en conclut que la moitié des enfants meurt avant 17 ans, et que sur 10,000 individus un seul parvient à cent ans.

Il a ensuite calculé ou plutôt vérifié, d'après la population comparée à l'étendue du sol, quel est le nombre d'hommes existant sur un espace égal de terrain en divers pays; et il en a trouvé

En Islande	1	En Angleterre	152
En Suède	14	En France	160
En Turquie	36	Dans la haute Italie	172
En Pologne	52	A Naples	192
En Espagne	63	A Venise	196
En Irlande	99	En Hollande	224
En Suisse	114	A Malte	1103
En Allemagne	127		

On sent combien toutes ces évaluations de population, de mortalité, etc. sont conjecturales, et même la plupart ne sont que des jeux de l'esprit de calcul, hasardés sur des données inconnues.

On a trouvé qu'en France le rapport de la population aux naissances annuelles peut être de $28\frac{1}{3}$; et aux décès annuels d'à-peu-près 31 ; que le rapport de la population aux mariages annuels est de $132\frac{2}{3}$; que le rapport des naissances aux mariages est de $4\frac{2}{3}$ à-peu-près ; enfin que celui des naissances mâles aux naissances femelles est d'environ $\frac{22}{21}$.

Pour avoir le nombre d'hommes en état de porter les armes chez un peuple, on peut ôter $\frac{7}{13}$ pour les femmes, plus $\frac{1}{6}$ au-dessous de 16 ans, et $\frac{1}{9}$ au-dessus de 40.

DE QUELQUES NOMBRES AMUSANTS.

Archimède a dit : « Donnez-moi un point d'appui, et j'ébranlerai l'univers. » Ferguson, célèbre astronome et physicien anglais, s'est amusé à calculer, que si, au moment où Archimède prononça ces paroles, Dieu l'eût pris au mot en lui fournissant, avec ce point d'appui donné à 3,000 lieues du centre de la terre, des matériaux d'une force suffisante et un contre-poids de deux cents livres, il eût fallu à ce grand géomètre un lévier de douze cent milliards de cent milliards ou douze quadrillions de mille (12,000,000,000,000,000,000,000) et une vîtesse à l'extrémité du long bras égale à celle d'un boulet de canon, pour élever la terre d'un pouce en vingt-sept centaines de milliards ou vingt-sept billions d'années (27,000,000,000,000). V. Ferguson's *astronomy explained*. London, 1803, in-8°, ch. VII, p. 83.)

———

Le nombre d'abeilles dans un bon essaim est de 30,000.

Le nombre des œufs d'une morue ordinaire est de 9,300,000, suivant Leuwenhoeck.

Le nombre des facettes ou des yeux d'un papillon monte à 37,656. (Voy. Bazin, *Histoire des Abeilles*.)

Le nombre de grains de blé ordinaire dans un boisseau est de 256,000.

560 livres de blé donnent 420 livres de farine, 126 livres de son (ce qui fait 14 livres de déchet) et 550 livres de pain.

———

Un maquignon vend un cheval à un denier le clou en doublant toujours jusqu'à 24 (nombre de clous que le cheval a à ses fers); le vingt-quatrième terme de la progression est 8,388,608 deniers, qui font 34,952 fr. 51 centimes.

———

En annonçant l'édition compacte des OEuvres de Voltaire, en 12 vol. in-8°, on a dit que chaque volume aurait 1,000 pages, chaque page 50 lignes, et chaque ligne 55 lettres, ce qui fait pour la collection entière, 33,000,000 de caractères alphabétiques.

Un volume de l'Encyclopédie méthodique de 700 pages en petit-romain, contient 3,500,000 lettres.

Le fameux *Almagestum novum* de J. B. Riccioli, *Bononiæ*, 1651, 2 *vol. in-fol., fig.*, renferme 1500 pag. et 10,565,100 lettres.

Une feuille in-8° ordinaire de 16 pages, en caractère cicéro, ayant 32 lignes à la page, et 34 lettres à la ligne, contiendra 17,408 caractères. Si elle est en caractère petit-romain, à 42 lignes par page, et 42 lettres par ligne, elle renfermera 28,224 caractères. Si elle est en caractère petit-texte, à 49 lignes et 45 lettres, il s'y trouvera 35,280 caractères.

L'in-12 de 24 pages, à 30 lignes par page et à 30 lettres par ligne, contiendra en cicéro 21,900 caractères; en petit-romain, à 36 lignes, 31,968 *idem;* et en petit-texte, à 43 lignes, 42,312 caractères.

Le grand *in*-16 de 32 pages, contiendra, par feuille, en petit-romain, 42,624 caractères; et en petit-texte, 56,416.

Le format in-18 de 36 pages, en petit-romain, 36,864; et en petit-texte, 46,620.

Nous donnons ces différentes combinaisons pour faire voir combien les petits formats renferment plus de matière que les grands, et combien ils sont plus économiques. Nous n'avons point parlé des caractères gros-romain et saint-augustin, parce qu'ils sont peu usités dans les formats usuels dont nous avons parlé. Comme la plupart des lecteurs ne sont pas familiarisés avec la force des différents caractères, nous allons leur en présenter un exemple dans les cinq lignes suivantes.

Nous plaçons le gros-romain le premier.

Le saint-augustin est le second.

Le cicéro vient en troisième.

Le petit-romain est le quatrième.

Et le petit-texte le cinquième.

Il y a encore beaucoup d'autres caractères, tels que la philosophie, la gaillarde, la mignonne, la nompareille, la perle, etc. ; comme ils sont moins usuels, nous n'en parlons pas.

Dans le tableau suivant du nombre de mois, de semaines, de jours, d'heures, de minutes, de secondes, que renferment une année commune, un lustre (5 ans), et un siècle, on n'a point mentionné à l'article des jours, les 5 heures 48 minutes qui excèdent les 365 jours pour former l'année complète, parce que la longueur de la ligne ne le permettait pas ; mais elles sont comprises dans les calculs subséquents.

	L'année renferme	Le lustre renferme	Le siècle renferme
Mois....	12	60	1,200
Semaines..	52	260	5,200
Jours....	365	1,825	36,500
Heures...	8,765	43,825	876,500
Minutes (1)	525,948	2,629,740	52,594,800
Secondes.	31,556,880	157,784,400	3,155,688,000

---

(1) Croirait-on que depuis la naissance de Jésus-Christ, jusques à la fin de l'an dernier 1841, c'est-à-dire pendant près de dix-huit siècles et demi, il ne s'est pas écoulé un milliard de minutes? On n'en compte que 967,629,948.

Un homme âgé de 50 ans, doué d'une santé ordinaire, remplissant bien ses fonctions, menant une conduite régulière, et jouissant d'une honnête aisance, doit, sur les 18,250 jours (ou 50 ans) qu'il a déjà existé, avoir donné

Au sommeil (1).	6,082 jours.
Aux maladies ou incommodités passagères.	550
A la table.	1,522
Au travail.	5,532
A la promenade.	761
Aux autres délassements, jeux, chasse, voyages.	3,803

Quant à sa nourriture (2), il aura consommé à peu près

En pain.	27,080 livres.
En viande.	6,080
En légumes, œufs et fruits.	4,675
En liquides, vin, liqueurs et eau.	31,180 litres.

---

(1) Un ancien distique latin spécifie ainsi l'emploi des vingt-quatre heures du jour, pour l'homme de lettres :

Septem horas dormi, tres audi, accumbe duabus,
   Daque decem studiis, exspatiare duas.

Ce qui signifie : « Donnez sept heures au sommeil, trois à la conversa-
» tion, deux à la table, dix à l'étude et deux à la promenade. »

D'autres vers latins prescrivent ainsi la durée du sommeil selon les différents âges et les différents états :

   Quinque horas dormisse sat est juveni senique,
     Sex mercatori, septem de stemmate natis,
     Octo damus pigro, cui nulla negotia curæ.

C'est-à-dire : « Cinq heures de sommeil suffisent au jeune homme et au
» vieillard; six au négociant; sept au noble; et huit au paresseux sans-
» souci. »

Cette distribution ne pourrait-elle pas être plus rationnelle ?

(2) Voici une note sur la nourriture de l'homme, que j'ai tirée d'un ouvrage intéressant dont je ne me rappelle pas le titre : elle me paraît trouver ici naturellement sa place.

« Le premier besoin de l'homme est de se nourrir; et comme les aliments

On sent bien que ces évaluations ne peuvent être qu'approximatives, et même ne peuvent présenter qu'un terme moyen entre un grand nombre d'individus qui se trouvent dans la même hypothèse quant à l'âge, la santé, etc., mais qui tous doivent différer par le plus ou le moins d'appétit, le plus ou le moins de disposition au travail, au repos, etc., etc.

La taille moyenne de l'homme en France est de 5 pieds 2 pouces un quart, suivant Buffon.

Le volume d'un homme de 5 pieds, est d'un pied-cube et trois quarts ou quatre cinquièmes.

La surface du corps est de 9 pieds carrés.

Et la pression de l'air sur le corps est de 20,000 livres pesant, selon Lalande.

DU NOMBRE XIV
Relativement à Henri IV.

On a souvent parlé de ce nombre, on a même

---

ne contiennent pas tous la même quantité de substance nutritive, il s'ensuit qu'il en faut plus ou moins, selon la proportion dans laquelle se trouve cette substance avec les autres principes constituants de l'aliment; car, en dernière analyse, quelle que soit la nature de l'aliment, il faut que l'estomach puisse en tirer la quantité de matière nutritive nécessaire pour réparer les forces et maintenir l'existence de l'individu qui s'en nourrit. En partant de cette idée-mère, le célèbre Lagrange a comparé les différents degrés de vertu nutritive que possèdent les végétaux employés comme aliments, et il a déterminé, de la manière la plus ingénieuse, la proportion du principe nutritif entre ces diverses substances et le blé; il a fait la même opération pour toutes les matières animales qu'il a réduites par ce moyen à la viande de boucherie, et il a déduit de ses comparaisons le résultat suivant : c'est qu'il faut l'équivalent de 256 kilogrammes de blé (512 livres) et de 73 kilogrammes de viande (146 livres) par an, pour nourrir un homme. »

dressé quelques listes des événements de l'histoire de ce Prince auxquels ce chiffre se rattache, mais aucune de ces listes n'est aussi complète que celle-ci qui, d'après d'amples et nouvelles recherches, renferme quatre fois plus d'articles que les précédentes. Commençons par un singulier rapprochement :

Le 14 *mai* 1029, le premier Roi de France nommé Henri a été sacré ; et le 14 mai 1610, le dernier de nos Rois portant ce nom a été victime d'un crime affreux.

Quatorze lettres entrent dans la composition du nom de HENRI DE BOURBON, qui, dit-on, est le quatorzième de nos Rois portant les titres réunis de France et de Navarre.

Le 14 *décembre* 1553, c'est-à-dire 14 siècles, 14 décades et 14 ans après la naissance de J.-C., Henri, fils d'Antoine de Bourbon, roi de Navarre, et de Jeanne d'Albret, voit le jour au château de Pau en Béarn. — Notez que le milliaire 1553 offre, dans ses quatre chiffres additionnés entre eux, le nombre 14.

Le 14 *mai* 1554, Henri II ordonne d'élargir la rue Ferronnerie. L'inexécution de cette ordonnance occasionne la mort de Henri IV, 56 ans ou quatre fois 14 ans après que cette ordonnance est rendue.

Le 14 *mai* 1552, naissance de Marguerite de Valois, fille de Henri II et de Catherine de Médicis ; elle fut la première femme de Henri IV, qu'elle épousa le 18 août 1572, et son mariage fut déclaré nul par sentence du Pape Clément VIII, du 17 décembre 1599. Elle mourut le 27 mars 1615.

Le 14 *mai* 1588, révolte de Paris contre Henri III, à l'instigation du duc de Guise.

Le 14 *mars* 1590, Henri IV gagne la bataille d'Ivry.

Le 14 *mai* 1590, la ligue fait une procession pendant que Henri fait le siège de Paris. — Le même jour ce Prince est repoussé des faubourgs de la ville.

Le 14 *novembre* 1590, le clergé et la ligue, c'est-à-dire les SEIZE, prêtent serment de mourir plutôt que de reconnaître le Béarnais (Henri IV) et de lui obéir.

Le 14 *novembre* 1591, le grand conseil de la ligue s'assemble chez le curé de S.-Jacques pour aviser aux moyens de se défaire des politiques (on appelait ainsi les ligueurs qui tendaient à une conciliation).

Le 14 *novembre* 1592, le Parlement (la portion restée à Paris) enregistre la Bulle par laquelle le Pape donne pouvoir à son légat d'élire un roi à la place de Charles X, et surtout d'exclure du trône Henri de Bourbon, dit Henri IV.

Le 14 *décembre* 1592, la ville de Dun est remise sous la puissance du Roi.

Le 14 *juillet* 1593, le duc de Féria annonce que le Roi d'Espagne, son maître, destine au duc de Guise la princesse Isabelle-Claire-Eugénie, sa fille.

Le 14 *janvier* 1594, le Parlement de Paris proteste contre tout ce que l'on a fait antérieurement.

Le 14 *avril* 1594, les membres du Parlement, restés fidèles au Roi et qui s'étaient retirés à Tours, font leur rentrée à Paris.

Le 14 *décembre* 1599, le duc de Savoie, Charles-Emmanuel I, jusqu'alors ennemi de Henri IV, vient se réconcilier avec lui et fait son entrée à Fontainebleau.

Le 14 *octobre* 1602, les députés des Cantons suisses font leur entrée à Paris, et sont présentés au Roi.

Le 14 *mars* 1606, Henri IV, allant faire la guerre au duc de Bouillon, recommande son fils au Parlement.

Le 14 *septembre* 1606, le Dauphin (depuis Louis XIII) est baptisé.

Le 14 *mai* 1610, le Roi se rendant à l'arsenal, dans son carrosse, avec MM. d'Épernon, de Montbazon et quatre autres, est obligé de s'arrêter un instant au coin de la rue de la Ferronnerie, par l'embarras d'un coche et d'une charrette qui obstruaient cette rue. Sa Majesté était occupée d'une lettre que lisait d'Épernon, quand l'infâme Ravaillac, se précipitant à la portière, frappe le Prince de deux coups de couteau, dont l'un portant au cœur, lui ôte à l'instant la vie. — Henri IV avait vécu quatre fois 14 ans, 14 semaines et quatre fois 14 jours, c'est-à-dire 56 ans et 5 mois.

Le 14 *mai* 1611, Sully, le ministre et l'ami de Henri IV, demande son congé à la régente Marie de Médicis, et quitte la Cour.

Le 14 *mai* 1643, mort de Louis XIII, fils de Henri IV, arrivée au même quantième du mois que celle de son père (14 mai 1610); mais un autre rapprochement assez singulier, c'est que le milliaire 1643 offre dans l'addition de ses quatre chiffres, le nombre 14, comme nous l'a offert précédemment le milliaire 1553, année de la naissance de Henri IV.

Nous pensons que la liste complète des misérables qui ont attenté aux jours de Henri IV, ou qui ont conspiré contre lui, ne sera point déplacée à la suite de la notice précédente. Ces deux petites pièces, que nous avons recueillies dans les ouvrages du temps, pourront piquer la curiosité du lecteur comme sources de réflexions sur la fatalité parfois attachée aux règnes des meilleurs princes.

En 1589, aussitôt après la mort de Henri III, un nommé Rougemont fut engagé par un moine, dit le petit Feuillant, ligueur outré de la famille des Percin de Montgaillard, à tuer le nouvel Henri. Ce Rougemont, ayant révélé le fait, fut seulement condamné par arrêt du Parlement, à se tenir toujours éloigné du Roi à une distance de dix lieues.

Même année 1589, le Cordelier Robert Jessé fut pendu à Vendôme, sur l'accusation des habitants de cette ville qu'il engageait dans ses sermons à prendre les armes contre le Roi.

Le 23 *février* 1590, le P. Bourgoin, prieur des Jacobins de Paris, convaincu d'avoir été complice de Jacques Clément lors de l'assassinat de Henri III, et pris les armes à la main, combattant contre Henri IV, est condamné par le Parlement à Tours, au supplice des régicides, c'est-à-dire à être écartelé, brûlé, etc.; ce qui est aussitôt exécuté.

Le 31 *août* 1593, le jeune Pierre Barriere, batelier de la Loire, subit le même supplice à Melun, étant convaincu d'avoir voulu tuer le Roi.

Le 4 *avril* 1594, un tonnelier est pendu, pour avoir été trouvé tenant un poignard, à l'Hôtel de Nemours, où était le Roi. Il a avoué son criminel projet

Le 22 *novembre* 1594, on pendit huit hommes qui, armés de poignards, menaçaient le Roi; convaincus par leur propre aveu, ils furent à l'instant jugés et envoyés à la potence tout bottés.

Le 29 *décembre* 1594, Jean Châtel, âgé de 19 ans, est condamné à la peine du régicide, et la subit pour avoir frappé d'un coup de couteau le Roi, qui, heureusement, en fut quitte pour une dent rompue.

Le 7 *janvier* 1595, le P. Jean Guignard, jésuite, est condamné à être pendu et brûlé, comme impliqué dans l'affaire de Jean Châtel.

Le 10 *janvier* 1595, le P. Gueret, jésuite, est condamné au bannissement à perpétuité, comme compromis dans la même affaire.

Le *même jour*, le vicaire de Saint-Nicolas-des-Champs est pendu pour avoir dit, tenant un couteau : « Je veux faire un coup de S. Clément. »

Le *même jour*, Alexandre Haïus, jésuite, est condamné au bannissement, comme convaincu de tenir habituellement de mauvais propos contre le Roi.

Le 25 *janvier* 1595, Pierre Varade, recteur du Collége des jésuites, et Christophe Aubry, curé de S.-André-des-Arts, sont condamnés à être pendus, comme complices de Pierre Barriere, dont ils approuvaient le projet de tuer le Roi. Ayant pris la fuite, ils ont été exécutés en effigie, ledit jour 25 janvier.

Le 2 *mars* 1595, un voleur, nommé le Capitaine Merleau, est pendu, pour attentat à la vie du Roi.

Le 10 *avril* 1595, un nommé Lebel, jeune élève sortant du Collége de Clermont, est banni à perpétuité, pour avoir excité François Veron, élève de l'Université de Poitiers, à suivre hors du royaume les prêtres de la société de Jésus.

Le 24 *juillet* 1595, le Parlement de Paris condamne au supplice des régicides, Charles de Lorraine, duc d'Aumale (3ᵉ fils de Claude de Lorraine duc de Guise), comme l'un des chefs les plus ardents de la ligue, comme ayant contribué au meurtre de Henri III et comme ennemi de Henri IV; il n'a été exécuté qu'en effigie. S'étant retiré à Bruxelles, il y est mort en 1631, à 77 ans.

Le 16 *février* 1596, un nommé Guedon, avocat d'Angers, est pendu, pour avoir voulu tuer le Roi.

Le 9 *septembre* 1596, on pend à Meaux un Italien (pensionnaire du cardinal d'Autriche) qui avait inventé une arbalète pour tuer le Roi.

Le 4 *janvier* 1597, un tapissier de Paris fut pendu pour avoir dit : « On m'élèvera une pyramide, non pas comme pour Châtel, qui a failli son coup, je ne faudrai pas le mien. »

Le 15 *janvier* 1597, est ordonnée la saisie des biens de Jacques Maistret, évêque de Damas, suffragant de Lyon, etc., comme prévenu d'avoir attenté aux jours du Roi.

Le 10 *avril* 1597, les nommés Charpentier et Desloyes, son complice, sont roués sur la place de Grève, pour conspiration contre le Roi. (Ce Charpentier était fils du célèbre médecin de ce nom.)

La *même année* 1597, un Chartreux, nommé Ouin, est enfermé par ses supérieurs dans une prison souterraine, pour avoir manifesté l'intention d'attenter aux jours du Roi.

Même année 1597, un Capucin de Milan, surpris à la suite de la Cour déguisé en marmiton, fut pendu.

Même année 1597, un nommé Charretier fut condamné comme criminel de lèse-majesté. Les détails de cette affaire se trouvent dans un manuscrit qui existait à la bibliothèque de M. de Thou (voyez son *Catalogue*, n° 479).

En 1599, un Moine de l'Ordre des Jacobins, nommé Arger, étant venu de son couvent de Gand à Paris, dans le dessein de tuer le Roi, fut reconnu, arrêté, convaincu et condamné à être rompu vif.

Le 2 *juin* 1600, Nicole Bignon s'étant introduite dans les cuisines du Roi, avec du poison, dans le dessein d'en faire usage contre ce prince, fut condamnée à être brûlée vive ; ce qui fut exécuté sur la place de Grève.

En *janvier* 1601, un religieux Jacobin, nommé Charles Davoine, du couvent de Gand, étant venu à Paris, sous le nom supposé de Ridicovi, pour tuer le Roi, fut arrêté, convaincu et condamné à être rompu vif.

Le 31 *juillet* 1602, le maréchal de Biron est décapité à la Bastille, pour avoir conspiré contre la personne du Roi.

Le 27 *septembre* 1602, le Sr Eder de Beaumanoir de Lavardin', Baron de Fontenelles (1), fut condamné, par arrêt du Grand-Conseil, à être rompu vif, comme ayant conspiré contre le Roi, et promis de livrer des places à l'Espagne ; c'était une suite de la conspiration de Biron. Son lieutenant, calabrois de naissance, fut pendu, comme porteur de paquets de son maître en Espagne.

Le 10 *février* 1603, un sieur François Richard de la Voulte fut pendu et brûlé en Grève, pour avoir voulu empoisonner le Roi.

Le 1er *octobre* 1604, un gentilhomme gascon fut également pendu pour avoir voulu tuer le Roi.

Le 1er *février* 1605, le comte d'Auvergne, le comte de Balzac d'Entragues et sa fille Henriette, duchesse de Verneuil, furent condamnés, pour crime de haute trahison, les deux premiers à la peine de mort et la duchesse à être enfermée dans un couvent. Mais le lendemain le Roi leur fit grâce, sous condition que le comte d'Entragues remettrait à S. M. une promesse de mariage que ce prince avait faite inconsidérément à sa fille Henriette en 1599.

Le 19 *février* 1605, un gentilhomme, Louis de Lagonia, sieur de Mérar-

---

(1) Ce baron de Fontenelles était un monstre souillé de toutes sortes de crimes, vols, assassinats, etc. Il suffit de citer deux de ses exploits pour justifier cette affreuse réputation.

« Une honnête demoiselle (dit Pierre l'Estoille), de laquelle, pendant les troubles, Fontenelles avait fait le mari prisonnier, étant allée par devers lui pour composer de la rançon de son mari, paya la somme qui lui fut demandée ; et aussitôt après, Fontenelles fit pendre le pauvre mari en présence de sa femme, sur le lieu même, puis livra cette malheureuse à la brutalité de ses soldats et la fit violer devant lui.

» Une autre fois, ayant fait deux hommes prisonniers, il en fit mourir un de faim, et l'autre de trop manger, pour essayer, par plaisir, disait-il, lequel des deux mourrait le premier. On lui reprochait beaucoup d'autres actes de barbarie aussi exécrables. » (Voy. le *journal de l'Estoille*, septemb. 1602.)

gues, époux de Marie Berton de Crillon, fut décapité sur la place de Grève, pour avoir conspiré contre le Roi.

En *août* 1605, un autre gentilhomme, le sieur de Juvigni, fut poursuivi comme criminel de lèse-majesté et pendu en effigie à Paris; il s'était enfui.

Le 19 *décembre* 1605, un procureur au Parlement, nommé Desisles, arrêta sur le Pont-Neuf le Roi qui, à cheval, revenait de la chasse, et le secoua rudement par son manteau. On commençait les poursuites contre cet homme, mais le Roi voulut absolument qu'on l'enfermât comme fou.

Enfin, le 14 *mai* 1610, eut lieu l'exécrable forfait de Fr. Ravaillac.

« Mais ce jour même, il se passa, dit-on, à Paris, un fait assez singulier : un sieur de Pluviers, prévôt des maréchaux de France, attaché à la maison d'Entragues et de la marquise de Verneuil, qui avaient conspiré contre le Roi, était à jouer ou à regarder jouer à la boule, le 14 mai, vers quatre heures du soir, c'est-à-dire au moment où Ravaillac commettait son crime. Ce sieur de Pluviers se mit à dire à l'instant même : « Le Roi est mort, il vient d'être tué présentement, n'en doutez pas. » On ne fit pas d'abord attention à ce propos; mais le fait étant malheureusement arrivé, on eut soupçon que ce sieur de Pluviers avait connaissance du projet de Ravaillac. En conséquence il fut arrêté et mis à la Conciergerie; mais au bout de huit jours, on le trouva dans sa chambre étranglé avec les cordons de son caleçon. Le lendemain 19 juin, son cadavre fut pendu par les pieds sur la place de Grève, et ensuite brûlé. »

Cette dernière anecdote est-elle bien avérée? Au reste, elle termine dignement cette triste nomenclature, monument déplorable de tous les excès qu'ont enfantés les fureurs de la ligue. Revenons à des particularités moins lugubres, et qui répondent un peu plus au titre de notre recueil.

CALCUL SINGULIER

Sur le chiffre titulaire de quelques-uns de nos Rois.

Un curieux a remarqué qu'en additionnant entre eux les chiffres qui composent l'année de la naissance ou du décès de quelques-uns de nos Rois de la troisième race, on trouvait dans le résultat de chaque addition, le chiffre titulaire de chaque Prince ; ainsi :

Louis IX est né en 1215 ; additionnez les quatre chiffres de cette date, et vous aurez 9 ou ix, chiffre titulaire du saint roi.

Charles VII, dit le Sage, est né en 1402; les chiffres additionnés de cette date, vous donneront 7 ou vii.

Louis XII, le père du peuple, est né en 1461, chiffres dont la somme est 12 ou xii.

Henri IV est mort en 1610 ; additionnez et vous trouverez deux fois 4 ou iv.

Louis XIV a été roi de France en 1643, ces quatre chiffres présentent 14 ou xiv. — Le même roi est mort en 1715, cette date vous donnera également 14 ou xiv. — Il était âgé de 77 ans, encore 14 ou xiv.

Louis XVIII est né en 1755 ; additionnez et vous trouverez 18 ou xviii. Ce chiffre titulaire est le double de celui du roi qui ouvre cette petite liste ; et le triple du nombre des princes qui la composent.

AUTRE CALCUL.

Le même curieux a fait encore un calcul assez singulier sur trois événements politiques ; ces trois événements sont la chute

1° De Robespierre en 1794 ;
2° De Napoléon en 1815 ;
3° De Charles X en 1830.

La singularité de ce calcul consiste en ce que si vous additionnez entre eux les chiffres de la date relative à la chute de Robespierre, 1794, le résultat de cette addition vous présentera la date de la chute de Napoléon, 1815; et si vous faites la même opération sur la date de la chute de Napoléon, ce nouveau résultat vous présentera 1830, qui est la date juste de la chute de Charles X; application :

Chute de Robespierre.	Chute de Napoléon.	Chute de Charles X.
1794	1815	1830.
1	1	
7	8	
9	1	
4	5	
1815	1830.	

Si l'on continuait ce calcul sur les années futures jusqu'au commencement du vingtième siècle, on trouverait le résultat suivant :

1830	1842	1857	1878.
1	1	1	1
8	8	8	8
3	4	5	7
0	2	7	8
1842	1857	1878	1902.

Mais ces quatre années seront-elles signalées par quelques événements remarquables? C'est ce que l'on saura en 1903.

DE L'ARGENT CIRCULANT EN FRANCE.

La masse de l'argent qui circule en France, a été

calculée approximativement, et en différents temps, par divers économistes, de la manière suivante :

En 1716, Law l'estimait à	1,200,000,000 fr.
En 1784, Necker, à	2,166,000,000
En 1791, Arnould, à	1,992,000,000
En 1801, Desrotours, à	2,292,000,000
En 1805, Peuchet et Gerdoux, à	2,244,000,000

En prenant le terme moyen de ces quatre dernières estimations (celle de Law est trop éloignée de nous), nous trouverons une masse de 2,173,500,000 fr. Si cette somme était divisée entre les 33,540,910 français formant la population actuelle du royaume, chaque individu aurait un capital d'environ 70 fr. 40 c.

DE LA DETTE DE L'ANGLETERRE.

La dette nationale de l'Angleterre est proportionnée à sa richesse, c'est-à-dire qu'elle est immense ; et ce qui pour un particulier serait sa honte et la ruine de sa maison, est pour l'Angleterre la source de sa splendeur et la solidité de son gouvernement.

Voici la progression de cette dette depuis 1689. Elle était, à la révolution d'Angleterre :

En 1689, à la révolution,	de 1,054,925 liv. st.
1697, à la paix de Ryswick,	de 21,515,742
1714, à la paix d'Utrecht,	de 53,681,076
1758, à la paix d'Aix-la-Chapelle,	de 78,293,313
1763, à la paix de Paris,	de 183,259,275
1783, à la paix de Versailles,	de 238,232,248
1802, à la paix d'Amiens,	de 499,752,075
1813, à la chute de Bonaparte,	de 600,000,000
1827, le 3 janvier, estimée.	900,000,000

Un calculateur, qui sans doute avait du temps à perdre, s'est amusé à faire quelques estimations plus plaisantes que réelles sur cette dette qui n'était alors que de 700,000,000 sterl. (16,261,000,000 fr.). Il a trouvé que si sa valeur était représentée en billets de banque d'une livre sterl. (23 fr. 23 cent.), ces billets placés à côté l'un de l'autre couvriraient, dit-on, un espace de 4,516 milles carrés.

La même somme en pièces d'un shilling actuel (1 f. 16 c. 14) formerait une ligne équivalente à neuf fois environ la circonférence de la terre (81,000 lieues).

Si elle était en pièces d'un penny (un sou anglais qui vaut à-peu-près 10 centimes de France), elle formerait une ligne qui équivaudrait à dix-sept fois la distance entre la terre et la lune (1).

Veut-on faire transporter cette dette par une armée? Il faudrait 374,531 soldats portant chacun 40 livres d'or. Est-ce par charretée? Elle exigerait 7401 charrettes ayant 2000 livres d'or chacune. Est-ce par mer? Il faudrait, si on la payait en cuivre, 9375 vaisseaux de 500 tonneaux de charge. (Le tonneau est de 2000 liv.)

Voulons-nous compter cette somme? Pour ne pas perdre de temps, comptons 100 guinées par minute,

---

(1) N'y a-t-il pas ici exagération? car la distance moyenne de la lune à la terre étant de 86,324 lieues, cela formerait une ligne de 1,467,508 lieues Il est vrai qu'il faut 12 pennys pour former un shilling ou sou sterling. Mais tout cela ne tire point à conséquence dans une plaisanterie de cette nature, où l'on n'exige pas une exactitude aussi rigoureuse que dans une Cour des comptes, lorsqu'il est question de délivrer un *quitus*.

et nous y emploierons un peu plus de 27 ans et demi. Mais si par malice, on nous la fait compter en pennys, il nous faudrait au moins 6844 ans. Ainsi il n'y aurait guères qu'un préadamite qui pourrait en venir à bout, car il faudrait qu'il eût existé 1021 ans avant Adam. *Se non è vero, bene trovato.*

VALEUR DU PIED-CUBE D'OR ET D'ARGENT.

Le pied-cube d'or massif pèse 1300 livres ou 2,600 marcs ; le marc, estimé 847 f. 50 c., donnera pour le pied-cube . . . . 2,203,500 f.

Le pied-cube d'argent fin massif pèse 900 livres ou 1800 marcs ; le marc, estimé 55 f. 55 c., donnera pour le pied-cube . . . . 99,990 f.

Si du pied-cube d'or massif nous passons à un pied-cube d'or, composé de pièces de 20 f., nous trouverons une grande différence dans la valeur, à raison des intervalles que laissent entre chaque pièce sa forme circulaire et son empreinte, et à raison des frais de fabrication de la monnaie. Ainsi un pied-cube de pièces de 20 fr. ne vaudra au taux de cet or monnayé que . . . . 1,141,875 f. (1)

---

(1) La différence qui existe entre la valeur du pied-cube d'or massif et celle du pied-cube de pièces de 20 fr., est très-grande, par les raisons que nous en avons données ; elle s'explique encore, ou, pour mieux dire, se confirme par l'exposé suivant : c'est que, si l'on convertissait un bloc d'or massif d'un pied-cube en pièces de 20 fr., on en fabriquerait 113,500 ; au lieu qu'un pied-cube formé de ces mêmes pièces n'en renferme, comme nous le disons plus bas, que 56,700.

Nous ajouterons ici que 20 pièces de 20 fr. (leur diamètre est de 21 millimètres) et onze pièces de 40 fr. (leur diamètre est de 26 millimètres) mises l'une à côté de l'autre, forment une ligne de la longueur du mètre juste (ou 3 pieds 11 lignes et 296 millièmes).

Détails et preuves : 15 pièces de 20 f. rangées l'une à côté de l'autre donnent un pied moins une ligne, et valent en argent 300 f.

252 pièces de 20 f., empilées, donnent juste un pied, et en argent 5,040 fr.

Quinze colonnes de ces piles donnent 3780 pièces qui font une valeur de 75,600 f.

Maintenant pour former le pied-cube, il faut multiplier ces 15 colonnes par 15, ce qui donnera 225 colonnes ou 56,700 pièces qui font
en valeur . . . . 1,134,000 fr.

Pour l'évaluation de la ligne qui manque sur le pied formé de 15 pièces rangées l'une à côté de l'autre, et pour laquelle il faut prendre le 144e de la somme de 75,600 fr., montant d'une des rangées de 15 colonnes, on trouvera 525 fr. qui, multipliés par 15 pour la totalité des 15 rangées de colonnes, donneront. . . . . 7,875 fr.

    Total . . . . 1,141,875 fr.

Une masse d'or de 6 pieds-cube en pièces de 25 f. vaudrait 246,645,000 fr.

PRODUIT INOUÏ DE L'INDUSTRIE.

« On prétend qu'il existe un cas où une matière première qui vaut un half-penny ou demi-penny (1 sou de France), acquiert par la main-d'œuvre une valeur de 35,000 guinées (926,450 f.); c'est dans la fabrication des ressorts spiraux de montres. Le calcul en est singulier. Une livre de fer brut coûte un sou ; on en fait de l'acier, et avec cet acier les spiraux en question. Chacun de ces spiraux ne pèse qu'un dixième de grain, et se vend une demi-guinée (13 fr. 23 cent. 50), quand il est de première qualité. La livre pesant contient 7000 grains; elle peut donc fournir 70,000 spiraux qui, à une demi-guinée chacun, donnent 35,000 guinées. » (Extrait du *Voyage de trois mois en Angleterre, pendant l'an* IX, par M. Pictet. *Genève, Paschoud,* 1802, *in-8°.*

AVIS AUX BOURGEOIS DE JÉRUSALEM.

Un écu de six francs prêté à condition qu'on rendra sept livres au bout de la semaine, si on le laisse aux mêmes conditions pendant un an, en accumulant le capital et les intérêts qui sont toujours du sixième par semaine, rapportera un honnête intérêt dans les proportions suivantes (le capital compris) :

		f.	c.
Au bout de la	4ᵉ semaine	11	12
	8ᵉ semaine	20	62
	12ᵉ semaine	38	19
	16ᵉ semaine	70	89
	20ᵉ semaine	131	31
	24ᵉ semaine	243	28
	28ᵉ semaine	450	92
	32ᵉ semaine	835	39
	36ᵉ semaine	1410	07
	40ᵉ semaine	2512	34
	44ᵉ semaine	4654	44
	48ᵉ semaine	8622	92
	52ᵉ semaine, ou l'année complète	15,975	03

Voilà une petite somme assez avantageusement placée.

NOTICE DE QUELQUES VITESSES.

La lumière du soleil, qui nous parvient en 8 minutes 13 secondes, fait 69,695 lieues par seconde, c'est-à-dire 34,357,480 lieues pendant les 8 minutes et quart à-peu-près.

La terre a deux mouvements, l'un annuel, c'est celui par lequel elle décrit son orbite autour du soleil dans l'espace d'un an ; alors sa vitesse, dans cet orbite, est de 23,531 lieues par heure, ou 6 lieues et demie par seconde ; l'autre diurne, c'est le mouvement de sa rotation journalière sur elle-même ; sa vitesse, dans ce mouvement, pour un point de sa surface à l'équateur, sera de 375 lieues par heure, ou 9,000 lieues par 24 heures.

La lumière parcourt 4,000,000 de lieues par minute. Le soleil étant éloigné de la terre de 32,000,000 de lieues, la lumière met donc huit minutes à nous parvenir.

Le son parcourt 1038 pieds ou 175 toises par seconde, 10,380 toises ou plus de cinq lieues de poste par minute.

Un boulet de canon (du poids de 24 livres) parcourt environ 1800 pieds ou 300 toises par seconde ; (c'est pourquoi un homme peut voir la lumière du coup de canon qui le tue, mais il n'entendra pas le coup.)

La vitesse d'un vaisseau bon voilier est d'environ 19 pieds. Il peut prendre un tiers de la vitesse du vent.

Un bateau à vapeur parcourt 590 à 600 pieds

(environ 100 toises) par minute, donc par heure 6000 toises ou trois lieues de poste.

Mais la vapeur produit encore un effet plus rapide par le moyen des locomotives sur les chemins de fer. On a mandé de Londres, le 14 août 1841, que « M. Brunel, qui a construit le tunnel sous la Tamise, avait parié avec plusieurs de ses amis qu'il parcourrait sur une locomotive, en moins de cent minutes, le chemin de fer de Londres à Bristol, qui a une longueur de cent vingt milles anglais ou 48 lieues métriques de France. Le célèbre ingénieur français a gagné ce pari. Monté sur la locomotive *the courier*, à laquelle était attaché un *tender*, il a fait le trajet en quatre-vingt-dix minutes. Cette vîtesse, qui est celle d'un peu moins de deux minutes par lieue de France, ou trente-deux lieues à l'heure, est la plus grande qu'on ait encore obtenue sur un railway. M. Brunel dirigeait lui-même le remorqueur pendant son voyage. »

Passons aux animaux. Le grand aigle parcourt, dit-on, 5,626 pieds en une minute, c'est-à-dire 20 lieues en une heure.

Sous Henri II, un faucon s'échappa de la fauconnerie de Fontainebleau, et vingt-quatre heures après il fut trouvé à Malte. Il avait donc fait dans ce peu de temps 236 lieues.

Le 29 juin 1823, sur 86 pigeons envoyés d'Anvers à Paris et lâchés à neuf heures du matin, 21 se sont rendus à Anvers à trois heures après midi; c'est 74 lieues qu'ils ont fait dans l'espace de six heures.

Un renne tirant un traîneau en Laponie, fait 26 pieds par seconde.

Un cheval de course anglais parcourt 400, 410 et même jusqu'à 413 toises par minute, plus d'une lieue de poste en cinq minutes, environ douze lieues dans une heure.

Un bon cheval de cabriolet fait 12 pieds par seconde, ou 1,000 toises en 8 minutes.

La vîtesse d'un lévrier va jusqu'à 88 pieds par seconde.

Certains poissons font 24 pieds par seconde.

Des êtres inanimés et des animaux, passons à l'homme.

Les hémérodromes ou coureurs de profession chez les Grecs pouvaient courir un jour entier sans se fatiguer ; et s'il en est ainsi, combien devaient-ils faire de chemin en un jour, puisque Antistius de Lacédémone, et Philonides, coureur d'Alexandre, parcoururent, dit Pline, en 24 heures, un espace de 1,200 stades, à-peu-près 44 lieues ? Mais cela est peu croyable, car on voit dans la vie d'Aristide par Plutarque, qu'un nommé Euchidas, pour être allé de Platée à Delphes et en être revenu dans le même jour, expira quelques moments après son arrivée ; il n'avait cependant fait que 1,000 stades (37 lieues et 2,000 toises.)

Le même Pline raconte qu'un jeune Romain, âgé de 9 ans (que Martial nomme Athas), et qui vivait sous le consulat de Fonteius et de Vipsanius, (l'an 59), fit depuis midi jusqu'au soir 75 milles, (22 l. ¼).

Tibère-Néron (le fameux Tibère), allant voir son frère Drusus en Allemagne, fit avec une suite de trois chars, 200 milles (plus de 55 lieues) en un jour.

En l'année 1767, un Bohémien nommé Focke, coureur de la duchesse de Weimar, fit 76 lieues de suite en 42 heures; il ne prit d'autre repos que le temps de remettre ses dépêches à Carlsbad et de recevoir la réponse.

Un valet de chambre de M. d'Etigny, ancien intendant d'Auch et de Pau, expédié de Bayonne à Paris, fit le trajet (223 lieues) en 42 heures.

GOUTS PARTICULIERS
de quelques grands hommes et de quelques peuples.

Alexandre aimait Bucéphale; Auguste, un perroquet; Virgile, un papillon; Néron, un étourneau; Commode, un singe; Héliogabale, un moineau; Honorius, une poule.

Les Crotoniates aimaient les jeux olympiques; les Spartiates, les belles armes; les Crétois, la chasse; les Sybarites, les habits somptueux; et les Sicyoniens, les danses lascives. Cela faisait proverbe.

Don Antonio de Cordoue disait « qu'il est difficile de trouver un grand héros; qu'il est presque impossible de trouver un héros et un bon roi ensemble; enfin, qu'on n'a jamais vu et qu'on ne verra jamais un grand héros, un bon roi et un honnête homme dans la même personne. » Et Henri IV, Monsieur Antonio?

On ne connaît dans toute l'antiquité qu'un seul homme public qui ait rempli, dans toute son étendue, l'idée de la véritable grandeur, c'est Antonin; et un seul homme privé, c'est Socrate.

La grandeur d'ame consiste dans la fermeté, la droiture et l'élévation des sentiments; ajoutez-y un esprit vaste, lumineux et profond, vous aurez un grand homme.

« Si j'avais été destiné à être roi, dit le Prince de Ligne, j'aurais voulu prendre un peu de Catherine II, de Frédéric-le-Grand et de l'empereur Joseph. » Pour moi, en qualité de Français, je ne prendrais pas chez trois nations; un peu de François I, presque tout Henri IV, et les trois quarts de Louis XIV feraient un roi qui vaudrait bien celui du Prince de Ligne.

Pline l'Ancien dit (*liv.* VII) qu'on ne trouve dans toute la suite des siècles que la seule Lampédo, reine de Lacédémone, qui ait eu le bonheur d'être fille, femme, sœur et mère de rois. L'Histoire de France offre plusieurs exemples de cette nature, et cela tient au système salutaire de la royauté héréditaire.

La reine Claude, fille du roi Louis XII, a été femme du roi François I, et mère du roi Henri II.

Anne-Marie-Mauricette d'Autriche a été plus heureuse sous ce rapport ; car elle a été fille de Philippe III, roi d'Espagne, sœur de Philippe IV, femme de Louis XIII, et mère de Louis XIV.

Nous trouvons encore un exemple plus saillant dans la première race de nos rois. La fameuse Brunehaut, femme de Sigebert, premier roi d'Austrasie, en 568, et par la suite, de Mérouée, a été fille, sœur, femme, tante, mère, aïeule et bisaïeule de rois. Clotaire II, qui lui reprochait d'avoir fait périr dix rois, la fit condamner à une mort infame. Elle fut abandonnée pendant trois jours aux insultes de la soldatesque et à la cruauté des bourreaux ; ensuite on l'attacha à la queue d'une cavale indomptée. C'est ainsi qu'elle périt misérablement en 613, par ce genre de supplice digne de ces temps de barbarie (1).

DES SENS.

Voici l'ordre dans lequel la nature semble avoir établi les sens chez les différents êtres.

Dans l'homme, le toucher est le premier, c'est-à-dire le plus parfait ; le goût est le second ; la vue,

---

(1) Feu M. Girault, notre confrère à l'Académie de Dijon, a publié une savante *Dissertation sur le lieu du supplice de Brunehaut* (V. le Magasin encyclopédique, *décembre* 1810). D'après les recherches de cet antiquaire distingué, il paraît démontré que cette princesse a été arrêtée à Orville, que son supplice a eu lieu à Renève sur la Vingeanne, village de la Côte-d'Or, et que ses ossements ont été transportés dans l'église de S.-Martin d'Autun dont elle était fondatrice.

le troisième ; l'ouïe le quatrième ; et l'odorat, le dernier (1).

Dans le quadrupède, l'odorat est le premier ; le goût, le second ; la vue, le troisième ; l'ouïe, le quatrième ; et le toucher, le dernier.

Dans l'oiseau, la vue est le premier ; l'ouïe, le second ; le toucher, le troisième ; le goût et l'odorat, les derniers.

TRAITS CARACTÉRISTIQUES
De quelques peuples de l'Europe.

Si j'en crois ce que dit un auteur non suspect,
Le mensonge est normand, gasconne l'hyperbole,
Le courage français, la prudence espagnole,
La ruse italienne, et l'artifice grec.

Montesquieu disait à la suite des observations

---

(1) Quant aux facultés de notre ame, voici comment le célèbre Richerand s'exprime sur leur dissolution dans une longue agonie : « L'homme intellectuel s'éteint par degré comme l'homme physique ; et de même que tous les organes de l'économie animale ne cessent point à la fois d'agir, les facultés de l'entendement ne sont point non plus frappées d'une destruction simultanée : la sensation, la mémoire, le jugement, le raisonnement s'éteignent d'une manière successive et dans un ordre que personne jusqu'à présent n'a songé à déterminer. ...

« Dans l'oblitération successive des sens et des facultés intellectuelles, la vue, l'ouïe, l'odorat, le goût et le toucher paraissent s'éteindre dans l'ordre où je viens de les nommer. Quant aux opérations de l'entendement, le raisonnement paraît se détruire le premier, après lui le jugement, puis la mémoire et enfin la sensation.

» Ainsi donc l'ordre de décomposition des facultés intellectuelles est absolument inverse de l'ordre de composition, et la sensation par laquelle commence notre existence morale, est aussi la dernière faculté qui nous abandonne. » (V. *Nouveaux élémens de Physiologie*, par Richerand, 4ᵉ édit., 1808, 2 *vol. in-8º.*)

faites dans le cours de ses voyages : L'Allemagne est faite pour y voyager, l'Italie pour y séjourner, l'Angleterre pour y penser, et la France pour y vivre.

Il faudrait, disait quelqu'un, naître en Italie à cause de la douceur du climat ; vivre en France à cause de l'adresse à préparer les mets ; mourir en Espagne à cause de la tristesse du pays. *Italia para nacer, Francia para vivir, Espana para morir.*

Le chocolat fait les délices de l'Espagne.

Le café apaise les fumées du vin chez les Allemands.

Le thé délaie l'humeur épaisse des Hollandais (1).

Les liqueurs suspendent la mélancolie des Anglais.

La limonade tempère l'ardeur des Italiens.

La bière réjouit le cœur des Suédois.

L'eau-de-vie est l'élément des Polonais.

Le tabac est la passion du Turc.

L'hydromel est le nectar des Moscovites.

Une table délicate est le paradis des Français.

A table, l'Allemand est mangeur ; l'Anglais, ivrogne ; l'Espagnol, frugal ; le Français, délicat ; et l'Italien, assez sobre.

---

(1) Je ne sais quel auteur a dit que « la Hollande est un pays où le démon de l'or est couronné de tabac, habillé d'épices et assis sur un trône de fromage.

La magnificence éclate, chez les Allemands, dans les fortifications ; chez les Anglais, dans les flottes ; chez les Espagnols, dans les armes ; chez les Français, dans les hôtels et dans l'ameublement ; chez l'Italien, dans les temples.

―――

Les maris sont maîtres en Allemagne, valets en Angleterre, compagnons en France, geoliers en Italie, tyrans en Espagne.

―――

En fait de conseils, l'Allemand est lent ; l'Anglais, déterminé ; l'Espagnol, fin et prévoyant ; le Français, précipité ; et l'Italien, subtil.

Quant au caractère, l'Allemand est sérieux ; l'Anglais est doux ; l'Epagnol, grave ; le Français, gai ; et l'Italien, facile.

―――

Veut-on s'informer de quelqu'un, on demande en Espagne : Est-ce un grand de première classe ? En Allemagne : Peut-il entrer dans les chapitres ? En France : Est-il bien à la Cour ? En Holllande : Combien a-t-il d'or ? En Angleterre : Quel homme est-ce ?

―――

On dit : Ecrire en Italien, se vanter en Espagnol, tromper en Grec, et dépenser comme un Français.

―――

Le Père Bouhours, qui regardait les langues française, italienne et espagnole, comme trois sœurs nées de la langue latine, disait : « Il me semble que la langue espagnole est une orgueilleuse qui le porte haut, qui se pique de grandeur, qui aime le faste et l'excès en toute chose; la langue italienne est une coquette, toujours parée et toujours fardée, qui ne cherche qu'à plaire et qui se plaît beaucoup à la bagatelle; la langue française est une prude, mais une prude agréable, qui, toute sage et toute modeste qu'elle est, n'a rien de rude ni de farouche. »

Il serait très-difficile d'assigner les rangs entre les cinq principales nations de l'Europe, pour les différentes parties des connaissances humaines qu'elles ont cultivées; d'abord, parce qu'il faudrait être très-instruit dans l'histoire littéraire comparée de chaque peuple; et ensuite, parce que l'on froisserait nécessairement l'amour-propre de quelques nations; et les nations ne sont pas moins susceptibles à cet égard que les individus. Cependant je ne puis résister à la tentation de rapporter une petite liste relative à cet objet, qui m'a été communiquée par un homme érudit, mais dont je ne suis nullement en état de garantir les décisions, ni même de les approuver ou blâmer partiellement. Voici sa liste; chacun est libre de la réformer comme il jugera convenable. Les rangs sont désignés par un N°.

	Allem.	Angl.	Espagn.	Franç.	Ital.
Pour la Théologie	3	4	2	1	2
Le Droit	1	3	5	2	4
La Philosophie	1	2	4	2	3
L'Esprit philosophique	3	1	5	2	4
Les Sciences	3	1	4	1	2
L'Éloquence	3	2	3	1	3

	Allem.	Angl.	Espagn.	Franç.	Ital.
Le Poëme épique.	4	2	5	3	1
Le Poëme didactique.	4	3	5	1	2
Le Théâtre.	3	3	4	1	2
La Fable.	2	2	2	1	3
La Poésie légère.	4	3	5	1	2
Les Romans	2	1	2	1	3
La Géographie.	3	1	4	2	5
L'Histoire.	3	1	3	2	1

En fait de chant, l'Espagnol pleure, l'Italien se plaint, l'Allemand meugle, le Flamand hurle, et le Français chante.

Mouton d'Espagne, bœuf d'Angleterre, veau d'Italie.

Des gants de femme doivent être préparés en Espagne, coupés en France, et cousus en Angleterre.

LA BEAUTÉ.

Le chef-d'œuvre de la beauté serait la femme qui aurait les yeux, le maintien et la démarche de Junon, le visage d'Hébé, le charme de Vénus, la taille de Diane, les bras de Minerve, les mains de Latone, les pieds de Thétis, la blancheur de Vesta, la fraîcheur de Flore et les grâces d'Euphrosine (1).

---

(1) On prétend que les femmes de l'antiquité qui ont le plus approché de ce modèle, sont : Sémiramis ; Hélène ; Andromaque ; Hécube ; Polixène ; Pénélope ; Phryné, d'Athènes ; Diotime, d'Athènes ; Laïs, de Corinthe ;

On donne avis aux jeunes gens, que pour avoir un beau physique, il faut réunir la tête d'un *Anglais*, les yeux d'un *Italien*, la main d'un *Allemand*, la taille d'un *Français*, et la jambe d'un *Espagnol*.

Lorsqu'un objet fait résistance,
L'Anglais fier et vain s'en offense ;
L'Italien est désolé ;
L'Espagnol est inconsolable ;
L'Allemand se console à table ;
Le Français est tout consolé.

Thalès dit que de toutes les choses,
La plus ancienne est Dieu,
La plus belle est le monde,
La plus forte est la nécessité,
La plus grande est l'espace,
La plus sage est le temps,
La plus prompte est la pensée,
La plus commune est l'espérance.

L'homme, disait Prioli, ne possède que trois choses, l'ame, le corps et les biens, qui sont continuellement exposés à trois sortes d'embuscades. L'ame, à celles du démon ; le corps, à celles du médecin ; et les biens, à celles de l'avocat et du procureur.

Lamia, dont était épris Démétrius-Poliorcète ; Argia, femme de Polynice ; Alceste, épouse d'Admète ; Sysigambis, femme de Darius ; Lucrèce ; Cléopâtre ; Panthée, épouse d'Abradate ; Rhodope, dont le roi Psammétique fut amoureux à la vue de son soulier ; Hesione ; l'impératrice Livie ; Terentia, femme de Mécène ; Faustine ; Zénobie, etc., etc., etc.

En fait de fortune, dit Franklin, assez, c'est justement un peu plus qu'on n'a.

L'esprit et la raison ont été créés, comme le mari et la femme, pour s'aider mutuellement ; et comme eux aussi, ils sont presque toujours en querelle.

Il faut, en affaires, un peu de dissimulation et non de la fausseté; la dissimulation est aux affaires ce que l'alliage est à la monnaie ; un peu est nécessaire, trop la discrédite.

Pythagore disait : Il faut ne faire la guerre qu'à cinq choses, aux maladies du corps, à l'ignorance de l'esprit, aux passions du cœur, aux séditions des villes, et à la discorde des familles ; voilà les cinq choses qu'il faut combattre de toutes ses forces, même par le fer et par le feu.

Le médecin Samuel Sorbière divisait les choses ainsi qu'il suit :

Celles qu'il vaut mieux faire que dire; celles qu'il vaut mieux dire que faire ; celles qu'il ne faut ni dire ni faire ; celles qu'il faut faire et dire.

Il met au premier rang, les plaisirs des sens et particulièrement ceux du goût et de l'attouchement, desquels la prudence conseille de jouir en secret ou sans ostentation.

Au second rang, sont toutes les choses qui regardent la défense et qui servent à nous faire craindre ou à ôter les obstacles que l'on nous peut apporter. Ainsi il vaut mieux que la bravoure et le courage paraissent par des menaces que par des effets, et il vaut mieux tuer les gens par des paroles que par l'épée.

Au troisième rang, sont toutes les choses injustes, et qui tendent à ravir le bien d'autrui.

Il range dans le dernier ordre tout ce que les lois et la piété enseignent de pratiquer; il le faut faire à la vue de tout le monde, et même il est bon de s'en entretenir.

La félicité, selon Sorbière, consiste dans quatre choses :

La santé, la tranquillité d'esprit, les biens de la fortune, des amis de réputation.

VIE DE L'HOMME.

La vie de l'homme, dit le même auteur, est divisée en cinq âges ou actes.

1° L'âge de l'innocence, ou l'enfance; acte où l'on ne voit goutte.

2° L'âge des passions, ou de l'adolescence; acte où l'on voit trop et l'on a la berlue.

3° L'âge de l'entendement et des sciences; acte où l'on a la vue plus nette et plus étendue.

4° L'âge des honneurs et des emplois, ou l'âge mûr; acte où l'on ne regarde que l'ambition et l'intérêt.

5° L'âge de la piété et du repos, ou de la vieillesse; acte où l'on s'attache à ces deux choses très-importantes.

Un autre moraliste a dit :

Chaque âge a ses ressorts qui le font mouvoir, mais l'homme est toujours le même : à dix ans, il est mené par des gâteaux; à vingt, par une maîtresse; à trente, par les plaisirs; à quarante, par l'ambition; à cinquante, par l'avarice. Y a-t-il eu pendant cet espace de temps une petite place réservée à la sagesse?

———

Voici des vers français sur le même sujet ; c'est une traduction d'un morceau détaché de Shakespeare, que nous puisons dans l'excellent ouvrage de M. Hennet, intitulé : *Poétique anglaise*. Paris, 1806, 3 *vol. in-8°.*

Qu'est-ce donc que le monde? un théâtre; et la vie,
Qu'est-elle, mes amis? rien qu'une comédie.
Homme, femme, chacun, selon l'âge et le temps,
En sept actes remplit sept rôles différents.
D'abord, c'est un marmot sur les bras de sa mie,
Un petit animal qui toujours pleure et crie.
Puis, le sac sur le dos, voilà mon polisson;
Vers l'école rampant comme un colimaçon.
Bientôt ivre d'amour et brûlant de tendresse,
Il chante les yeux bleus de sa blonde maîtresse;
Il jure que jamais..... Soudain le tambour bat,
Mars succède à l'Amour, et le voilà soldat,
Jurant, buvant, fumant, faisant le diable à quatre,
L'œil fier, le poil épais, toujours prêt à se battre,
Et courant à la gloire à travers les boulets.
Mais bientôt les combats ont fait place aux procès;
Mon juge bien nourri, hérissé de science,

Amène gravement sa robe à l'audience.
Le sixième acte s'ouvre, et je vois mon barbon
Dans sa robe de chambre et son grand pantalon.
Un des bas qu'il portait quand il chantait Climène,
De ses jambes tiendrait, oui, presque une douzaine;
Lunettes sur le nez, affublé d'un bonnet,
Sa voix mâle se change en un aigre fausset.
L'acteur arrive enfin à la scène dernière,
Une seconde enfance achève sa carrière :
Il perd et la mémoire, et l'ouïe et le goût,
Et la voix, et les dents et les yeux ; il perd tout.

> Pour vivre dix fois dix,
> Faut se lever à six,
> Manger la soupe à dix,
> Le soir souper à six,
> Et se coucher à dix.

Rabelais dit :
> Lever à cinq, dîner à neuf,
> Souper à cinq, coucher à neuf,
> Font vivre d'ans nonante et neuf.

Quant à la division et à l'emploi du jour de vingt-quatre heures, on a dit qu'en général l'homme devait donner huit heures au sommeil, huit heures au travail et huit heures au repos, (à la récréation). Cela ne peut guère s'appliquer qu'à l'homme fait et même qui a un peu outre-passé l'âge mûr. Il nous semble aussi que dans cette distribution, on a fait bien large part au sommeil.

D'après les expériences de Sanctorius, médecin de Padoue, qui a passé trente ans de sa vie dans des balances, pesant exactement ce qu'il prenait, et ce qu'il rendait par les différentes voies, il a été reconnu qu'un homme, pour se bien porter, doit régulièrement rendre par les pores (1) ou par la transpiration insensible, les cinq huitièmes, ou cinq onces sur huit onces qu'il prend tant en aliments solides qu'en boisson.

Le médecin Sorbière, cité plus haut, disait, dans le style de son état, en parlant des hérésies, que les *maladies* du *corps* ecclésiastique ont été causées par les *débauches* de l'esprit humain, et que la *plénitude* de quelques prélats ou l'*inanition* de quelques mécontents qui ne se croient pas assez bien partagés, ont ému la *bile,* et causé le *dévoiement* des hérésies.

---

(1) Les pores sont de petites ouvertures dont la peau de l'homme est parsemée. Leuwenhoeck, célèbre par ses observations microscopiques, a trouvé que sur un morceau de peau humaine, de la longueur d'une ligne, abstraction faite de sa largeur, on découvre 120 ouvertures ou pores rangés en ligne droite sur cet espace; ce serait donc par pouce sur cette même peau, 1440 pores. Mais pour rendre le calcul général que nous voulons faire, plus facile, réduisons le nombre de ces pores à 1000 par pouce, on aura encore par pied, 12000 ; ce qui donnera pour un pied-carré douze mille fois douze mille ou 144,000,000 de pores. Or, l'étendue de la peau humaine dans une personne de moyenne taille, doit être au moins de quatorze pieds-carrés ; ce sera donc une quantité de 2,016,000,000 de pores répandus sur toute la surface du corps humain.

Le nombre des os du corps humain est ordinairement évalué à deux cent quarante, savoir : pour la tête 62 ; pour le tronc 54; pour les épaules, les bras et les mains 64 ; enfin pour les cuisses, les jambes et les pieds 60.

On prétend qu'il existe dans la bibliothèque impériale de Vienne un manuscrit grec renfermant le *Symbole des Apôtres* divisé en douze articles, avec les noms de ceux qui les ont composés.

Le premier est atribué à S. Pierre; le second, à S. André; le troisième, à S. Jacques le majeur; le quatrième, à S. Jean; le cinquième, à S. Thomas; le sixième, à S. Jacques le mineur; le septième, à S. Philippe; le huitième, à S. Barthelemy; le neuvième, à S. Mathieu; le dixième, à S. Simon; le onzième, à S. Thadée; et le douzième, à S. Mathias.

Cette opinion n'est pas admise, quoique S. Léon paraisse la partager.

QUELQUES RAPPROCHEMENTS HISTORIQUES
CLASSÉS CHRONOLOGIQUEMENT.

L'an 1334 av. J.-C., on a, dit-on, commencé à faire usage des armes en fer.

L'an 1334 dep. J.-C., les armes à feu ont été, dit-on, découvertes.

Vers 884 avant J.-C., naissance d'Homère. Sept villes de la Grèce se sont disputé l'honneur de lui avoir donné le jour : ce sont Cumes, Smyrne, Chio, Colophon, Pylos, Argos et Athènes.

En 1547 dep. J.-C., naissance de Cervantes. Sept villes d'Espagne se sont disputé l'honneur d'avoir été son berceau : ce sont Madrid, Séville, Lucerna, Tolède, Esquiias, Alcazar, San-Juan et Consuegra.

L'opinion la plus commune est qu'Homère a vu le jour à Chio.

On sait maintenant que Cervantes est né à Alcala de Henarès le 9 octobre 1547.

L'an 753 av. J.-C., Romulus fonde Rome; et l'an 31 av. J.-C., Auguste fonde l'empire romain.

L'an 476 ou plutôt 480 depuis J.-C., Romulus-Augustule, réunissant les noms des deux fondateurs, est le dernier empereur de Rome et de l'empire romain.

Le 11 *juin* 62 dep. J.-C., Octavie, sœur de Britannicus et femme de Néron, reléguée dans l'île de Pandataria, est mise à mort (étouffée dans un bain) par ordre de son farouche époux. Elle avait vingt ans.

Le 21 *janvier* 98, mort de l'empereur Nerva, dont tous les historiens louent la douceur, l'équité ; il eut toutes les vertus hors la fermeté. On sentait sous son empire que « si » c'est un malheur de vivre sous un » règne où tout est défendu ; c'en est » un plus grand de vivre sous celui » où tout est permis. »

Le 26 *novembre* 329, Constantin le Grand jette les fondements de Constantinople sur les ruines de Byzance presque entièrement détruite par Sévère.

Le 22 *juillet* 732, Charles Martel gagne la bataille de Poitiers, et la France échappe au joug des Sarrasins.

En 1140, S. Bernard, la plus grande illustration de l'Eglise et de l'éloquence de son siècle, fait condamner, au Concile de Sens, la doctrine d'Abailard.

En... *mai* 1234, Marguerite de Provence épouse S. Louis, roi de France, et lui apporte en dot la somme de 20,000 liv.

Le 11 *juin* 68, l'infâme Néron, la honte de l'Empire et du genre humain, est enfin réduit à se donner la mort. Aidé par son secrétaire Epaphrodite, il s'enfonce un poignard dans la gorge et expire. Il était âgé de 31 ans.

Le 21 *janvier* 1793, mort de Louis XVI, le plus vertueux, le meilleur et le plus infortuné des rois. C'est de son règne que l'on peut dire comme de celui de Nerva : « Si c'est » un malheur de vivre sous un règne » où. . . etc., etc., etc.

Le 29 *mai* 1453, Constantin Paléologue, dernier empereur d'Orient, est tué à la prise de Constantinople, dont s'empare Mahomet II, et qui devient la capitale de l'empire Ottoman. Cette ville fondée par un Constantin a succombé sous un Constantin.

Le 22 *juillet* 1214, Philippe Auguste sauve sa vie et son royaume à la bataille de Bouvines qu'il gagne contre l'empereur Otton de Brunswick, les Anglais, les Flamands, etc.

En 1699, Bossuet, l'homme le plus instruit et le plus éloquent de son siècle, fait condamner par la Cour de Rome, la doctrine de Fénélon, énoncée dans ses *Maximes des Saints*.

En... 1661, Hortense Mancini, duchesse de Mazarin, épouse le marquis de la Meilleraie, et lui apporte en dot 20,000,000 liv.

Le 6 *avril* 1327, la célèbre LAURE s'offre pour la première fois aux regards de Pétrarque, dans l'église de Sainte-Claire à Avignon ; c'était à Vêpres.

Le 6 *avril* 1348, « Le même jour, à la même heure, dans la même église (dit PÉTRARQUE, parlant de Laure), cette lumière s'est éteinte ; ce soleil a quitté le monde où il brillait. »

Le 30 *mai* 1431, mort de JEANNE D'ARC, suppliciée à Rouen.

Le 30 *mai* 1778, mort de l'auteur de la *Pucelle d'Orléans*, honoré à Paris.

Le 13 *avril* 1436, la ville de Paris et la France rentrent, au bout de seize ans, sous la domination de leur légitime souverain CHARLES VII.

Le 13 *avril* 1814, la ville de Paris et la France rentrent, au bout de vingt-deux ans, sous l'autorité de S. M. LOUIS XVIII.

Le 13 *décembre* 1553, jour de la naissance de HENRI IV, le modèle des bons rois.

Le 13 *décembre* 1560, jour de la naissance de SULLY, le modèle des bons ministres.

Le 27 *mai* 1564, mort de CALVIN, dont la doctrine fut celle de Henri IV jusqu'en 1594, époque où il se convertit.

Le 27 *mai* 1610, supplice de RAVAILLAC, qui poignarda le bon Henri parce que ce prince avait été calviniste.

Le 25 *août* 1569, les CALVINISTES massacrent les nobles et les prêtres dans le Béarn et dans la Navarre.

Le 25 *août* 1572, les CALVINISTES sont massacrés à Paris et dans d'autres villes.

Le 25 *octobre* 1615, LOUIS XIII épouse l'infante d'Espagne ANNE D'AUTRICHE ; ce qui donne lieu aux rapprochements suivants :

Le nom de LOYS (1) DE BOURBON contient treize lettres.

Le nom d'ANNE D'AUTRICHE contient treize lettres.

Ce prince avait treize ans quand ce mariage fut résolu.

Cette princesse avait treize ans à la même époque.

Il était le treizième roi de France du nom de Loys, ou plutôt de Louis.

Elle était la treizième infante du nom d'Anne d'Autriche.

---

(1) Tous les Rois de France du nom de Louis, qui ont précédé Louis XIII, se nommaient LOYS, ou du moins ce nom s'écrivait ainsi. C'est à Malherbe que l'on doit le changement de LOYS en LOUIS. Un jour Henri IV lui montrait une petite lettre que le Dauphin (Louis XIII, encore enfant) venait de lui écrire, et elle était signée LOYS ; Malherbe dit qu'il était assez content de la lettre, mais non de la signature qui était gothique, et qu'il fallait écrire d'une manière plus moderne et plus conforme à la prononciation. Dès-lors nos rois ont signé LOUIS.

Le 23 *avril* 1616, mort de SHAKESPEARE.

Le 23 *avril* 1616, mort de CERVANTES.

Ce sont les deux génies les plus notables de leur temps.

En *août* 1624, la statue en bronze de HENRI IV est érigée sur le Pont-Neuf à Paris, sous le règne de Louis XIII.

En *août* 1792, cette statue est renversée et brisée, sous le règne de Louis XVI.

Et en *août* 1818, elle est rétablie et replacée sur le Pont-Neuf, sous le règne de Louis XVIII.

Le 8 *juin* (1) 1630, naissance de CHARLES II, fils de l'infortuné Charles I, roi d'Angleterre, et de Henriette de France, fille de Henri IV, et sœur de Louis XIII.

Le 8 *juin* 1660, entrée solennelle du même CHARLES II, à Londres, après son long exil et tous les malheurs dont Cromwel a accablé la famille de ce prince.

Le 29 *janvier* 1697, M. de BROQUEMAR, président au Parlement de Paris, meurt subitement dans cette ville.

Le 30 *janvier* 1697, M. de *Broquemar*, frère du Président, officier, meurt subitement à Bergue, dont il était gouverneur.

L'histoire de ce Président et celle de son frère le militaire offrent des rapprochements sympathiques vraiment extraordinaires. Ils étaient jumeaux, et se ressemblaient au point qu'on ne pouvait les distinguer que par leur costume.

Un jour le Président étant à l'audience ressent une vive douleur à la cuisse; peu de temps après il reçut une lettre qui lui annonça la nouvelle rapportée ci-contre.

Le même jour, et à la même heure, le militaire étant à l'armée recevait un coup d'épée au même endroit et du même côté où le président avait ressenti la douleur.

En général, les deux frères, doués de la même constitution, du même caractère, éprouvaient les mêmes sensations, les mêmes affections tant au physique qu'au moral, quoique séparés l'un de l'autre.

En 1712, le coche des lettres et dépêches de Londres à Edimbourg, capitale de l'Ecosse (distance 125 lieues), mettait treize jours pour faire le trajet.

En 1835, la malle-poste de Londres à Edimbourg fait le même trajet en 46 heures, c'est moins de deux jours.

---

(1) Le 8 juin, selon le comput anglais de ce temps-là, répond au 29 mai selon le comput Grégorien. Ce ne fut qu'en 1752 que les Anglais adoptèrent la réforme grégorienne. Un acte du Parlement tenu à Westminster, en 1751, ordonna qu'à partir de 1752, les années commenceraient au 1er janvier, et que le 3 septembre 1752 serait compté pour le 14 du même mois.

Le 9 *juillet* 1744, la célèbre impératrice Catherine II, n'étant encore que princesse d'Anhalt-Zerbst, embrasse la religion grecque pour épouser Pierre III.

Le 9 *juillet* 1762, Catherine II détrône Pierre III son époux, qui, peu après, fut étranglé en prison.

Le 10 *mai* 1774, mort de Louis XV.

Le 10 *mai* 1794, mort de sa petite-fille l'infortunée princesse Madame Elisabeth.

Le 15 *juin* 1774, Louis XVI, accompagné de sa jeune épouse, la reine Marie-Antoinette, fait sa première entrée comme Roi dans la Capitale. Cette entrée fut solennelle, et toute la ville retentit d'acclamations et de vœux pour la longue prospérité du règne qui commençait.

Le *même jour*, lorsque le cortège passa devant le collége de Louis-le-Grand, un des élèves fut choisi pour présenter aux augustes époux les vœux de l'Université. Cet élève fut.... le jeune Maximilien Robespierre, qui par la suite...!!!

Le 4 *juillet* 1782, commence la révolution des Etats-Unis d'Amérique.

Le 14 *juillet* 1789, commence la révolution française.

Le 10 *août* 1788, arrêt du Conseil d'Etat par lequel Louis XVI indique l'assemblée des états-généraux pour le 1er mai 1789. (Ils ne se sont ouverts que le 5 mai.)

Le 10 *août* 1792, le château des Tuileries est pris d'assaut; le Roi et sa famille se rendent à l'assemblée législative, puis bientôt ils sont conduits au Temple d'où ils ne sortiront que pour aller au supplice.

En 1789, la population de la France est de 25,000,992 habitants.

En 1841, la population de la France est de 33,540,910 habitants.

Le 1er *avril* 1793, le grand-seigneur, Sélim III, recevant le décret de la Convention du 21 septembre 1792, portant abolition de la royauté, dit : « La république du moins n'épousera pas une archiduchesse d'Autriche (1). »

Le 1er *avril* 1810, l'héritier de la république, Napoléon Buonaparte, de général, devenu Empereur, épouse une archiduchesse, Marie-Louise d'Autriche.

---

(1) On sait que les alliances par mariage ont toujours été avantageuses à la maison d'Autriche. C'est ce qui a donné lieu à ce distique :

Bella gerant alii, tu, felix Austria, nube,
Nam quæ Mars aliis, dat tibi regna Venus.

Le 28 *juillet* 1793, Robespierre fait mettre hors la loi les députés Buzot, Barbaroux, Lanjuinais, Pétion, Biroteau, Formont, Louvet, etc.

Le 29 *mai* 1795, le sieur Ruhl, membre de la Convention, destructeur, à Reims, de la Sainte-Ampoule, qu'il avait brisée le 6 octobre 1793, se tue d'un coup de pistolet pour éviter l'échafaud.

En 1806, M. Fox, après avoir formé un ministère dont il était le chef, parla pour la dernière fois à la Chambre dans le mois de juillet, et alla mourir dans le mois d'août à Chiswick.

Le 19 *octobre* 1813, mort du prince Poniatowski, qui s'est noyé en traversant l'Elster, lors de la déroute de l'armée française à Leipsick.

Le 27 *juillet* 1824, est mort à Bridge-Hille, près de Cantorbery, M. le lieutenant-général, baron de Montesquieu, petit-fils de l'auteur de l'*Esprit des Lois*; il était le seul rejeton de ce grand homme.

Etc., etc., etc., etc., etc.

Le 28 *juillet* 1794, Robespierre est condamné à mort et exécuté avec une partie de ses complices, Couthon, Saint-Just, Dumas, Vivier, Henriot, Payan, etc.

Le 29 *mai* 1825, Charles X, roi de France, est sacré à Reims avec les débris de la Sainte-Ampoule que l'on avait secrètement mais précieusement recueillis.

En 1827, M. Caning, après avoir formé un ministère dont il était le chef, parla pour la dernière fois à la Chambre dans le mois de juin et alla mourir, au mois d'août, à Chiswick, dans la même chambre qu'habitait M. Fox.

Le 19 *octobre* 1821, mort du général Mokronowski, auteur du monument élevé à la mémoire du prince Poniatowski, et de M. Le Castellan Limowski, exécuteur testamentaire du même prince.

Le 16 *août* 1824, est mort à Château-Thierry, M. Hugues-Charles Lafontaine, arrière-petit-fils de Jean Lafontaine, le fabuliste inimitable; il était le seul rejeton de ce grand homme.

Etc., etc., etc., etc., etc.

CONTRASTE
Entre quelques usages des Orientaux et quelques habitudes des Occidentaux.

Les Orientaux conservent, depuis plusieurs siècles, le même costume, les mêmes mœurs, les mêmes habitudes.

Les Occidentaux sont partisans du changement; les modes varient chez eux, ainsi que les mœurs, les usages et les habitudes.

Les Orientaux ne font jamais d'exercice, à moins qu'ils n'aient un but déterminé.

Les Occidentaux sont toujours en mouvement, et prennent beaucoup d'exercice.

Les Orientaux ont fort peu de besoins.

Les Occidentaux en ont beaucoup.

Les Orientaux se rasent la tête et laissent croître leur barbe.

Les Occidentaux se rasent la barbe et laissent croître leurs cheveux.

Les Orientaux croiraient manquer à la politesse s'ils se découvraient la tête en présence d'un étranger, ou d'un homme en dignité.

Les Occidentaux, en pareille circonstance, se découvrent toujours la tête en signe d'égards et de respect.

Les Orientaux sont sobres; l'interdiction du vin et des liqueurs fortes contribuent peut-être à cette sobriété.

Les Occidentaux sont en général gourmets, gourmands et friands (1).

Les Orientaux, étant à table, mangent avec leurs doigts.

Les Occidentaux se servent de cuillers et de fourchettes.

Les Orientaux, surtout les Mahométans et les Juifs, ont une horreur religieuse de la viande de porc.

Les Occidentaux la recherchent et s'en régalent avec sensualité.

Les Orientaux s'asseyent et se couchent sur des nattes.

Les Occidentaux s'asseyent sur des chaises et se couchent dans des lits.

Chez les Orientaux, la polygamie a lieu, soit pour le nombre de femmes, soit pour le nombre de concubines.

Chez les Occidentaux, dans presque toute l'Europe, on est restreint à la monogamie, et la polygamie est un crime.

---

(1) M. le docteur Descuret dit (dans son intéressante *Médecine des passions*, chap. Gourmandise, p. 346) que, « généralement parlant, les
» Espagnols sont sobres, les Français gourmets, les Anglais gourmands,
» les Italiens friands, les Anglo-Américains goinfres, les Russes goulus, et
» les Cosaques gloutons. »

Chez les Orientaux, les femmes sont enfermées dans leurs appartements, ou du moins elles ne sortent jamais sans être voilées de la tête aux pieds, ou enfermées dans un palanquin.

Chez les Occidentaux, les femmes jouent un rôle dans la société; elles se montrent en public, et sont parfaitement libres de sortir de chez elles à pied ou en voiture.

Les Orientaux, naturellement indolents, aiment de préférence tout ce qui tend à les laisser dans un état d'ignorance et de barbarie, ou plutôt de repos.

Les Occidentaux, toujours actifs, tendent sans cesse à marcher en avant dans la route de la civilisation, des découvertes et des progrès en tous genres.

Chez les Orientaux, la justice n'a d'autre base que la volonté du Sultan qui peut disposer à son gré de la vie et de la propriété de ses sujets.

Chez presque tous les Occidentaux, la justice s'administre d'après des lois positives auxquelles est soumis le souverain lui-même.

Les Orientaux tiennent fortement à la liberté individuelle, et la défendent aux dépens de leur vie; mais ils mettent peu de prix à la liberté civile.

Les Occidentaux ne craignent pas de voir restreindre leur liberté individuelle par des lois sages, communes à tout le monde; mais ils mettent leur bonheur dans la liberté civile.

AUTRES CONTRASTES.

En France, en Espagne, en Italie, etc., le dimanche est un jour de fête, qui, sauf le temps consacré aux offices et aux devoirs religieux, se passe dans le repos et les plaisirs innocents de la société.

En Angleterre, le dimanche est le jour le plus triste de la semaine : le service divin et le sermon y sont de rigueur; mais les jeux, les plaisirs, les concerts, etc., y sont scrupuleusement interdits toute la journée.

Tous les Chrétiens, pour prier, s'agenouillent ordinairement, et, la tête découverte, chantent des hymnes à l'Eternel.

En Pensylvanie, les Quakers, pour prier, restent debout, ne disent mot, et ne se découvrent point la tête; tout est mental dans leur élan vers Dieu.

En Afrique, surtout en Ethiopie, on croit que le diable est blanc, et c'est dans cette couleur que se porte le deuil. Dans la Chine on le porte également en blanc.

En Europe, on fait le diable noir, et cette couleur est celle du deuil; mais en Turquie on le porte en bleu, et en Egypte en jaune. Le Roi, en France, et les Cardinaux, à Rome, le portent en violet.

En Chine, on rend un culte aux morts, on leur consacre de nobles tombeaux.

Chez les Perses, les corps morts sont exposés aux oiseaux de proie.

En France, on punit de mort l'infanticide.

En Chine il est toléré.

En Europe il est assez rare qu'une veuve tarde à convoler en secondes noces.

Dans l'Inde, une veuve ne survit point à son mari, elle se précipite, au son des instruments, dans le bûcher enflammé qui va consumer le cadavre du défunt.

En France, une jeune fille a-t-elle eu une faiblesse, et en est-il survenu un témoin indiscret, elle tombe dans le mépris.

En Polynésie, on recherche de préférence en mariage les filles qui ont eu commerce avec des étrangers.

En Europe, chez presque tous les peuples, le chapeau et l'habit court sont en usage comme étant plus commodes.

En Asie, surtout chez les Mahométans, la tête est enveloppée d'un large turban, et le corps revêtu d'une ample robe.

En France, avant 1792, en fait de criminalité, avoir la tête tranchée était le privilége de la noblesse, et le gibet était le partage des gens du peuple.

En Chine, la décapitation est un déshonneur pour la noblesse, et la strangulation lui est dévolue comme privilége. On coupe la tête aux gens du peuple.

Etc., etc., etc., etc., etc.

Etc., etc., etc., etc., etc.

NOTICE *de quelques favoris, ministres et autres qui ont encouru la peine capitale, ou ont été disgraciés d'une manière éclatante.*

Le chemin qui, dans les Cours, conduit à la faveur et aux honneurs, est glissant; et, une fois parvenu au sommet, il est ordinairement difficile de s'y maintenir ou d'en descendre paisiblement. Plus on est élevé, plus la chute est dangereuse; cette vérité qui est de tous les temps, se faisait sentir d'une manière bien plus terrible autrefois, quand nos mœurs étaient moins policées et que les passions non moins vives qu'aujourd'hui allaient plus promptement et plus directement à leur but. Alors les favoris et les ministres dont on avait à se plaindre n'en étaient pas quittes pour une simple disgrace ; souvent ils perdaient la vie, et malheureusement quelques-uns, après avoir péri, étaient reconnus innocents. Un petit tableau des bizarreries de la fortune à cet égard, et du danger des grandeurs humaines, n'étant pas sans intérêt, nous allons présenter sommairement une liste d'hommes qui ont expié cruellement la faute d'avoir sacrifié à l'ambition et d'avoir abusé de la faveur et du pouvoir dont ils étaient investis.

Pierre LA BROSSE, d'abord barbier de Saint Louis, puis favori et chambellan de Philippe-le-Hardi, fut condamné au gibet en 1276, pour avoir voulu mettre le trouble dans la famille royale. (V. VELLY, tom. VI, pp. 319-325.)

Enguerrand de MARIGNI, principal ministre, intendant des finances et favori de Philippe-le-Bel, fut condamné au même supplice le 30 avril 1315 (1),

---

(1) On attacha son corps au gibet de Montfaucon, qui avait été élevé par ses ordres pour y exposer les corps des malfaiteurs après leur supplice. Pasquier observe que les fourches patibulaires de Montfaucon *ont porté malheur à tous ceux qui s'en sont mêlés;* qu'Enguerrand de Marigny, qui les fit élever, y fut le premier attaché; que Pierre Remy, dont nous parlerons plus bas, y fut pendu sous Philippe de Valois; et *de notre temps*, ajoute-t-il, *Jean Mounier, lieutenant civil de Paris, y ayant fait mettre la main pour les refaire, s'il n'y finit pas ses jours comme les deux autres, il y fit du moins amende honorable.*

après la mort de Philippe, sous Louis X, son successeur ; Charles de Valois, oncle du Roi, le fit accuser d'exactions. On regarde sa condamnation, sinon comme injuste, du moins comme très-hasardée. « Telle fut la fin déplorable d'Enguerrand de Ma-
» rigny, le plus grand homme d'état qui eût paru
» depuis longtemps, favori du premier roi du
» monde, ministre plus puissant qu'aucun maire du
» palais, qui avait toute autorité dans le royaume,
» qui disposait de tout, sous qui tout pliait, princes,
» noblesse et peuple : exemple terrible de l'insta-
» bilité des fortunes humaines. » (V. VELLY, tom. VIII, pp. 6-30.)

Gérard LA GUETTE, receveur général des revenus de la couronne, autrefois maître de la monnaie sous Philippe V, fut poursuivi comme dilapidateur sous Charles IV. Il mourut pendant qu'il subissait la question ; malgré cela, son corps fut traîné par les rues, et on le pendit au gibet de Paris en 1322. (V. VELLY, tom. VIII, p. 132.)

Pierre REMY, sieur de Montigny, surintendant des finances sous Charles IV, fut arrêté sous Philippe VI (alors régent du royaume) ; puis convaincu de péculat, il fut condamné à mort, traîné à la queue d'un cheval, puis attaché au gibet de Montfaucon qu'il avait fait rétablir avec beaucoup de soin. Cette exécution eut lieu en 1328 ; ses biens confisqués montaient à 1,200,000 fr., somme qui dans ce temps eût payé le quart du royaume. (V. VELLY, tom. VIII, p. 202.)

Jean de MONTAGUT, surintendant des finances, premier ministre et grand-maître de la maison du Roi sous Charles VI, accusé de malversation et de péculat, fut arrêté par ordre du duc de Bourgogne, appliqué plusieurs fois à la question la plus rigoureuse, *tant que tous les membres lui desrompirent,* et enfin condamné à avoir la tête tranchée, ce qui fut exécuté en 1409. Sa tête et son corps furent exposés sur les fourches patibulaires de Montfaucon où ils restèrent jusqu'en 1411, que les Célestins de Marcoussy dont il était fondateur, obtinrent permission de l'inhumer dans leur église. (V. VELLY, tom. XIII, pp. 84-92.)

Pierre des ESSARTS, surintendant des finances, (et président de la Commission qui avait condamné Montagut), fut à son tour condamné par des commissaires le 1ᵉʳ juillet 1413; conduit à l'échafaud, lié sur une claie, il eut la tête tranchée et mise au bout d'une lance; ses restes furent portés à Montfaucon. Son frère Antoine, échappé au même sort, fit sculpter la statue colossale de Saint-Christophe qu'on voyait à Notre-Dame de Paris. « Si ce fut en action de grâces de sa délivrance, dit Velly, on peut juger de l'excès de sa frayeur par l'énormité de l'*ex-voto.* » (V. VELLY, tom. XIII *passim*, pp. 30-263.)

Pierre de GIAC, surintendant des finances et favori du Roi Charles VII, fut arrêté, appliqué à la question, et exécuté en 1426; il le méritait par ses malversations, l'abus de la confiance du Roi, l'empoisonnement de sa première femme, etc., etc. Ce qui prouve la superstition de ce siècle, c'est qu'*il avait donné une de ses mains au diable afin de parvenir à ses intentions;* et avant d'être exécuté, il demanda qu'on lui coupât cette main, afin que le diable ne pût le prendre par là pour le tirer en enfer. Cette faveur lui fut refusée, ainsi que celle de racheter sa vie moyennant 300,000 livr. (V. VELLY, tom. XIV, pp. 324-26.)

LE CAMUS de BEAULIEU, successeur du précédent, et marchant sur ses traces, fut assassiné en 1427. (Même tom., p. 327.)

Jean XAINCOINS, Florentin, receveur général des finances sous Charles VII, et Jacques CHARTIER, son clerc, furent l'un et l'autre arrêtés et appliqués à la question, puis condamnés à mort pour déprédations, altérations de registres, et prodigalité des trésors de l'État. Le Roi leur fit grâce de la vie, moyennant une amende de 60,000 écus d'or. (V. VELLY, tom. XVI, p. 10.)

Jacques CŒUR, argentier du Roi Charles VII, fut condamné en 1450, à la peine de mort; mais le Roi la lui remit *en considération de certains services et à la recommandation du Pape;* de plus, moyennant une amende de 400,000 écus, etc. Il fut enfermé au couvent des Cordeliers de Beaucaire, d'où il s'échappa et alla mourir dans l'île de Chio. (V. VELLY, tom. XVI, pp. 11-24.)

Jean BALUE, cardinal et premier ministre sous Louis XI, est, pour cause de trahison avouée, enfermé pendant onze ans dans une cage de fer; l'évêque de Verdun, son complice, subit la même peine. Leur trahison fut découverte en 1469; le procès ne put jamais être terminé par l'opposition de la Cour de Rome. (V. VELLY, tom. XVII, pp. 323-338.)

OLIVIER LE DAIM, barbier et favori du Roi Louis XI, fut pendu en 1483, sous le règne de Charles VIII. (V. VELLY, tom. XIX, p. 152.)

Jean DOYAC, procureur général et favori de Louis XI, contemporain d'Olivier le Daim, échappa à la potence; mais il fut condamné la même année, à être fouetté par le bourreau dans les carrefours de Paris et de Bourges, à avoir les deux oreilles coupées, et la langue percée d'un fer chaud. (V. VELLY, tom. XIX, p. 153.)

PONCHER, trésorier général sous Louis XII, et Jacques de BEAUNE-SAMBLANÇAY, administrateur des finances (1) sous le même Roi; sont l'un et l'autre

---

(1) M. Arnould, dans son *Histoire générale des finances de la France*, mars 1806, in-4°, remarque que « depuis Enguerrand de Marigny, jusqu'au » baron de Samblançay, si cruellement sacrifié à la haine de la duchesse

condamnés à être pendus, à l'instigation du chancelier Duprat, en 1527, sous François Ier. On prétend qu'ils étaient innocents. Les deux commissaires-rapporteurs de ces deux procès ont par la suite éprouvé le même sort (1). (V. Velly , tom. xxiv , p. 253-256.)

Guillaume Poyet, chancelier de France, est condamné, en 1541, sous François Ier, à 100,000 livr. d'amende envers le Roi ; puis déclaré incapable de jamais tenir office royal, etc. (V. Velly, tom. xxv, pp. 271-291.)

Concini, maréchal d'Ancre, favori de Louis XIII, et particulièrement de Marie de Médicis, est arrêté et

---

« d'Angoulême ; mère de François Ier, l'histoire fait mention de *douze administrateurs en chef des finances;* sur ce nombre , on en compte *huit* qui ont péri de *mort violente; trois* qui ont subi *la proscription, l'exil et la prison;* et *un seul,* Florimond Robertet, sous Charles VIII et Louis XII, qui a eu une retraite paisible. »

(1) Je ne sais si Pierre Laidet, rapporteur dans l'affaire de Samblançay, à été condamné à la peine de mort. On sait qu'il a été poursuivi criminellement un an après la mort de Samblançay; mais pour le président Le Gentil, rapporteur du procès de Poncher, il a été pendu en 1542, pour avoir furtivement retenu pardevers lui les acquits du malheureux Poncher. Beze a fait l'épitaphe suivante pour ce Le Gentil suspendu au gibet :

> Fracto gutture stare quem revinctum
> Impellique vides et huc et illuc,
> Quondam purpureo sedens senatu
> Primas Parisio in foro tenebat.
> Sed lucri studio impotente captus,
> Justo numine sic jubente, vivus
> Qui judex male sederat tot annos,
> Stare nunc male mortuus jubetur.

tué d'un coup de pistolet, le 24 avril 1617, par Vitri, capitaine des gardes. Sa femme Éléonore Galigaï, condamnée à avoir la tête tranchée et à être brûlée, le 8 juillet suivant, est exécutée le même jour.

Nicolas FOUQUET, surintendant des finances sous Louis XIV, est arrêté à Nantes, le 5 septembre 1661; une Commission est nommée pour lui faire son procès qui dure pendant trois ans. Dans cet intervalle, on blâmait devant Turenne l'emportement de Colbert, et on louait la modération de Letellier, l'un et l'autre ennemis de Fouquet : « En effet, dit » M. de Turenne, je crois que M. Colbert a plus » envie que Fouquet soit pendu, et que M. Letel- » lier a plus peur qu'il ne le soit pas. » Enfin, le 20 décembre 1664, Fouquet fut condamné à un bannissement perpétuel et à la confiscation de tous ses biens. Le Roi commua cette peine en une prison perpétuelle ; et le surintendant fut enfermé dans la citadelle de Pignerol, où il mourut en 1680, âgé de 65 ans.

Depuis Fouquet, on ne connaît aucun ministre qui, disgracié, ait été mis en jugement.

NOTICE HISTORIQUE
SUR LA FRANCE ;
Sur ses accroissements progressifs et sur la chronologie de ses Rois.

Le beau pays de France, l'Etat monarchique le plus ancien de l'Europe, puisqu'il compte 1424 ans d'existence, est situé entre le 42° et le 51° degré de latitude Nord, le 7° de longitude Ouest, et le 6° de longitude Est.

Ses bornes sont, au Nord, la Manche, le royaume des Pays-Bas, et une portion des Etats du Roi de Prusse; à l'Est, la Confédération germanique, la Suisse et les Etats du Roi de Sardaigne; au Sud, la Méditerranée, les Monts-Pyrénées et l'Espagne; à l'Ouest, l'Océan Atlantique.

Son étendue est de deux cent vingt lieues de long sur deux cent quinze de large; mais, comme monarchie française, ce n'est que depuis les règnes de Louis XIV et de Louis XV qu'elle a cette étendue; c'est ce que va prouver le détail analytique de ses accroissements successifs que nous ferons suivre de la liste chronologique de ses rois.

Les anciens habitants de la Gaule se nommaient Gaulois, *Galli;* et le pays de Gaule, *Gallia.*

L'an 241 de J.-C., les Francs et les Sicambres, peuples venus de la Germanie, font une irruption dans la Gaule; mais Aurélien les force à se retirer.

En 287, les Saliens commencent à s'établir sur les bords du Rhin.

En 400, Honorius permet aux Goths de s'établir dans la partie méridionale de la Gaule.

En 406, les Vandales, les Alains et les Suèves y pénètrent; en 409, ils passent en Espagne.

En 413, les Bourguignons (peuple aussi sorti de la Germanie) s'emparent de la partie des Gaules qui est entre la Loire et la Garonne, jusqu'aux Pyrénées, et y forment un royaume qui dure environ 120 ans.

Vers 418, Pharamond et ses Francs (peuples sortis de la Franconie) commencent la monarchie française sur les rives du Rhin.

En 462, une foule de Bretons s'expatrie de la Grande-Bretagne pour échapper au joug des Anglo-Saxons, et vient se réfugier dans l'Armorique, qui depuis a pris le nom de Bretagne.

En 470, les Francs étendent, sous Childéric, leurs conquêtes dans le pays.

En 481, Clovis, succédant à Childéric, entreprend la conquête entière des Gaules.

En 486, ce roi met fin à la domination des Romains dans les Gaules, par le gain de la bataille de Soissons sur Syagrius qui commandait l'armée romaine.

En 493, Clovis fait la conquête des pays situés entre la Somme, la Seine et l'Aisne, et se rend maître de Reims par l'entremise de saint Remi.

En 496, il gagne sur les Germains la célèbre bataille de Tolbiac; et embrasse le christianisme avec trois mille des siens.

En 507, il fait la guerre aux Visigoths, gagne sur eux la bataille de Vouillé ou Vouglé, près Poitiers, et tue de sa propre main Alaric II, leur roi. Après la bataille, son fils Thierri s'empare des contrées qui formèrent depuis l'Albigeois, le Rouergue et le Querci; et lui, il fait la conquête de ce qui fut depuis le Poitou, la Saintonge et la Guyenne.

En 508, il s'empare de la Novempopulanie (la Gascogne), et prend Toulouse.

En 509, il fait Paris la capitale de ses Etats. Dès-lors les Francs, à titre de conquête, se voient en possession de presque tout ce que nous connaissons aujourd'hui sous le nom de France.

En 843, des peuples septentrionaux, connus sous le nom de Normands, descendent en France et y font successivement des ravages.

En 845, Charles-le-Chauve les éloigne en leur prodiguant l'or.

En 857, ils reparaissent, et sont encore éloignés par le même moyen.

En 885, les mêmes Normands, après avoir pris Rouen, Pontoise, et battu les troupes qu'on leur oppose, viennent mettre le siège devant Paris; ce siège dure treize mois et n'est levé que par un traité honteux.

En 904, ils s'établissent dans la Neustrie, qui, de leur nom, prend celui de Normandie. L'année suivante, ils s'emparent de la Bretagne et de quelques autres pays.

En 1154, Henri II, roi d'Angleterre, déjà comte d'Anjou, de Touraine et du Maine, par la mort de Geofroi Plantagenet, son père, acquiert le Poitou, la Guyenne et la Saintonge, par son mariage avec Eléonore, héritière de la maison de Poitiers. Cette princesse avait d'abord apporté en mariage ces grandes possessions à Louis-le-Jeune, roi de France, qui fit une grande faute en la répudiant.

En 1203, Philippe-Auguste reprend la Normandie sur Jean-Sans-Terre, successeur de Richard Cœur-de-Lion, roi d'Angleterre et duc de Normandie.

En 1347, Edouard prend Calais, qu'il peuple d'Anglais.

En 1360, par le traité de Bretigny, on cède, en toute souveraineté, à Edouard III, la Guyenne, le Poitou, la Saintonge, et plusieurs territoires aux environs de Calais; mais il renonce à toutes ses prétentions sur la Normandie.

En 1372 et 1373, les Français recouvrent tout ce que les Anglais possédaient en France, excepté Calais.

En 1415, Henri V, roi d'Angleterre, profitant des troubles de Paris, envahit, après le gain de la funeste bataille d'Azincourt, le pays que l'on avait repris sur les Anglais, se remet en possession de la Normandie, prend Paris et plusieurs autres provinces.

En 1422, Henri VI, de Lancastre, est couronné roi de France et d'Angleterre à Paris, Charles VII, roi légitime, étant fugitif! Les Anglais s'y maintiennent; ils augmentent même leurs possessions et prennent le Maine et quelques autres provinces sur Charles VII, qui, au-delà de la Loire, défendait ses droits au trône.

Cependant, en 1429, grâce à Jeanne d'Arc, les Anglais commencent à être battus à Orléans, dont elle leur fait lever le siège. Dès-lors ils n'éprouvent plus qu'une suite de revers.

En 1450, les Anglais perdent toute la Normandie; et en 1453, la Guyenne. Il ne leur reste plus en France que Guines et Calais.

En 1477, Charles-le-Téméraire, duc de Bourgogne, province alors séparée de la France, ayant été tué devant Nancy, Louis XI réunit à la couronne ce duché. Le reste de la succession du duc fut occupé par les Allemands, par suite du mariage de Maximilien avec Marie de Bourgogne, fille et unique héritière de Charles.

En 1558, les Français s'emparent de Calais, de Guines et de tout ce que les Anglais possédaient en France. Enfin, depuis que Louis XIV se fut emparé de la Franche-Comté, de l'Alsace et de Strasbourg, et que Louis XV eut acquis la Lorraine comme succession de Stanislas, roi de Pologne, son beau-père, et la Corse, la France s'est trouvée à peu près telle qu'elle est aujourd'hui.

Mais ce que nous venons d'exposer, étant purement historique et ne présentant pas un tableau assez détaillé de la réunion successive des différents Etats, royaumes, principautés, provinces et grands fiefs qui ont existé en France sous nos différents rois, nous allons y suppléer par la notice chronologique suivante.

Ont été réunis à la couronne :

Sous Charles-le-Chauve, en 866, le royaume d'Aquitaine.

Sous Hugues Capet, en 987, le comté de Paris et le comté d'Orléans.

Sous Robert, en 1017, le comté de Sens.

Sous Philippe-Auguste, en 1195, le comté d'Alençon; en 1198, la terre d'Auvergne; en 1199, le comté d'Artois; en 1200, le comté d'Evreux; en 1203, le C. de Touraine, le C. du Maine, le C. d'Anjou; en 1205, le duché de Normandie; en 1206, le comté de Poitou; en 1215, le C. de Vermandois, et le C. de Valois.

Sous Louis IX, en 1229, le C. de Carcassonne, le C. de Bezières, et le C. de Nismes; en 1240, le C. du Perche; en 1245, le C. de Mâcon; en 1261, le C. de Boulogne.

Sous Philippe-le-Hardi, en 1272, le marquisat de Provence, le C. de Toulouse; en 1283, le C. d'Alençon; en 1284, le C. de Chartres.

Sous Philippe-le-Bel, en 1303, le C. de la Marche; en 1307, le C. d'Angoulême, le C. de Bigorre; en 1310, le C. de Lyon.

Sous Philippe de Valois, en 1328, le C. de Champagne, le C. de Brie, le C. de Valois, le C. d'Anjou, le C. du Maine; en 1329, le C. de Chartres; en 1349, le Dauphiné de Viennois; en 1350, le C. de Montpellier.

Sous Charles V, en 1365, le C. d'Auxerre; en 1375, le duché de Valois, le duché d'Orléans; en 1380, le C. de Ponthieu.

Sous Charles VIII, en 1434, le C. de Valentinois; en 1444, le C. de Comminges.

Sous Louis XI, en 1465, le D. de Berry; en 1468, le D. de Normandie; en 1474, le D. de Guyenne; en 1477, le D. de Bourgogne, le C. de Boulogne, le C. de Pardiac, le C. de la Marche; en 1480, le D. d'Anjou; en 1481, le C. du Maine, et le C. de Provence.

Sous Louis XII, en 1498, le D. d'Orléans, le D. de Valois.

Sous François Ier, en 1515, le C. d'Angoulême; en 1523, le D. de Bourbonnais, le D. d'Auvergne, le C. de Clermont, le C. de Forez, le C. de Beaujolais, le C. de la Marche; en 1525, le D. d'Alençon, le C. du Perche, le C. d'Armagnac, le C. de Rouergue; en 1531, le Dauphiné d'Auvergne

Sous Henri II, en 1547, le D. de Bretagne; en 1555, les trois évêchés de Metz, Toul et Verdun; en 1558, le C. de Calais, le C. d'Oye.

Sous Henri III, en 1583, le C. d'Evreux.

Sous Henri IV, en 1589, la vicomté de Béarn, le royaume de Navarre, le C. d'Armagnac, le C. de Foix, le C. d'Albert, le C. de Bigorre, le D. de Vendôme, le C. de Périgord, la vicomté de Limoges.

Sous Louis XIII, en 1615, le C. d'Auvergne; en 1642, la principauté de Sedan.

Sous Louis XIV, en 1659, le C. d'Artois, le C. de Flandres ; en 1665, le C. de Nevers ; en 1678, le C. de Bourgogne ou Franche-Comté ; en 1700, la principauté d'Orange ; en 1707, le C. de Dunois ; en 1712, le D. de Vendôme.

Sous Louis XV, en 1735, le D. de Lorraine, le D. de Bar ; en 1738, la Vic. de Turenne ; en 1768, la Corse.

Telle était la France avant 1789 ; quant aux agrandissements inouïs que lui a procurés le sort des armes au commencement du xixe siècle, nous n'en parlons pas, puisque ces agrandissements n'ont subsisté que momentanément, et que le territoire français est rentré dans ses limites anciennes.

———

Passons maintenant à la série chronologique de nos rois.

La France subsiste comme Etat monarchique depuis l'an de grâce 418, date présumée de sa fondation ; et, comme nous l'avons déjà dit, elle compte donc jusqu'à la présente année 1842, QUATORZE CENT VINGT-QUATRE ans d'existence. Dans cet espace de temps, elle a vu SOIXANTE ET QUATORZE rois se succéder sur le trône. Ces rois sont divisés en trois dynasties :

La première est celle des MÉROVINGIENS, qui tire son nom de Mérovée, troisième roi de cette race. Elle a duré de 418 à 752, c'est-à-dire trois cent trente-quatre ans. Elle compte vingt-deux rois, trente-six reines, cinquante princes et dix-sept princesses. Le plus célèbre des rois de cette race est CLOVIS.

La seconde race est celle des CARLOVINGIENS, qui tire son nom de Charlemagne, second roi de cette dynastie. Elle a duré de 752 à 987, c'est-à-dire deux cent trente-cinq ans. Elle compte quinze rois, vingt-deux reines, trente princes, trente-une princesses, et douze enfants naturels. Le roi le plus célèbre de cette race est Charlemagne.

La troisième race est celle des Capétiens, qui tire son nom de Hugues Capet, premier roi de cette dynastie. Elle a commencé en 987, continue et compte jusqu'à ce moment huit cent cinquante-cinq ans. Elle a trente-sept rois, cinquante-deux reines, cent sept princes, cent quatre princesses, et trente-huit enfants naturels. Cette race se divise en trois branches : 1° celle des *Capétiens proprement dits*, qui commence à Hugues Capet, et va jusqu'à la fin du règne de Charles-le Bel, en 1328 ; 2° celle des *Valois*, qui commence à Philippe VI, dit de Valois, fils de Charles comte de Valois, qui était troisième fils de Philippe-le-Hardi. Elle compte un Valois-Orléans dans Louis XII, cinq Valois-Angoulême, et va jusqu'à la fin du règne de Henri III, en 1589 ; et enfin, 3° celle des *Bourbons*, qui commence à Henri IV, neuvième rejeton, en ligne directe, de Robert, sixième fils de saint Louis. Les rois les plus célèbres de la troisième race sont Louis IX, Louis XII, François I, Henri IV, et Louis XIV.

Nous allons donner la liste chronologique des rois de France ; comme les bornes de cet ouvrage ne nous permettent pas d'y insérer les noms des reines et des enfants de France, nous renvoyons pour cet objet à notre *Abrégé de l'histoire de France*. Paris et Dijon, 1819, *in-8°* de plus de 600 pages, qui renferme, dans l'ordre des temps, la généalogie détaillée des rois, reines, princes et princesses de chaque race. Nous nous bornerons donc à présenter ici la série chronologique de nos rois avec la date de leur naissance, de leur avénement au trône et celle de leur mort.

1° RACE DES MÉROVINGIENS.

Naissance.		Avénement.	Mort.
000	PHARAMOND.	418	427
000	CLODION, dit LE CHEVELU.	427	448
000	MÉROVÉE.	448	458
000	CHILDÉRIC I.	458	481
465	CLOVIS I, dit LE GRAND.	481	511

Nota. Ce roi ayant été baptisé en 496, c'est de cette année que date l'établissement de la Religion en France et sur le trône.

498	CHILDEBERT I.	511	558
000	CLOTAIRE I.	558	561

Nota. Childebert et Clotaire, ces deux fils de Clovis, sont les premiers de nos rois qui aient fait battre de la monnaie d'or. L'empereur Justinien consentit qu'elle fût reçue par tout l'empire.

521	CHARIBERT.	561	567
523	CHILPÉRIC I.	567	584
584	CLOTAIRE II (à 4 mois).	584	628
602	DAGOBERT I.	628	638

Nota. Ce roi fonde l'abbaye de Saint-Denis en 630.

634	CLOVIS II.	638	656

Nota. La reine Bathilde fonde l'abbaye de Chelles en 660.

652	CLOTAIRE III.	656	670
653	CHILDÉRIC II.	670	673
654	THIERRI I (III).	673	691
000	CLOVIS III.	691	695
682	CHILDEBERT II, dit LE JUSTE.	695	711
699	DAGOBERT II.	711	715
672	CHILPÉRIC II, ou Daniel.	715	720

Naissance.		Avénement.	Mort.
712	THIERRI II (IV)............	720	737
	Interrègne de cinq ans.		
000	CHILDÉRIC III.............	742	752

2° RACE DES CARLOVINGIENS.

714	PEPIN-LE-BREF.............	752	768

Nota Le premier orgue qui ait paru en France, a été envoyé à Pepin en 727, par Constantin Copronyme.

742	CHARLEMAGNE, empereur......	768	814
778	LOUIS I, LE DÉBONNAIRE, emp.	814	840
823	CHARLES II, LE CHAUVE, emp...	840	877

Nota. Premier monument conservé de la langue romane, origine de la langue française : (Serment de Charles-le-Chauve et de Louis le Germanique.)

846	LOUIS II, dit LE BÈGUE, emp...	877	879
863	LOUIS III, } empereurs.....	879	882
866	CARLOMAN,		
	CARLOMAN seul.............		884
832	CHARLES III, dit LE GROS, emp..	884	887

Nota. Il fut déposé dans cette année 887; mais il ne mourut que le 14 juin 888, ayant été, dit-on, étranglé par ses domestiques à Richenaw.

858	EUDES ou ODON, fils de Robert-le-Fort, duc de France.......	887	898
879	CHARLES IV, dit LE SIMPLE....	898	922

Nota Il fut déposé en 920, fut enfermé en 922, et mourut le 7 octobre 929.

860	ROBERT, duc de France, frère cadet d'Eudes.................	922	923
000	RAOUL ou RODOLPHE, usurpateur.	923	936
921	LOUIS IV, dit d'OUTREMER.....	936	954
941	LOTHAIRE.................	954	986
967	LOUIS V, dit LE FAINÉANT.....	986	987

VARIÉTÉS.

3º RACE DES CAPÉTIENS.

BRANCHE DES CAPÉTIENS PROPREMENT DITS.

Naissance.		Avénement.	Mort.
941	Hugues Capet............	987	996
970	Robert le Pieux..........	996	1031
1031	Henri I................	1031	1060

Nota. Création de la charge de *Connétable ;* elle a cessé sous Louis XIII.

1053	Philippe I..............	1060	1108
1077	Louis VI, dit le Gros.....	1108	1137

Nota. On doit à ce roi l'établissement des communes et l'affranchissement des serfs.

1120	Louis VII, dit le Jeune.....	1137	1180

Nota. On rapporte à ce roi l'origine des fleurs de lys. C'est encore sous son regne que fut créée la place de *Grand Chambellan.*

1165	Philippe II Auguste........	1180	1223

Nota. C'est sous ce roi que sont créés les *Maréchaux de France*, en 1185.

1187	Louis VIII Cœur-de-Lion.....	1223	1226
1215	Louis IX (Saint)..........	1226	1270

Nota. Sous ce règne, on voit paraître pour la première fois des maîtres des requêtes, des notaires royaux, et un *Grand Veneur* de France.

1245	Philippe III le Hardi........	1270	1285
1258	Philippe IV le Bel.........	1285	1314

Nota. Création de la charge de *Grand Écuyer* de France.

1291	Louis X le Hutin..........	1314	1316
1316	Jean I (Il a vécu 4 jours).....	1316	1316
1294	Philippe V le Long........	1316	1322
1295	Charles IV (V) le Bel......	1322	1328

Nota. Les *Grands-Amiraux* de France remontent à 1322.

BRANCHE DE VALOIS.

Naissance.		Avénement.	Mort.
1293	Philippe VI de Valois.	1328	1350
1319	Jean II le Bon.	1350	1364

Nota. Origine des *Commissaires des guerres.*

1337	Charles V (VI) le Sage.	1364	1380
1368	Charles VI (VII) le Bien-Aimé.	1380	1422
1403	Charles VII (VIII) le Victorieux.	1422	1461

Nota. L'imprimerie est découverte à Mayence par Gutenberg vers 1436.

1423	Louis XI.	1461	1483

Nota. Les *Postes* sont établies en 1463.

1470	Charles VIII (IX).	1483	1498

Nota. La place de *Grand Aumônier* de France a lieu sous ce règne, en 1486.

Valois-Orléans.

1462	Louis XII, le Père du Peuple.	1498	1515

Valois-Angoulême.

1494	François I, le Père des Lettres.	1515	1547
1519	Henri II.	1547	1559
1544	François II.	1559	1560
1550	Charles IX (X).	1560	1574
1551	Henri III.	1574	1589

BRANCHE DES BOURBONS.

1553	Henri IV le Grand.	1589	1610
1601	Louis XIII le Juste.	1610	1643
1638	Louis XIV le Grand.	1643	1715
1710	Louis XV le Bien-Aimé.	1715	1774
1754	Louis XVI.	1774	1793
1783	Louis XVII (non reconnu de fait).	1793	1795
1755	Louis XVIII (d'abord, non reconnu de fait).	1795	

Depuis le 5 mai 1789, jusqu'au 6 avril 1814, l'administration du royaume, entièrement changée, a été gérée :

  1° Sous Louis XVI, par l'*Assemblée constituante* (1200 membres)... 1789—1791

  2° Sous Louis XVI, par l'*Assemblée nationale* (750 membres).... 1791—1792

  3° Sous la République, par la *Convention* (750 membres).... 1792—1795

  4° Sous la République, par le *Directoire exécutif* (5 membres)... 1795—1799

  5° Par le *Consulat* (3 membres).. 1799—1804
    Bonaparte premier Consul.

  6° Par l'*Empire* (1 membre).... 1804—1814
    Napoléon empereur.

Naissance.		Avénement.	Mort.
	Louis XVIII (reconnu de fait)..	1814	1824
1757.	Charles X (XI).........	1824	1836

Charles X a quitté la France en juillet 1830.

| 1773 | Louis-Philippe d'Orléans, le 7 août............... | 1830. |

Les Rois de France de la troisième race, qui, par défaut d'enfants mâles, ont occasionné des interruptions dans la descendance directe, sont :

Jean I, mort au berceau.

Philippe-le-Long, qui n'a laissé que des filles.

Charles-le-Bel, idem.

Charles VIII, mort sans enfants.

Louis XII, ne laissant que des filles.

François II, sans postérité.

Charles IX, ne laissant qu'une fille.

Henri III, mort sans enfants.

Et *Louis* XVII, mort à douze ans.

Les applications de la loi salique sont celles qui ont été faites :

A Jeanne, fille de Louis X, en 1316.
A Jeanne, fille de Philippe-le-Long, en 1322.
A Blanche, fille de Charles-le-Bel, en 1328.
A Claude, fille de Louis XII, en 1515.

Les Rois de France, mineurs lors de leur avénement au trône, sont :

Philippe I, âgé de 7 ans, en 1060. Régente : Anne, mère du Roi ; puis Baudouin V, comte de Flandre.
Philippe-Auguste, âgé de 15 ans, en 1180. Régent : Philippe d'Alsace, comte de Flandre.
Louis IX (Saint), âgé de 12 ans, en 1226. Régente : Blanche de Castille, mère du Roi.
Jean I, qui n'a vécu que 4 jours, en 1316. Régent : Philippe, frère de Louis X.
Charles VI, âgé de 12 ans, en 1422. Régent : le duc d'Anjou, oncle du Roi.
Charles VIII, âgé de 13 ans, en 1483. Point de Régence ; un Conseil de douze membres.
Charles IX, âgé de dix ans, en 1560. Point de Régence ; Catherine de Médicis administre le royaume.
Louis XIII, âgé de 9 ans, en 1610. Régente : Marie de Médicis, mère du Roi.
Louis XIV, âgé de 5 ans, en 1643. Régente : Anne d'Autriche, mère du Roi.
Louis XV, âgé de 5 ans, en 1715. Régent : le duc d'Orléans, prince du sang.
Louis XVII, âgé de 10 ans, en 1793. Régent : MONSIEUR, son oncle et depuis Louis XVIII.

*Table des variations du marc d'or et du marc d'argent;
puis de la réduction de la livre de Charlemagne, à
différentes époques de la monarchie française.*

Avant de présenter cette table, que nous ne faisons pas remonter avant le règne de Louis VI (1108-1137), nous allons dire un mot sur la livre de Charlemagne.

La livre numéraire de France qui doit son institution à Charlemagne, était du poids de la livre romaine et pesait 12 onces d'argent; mais ces 12 onces ne représentaient que 10 onces trois quarts de notre poids de marc, environ 308 grammes.

Charlemagne fit tailler dans cette livre d'argent 20 pièces qu'on nomma *sols*, et dans un de ces sols 12 pièces qu'on nomma *deniers*, en sorte que la livre d'alors était, comme celle employée jusqu'aux nouveaux poids et mesures, composée de 240 deniers; mais ces sols et deniers étaient d'argent fin.

En 1103, on y mêla un tiers de cuivre; moitié, dix ans après; les deux tiers sous Philippe-le-Bel; et les trois quarts sous Philippe de Valois. Cet affaiblissement a été au point que 20 sols ou la livre, qui, avant Philippe Ier, père de Louis-le-Gros, étaient entièrement d'argent fin, n'en renferment pas aujourd'hui le tiers d'une once.

On prétend que Charlemagne était aussi riche avec un million que Louis XV avec soixante-six. Vingt-quatre livres deux onces de pain blanc, du temps de Charlemagne (16 liv. 2 onces actuelles), coûtaient, sous le règne de ce prince, un denier. Ce denier était, comme nous l'avons dit, d'argent fin. On peut voir par la valeur que ce denier aurait dans ce temps-ci, si le pain ou les autres denrées étaient plus ou moins chers alors qu'à présent.

La table suivante indiquera les variations et le décroissement progressif que cette même monnaie d'argent a soufferts sous les autres règnes jusqu'à présent, et la valeur de notre livre actuelle dans les différentes périodes qui y sont rapportées. Ainsi on verra que notre livre est en rapport avec trois deniers trois cinquièmes du temps de Charlemagne.

Dans la disposition de cette table, nous indiquons d'abord à la première colonne, le nom des rois, et les années où la valeur de chaque marc d'or et d'argent, ainsi que la réduction de la livre, ont été arrêtées. A la seconde colonne sont indiqués les marcs d'or, à la troisième les marcs d'argent, et à la quatrième la réduction de la livre.

Rois et dates.	Marc d'or.			Marc d'argent.			Livre réduite.		
	l.	s.	d.	l.	s.	d.	l.	s.	d.
Louis VI, en 1113......	20	«	«	«	«	«	18	13	6
Louis VII, en 1144......	«	«	«	2	«	«	18	13	6
Philippe-Aug. en 1207......	«	«	«	2	10	«	«	«	«
en 1222......	«	«	«	«	«	«	19	18	4
Louis IX, en 1226......	28	2	6	2	14	7	18	4	11
Philippe-le-Hardi, en 1285......	«	«	«	2	15	6	«	«	«
Philippe-le-Bel, en 1285......	«	«	«	«	«	«	17	19	«
en 1293......	«	«	«	3	1	«	«	«	«
en 1310......	55	11	9	3	7	6	«	«	«

Rois et dates.	Marc d'or.			Marc d'argent.			Livre réduite.		
	l.	s.	d.	l.	s.	d.	l.	s.	d.
LOUIS-LE-HUTIN,									
en 1316	38	«	«	2	4	«	«	«	«
PHILIPPE-LE-LONG,									
en 1321.	58	«	«	3	7	6	18	10	10
CHARLES-LE-BEL,									
en 1325.	67	10	«	«	«	«	17	3	7
en 1326.	«	«	«	4	10	«	«	«	«
PHILIPPE-DE-VALOIS,									
en 1330.	41	13	«	2	18	«	14	11	10
en 1342.	168	«	«	12	«	10	«	«	«
en 1350.	53	«	«	5	«	«	«	«	«
JEAN II,									
en 1351.	54	17	6	6	18	«	9	19	2
en 1358.	80	12	6	«	«	«	«	«	«
en 1359.	«	«	«	102	«	«	«	«	«
en 1360.	«	«	«	7	«	«	«	«	«
CHARLES V,									
en 1365.	62	10	«	5	5	«	9	9	8
en 1372.	«	«	«	5	16	«	«	«	«
CHARLES VI,									
en 1381.	60	10	«	5	8	«	7	2	3
en 1419.	171	13	4	«	«	«	«	«	«
en 1420.	«	«	«	28	«	«	«	«	«
CHARLES VII,									
en 1423.	84	«	«	7	«	«	5	13	9
en 1456.	100	«	«	8	10	«	«	«	«
LOUIS XI,									
en 1473.	103	«	«	10	«	«	4	19	7
en 1475.	118	10	«	«	«	«	«	«	«
CHARLES VIII,									
en 1488.	130	3	4	11	«	«	4	10	7
LOUIS XII,									
en 1514.	130	3	4	12	15	«	3	19	8
FRANÇOIS I,									
en 1519.	147	«	«	12	10	«	3	11	2
en 1540.	165	7	6	14	«	«	«	«	«
HENRI II,									
en 1549	172	«	«	14	10	«	3	6	4
FRANÇOIS II,									
en 1560.	«	«	«	«	«	«	3	6	4
CHARLES IX,									
en 1561.	185	«	«	15	15	«	2	18	7
en 1573.	200	«	«	17	»	«	«	«	«
HENRI III,									
en 1575.	222	«	«	19	«	«	2	12	11
HENRI IV,									
en 1602.	240	10	«	20	5	4	2	8	«

Rois et dates.	Marc d'or.			Marc d'argent.			Livre réduite.		
	l.	s.	d.	l.	s.	d.	l.	s.	d.
Louis XIII,									
en 1615.	278	6	6	«	«	«	1	15	3
en 1636.	384	«	«	25	«	«	«	«	«
Louis XIV,									
en 1679.	437	9	8	29	6	11	«	«	«
en 1714.	572	14	6	38	3	7	1	4	11
Louis XV,									
en 1715.	523	12	8	34	18	2	«	«	«
en 1720.	1963	12	8	130	18	2	1	«	«
en 1723.	1087	2	8	74	3	7	«	«	«
en 1726.	740	9	1	51	3	3	«	«	«
en 1773.	784	11	11	53	9	2	«	«	«
Louis XVI,									
en 1785	828	12	«	«	«	«	1	«	«
Louis XVIII,									
en 1805.	«	«	«	54	«	«	1	«	3
en 1823.	847	50 c.	«	54	50 c.	«	«	«	«

DU TITRE DE L'OR ET DE L'ARGENT
Chez les différents peuples.

On entend par le mot titre, le degré de pureté de l'or et de l'argent, c'est-à-dire, que si ces métaux sont sans alliage, ils sont au plus haut titre, et s'ils ont beaucoup d'alliage, on dit qu'ils sont à bas titre. Par le moyen de l'*essai*, on découvre à quel titre sont les deux métaux en question, et chaque peuple a sa manière d'exprimer leur titre ou leur degré de pureté.

En France. Autrefois on disait que l'or le plus pur était à 24 karats (1). Ainsi un morceau d'or d'un

---

(1) Le mot *karat* vient, dit-on, de l'arabe *kuara*, nom d'une espèce de fève produite par une plante qui est une érythrine décrite sous les noms divers d'*erythrina corallodendrum*, d'*erythrina indica*, d'*erythrina orien-*

poids quelconque, lorsqu'il était aussi pur qu'il est possible, s'appelait de l'or à 24 karats (1); s'il s'y trouvait un quart d'alliage, c'était de l'or à 18 karats; s'il s'y trouvait un demi-quart ou un huitième d'alliage, c'était de l'or à 21 karats, etc. L'or n'admettait en France qu'une sous-division, c'était celle des trente-deuxièmes, avec laquelle on désignait le titre de l'or avant la révolution. Maintenant on le divise en 1000 parties au lieu de le diviser en 24 karats. Ainsi, au lieu de dire : cet or est à 18 karats, pour désigner qu'il a un quart d'alliage, on dit : cet or est à 750 millièmes.

Le titre de l'argent se divisait en douze deniers de fin; ainsi le plus pur était à 12 deniers (2); s'il avait un quart d'alliage, il était à 9 deniers; un douzième, il était à 11 deniers, etc. Le denier de fin se sous-divisait en 24 grains de fin. Depuis le nouveau sys-

---

talis. Bruce l'a décrite et figurée dans son voyage aux sources du Nil. On l'a nommée *corallodendrum*, sans doute à cause de la couleur de ses fleurs et de ses fruits qui sont rouges comme du corail. Cette espèce de fève a une marque noire dans le milieu; elle est renfermée dans une coque ronde extrêmement dure. On prétend que dès les temps les plus anciens, elle servait de poids aux Shangallas dans le commerce de l'or. Quand ces fèves sont bien sèches, elles ne varient presque pas de poids, et pèsent assez régulièrement quatre grains. De leur nom *kuara*, on a fait *karat*, d'où dérive la manière d'estimer l'or plus ou moins fin, à tant de *karats*. Du pays de l'or, en Afrique, le *karat* est passé dans l'Inde où il a servi à peser les pierres précieuses et surtout les diamants; et dès-lors on l'a employé partout pour le même usage et pour désigner le degré de fin de l'or.

(1) Il ne faut pas prendre cette définition à la rigueur, car on ne peut guère affiner l'or que jusqu'à 23 karats 7 huitièmes.

(2) Dans la grande rigueur il n'y a point d'argent à 12 deniers; on ne peut guère l'affiner qu'à 11 deniers 18 grains.

tème métrique, le titre de l'argent se divise, comme celui de l'or, en 1000 parties.

En Allemagne. Un poids quelconque d'or se divise en 24 karats, comme autrefois en France; mais le karat se divise en 12 grains.

L'argent le plus fin est supposé de 16 loths; le loth se divise en 18 grains, et le grain en 256 parties.

En Angleterre. L'or le plus pur est à 24 karats; le karat se divise en 4 grains, et le grain en 4 quartiers.

L'argent le plus pur est à 12 deniers; le denier à 24 grains, le grain 20 mites.

A la Chine. Le titre de l'argent se divise en 100 parties; il se reçoit dans le commerce depuis 100 jusqu'à 80 parties; au-dessous on le rejette, et ceux qui s'en servent sont punis.

DU RAPPORT DE L'OR A L'ARGENT,
chez les Anciens et chez les Modernes.

La proportion de l'or à l'argent était :

Chez les Romains, l'an 310 de Rome, comme	1 à 13
Chez les mêmes, l'an 460 de Rome	1 à 10
Sous Constantin	1 à 14
Sous saint Louis	1 à 10
En 1500	1 à 12
En Allemagne, maintenant, comme	1 à 14 11/71
En Prusse	1 à 13 4/5
En Espagne	1 à 14 9/10
En Savoie	1 à 14 6/10
En Suisse	1 à 15
En Hollande	1 à 14 3/4

En Angleterre . . . . 1 à 15 2/10
En France. . . . . 1 à 15 1/2
En Russie. . . . . 1 à 15 1/2
A la Chine. . . . . 1 à 10

DE LA QUOTITÉ DU PRODUIT DES MINES D'OR ET D'ARGENT,

dans les quatre parties du Monde.

Quelle a été et quelle est cette quotité? Question qui semblera peut-être un peu oiseuse à certains lecteurs, mais qui peut piquer la curiosité d'autres, soit par la difficulté de la résoudre, soit par la richesse du sujet. Quelques économistes en ayant parlé *per transennam*, nous allons exposer les renseignements qu'ils nous ont fournis à cet égard. Mais nous nous gardons bien de les donner comme étant d'une exactitude scrupuleusement rigoureuse. Nous les puisons dans le *Journal des travaux de l'Académie de l'Industrie*, tom. v, p. 193 :

« On a calculé, dit l'auteur, que la quantité de métaux précieux qui existait sur le globe en 1809, était de 380,000,000 livres sterl. (ou environ 9,500,000,000 fr.); mais cette quantité a diminué dans l'espace de vingt ans, par la consommation quotidienne des matières d'or et d'argent pour objets de luxe, et par la moindre quantité qu'on en avait extraite des mines alors exploitées; de sorte qu'en 1829 le numéraire existant se trouvait réduit à 313,478,560 liv. ster. (ou 7,836,964,000 fr.). Ce qui présente, comparativement à 1809, un déficit de 66,521,440 liv. ster. (ou 1,663,036,000 fr.)

»…. La masse des métaux précieux introduite en Europe depuis la découverte de l'Amérique en 1492 jusqu'au moment de la révolution dans cette même Amérique en 1782, a été, selon M. de Humboldt, de dix millions quatre cent mille marcs castillans, équivalant à 300,000,000 l. st. (7,500,000,000 f.), et 533,700,000 marcs d'argent (5,940,000,000 de piastres).

» L'argent tiré des mines de l'Amérique, déduction faite des pertes occasionnées par l'affinage, serait donc suffisant pour former une sphère solide d'argent pur qui aurait 19 pieds anglais de diamètre ou 57 pieds de tour (1). »

Nous trouvons encore ailleurs, que « en 1821, le produit des mines d'or récemment découvertes dans les monts Ourals (Russie, entre l'Europe et l'Asie) fut de mille livres en poids. Il s'accrut d'une manière régulière jusqu'en 1832, où il s'éleva à 15,200 livr. pesant, valant à peu près 670,000 liv. ster. (1,675,000 fr.); mais depuis, il a un peu décliné (2). Au reste cette diminution a été compen-

---

(1) M. Van-Dechen, savant géologiste, a calculé que les quantités de fer annuellement produites par les mines des principaux États de l'Europe formeraient :

Pour la Grande-Bretagne, un globe qui aurait 157 pieds de diamètre, où 471 pieds de tour;

Pour la France, un globe de 118 pieds de diamètre, ou 354 pieds de tour;

Pour la Prusse, un globe de 80 pieds de diamètre, ou 240 pieds de tour.

(2) Parlant des mines des monts Ourals, nous ferons observer qu'une lettre du 9 mai 1826, datée de Pétersbourg, a annoncé qu'une estafette venait d'apporter au ministère des finances un morceau d'or natif pesant 60

sée depuis 1834, par la découverte de nouvelles mines d'or dans l'Altaï ou Altaiin-Oola (les Monts d'or en langue mongole); ce nouveau produit, en 1837, présentait une valeur de 800,000 liv. ster. (environ 20,000,000 fr.)

» Aux États-Unis, la production de l'or s'est également accrue en dix ans (de 1824 à 1834), d'une valeur de 5,000 à 890,000 dollars. Depuis, elle a considérablement diminué. On trouvait l'or principalement dans la Caroline et en Géorgie. Cependant la quantité de métaux précieux tirés des mines de Sibérie et des États-Unis, est peu considérable si on la compare à celle qui était versée dans la circulation par les mines du Mexique et du Pérou. Malgré cela, elle est suffisante pour détruire l'opinion de ceux qui craignent que les mines ne s'épuisent à l'avenir, et celle de ceux qui pensent que les grands dépôts de métaux précieux appartiennent exclusivement aux contrées intertropicales. »

---

zolotniks (a), c'est-à-dire 24 livres. On l'a trouvé dans la mine de Miark, à une archine et demie (b) au-dessous du sol, et non loin du lieu où on en avait déjà découvert plusieurs gros morceaux, dont le plus fort n'a jamais excédé 16 livres.

(a) Le *zolotnick* ou *solotnick* est de 60 au bercherot ou livre, et vaut 3 deniers 7 grains et 1/6, ou 4 grammes 20 centigrammes.

(b) L'*archine* est de 2 pieds 2 pouces 7 lignes, ou 719 millimètres.

QUELQUES AUTRES VARIÉTÉS

SINGULIÈRES, PLAISANTES, FACÉTIEUSES.

FIRMAN DU GRAND-SEIGNEUR,
relatif au nez et aux lèvres des Dames Turques.

« Attendu qu'il est venu à la connaissance de ceux qui doivent surveiller la moralité des croyants, que certaines femmes d'une impudeur à l'épreuve de la honte, à l'imitation de ces filles de perdition (les femmes infidèles de Péra, les chrétiennes), ont exposé leur nez et même leurs lèvres aux regards des passants, il est ordonné, au nom du Tout-Puissant, que les femmes et les filles des croyants aient à s'abstenir rigoureusement de pareilles indécences, qu'elles aient soin de se bien cacher la face avec leur yackmée (voile) de façon à dissimuler leurs lèvres et leur nez, et à ne laisser dans leur voile que l'ouverture suffisante pour pouvoir se garer dans les rues, du contact des infidèles. Qu'elles fassent attention au présent, ou malheur à elles ! »

NAÏVE DÉCLARATION
d'une Dame Flamande.

Ce singulier billet se lisait récemment dans le *Gendschen Mercurius*, journal de Gand :

« Je soussignée Perpétue de G..ck, épouse de
» Bernard-Benoît Gysel...k, à Sleydingue, prie

» tous les boutiquiers et autres personnes de ne
» me plus faire le moindre crédit, puisque j'ai la
» malheureuse habitude de m'abandonner à la
» boisson, et que mon mari ne paiera plus mes
» dettes. Qu'on se le dise. » *Suit la signature.*

ÉPITAPHE
de Madame Honeywood, déjà mentionnée.

« ICI
» Repose le corps de Marie Water, fille de Robert
» Water, Esq, de Lenham dans le Kent, épouse de
» Robert Honeywood (*sic*), Esq, de Charing, dans
» le Kent, et son seul mari; elle avait à sa mort
» TROIS CENT SOIXANTE-SEPT enfants, provenant de
» son légitime mariage; elle était mère de 16 en-
» fants, grand-mère de 114, bisaïeule de 228 et
» trisaïeule de 9. Elle vécut très-pieusement et
» mourut très-chrétiennement à Markshall, dans
» la quatre vingt-treizième année de son âge, et
» dans la quarantième de son veuvage,
» le XI mai M. DC. XX. »

LA SEMAINE
bien employée par un Anglais.

Sa femme tomba malade.....	le *lundi*;
Elle mourut...........	le *mardi*;
Elle fut enterrée.........	le *mercredi*;
Il se remaria...........	le *jeudi*;
Sa nouvelle épouse accoucha...	le *vendredi*;
Il se pendit...........	le *samedi*.

Cette historiette date d'un peu loin, car Piron, mort en 1773, la raconte dans une de ses lettres, d'après la Gazette de Hollande.

Quant au nom des jours de la semaine, en anglais, je me rappelle avoir lu quelque part que G. Rysbake, célèbre sculpteur, a fait les sept divinités saxonnes qui, chez les Anglais, ont donné leur nom aux jours de la semaine (1); ces statues sont dans les magnifiques jardins de Stowe en Buckingham-Shire. On doit encore au ciseau de cet artiste de très-beaux morceaux que l'on voit à Londres, surtout à Westminster. Il y a aussi à la ménagerie de Versailles de beaux tableaux d'animaux et d'oiseaux de ce même G. Rysbake.

PRIX D'UN OEUF FRAIS.

Georges Ier, roi d'Angleterre (qui a régné de 1714 à 1727), passait pour avare. Un jour qu'il voyageait en Danemarck, il s'arrêta dans une auberge où il déjeûna avec un œuf frais. Ce modeste repas terminé, S. M. demanda la carte ; l'hôtelier la lui présenta, l'œuf y figurait pour la somme de 200 florins.—« L'ami, dit le Roi, les œufs sont

---

(1) Ces noms sont MONDAY, lundi; TUESDAY, mardi; WEDNESDAY, mercredi; THURSDAY, jeudi; FRIDAY, vendredi; SATURDAY, samedi, et SUNDAY, dimanche. Voy. nos *Recherches sur l'origine de la semaine*, 1830, in-8°, vous y trouverez, p 44, un TABLEAU POLYGLOTTE *de la nomenclature des sept jours de la semaine*, en latin, français, italien, espagnol, allemand, hollandais, anglais, polonais, russe, celto-breton et patois provençal. Les mots AN, MOIS, SEMAINE et JOUR, précèdent cette nomenclature et sont aussi rendus dans ces onze langues.

» donc bien rares dans ce pays-ci ? — Non, Sire,
» reprit l'hôtelier, mais ce sont les rois qui y sont
» fort rares. »

COPIE TEXTUELLE
d'un Certificat délivré par un maire de campagne.

« Nous sousigné mere de la comune de Gen.....
sertifions que le nomé Michel cultivateur et professeur de la destruction des bêtes puantes y demeurant, nous a déclaré avoir tué une louve près la lisière du bois dont il avait rencontré les pattes.
Nous nous sommes transporté de suite sur le lieu
des dites pattes, acompanié de note adjoin qui a
de suite reconu la bête assomée non pas dun cou de
fusi mais bien aveq un brain de fagot. Venant
à constater les pièces du sexe de la dite louve,
avons reconu qu'elle était un loup, pour laquelle
raison nous n'avons pu tirer les louvetaux de son
corps, ni accorder la prime que pour le loup seulement, de l'avis de note adjoin ; auquel nous avons
coupé les deux oreilles pour être annexé au présan
sertificat et servir à M. le préfet pour prime et avons
signé aveq note adjoin ; dont nous déclarons que
c'est la vérité, réservant les dites pattes pour être
encloués à la porte de la comune.

» Fait à Gen..... ce vint octobre 1841.

» *Signé* N.... meire, et O..... adj. »

PROBLÈME DE LONGÉVITÉ.

Comment une bru, sans avoir été centenaire,

a-t-elle pu survivre cent trente-neuf ans à son beau-père?

L'exposé des faits suivants va donner la solution de ce problême.

Charles IX, roi de France, né le 27 juin 1550, a eu de Marie Touchet, un fils naturel (Charles de Valois, chevalier de Malte, Grand Prieur de France, duc d'Angoulême), né le 28 avril 1573. Ce roi Charles est mort l'année suivante, le 30 mai 1574.

Son fils, le duc d'Angoulême dont nous venons de parler, a été marié deux fois, 1° avec Charlotte de Montmorency, en mai 1591, dont il a été veuf en août 1636; 2° avec Françoise de Nargonne, qu'il a épousée le 25 février 1644. Il est mort âgé de 77 ans, le 24 septembre 1650.

Sa veuve, Françoise de Nargonne, lui a survécu 63 ans; elle est morte le 10 août 1713, âgée de 89 ans.

Or, Charles IX, père de son mari, étant mort le 30 mai 1574, et elle n'ayant terminé sa carrière que le 10 août 1713, il s'est nécessairement écoulé entre ces deux dates, un espace de CENT TRENTE-NEUF ans.

DE QUELQUES GARDE-ROBES DE DAMES,
assez bien fournies.

Le célèbre Chasseneux, savant jurisconsulte bourguignon, raconte, dans son *Catalogus gloriæ mundi;* Lugduni, 1629, *in-fol.*, qu'il a vu à Milan une dame qui avait trois cents soixante-cinq paires d'habits et qui en changeait tous les jours. Elle en eût sans doute eu trois cents soixante-six, si l'année bissextile eût eu cours de son temps, dit le *Menagiana*, 1729, t. IV, p. 178. Barthelemy Chasseneux, né en 1480, est mort le 15 avril 1581.

Madame Elisabeth de France, fille de Henri II, née en 1545, mariée à Philippe II, roi d'Espagne, en 1559, et morte en 1568, rivalisait pour le nombre de robes avec la dame dont nous venons de parler; mais elle l'emportait sans doute par la richesse. Brantome s'en exprime ainsi : « Cette prin-
» cesse ne portoit jamais une robe deux fois, puis
» la donnoit à ses femmes et ses filles, et Dieu sçait
» quelles robes, si riches et si superbes que la
» moindre estoit de trois à quatre cens escus : car
» le Roy son mary l'entretenoit fort magnifique-
» ment de ces choses-là, si bien que tous les jours
» elle en avoit une, comme je le tiens de son tailleur,
» qui de pauvre qu'il alla là, en devint si riche que
» rien plus, comme je l'ay vu, etc. » (Voy. BRANTOME, *Vies des Dames illustres de France de son temps*. Leyde, Sambix, 1666, pet. *in*-12, pag. 196.)

L'Impératrice de Russie, Elisabeth Petrowna II, fille de Pierre-le-Grand et de Catherine, était une princesse fort singulière dans ses goûts et dans ses appréhensions de la mort, quoique bonne souveraine d'ailleurs. Elle possédait une garde-robe telle qu'on n'en a jamais vu ; à sa mort, elle la laissa garnie de huit mille sept cents habits complets, de déshabillés innombrables, et d'une grande quantité d'étoffes de tous genres en pièces. Cette princesse était tourmentée d'une crainte extraordinaire de la mort, et ses médecins ne s'en trouvaient pas plus mal. Dans les dernières années de sa vie, elle payait chaque saignée sept mille cinq cents roubles, dont chacun de ses trois médecins ordinaires recevait deux mille et son chirurgien quinze cents. Etant à l'extrémité, elle promettait à chacun de ces messieurs vingt-cinq mille roubles, s'ils pouvaient lui sauver la vie. Mais l'inflexible Atropos ne ratifia pas le marché, car Elisabeth mourut le 5 janvier 1762, à 51 ans, après en avoir régné neuf.

Quand la princesse Marie-Thérèse-Isabelle d'Autriche, fille de l'archiduc Charles, née en 1816, épousa en 1837 Ferdinand II, roi des Deux-Siciles, né en 1810, elle eut un magnifique trousseau composé des objets les plus précieux, au nombre desquels étaient cent robes parées et vingt-sept manteaux blancs de la plus grande richesse. On admirait aussi un simple chapeau de paille, commandé à Florence par son royal époux; il ne coûta d'abord de premiers frais de fabrique, que la somme de 1600 florins (3,600 fr.); et ensuite on l'envoya à Paris pour être orné de tout ce qu'il y avait de plus élégant dans les parures accessoires. Le reste du trousseau répondit à cette magnificence.

Nous ne parlons point des garde-robes d'homme; nous pourrions cependant citer celle du noble Jean d'Arundel, qui, dans le XIIIe siècle, avait cinquante-deux habillements complets, tous en étoffe d'or. (Voy. *Histoire de S. Louis*, par M. de Villeneuve; 1839, *in*-8°, t. III, p. 475.)

Il paraît qu'en Russie, au XVIIe siècle, toutes les richesses n'étaient point totalement absorbées par les hautes classes, et qu'il se trouvait parmi le peuple des fortunes qui permettaient d'établir les enfants non-seulement avec avantage, mais avec une certaine somptuosité. Cela sera prouvé par les détails suivants d'une dot qu'une veuve russe a donnée à sa fille, en 1669. Ces détails sont assez curieux et peuvent jeter un petit reflet sur l'intérieur d'un ménage russe dans l'aisance, à cette époque.

C'est donc en 1669 que la veuve d'un nommé Tchirikof, maria sa fille au Stolnik Chérémetef. Indépendamment de plusieurs terres, d'une maison à Moskou et de plus de 250 maisons de paysans situées dans diverses provinces, la bonne mère donna à la jeune mariée :

1° Huit images de Notre-Seigneur, de la Vierge et de Saint-Nicolas, enchâssées en argent et vermeil, et enrichies de diamants et de rubis ;

2° Plusieurs croix également ornées de pierres précieuses ;

3° Des colliers de rubis et de diamants ;

4° Des éméraudes et des perles ;

5° Des bonnets garnis de grenats et autres pierres ;

6° Des boucles d'oreilles de diamants, de rubis, d'éméraudes ;

7° Des chaînes d'or garnies de diamants, avec des croix ;

8° Nombre d'habits de dessus et de dessous, en velours, en satin, en taffetas, garnis de martre zibeline, de diamants, de boutons de vermeil, de dentelles ;

9° Des ustensiles de toilette, des tasses, coupes, etc., le tout en vermeil ;

10° Des souliers et des bottines de satin et de velours, richement travaillés en or ;

11° Un grand lit de damas rouge à fleurs d'or, une couverture de satin brodée en or, garnie de martre zibeline ; et un autre lit plus petit de damas jaune, avec la couverture de satin de Perse ;

12° Enfin dix chemises de mousseline, trente chemises de toile et trente draps.

Cette mère opulente ne savait pas écrire ; son frère signa pour elle le contrat.

PETIT DOCUMENT LITURGIQUE.

Cette plaisanterie, faite sans doute par quelque ecclésiastique fort gai, et qui ne tire nullement à conséquence, paraît avoir été imprimée à Strasbourg, vers 1775 ; elle consiste en une page *in*-12, entourée d'un filet; la voici copiée textuellement :

> RITUS BREVISSIMUS RECITANDI BREVIARIUM,
> PRO ITINERANTIBUS ET SCRUPULOSIS.
>
> *Dicatur* Pater et Ave.
>
> *Deinde :*
>
> A, B, C, D, E, F, G, H, I, K, L, M,
> N, O, P, Q, R, S, T, U, V, X, Y, Z.
>
> ℣. Per hoc alphabetum notum
> ℟. Componitur breviarium totum.
>
> *Tempore paschali, dicitur* Alleluia.
>
> OREMUS.
>
> Deus, qui ex viginti quatuor litteris totam sacram scripturam et breviarium istud componi voluisti, junge, disjunge, et accipe ex his viginti quatuor litteris matutinas cum laudibus, primam, tertiam, sextam, nonam, vesperas et completorium; per Christum Dominum nostrum. AMEN.
>
> *Signat se dicens :* Sapienti pauca.
>
> ℣. In pace in idipsum.
> ℟. Dormiam et requiescam.

ORIGINE DU PROVERBE
Après Grâces *Dieu but.*

On sait que la petite prière qui se récite après le repas sous le nom de *Grâces*, est fort ancienne et qu'elle a été répandue par toute la chrétienté, comme elle l'est encore dans toutes les maisons où la piété s'est conservée. Cependant il arriva dans le moyen âge que les Allemands, fort relâchés, négligèrent ce pieux usage, et se mirent peu en peine de le reprendre. On eut beau y exhorter les chanoines et les moines dans un Concile tenu à Mayence en 847 ; ces exhortations furent inutiles. Alors que fit le pape Honorius pour réprimer cet abus? Il connaissait les Allemands; il usa, vers 1220, d'un expédient très-conforme à leur goût; ce fut d'accorder des indulgences à tous ceux de cette nation qui boiraient un coup après avoir dit *Grâces*. Le succès fut complet; dès-lors personne n'a manqué à remplir ce devoir religieux avec une exactitude ponctuelle et vraiment édifiante. Le fait est raconté par un auteur très-grave, nommé Boetius Epo. De là est venu le proverbe : « *Après* Grâces *Dieu but.* » Notre vieux satirique Regnier l'a employé dans sa seconde satire :

 « Or, la table levée, ils curent la mâchoire,
 » Après *Grâces* Dieu but, ils demandent à boire. »

Les Allemands appelaient l'indulgence en question, *indulgence de Boniface ;* et en Bretagne on disait l'indulgence ou le pardon de saint Guillaume.

ORDONNANCE DE POLICE
assez singulière.

Cette ordonnance, nullement comminatoire pour le délinquant, a été publiée récemment dans quelques parties de l'Allemagne, pour réprimer l'usage de fréquenter les cabarets pendant le service divin.

« Toute personne qui, le dimanche ou tout
» autre jour de fête, boira dans un cabaret pendant
» le service divin, est autorisée à sortir sans
» payer. »

SURNOMS,
DICTONS, ÉPITHÈTES, SOBRIQUETS, ETC.,
relatifs à certaines villes.

Ces dénominations, la plupart insignifiantes, du moins pour nous, sont tirées en partie d'une ancienne pièce intitulée LES PROVERBES *contenant les choses de ce temps qui avaient le plus de réputation ou celles qui étaient devenues proverbiales;* nous ne les donnons que comme vieilleries du XVe siècle et au-delà; on disait :

ARAGON (les mules d').
AUXERRE (les buveurs d').
BAYEUX (les jureurs de).
BEAUGENCY (les chats de).
BEAUNE (les ânes de).
BEAUVOISIS (les vilains de).
BLAYE (les esturgeons de).
BLOIS (les pelletiers de).
BORDEAUX (les aloses de).
BOURGOGNE (les écuyers de).
BRETAGNE (les roussins de).
CAHORS (les usuriers de).
CASTILLE (les destriers (1) de).
CHAMPAGNE (les chevaliers de).
COUTANCES (les sèches de).
EU (les champions d').
FÉCAMP (les harengs de).
FLANDRES (les chiens de).

---

(1) *Destrier,* cheval de bataille.

Hainault (les sergents du).
Herbaut (les chiens d').
La Rochelle (les congres de).
Loudun (les possédés (1) de).
Metz (les usuriers de).
Meung (les ânes de).
Mondoubleau (les biquets de).
Nantes (les lamproies de).
Navarre (les ânes de).
Orléans (les guêpins d').
Sens (les chanteurs de).
Soissons (les ribaudes de).
Sologne (les niais de).
Tours (les pauvres orgueilleux de).
Troyes (les ribauds de).
Vendôme (les grenouilles de).

Quant aux surnoms de quelques villes, on dit :

Bologne la grasse.
Florence la belle.
Gênes la superbe.
Lucques l'industrieuse.
Milan la grande.
Naples la gentille.
Padoue la docte.
Ravenne l'antique.
Rome la sainte.
Venise la riche.

---

(1) Ce sobriquet ne doit pas être antérieur à l'histoire d'Urbain Grandier, brûlé en 1634.

DISTANCE DE PARIS

AUX PRINCIPALES CAPITALES DU MONDE,

avec leur population.

Cette distance est spécifiée en lieues de 2000 toises ; chaque capitale est orientée d'après sa position relativement à Paris. Ces villes sont rangées selon l'ordre progressif de leur éloignement de la capitale de la France.

Ainsi Paris est

à	78 lieues.	S.	de Bruxelles.	120,000 hab.
à	105.	S. S. E.	de Londres.	1,600,000
à	120.	O. N. O.	de Basle.	21,300
à	148.	O.	de Stutgard.	40,000
à	190.	O.	de Munich.	95,000
à	196.	N. O.	de Turin.	120,000
à	214.	N. O.	de Milan.	145,000
à	240.	O. S. O.	de Dresde.	70,000
à	247.	S. O.	de Berlin.	330,000
à	280.	O.	de Vienne.	350,000
à	282.	S. O.	de Copenhague.	125,000
à	320.	N. N. E.	de Madrid.	201,000
à	382.	N. O.	de Rome.	152,480
à	410.	S. E.	de Stockolm.	80,000
à	456.	E. N. E.	de Lisbonne.	260,000
à	474.	N. O.	de Naples.	370,000
à	580.	S. O.	de Pétersbourg.	469,730
à	650.	O. N. O.	de Constantinople.	600,000
à	1180.	O. N. O.	de Ispahan.	200,000
à	1680.	E. N. E.	de Washington.	30,000
à	2350.	O.	de Pékin.	1,500,000

NOTICE

DE QUELQUES DÉCOUVERTES ANCIENNES ET MODERNES,

et de quelques autres particularités curieuses, instructives et amusantes ; le tout rangé par ordre alphabétique.

L'origine et l'histoire des découvertes est aussi intéressante qu'amusante ; le mot *Découverte* s'applique généralement à tout ce qu'on trouve de nouveau dans les arts et dans les sciences, et plus particulièrement, à ce qu'on découvre de curieux, d'utile, de difficile, ou qui du moins a l'un de ces trois avantages. Quelques auteurs ont fait des ouvrages assez volumineux sur cet objet ; mais outre que ces ouvrages sont écrits d'une manière souvent prolixe, ils ont encore le désavantage, étant anciens, de n'avoir pu faire mention des découvertes modernes. Nous espérons que la petite nomenclature suivante sera à l'abri de ces deux reproches. On la trouvera peut-être un peu restreinte ; nous avons été obligé de la proportionner au cadre que nous lui destinions ; mais nous croyons n'avoir rien omis d'essentiel.

AÉROSTAT. On entend par ce mot une machine sphérique ou ballon revêtu d'une enveloppe légère, d'un grand volume, rempli d'air dilaté par la chaleur, ou de quelque fluide aériforme spécifiquement plus léger que l'air atmosphérique. Sa propriété est de s'élever de lui-même dans les airs à une hauteur considérable et d'y soutenir des corps d'un grand poids.

L'invention en est due à MM. Montgolfier, frères (1), célèbres fabricants de papier à Annonay. Le premier essai s'en fit en famille, à Annonay, le 5 juin 1783; le second eut lieu à Paris, au Champ-de-Mars, le 27 août de la même année; et le 1er décembre suivant, MM. Charles et Robert, habiles physiciens, s'élevèrent du jardin des Tuileries, à Paris, par le moyen d'un ballon rempli de gaz hydrogène. Le 25 avril 1784, MM. Guyton de Morveau et l'abbé Bertrand firent à Dijon une première ascension qui réussit très-bien; mais une seconde, faite le 15 juin suivant, n'eut pas autant de succès. Le 7 janvier 1785, MM. Blanchard et Jeffreys traversèrent, en deux heures, la Manche entre Douvres et Boulogne. Mais le 15 juin suivant MM. Pilâtre de Rosier et Romain, ayant voulu essayer le même passage, furent précipités de plus de 500 toises de haut, le feu ayant pris à leur ballon; ils tombèrent à une lieue de Boulogne. La première expérience du parachute fut faite par MM. Garnerin et

---

(1) Ces deux frères sont MM. Joseph-Michel Montgolfier, né le 26 août 1740, mort le 26 juin 1810, et Jacques-Etienne Montgolfier, né le 7 janvier 1745, mort le 2 août 1799; c'est celui-ci qui, après avoir lu le traité de Priestley sur les différentes espèces d'air, publié à Londres en 1775 et à Paris en 1777, s'écria: « Il est maintenant possible de naviguer dans les airs. » Et cette idée, dont il fit part à son frère, fut le sujet de leurs méditations et des premières expériences qu'ils firent sur la possibilité de s'élever dans les airs.

Blanchard, en 1797. Dès-lors les voyages aériens se multiplièrent, ainsi que les accidents. Mais jusques à ce moment, l'expérience a prouvé que la découverte des aérostats, reçue d'abord avec tant d'enthousiasme et dont l'imagination se promettait des résultats si avantageux, est plutôt un objet de curiosité que d'utilité, puisque l'on n'a pu encore trouver le moyen de diriger le ballon à volonté.

AIMANT. Cette pierre minérale a été connue des Anciens; Platon en fait mention. Pline dit que l'architecte Dinocrate, d'Alexandrie, avait commencé à voûter d'aimant le temple qu'un des Ptolomées avait fait élever à sa sœur Arsinoé, qui était sa femme, pour y faire tenir suspendue en l'air la statue en fer de cette princesse. Mais Ptolomée et l'architecte moururent avant que l'ouvrage fût achevé. On dit la même chose d'une statue de Serapis, faite par le roi Sésostris, et suspendue dans un temple d'Alexandrie. On a fait accroire au peuple, que le cercueil de Mahomet était suspendu à la voûte du temple. C'est une fable; il est à terre au milieu de la mosquée.

AIMANT (*Guérison par l'*). On a attribué à l'aimant la vertu, sinon de guérir entièrement, du moins de soulager dans certaines maladies. Aetius, qui vivait en 500, parle de l'application extérieure de l'aimant comme utile pour la goutte et pour les maladies convulsives : *tradunt magnetem detentum manu chiragricorum ac podagricorum dolores ipsorum sedare; œquè convulsis opitulatur*. Marcellus et Camille Léonardi affirment les bons effets de l'application de l'aimant pour calmer les maux de dents.

AIR (*Pesanteur* de l'). C'est Galilée qui, le premier, soupçonna la pesanteur de l'air, et qui l'inféra de ce que l'eau s'arrête et demeure suspendue dans les pompes à 32 pieds à-peu-près ; il fit quelques expériences. Après lui, Torricelli continua de prouver cette pesanteur par de nouvelles expériences ; le premier, il démontra, en 1645, qu'une colonne d'air prise dans l'atmosphère, se met en équilibre avec une colonne d'un autre fluide qui a la même base. Mariotte a calculé que la hauteur de l'atmosphère ne va guère qu'à 20 lieues, et que quand l'air serait huit millions de fois plus raréfié que celui qui est près de la terre, l'atmosphère n'irait pas à 30 lieues. On infère de la pesanteur de l'air, que la terre est autant comprimée par l'air qui l'environne, que si elle était partout couverte d'eau à la hauteur de 31 pieds. Suivant les expériences communes, la pesanteur de l'air proche de la superficie de la terre, est à-peu-près, à l'égard de l'eau, ce que 1 est à 800. Borelli dit que l'air est composé de corpuscules ou petites lames dures, flexibles, capables de ressort, et qui, faisant plusieurs tours en ligne spirale, forment la figure d'un cylindre creux. Il est maintenant reconnu que l'air atmosphérique est composé de deux fluides élastiques mêlés ensemble, savoir : 28 parties d'air pur ou vital appelé gaz oxigène ; et 72 parties d'une mofette appelée gaz azotique ou atmosphérique ; ainsi sa base est composée de l'oxigène et de l'azote.

ALPHABET. C'est ainsi que l'on appelle la série des lettres ou caractères dont se sert une nation pour composer les mots de sa langue. On fait remonter aux Assyriens et aux Egyptiens l'invention des caractères alphabétiques. Platon dit que Thaut fut le premier qui, en Egypte, distingua les lettres en voyelles et en consonnes, en muettes et en liquides; mais la connaissance de l'écriture alphabétique ne s'est répandue que fort lentement chez les différentes nations. On prétend que Cadmus est le premier qui l'ait introduite en Europe, et que c'est à l'arrivée de ce prince que l'on doit rapporter la connaissance des caractères alphabétiques dans la Grèce (1). Les Phéniciens, comme la plupart des peuples orientaux, n'exprimaient point les voyelles en écrivant, ils se contentaient de les aspirer dans la prononciation; mais les Grecs convertirent ces aspirations en voyelles, qu'ils exprimèrent dans leur écriture; de sorte qu'il y eut des voyelles, des consonnes, puis des diphthongues, etc. Nous le répétons, la connaissance de l'écriture alphabétique n'a pu se répandre, dans le Monde, qu'avec beaucoup

---

(1) Il paraît certain que Cadmus aborda en Béotie 1594 ans av. J.-C., et y apporta l'art de retenir, par de simples traits, les sons fugitifs de la parole. Quelques années auparavant, c'est-à-dire vers 1657 av. J.-C., Cécrops avait paru dans l'Attique.

de lenteur; et cette lenteur a tenu, dans l'origine, à l'état de barbarie du langage, des mœurs, des usages et des progrès tardifs de la civilisation chez certaines nations. Chaque peuple ayant sa langue à soi, a dû se créer son alphabet particulier, composé de plus ou moins d'éléments qui lui ont paru nécessaires et qu'il s'est appropriés soit d'après la nature des sons, soit d'après le mode de prononciation. Ces éléments sont les lettres ou caractères qui entrent dans la formation de chaque alphabet, et qui diffèrent entre eux et pour la forme et pour l'expression.

Voici une liste des alphabets tant anciens que modernes, que nous avons choisis parmi les plus connus et auxquels nous ajoutons le nombre de lettres dont chacun d'eux se compose :

	Lettres.		Lettres.
Abyssin.	33	Finois.	20
Allemand.	26	Français.	25
Anglais.	26	Géorgien.	36
Anglo-Saxon.	24	Gothique.	25
Arabe.	28	Grec.	24
Arcadien.	20	Hébreu.	22
Arménien.	38	Hollandais.	26
Bali.	33	Illyrien.	32
Bengale.	50	Islandais.	24
Chaldéen.	22	Italien.	20
Chinois (clef).	214	Japonais.	50
Cophte.	32	Latin.	22
Danois.	28	Malabar.	28
Égyptien.	22	Malais.	25
Esclavon.	27	Moscovite.	35
Espagnol.	27	Palmyrénien.	22
Éthiopien.	26	Pélasge.	20
Étrusque.	24	Persan ancien.	39

	Lettres.		Lettres.
Persan moderne.	33	Slavon ancien.	39
Phénicien.	22	Suédois.	28
Polonais.	27	Syriaque.	22
Portugais.	27	Syro-Galiléen.	22
Runique.	23	Talenga.	51
Russe ancien.	34	Tamoul.	28
Russe moderne.	36	Tatare-Mantchou.	29
Samaritain.	22	Thibétan.	30
Sanscrit.	47	Turc.	33
Servien.	40	Zend.	29
Siamois.	37		

Tels sont les principaux alphabets connus et le nombre de lettres que chacun d'eux renferme. Quant au nombre de langues qui existent et au nombre présumé de mots que chacune d'elles renferme, voyez le *Livre des Singularités*, par G.-P. Philomneste, Paris et Dijon, 1841, *in-8°*, pages 38-41.

ANATOMIE. Cette partie de la médecine remonte à une haute antiquité. On prétend qu'Hérophile et Erasistrate, célèbres médecins grecs, recevaient les malfaiteurs des mains de la Justice et les disséquaient tout vifs, pour hâter les progrès de l'anatomie; et on louait la sagesse (un peu barbare) des princes qui, les leur abandonnant, sacrifiaient un petit nombre de méchants à la conservation d'une multitude d'innocents de tout état, de tout âge, et dans les siècles à venir.

L'anatomie a éprouvé le sort de toutes les sciences et de tous les arts; elle a entièrement disparu dans les siècles de barbarie, d'ignorance et de superstition; mais elle commença à revoir le jour en Europe vers 1520, sous François Ier et Charles-Quint. Avant ce temps, l'usage de disséquer les corps passait pour un sacrilège; André Vesale, de Bruxelles, en est regardé comme le premier restaurateur. On connaît une consultation que Charles-Quint fit faire aux théologiens de Salamanque, pour savoir si, en conscience, on pouvait disséquer un corps humain pour en connaître la structure.

Le célèbre Frédéric Ruysch a fait les premières injections anatomiques à Amsterdam, vers 1665.

ARITHMÉTIQUE. B. Pascal, à peine âgé de 19 ans, découvrit, en 1642, la fameuse machine arithmétique, par laquelle, sans autre secours que celui des yeux et de la main, on peut faire toutes sortes de calculs sur les nombres. Les pièces qui en forment le principe et l'essence, sont plusieurs rouleaux ou barillets, parallèles entre eux et mobiles autour de leurs axes. Sur chacun d'eux on écrit deux suites de nombres depuis zéro jusqu'à neuf, lesquels vont en sens contraire, de sorte que la somme de deux chiffres correspondants forme toujours neuf. Ensuite on fait tourner par un même mouvement tous ces barillets de gauche à droite, et les chiffres dont on a besoin pour les différentes opérations de l'arithmétique, paraissent à travers de petites fenêtres percées dans la face supérieure. La machine est composée d'ailleurs de roues et de pignons qui s'engrènent ensemble et qui font leurs révolutions par un mécanisme à-peu-près semblable à celui d'une montre ou d'une pendule. L'idée de cette machine a paru si utile et si belle, qu'on a cherché à la perfectionner et à la rendre plus commode dans la pratique. Leibnitz s'est occupé longtemps de ce problême, et il a trouvé effectivement une machine plus simple que celle de Pascal. Malheureusement toutes ces machines sont coûteuses, un peu embarrassantes par le volume, et sujettes à se déranger. Cette découverte coûta de grands efforts de tête à Pascal, tant pour l'invention que pour faire concevoir la combinaison des rouages aux ouvriers chargés de l'exécuter.

L'Anglais Nicolas Saunderson, aveugle, l'un des plus étonnants mathématiciens qu'il y ait eu au monde, a inventé une *Arithmétique palpable* : c'est une machine dont on trouve la description dans ses *Éléments d'algèbre* traduits par Jaucourt.

Lord Stanhope a imaginé, en 1786, deux machines arithmétiques : la première, de la grandeur d'un vol. *in-8°*, sert à faire avec exactitude les opérations les plus compliquées de l'addition et de la soustraction ; la seconde est de la grandeur d'une table à écrire : par le moyen d'une vis, on résout tous les problêmes de la multiplication et de la division ; et si l'opérateur se trompe et fait faire à la vis une révolution de plus, il voit tout-à-coup sortir de la table une petite boule d'ivoire, dont la présence l'avertit de son erreur.

L'arithmétique décimale a été découverte à Bruges, en 1602.

ASSURANCES. Les Anciens ont connu les assurances, c'est-à-dire, cette manière de diviser le risque des entreprises de commerce maritime. Puffendorf et Anderson le pensent, et ils se fondent sur certains passages de Tite-Live, de Suétone et de Cicéron. Le professeur Bekman n'est pas de cet avis relativement aux deux premiers auteurs; mais le passage de Cicéron lui paraît décisif. Voyons ces différentes citations. Tite-Live, après avoir parlé de la détresse où l'armée se trouvait en Espagne, relativement aux subsistances; ajoute que la République fit un marché avec une société de marchands pour fournir l'armée : *ut quæ in naves imposuissent, ab hostium tempestatisque vi publico periculo essent.* Suétone dit que l'empereur Claude *negociatoribus certa lucra proposuit, suscepto in se damno, si cui quid per tempestates accidisset.* Mais ces indemnités tirées du trésor public doivent être regardées comme des primes d'encouragement pour certaines entreprises, et n'ont, selon Bekman, aucun rapport avec les assurances. Cicéron dit *Laodiceæ me prædes accepturum arbitror omnis pecuniæ publicæ, ut mihi et populo cautum sit sine vecturæ periculo.* La solution de la question dépend du mot *prædes.* L'auteur suppose qu'il signifie ici une remise en lettres de change.

BANQUE. Il est difficile de fixer l'époque à laquelle la banque a commencé; mais on peut donner l'étymologie de ce mot; il est tiré de l'italien *banco* qui signifie le *banc* où s'asseyaient ceux qui se chargeaient de faire des remises d'argent pour le bien public. Lorsque l'on voulait annoncer que l'argent manquait, on rompait le banc; ce qui s'exprimait ainsi : *banco rotto,* banc rompu, et par corruption *banqueroute.* Dès-lors ce nom a désigné l'interruption forcée dans les affaires d'un négociant ou d'un banquier qui ne peut plus remplir ses engagements.

BAS AU MÉTIER. La première manufacture de bas au métier fut établie en France en 1656. On n'a rien de certain sur l'invention de ce métier; l'Encyclopédie l'attribue aux Anglais; d'autres en font honneur aux Français. On prétend qu'un compagnon serrurier de la Basse-Normandie, inventeur du métier à faire les bas, remit à Colbert une paire de bas de soie fabriquée à ce métier, pour la présenter à Louis XIV. Les marchands bonnetiers, alarmés de cette découverte, gagnèrent un valet de chambre qui donna plusieurs coups de ciseaux dans les mailles, de sorte que le Roi chaussant ces bas, les mailles coupées firent autant de trous, ce qui fit rejeter l'invention. Cet homme donna son métier aux Anglais qui en ont fait usage, et qui s'en disent les inventeurs; tandis que le véritable inventeur est mort à Paris à l'Hôtel-Dieu, dans un âge avancé.

Quant aux BAS DE SOIE, François Ier, roi de France, est le premier qui a porté des bas de soie, l'an 1543. M. Peuchet prétend que les bas tricotés n'ont eu lieu qu'à la renaissance des arts, du temps de François Ier, et que c'est Henri II qui porta les premiers bas de soie, aux noces de sa fille.

La reine d'Angleterre Elizabeth en a porté en 1543.

BATEAUX A VAPEUR. Le premier de ces bateaux qui ait été appliqué au transport des hommes et des marchandises, est celui que M. Fulton a construit à New-York en 1807, et qui fit le voyage de cette ville à Alby.

En Angleterre, c'est à Glasgow (Écosse) qu'a paru le premier bateau à vapeur qui a été construit par M. Henri Bell; il se nommait *La Comète*, et a commencé à naviguer sur la Clyde, en janvier 1812. Le second bâtiment qui fit la traversée de Yarmouth à Norwick, est de 1813. Dès le 6 avril 1823, le commerce employait déjà trente-trois bâtiments de ce genre.

BAYONNETTE. Les Français ont fait usage de la bayonnette au bout du fusil, en 1692, à la bataille de Turin, contre les Confédérés. Cet instrument vient de Bayonne.

BOMBES. Les bombes et mortiers ont été inventés dans le seizième siècle. On prétend que les premières bombes ont été jetées sur la ville de Wachtendoneck, en Gueldre, assiégée par le comte de Mansfeld, en 1588. D'autres auteurs prétendent qu'un siècle auparavant, on en jeta à Naples, sous Charles VIII, en 1495.

Les Hollandais disent qu'on ne s'est servi de bombes en France qu'au siège de la Mothe, en 1634;

et d'autres pensent que c'est au siège de Mézières, en 1521.

BOTANIQUE. On prétend que c'est dans le seizième siècle que l'on a renouvelé en Europe l'étude de la botanique ; ceux qui ont rendu les plus grands services à cette science, sont Jean Bauhin, mort en 1541 ; Gaspard Bauhin son frère, mort en 1560 ; Gessner, de Zurich, surnommé le Pline allemand, mort en 1565, à qui l'on doit la première méthode pour le classement des plantes ; son système est fondé sur la fructification ; Cesalpin, médecin italien, mort en 1585 ; Léonard Fusch, professeur d'anatomie à Tubingue, mort en 1566 ; Morison, prêtre anglais, mort en 1683 ; Tournefort, auteur d'un système qui a eu de la célébrité ; Linnée, qui passe pour le prince de la botanique, et qui en 1737 établit son système sur les caractères fournis par le nombre des organes sexuels des plantes ; Bernard de Jussieu, également illustre par un système que son neveu a publié en 1774 ; J. B. Lamarck, etc., etc. La botanique est maintenant cultivée avec beaucoup d'ardeur ; elle a fait de grands progrès. Les Anciens avaient observé 5 à 600 plantes tout au plus ; à la fin du seizième siècle, on en avait décrit déjà plus de 6000 (1) ; Tournefort en a fait connaître 8846

---

(1) Croirait-on, cependant, que dans ce même siècle, on ne connaissait et on ne cultivait presqu'aucun légume en Angleterre : dans les premières années du règne de Henri VIII (roi en 1509), on ne trouvait dans tout le royaume, dit Anderson, ni salade, ni carottes, ni choux, ni raves, ni

espèces ; et maintenant on porte à 50,000 à-peu-près les plantes classées et décrites. Dans ce nombre la France est pour environ 10,000 ; les environs de Paris pour 2,000 ; la Nouvelle-Hollande pour 4,500 ; etc., etc.

On sait que les climats froids produisent moins d'espèces de plantes que les climats chauds ; un savant botaniste a démontré, en 1826, que cette différence suit assez régulièrement la progression de la température, et il établit cette progression selon les climats dans l'ordre suivant : il compte

Au Spitzberg (près du 80ᵉ degré lat. Nord), ... 30 espèces.
Dans la Laponie (sous le 68ᵉ degré), 534 id.
En Islande (sous le 65ᵉ degré), . . 553 id.
En Suède (depuis les parties méridionales de la Laponie jusqu'au 55ᵉ degré), ... 1,300 id.
Dans le Brandebourg (entre le 52ᵉ et le 54ᵉ degré), ... 2,000 id.
Dans le Piémont (entre le 43ᵉ et le 46ᵉ degré) ; . . . . 2,800 id.

---

d'autres comestibles de cette nature; on les tirait de Hollande et de Flandre. La reine Catherine, elle-même, ne pouvait se procurer, dans ce temps-là, une salade à son dîner. Le roi fut obligé de faire venir de Hollande un jardinier pour cultiver ces mêmes herbes potagères, dont l'Angleterre est peut-être aujourd'hui mieux fournie qu'aucun pays de l'Europe. Ce n'est que vers 1660, que les choux-fleurs furent connus dans ce royaume; et bien plus, ce n'est qu'un siècle après, vers 1764, que des asperges et des artichaux furent apportés en Angleterre. (Voyez le *Dictionnaire des Origines*, Paris, 1834, au mot LÉGUMES.)

A la Jamaïque (entre le 17ᵉ et le
19ᵉ degré), ... 4,000 espèces.
A Madagascar (entre le 13ᵉ et le 14ᵉ
degré), ... 5,000 *id.*

BOUSSOLE. On croit que Marc Paul, Vénitien, ayant voyagé à la Chine, en rapporta la boussole en 1260. Les Chinois prétendent que leur empereur (Chiningus) en avait connaissance 1120 ans avant Jésus-Christ. D'autres auteurs pensent qu'on doit l'invention de la boussole à Jean Gira ou Goya, que quelques-uns nomment Flavio de Melphe ou Flavio Gioja, Napolitain, qui fit cette découverte en 1302. Ce qu'il y a de certain, c'est que le premier usage de la boussole, bien avéré, fut fait par un moine d'Oxford sous le règne d'Edouard III, roi d'Angleterre, qui a régné depuis le 24 janvier 1327, jusqu'au 21 juin 1377, date de sa mort. (*Art de vérifier les dates, in-8°, tom.* VII, *p.* 133.)

Toutes les fois qu'il a été question de l'époque de la découverte de la boussole, on a cité des vers tirés de la *Bible Guyot,* composée sous le règne de Philippe-Auguste, et on a prétendu que le mot MARINETTE qui s'y trouve, dit-on, désignait la pierre d'aimant. C'est Fauchet, possesseur du manuscrit, qui le premier a introduit ce mot, parce qu'il l'a mal lu; Barbazan dit que ce mot n'existe point, et qu'au lieu de dire avec Fauchet (Voyez dans ses *Poëtes françois,* chap. 6, l'extrait de la *Bible Guyot*) :

>Par la vertu de la marinette
>Une pierre laide et noirette.

il faut lire,

> Par la vertu de la manière (1)
> Une pierre laide et brunière.

Voyez *l'Ordene de chevalerie*, de Barbazan, 1759, in-12, pag. 100-103.

On a remarqué que la déclinaison de l'aiguille aimantée, depuis 1550 jusqu'en 1554, a été orientale; qu'en 1666 elle était précisément au pôle, et que depuis cette époque elle est occidentale.

M. William Clarke, à Chattam, a inventé un compas de mer d'après un principe entièrement nouveau. La boussole consiste en quatre branches, ou pôles, placées aux angles droits et se réunissant dans un même centre. Les deux pôles nord se trouvent N. O. et N. E., et les deux pôles sud, S. E. et S. O. de la carte marine, qui place les quatre points cardinaux droit entre les angles du compas. Toutes les expériences faites jusqu'ici avec cette boussole, ont prouvé qu'elle possède les principes de polarité et de stabilité, plus que toutes les autres boussoles dont on se sert communément.

CADASTRE. C'est le relevé géométrique de toutes les propriétés territoriales dans une province, un Etat, un royaume. On prétend que si le mot est

---

(1) Ce mot est évidemment une faute de copiste; l'aimant se nommait alors *magnète* ou *magnère*, du mot latin *magnes*, et l'on a été trompé par la ressemblance des mots *magnère* et *manière*. D'ailleurs, tous les vers de Guyot ont huit syllabes, et avec le mot *marinette* il y en aurait neuf. Les vingt-neuf vers de Guyot, sur la boussole, sont trop clairs pour laisser l'ombre du doute. Or Guyot vivait plus d'un siècle avant Flavio Gioia.

nouveau, la chose ne l'est pas. Sous l'empire romain, dit-on, les terres étaient mesurées géométriquement, et toutes les propriétés assujetties à l'impôt territorial. Elles étaient inscrites sur des registres nommés *polyptiques*, confiés aux magistrats des villes. Chaque cité avait son *polyptique*, et on connaissait tous les fonds qui, dans l'étendue de son territoire, devaient contribuer aux sommes demandées par le Gouvernement. Lorsque les Francs firent la conquête des Gaules, ils y trouvèrent ce régime établi, et nos rois de la première race le conservèrent. Childéric même le fit renouveler. Mais les troubles auxquels la France fut livrée, détruisirent les registres polyptiques, et l'impôt ne fut plus réparti qu'arbitrairement; maintenant cet abus n'existe plus, ou du moins il est excessivement diminué.

CAFÉ. Rien de plus incertain que l'origine du café ou plutôt de son usage. Si l'on en croit le maronite Fausto Nayronne, le café fut découvert par le prieur de quelques moines après qu'il eût été averti par un gardeur de chèvres ou de chameaux, que quelquefois son bétail veillait et sautait toute la nuit après avoir mangé du café. Ce supérieur en fit prendre une infusion à ses moines, qui dormaient en disant l'office de nuit. D'autres disent qu'on doit la découverte du café à la piété d'un mufti, qui, pour faire des prières plus longues que tous les autres dervis, en fit l'expérience. Enfin, on rapporte qu'au milieu du xv° siècle, un certain Gemmaleddin, qui demeurait à Aden, faisant un voyage en Perse, y trouva des gens de son pays qui prenaient du café et qui vantaient cette boisson. De retour à Aden, il eut quelque indisposition, dont il se persuada qu'il serait soulagé s'il prenait du café; il en prit et s'en trouva bien. Dès-lors il mit cette liqueur en vogue à Aden ; tout le monde en prit ; de-là elle passa à la Mecque; de l'Arabie Heureuse elle fut portée en Egypte, au Caire, puis à Constantinople.

Plusieurs fois les sultans ou les muftis l'ont interdite ; la première interdiction date de 1511 ; mais d'autres l'ont permise ; enfin, maintenant l'usage en est toléré. On rapporte qu'en Angleterre, sous Charles II, en 1675, les cafés ont été interdits, parce qu'on y tenait des assemblées trop considérables.

Le premier café qui parvint en France, arriva à Marseille en 1644 ; mais l'usage n'en a été introduit parmi nous que le 4 avril 1669, par Mustapha Ferugo, envoyé de Mahomet IV ; il est le premier qui en ait fait prendre aux Parisiens. Le premier lieu public appelé café, a été ouvert à Marseille en 1671.

On a essayé de cultiver le café en Europe, mais infructueusement du côté de la qualité; on dit qu'un Français, des environs de Dijon, en fit le premier l'expérience en 1670 ; les arbres provenant des grains qu'il avait semés, produisirent du fruit; mais ce fruit, fade et insipide, ne put être d'aucun usage.

Suivant Boerhaave, ce fut Van Horn, gouverneur Hollandais à Batavia, qui, le premier, se procura des baies récentes de cafier d'Arabie, et cultiva cette plante pour la première fois en Amérique et à Surinam; il envoya, en 1690, un pied de cet arbre à Amsterdam, d'où sont provenues ces graines qui ont depuis fourni tout ce qui est cultivé maintenant aux Indes Occidentales.

Le premier pied de café fut introduit à la Jamaïque, en 1728, par Nicolas Law. Les Hollandais commencèrent en 1718 à le cultiver en grand à Surinam; et les Français, en 1727, à la Martinique. C'est en 1717, que la Compagnie des Indes, établie à Paris, envoya quelques plans de café Moka à l'île Bourbon; on dit qu'il n'en restait en 1720 qu'un seul pied dans cette île, et que le produit de ce pied fut tel, que l'on mit en terre au moins 15,000 fèves.

Enfin il est reconnu que le café est originaire d'Arabie, que les Arabes en ont parlé les premiers dès 900, et que depuis il a été transplanté en Amérique et dans les différentes îles où on le cultive.

La consommation annuelle du café en Europe est de 140,000,000 de livres, dont 106,000,000 viennent de l'Amérique; 5,000,000, de l'île de France et de l'île Bourbon; 20,000,000, de Moka, et 9,000,000, de Java. La France ne consomme de cette immense quantité que 22,000,000 de livres. La consommation du sucre y est de 56,000,000 de livres.

CANON. Édouard gagna la bataille de Crécy, en 1346, par le moyen de quatre pièces de canon. On dit que les Vénitiens se servirent du canon dès 1300; les Anglais, peu de temps après; et les Français, en 1338, comme l'observe Ducange, d'après les registres de la Chambre des comptes.

CARDINAL. Les premiers cardinaux ont été établis en 307. Ce n'est qu'en 1245, que dans le concile de Lyon, il fut arrêté que les cardinaux porteraient le chapeau rouge et la robe d'écarlate.

Le savant Le Duchat dit qu'Ænéas Sylvius (le pape Pie II) a, le premier, qualifié le cardinalat, d'éminence. Ce Pape, dans sa *Description de l'Europe*, s'exprime ainsi : *Johannes Segobiensis, homo hispanus, moribus et doctrinâ illustris, qui, cùm summos theologiæ præceptores doctrinâ æquaret, ab Amedeo, dum se Papam dixit, cardinalatûs* eminentiam *acceperat.*

Le pape Urbain VIII ordonna, par un décret du 10 juin 1630, que les titres d'éminence et d'éminentissime fussent attribués aux cardinaux. Ce qui donna lieu à ce décret, fut un discours public que Luc Holstein prononça à Rome, et dans lequel il traita son patron, le cardinal François Barberin, d'*éminentissime*. Tous les autres cardinaux voulurent être depuis traités de même.

CARROSSES. L'origine des carrosses ne remonte pas au-delà de Charles VII, roi de France. En 1461, ils n'étaient pas communs, puisque le premier président du parlement montait une mule pour aller à sa campagne, avec son clerc à pied, et son fermier amenait une charrette et de la paille fraîche aux veilles des quatre bonnes fêtes, pour conduire sa femme et sa fille, et une bourrique pour monter la chambrière. Le premier carrosse qu'on vit à Paris, fut le char suspendu que Ladislas, roi de Hongrie et de Bohême, envoya à la reine. Le 6 avril 1550, Diane, duchesse d'Angoulême, fille naturelle de Henri II, fit usage du second carrosse que l'on ait vu en France. Jean de Laval de Bois-Dauphin, seigneur de la Cour, ne pouvant se tenir à cheval à cause de son excessive grosseur, fut contraint de se servir d'un carrosse. En 1644, le prince de Condé en eut un avec des glaces : c'est le premier ; avant ce temps, ils étaient fermés avec des rideaux de cuir. C'est vers cette époque qu'on a vu le premier carrosse suspendu par des ressorts ou par des moyens élastiques quelconques ; la caisse ne portait plus sur l'essieu. On n'a de document à cet égard que le dessin qu'on voit à la bibliothèque royale, et qui représente l'entrée de Louis XIV à Paris vers 1650 ; le carrosse est bien évidemment suspendu.

Avant l'invention des carrosses, on n'allait dans Paris qu'à pied ou à cheval. Les princesses avaient des litières ; les dames allaient en trousse derrière leurs écuyers. Quand le premier président de Thou fit faire un carrosse parce qu'il avait la goutte, sa femme continuait d'aller en croupe derrière un domestique. Les conseillers de la Cour allaient sur des mulets, et les rois ne voyageaient qu'à cheval, soit qu'ils vinssent à Paris, soit qu'ils allassent à leurs maisons royales, ou soit qu'ils se transportassent au palais pour y donner des ordres. Presqu'à toutes les portes des maisons, il y avait des montoirs en pierre pour aider l'écuyer à monter plus facilement à cheval.

CARTES A JOUER. L'abbé Rive dit que les cartes étaient en usage en Espagne vers 1330. Il étaie son opinion, d'une défense de jouer argent aux cartes ou dez, faite par les statuts d'un Ordre de chevalerie, nommé l'Ordre de la Bande, et institué vers l'an 1332 par Alphonse XI, roi de Castille; cet Ordre ne subsiste plus.

D'autres attribuent l'invention des cartes aux Allemands; Court de Gebelin les fait venir des anciens Égyptiens; mais la plupart des auteurs en accordent la découverte aux Français; ils disent qu'elles furent inventées pour procurer quelque soulagement à Charles VI, lorsque ses accès de folie lui laissaient des intervalles de tranquillité. Jacquemin Gringonneur, peintre, fut le premier qui peignit les cartes en or et diverses couleurs; mais l'invention des figures n'était pas nouvelle. Cet amusement était connu sous le nom de jeu du roi et de la reine (Il existe beaucoup d'ouvrages sur les cartes à jouer). Le jeu de piquet a été inventé sous Charles VII.

CHAMBRE OBSCURE. L'invention en est due à

J.-B. Porta, physicien du xvie siècle. Il remarqua que les objets du dehors se dessinaient comme des ombres sur la muraille et au plancher de sa chambre bien fermée, par le moyen d'une petite ouverture pratiquée dans le volet, et à travers laquelle passaient les rayons du soleil. Surpris de cet effet singulier, il s'avisa de mettre au trou de sa fenêtre un verre lenticulaire; telle a été l'origine de la chambre obscure que dès-lors on a perfectionnée.

Mais cela n'est rien en comparaison de l'admirable et surprenante découverte faite récemment en ce genre, par MM. Niepce et Daguerre. Cette découverte consiste à fixer, au moyen d'un instrument nommé daguerréotype, et en très-peu de temps (2 ou 3 minutes), par la puissance de la lumière, sur une plaque d'argent poli, les images de la chambre obscure; mais ce qu'il y a de particulier et presque d'inconcevable, c'est que dans les dessins de ces images, tous les objets conservent mathématiquement leurs formes jusque dans les plus petits détails, et que les effets de la perspective linéaire et la dégradation des tons provenant de la perspective aérienne, sont rendus avec une délicatesse inconnue jusqu'alors (1).

CHANT. Le chant remonte à la plus haute anti-

---

(1) L'importance de cette découverte a engagé le Gouvernement, d'après le rapport de M. Arago, fait à la Chambre des députés, le 3 juillet 1839, à accorder une pension viagère de 6000 fr. à M. Daguerre et une de 4000 fr. à M. Niepce, fils.

quité. Les Grecs en connaissaient quatre sortes qui formaient, disaient-ils, la musique la plus parfaite, et qu'ils appelaient les modérateurs de l'ame. Les voici :

Le *chant dorien*, imaginé par Lamias, qui existait avant Homère, et qui apprit, dit-on, à joindre la harpe au chant. Le dorien servait aux choses graves, sévères, belliqueuses.

Le *chant phrygien* avait la puissance d'exciter la fureur.

Le *chant sous-phrygien* apaisait la fureur excitée par le précédent.

Enfin, le *chant lydien* était triste, lamentable, et produisait la langueur et la mélancolie.

Chez les Modernes, le chant grégorien a été établi par saint Grégoire le Grand, qui vivait du temps de l'empereur Maurice et de Phocas; Charlemagne l'a apporté de Rome avec la liturgie, en 789.

CHAPEAUX. On ne voit point de chapeaux avant le règne de Charles VI. On se servait auparavant du bonnet, du mortier et du chaperon. Le roi, les princes et les chevaliers avaient seuls le droit de se servir du mortier, qui n'était autre chose qu'un bonnet de velours galonné. Le simple bonnet, qui était de laine, servait de coiffure au clergé, aux gradués et au peuple. Le chaperon, espèce de capuchon qui avait un bourlet sur le haut et une queue pendante par derrière, se mettait sur le mortier ou sur le bonnet.

Du temps de Charles VI, on commença à porter le chapeau à la campagne; on le porta en temps de pluie sous Charles VII, et en tous temps sous Louis XI. Louis XII reprit le mortier; mais François Ier le quitta et porta toujours un chapeau.

On dit que l'origine des chapeaux vient d'Espagne, et qu'on doit cet usage à Tristan Salazar, qui était de Biscaye, et qui fut archevêque de Sens.

CHEMINÉES. Quelques auteurs pensent que les cheminées étaient ignorées des Grecs et des Romains; ils se fondent sur ce qu'à Herculanum on n'a trouvé aucune cheminée; d'autres soutiennent au contraire que les Anciens en faisaient usage. Cela paraît certain.

Octavius Ferrarius est de cet avis ; il cite à l'appui de son opinion ce vers de Virgile :

Et jam summa procul villarum culmina fumant.

De plus, Appien dit dans le livre IV *des Guerres civiles,* que lors des proscriptions des Triumvirs, les uns descendaient dans des puits et des cloaques, les autres se cachaient dans les toits et dans les cheminées. Suétone rapporte que la chambre de Vitellius fut brûlée, parce que le feu prit à la cheminée. Quoi qu'il en soit, le peu de renseignements qui nous restent des Anciens, et l'obscurité des préceptes de Vitruve sur cet objet, font juger que l'usage des étuves (ils avaient des appartements entiers très-échauffés par des poêles construits sous terre), leur faisait négliger cette partie du bâtiment que le froid de notre climat nous a contraints de rendre un des principaux ornements des habitations modernes.

CHIFFRES. Les uns attribuent la science des nombres à Mercure; d'autres en font honneur à Abraham, quelques-uns à Theuth, et la plupart aux Phéniciens. Costadau, dans son *Traité des signes* (tom. 2, p. 82), pense qu'on employa d'abord les différentes inflexions et positions des doigts pour signifier les différents nombres; ensuite on compta avec des petits cailloux, en latin *calculus;* de là le mot *calcul;* puis vinrent les chiffres inventés par Minerve, comme le dit Tite-Live; mais Platon et saint Athanase les donnent à Palamède, tandis que saint Isidore de Séville et le vénérable Bede les attribuent à Pythagore et à Nicomaque. Avouons cependant que le plus ancien de ces inventeurs vivait longtemps après que Cadmus eût apporté les lettres en Grèce; et le président Bouhier pense que ces lettres étaient numériques, lorsqu'elles parvinrent en Grèce; mais il est plus probable qu'elles ne le devinrent qu'après que l'alphabet grec fut complet.

Les chiffres arabes sont apportés en Europe par les Sarrasins, en 991; avant, on ne se servait que des lettres de l'alphabet. Beveregius pense que ces chiffres furent inventés par les Indiens et répandus dans l'Orient avant que l'Europe en eût connaissance. Le Père Costadau dit que les Arabes les ont appris des Indiens, comme les Maures les ont appris des Arabes, les Espagnols, des Maures, et les autres peuples de l'Europe, des Espagnols. Kircher est d'avis que les Indiens les communiquèrent aux Arabes vers le dixième siècle, et que ceux-ci les ont transmis aux Espagnols vers le treizième. L'abbé de Longuerue les fait venir des Brachmanes, et de là les fait passer aux Arabes qui auparavant se servaient des lettres de l'alphabet. On ne s'arrête plus à l'opinion de Rudbeck, qui a tâché de les faire venir des Celtes et des Scythes établis dans le Nord, ni à celle d'Antonio Nassaro qui, dans sa *Polygraphie,* assure que les Arabes ont pris leurs chiffres des Carthaginois ou Africains.

CHOCOLAT. Il a été apporté en Europe par les Espagnols vers l'an 1524. Ce ne fut qu'en 1626 que le premier usage en fut introduit à Paris par le cardinal Alphonse de Richelieu, qui s'en servait pour modérer les vapeurs de sa rate. Il tenait ce secret de quelques religieux espagnols. On consomme maintenant par an en Europe 23,000,000 de liv. de cacao, espèce d'amande qui forme la base du chocolat. C'est le fruit d'un arbre nommé *theobroma cacao;* la culture en fut pratiquée pour la première fois à la Martinique en 1660, par le juif Benjamin d'Acosta.

CIRCULATION DU SANG. La circulation du sang a été découverte en 1616, par le docteur William Harvey. Pour lui en dérober l'honneur, des envieux ont prétendu qu'elle était connue longtemps avant lui, et que plusieurs auteurs en ont fait mention, entre autres Servet ; malgré ces clameurs de la jalousie, la gloire de cette belle découverte reste à Harvey. Voici quelques notes curieuses relatives à cet article. Elles sont tirées d'un ouvrage intéressant.

« Chaque battement de cœur est d'une seconde ; il en arrive soixante en une minute, ce qui fait trois mille six cents par heure, et quatre-vingt-six mille par jour ; à chaque battement du cœur, il sort du ventricule gauche deux onces de sang pour entrer dans la grande artère ; puisque le cœur bat 3,600 fois par heure, il en sort donc dans le même espace de temps sept mille deux cents onces de sang, au poids de la Faculté.

» Or, selon les plus experts dans cette matière, toute la masse du sang contenue dans le corps d'un homme ne va ordinairement qu'à 24 livres. Ainsi en divisant 600 par 24, on trouvera que la masse du sang passe par le cœur 25 fois par heure, et par conséquent 600 fois par jour.

» Le cœur qui est le plus important de nos muscles, a besoin, pour faire un seul mouvement de contraction, d'une force équivalente à plusieurs milliers de livres ; car c'est ainsi qu'on évalue en mécanique les forces mouvantes. Par exemple : pour pousser le sang dans la grande artère, le cœur a besoin d'une force de cent mille livres pesant ; pour soutenir avec le bras étendu un poids de 55 livres suspendu à sa jointure avec le coude, on a besoin d'une force de soixante mille livres. Si un homme qui pèse cent cinquante livres, veut sauter à la hauteur seulement de deux pieds, il a besoin d'une force deux mille fois plus grande que son poids, c'est-à-dire, d'une force de 300,000 pesant.

» C'est à l'aide de l'expérience de sa raison et de ses lectures, que le célèbre Harvey a découvert la plus importante de toutes les fonctions, celle de laquelle émanent toutes les autres, la circulation du sang. Quelques anatomistes l'avaient simplement entrevue d'une manière très-confuse et très-vague; elle n'est plus, grâce à Harvey, un être de raison; il a allumé le flambeau de la conviction, qui éclaire les esprits les moins crédules. »

CLOCHES. Les premières cloches ont été inventées par l'évêque Paulin, de Campanie, en 400.

Dès le sixième siècle, les cloches étaient connues en France.

Elles ont été apportées pour la première fois à Constantinople, par les Vénitiens, en 871. On les a bénies à Rome en 908.

La plus grosse cloche connue est, je crois, celle du couvent de Trotzkoï (de la Sainte Trinité) près Moskou; elle a été fondue en 1746, par ordre de l'impératrice Elizabeth, mais aux dépens du couvent. Elle a coûté 10 roubles par poud de métal, seulement pour la fondre (1). Elle a 18 pouces d'épaisseur, 13 pieds 9 pouces de diamètre, c'est-à-dire, 41 pieds 3 pouces de circonférence; elle pèse 4000 pouds (2); le battant a 5 pieds 5 pouces de circon-

---

(1) Le rouble valait alors 4 francs 5 centimes.
(2) Le poud vaut 16 kilogrammes 418 grammes 29 centigrammes (33 livres 8 onces 16 deniers).

férence. Elle porte sur quatre angles saillants qui ressortent de quatre piliers.

On raconte qu'Aristote Alberti de Bologne, célèbre mécanicien du 16e siècle, transporta à une distance de 35 pas un clocher avec ses cloches.

COMÉDIE. Les premières comédies ou farces ont été jouées à Athènes, par Susarion et Dolon, dans le sixième siècle avant J.-C. La comédie n'a pris la forme qu'on voit dans les anciens auteurs Grecs, qu'en 444 avant J.-C. Les jeux scéniques des Romains commencèrent l'an 364 avant J.-C. Mais leur théâtre, c'est-à-dire leurs pièces n'eurent une forme vraiment dramatique, qu'à dater de Livius Andronicus, l'an 240 avant J.-C.

Le théâtre essuya le sort des lettres pendant la barbarie du moyen âge. Il disparut entièrement. La première trace de sa restauration en France, date de 1378, où l'on représenta à Paris, l'expédition de Godefroi de Bouillon dans la Terre Sainte, devant l'empereur Charles IV. En 1392 les écoliers d'Angers donnèrent une espèce de comédie, sous le titre de *Robin et Marianne*. Le 4 décembre 1402, les confrères de la Passion obtiennent le privilège pour jouer des drames pieux à Paris. Jodelle mort en 1573 est le premier qui écrit en langue française des comédies et des tragédies un peu régulières. Mairet, Rotrou, Corneille font une heureuse révolution dans le théâtre qui atteint son maximum de splendeur sous Racine et sous Molière. L'opéra est introduit en France en 1669.

Les premiers drames allemands ont paru en 1514.

Les premières pièces anglaises jouées à Londres par des clercs de paroisse, datent de 1390. L'opéra est établi à Londres en 1692.

Le théâtre espagnol commence en 1450, celui de Portugal au 16ᵉ siècle.

Le théâtre italien dans le 13ᵉ siècle.

Et le théâtre hollandais date d'environ 1561.

DIAMANT. La taille du diamant doit son origine au hasard. Louis de Berquen, natif de Bruges, est le premier qui la mit en pratique en 1476. Il s'aperçut que deux diamants s'entamaient si on les frottait un peu fortement l'un contre l'autre; il n'en fallut pas davantage pour lui faire naître l'idée de les polir et de les tailler en facettes. Quant à la gravure du diamant, Jacques de Trezzo en passe pour l'inventeur. D'autres prétendent que Clément de Biragues est le premier qui ait gravé sur diamant. Enfin il en est qui attribuent cette invention à Ambroise Charadossa qui, en 1500, avait gravé la figure d'un Père de l'Eglise sur un diamant pour le pape Jules II. Nattier et Costanzi ont aussi gravé sur le diamant.

Disons un mot des plus beaux diamants connus.

Les diamants que l'on regarde comme les plus précieux, sont :

1° Le *Sancy*, sur lequel nous ne pouvons donner aucun détail descriptif; il existe, mais on ignore chez quel Souverain; on sait seulement qu'il provient de Charles-le-Téméraire, dernier duc de Bourgogne (1).

2° Le *Pitt* ou *Régent*. C'est un brillant blanc,

---

(1) Ce diamant fut trouvé sur le champ de bataille après la fameuse déroute de Granson qu'éprouva ce prince. L'histoire de la découverte de ce diamant se trouve dans un ancien ouvrage qui a été réimprimé en Suisse en 1790, in-4°. On y donne *l'état de ce qui fut trouvé au camp et dans Granson, des dépouilles des Bourguignons, après la bataille.* Nous allons rapporter en entier cet état qui est curieux, en ce qu'il fait voir quelle était la richesse du duc de Bourgogne, outre qu'il renferme l'histoire du diamant en question. Nous conservons le style de l'auteur. Voici donc le relevé de ce qui fut pris au prince Charles :

« Cinq cents pièces de grosse artillerie, quantité de munitions, abondance de vivres.

» Quatre cents tentes appartenant au duc, de la plus grande richesse, garnies en velours et couvertes de soie; toutes portaient ses armoiries brodées en or et enrichies de perles; la plupart desquelles les Suisses gâtèrent et en firent des habits, ignorant leur valeur.

» Six cents drapeaux et étendards, partie gagnés à la bataille, et partie trouvés dans des coffres ou bahuts; trois cents casques, trois cents quintaux de poudre à canon, trois mille sacs d'avoine, deux mille charrettes de guerre chargées de licous et de cordes pour pendre les Suisses, deux mille barils et tonneaux de harengs, et quantité d'autres poissons secs, avec chair salée, oies, poules; quantité de sucre, raisins, figues et amandes, et autres choses sans nombre; huit mille massues garnies de pointes.

» Quatre cents livres pesant d'argenterie qui fut conduite à Lucerne et partagée par les Suisses, sans ce qui en avait été enlevé, pillé et emporté par les soldats; un desquels vendit un grand bassin d'argent pesant six livres, pour deux blancs, croyant qu'il fût d'étain, n'ayant jamais ouï dire qu'il y eût des plats d'argent.

» Trois cents magnifiques services d'argent qui étaient tout entiers, et une si grande quantité d'argent monnoyé qu'il fallut le partager à plein chapeau; trois chariots chargés d'arbalètes, et un chargé de cordes pour les bander, avec trois autres remplis de draps de lit.

» Le coffre des archives du duc, son gros diamant (c'est celui en question) d'une grosseur si prodigieuse, qu'on l'estimait le plus beau qu'il y eût dans la chrétienté, enchâssé d'or et orné de deux grosses perles. Il fut premièrement trouvé par un soldat suisse, lequel l'ayant regardé comme un

forme carrée, les coins arrondis, ayant une petite glace dans le filetis, et une autre à un coin dans le dessous. Il a 14 lignes de long, 13 1/4 de large, et 9 1/3 d'épaisseur. Il pesait brut 410 karats; tout taillé il pèse 136 14/16 karats. Les frais de la taille montèrent à 4,500 livres sterl.; la poussière de diamant employée à cet effet coûta 1,400 livres sterl., et les pièces que l'on en avait coupées valaient encore 8,000 livres sterl. Le duc d'Orléans, régent, l'a payé 135,000 livres sterl., c'est-à-dire plus de 3,000,000 fr. On l'estime 12,000,000.

3° Le Diamant du Rajah de Matun dans les Indes orientales; il pèse 367 karats; il est de la plus belle eau. C'est le plus gros diamant connu. Un gouver-

---

brimborion d'enfant, le remit dans son étui, le jeta à la voirie (sur la route) sous un chariot; mais peu de temps après il revint le chercher; il le vendit six blancs, valeur d'un sol de roi Il fut vendu à un de la Côte-aux-Fées pour trois francs; puis après William de Diesbach le fit acheter pour cinq mille florins de Rhin, et quatre cents qu'il donna pour la peine du racheteur; ensuite M. de Diesbach le vendit pour la quatrième fois sept mille florins de Rhin à un joaillier genevois, lequel en eut onze mille ducats du duc de Milan, qui le vendit pour la sixième fois vingt mille ducats, pour orner la triple couronne du pape Jules; (cela n'est nullement avéré).

» Le Chapelet ou *Pater* du duc de Bourgogne, où les apôtres étaient représentés en or massif.

» L'Epée du duc Charles, en laquelle étaient enchâssés sept gros diamants et autant de rubis, avec quinze perles de la grosseur d'une fève, de la plus belle eau; cent soixante pièces de drap d'or et de soie; en outre plusieurs reliques richement enchâssées qui ne peuvent se nombrer; sa chaise dorée, et son cachet d'or pesant une livre; le cachet de son frère Antoine le bâ-ard, que MM. de Bâle ont entre leurs mains; deux grosses perles enchâssées en or, de la grosseur d'une noisette chacune, appelées l'une l'*Incomparable*, et l'autre la *Ramasse de Flandre*. »

neur de Batavia en a offert 150,000 dollars ou piastres, deux bricks armés, avec une quantité considérable de munitions ; mais il n'a pu l'obtenir.

4° Le Diamant du Grand Mogol ; Tavernier qui l'a vu et pesé, en 1653, dit qu'il a la forme d'un œuf coupé par le milieu ; il pesait brut 793 5/8 karats ; taillé il ne pèse plus que 279 9/16 karats.

5° Les deux Diamants du Roi de Perse, l'un taillé en rose, nommé *Nouri dounya*, la lumière du monde, et l'autre taillé en brillant, *Deryây nour*, océan de lumière. Ils sont d'une grosseur extraordinaire.

6° Le Diamant du Grand Duc de Toscane. Il est net, de belle forme ; mais son eau tire un peu sur la couleur citron. Il pèse 139 1/2 karats. On l'estimait 2,608,135 livres. Il a paru à M. Dargenville de la grosseur d'un œuf de pigeon. Maintenant il appartient à S. M. l'Empereur d'Autriche.

7° Le Diamant de l'Empereur de Russie. Il pèse 193 karats ou 779 grains, et non 779 karats, comme l'ont dit MM. Dutens et Romé de l'Isle. C'est l'un des plus forts et des plus précieux diamants qui existent. Il est d'une belle eau, fort net, de la grosseur d'un œuf de pigeon, et de forme aplatie. Il est au-dessus du sceptre de l'Empereur. Il a été payé 2,500,000 fr. et 100,000 fr. de rente viagère à un Arménien. On prétend que c'est un grenadier français qui l'a arraché à la fameuse statue de Scheringham, dont il formait l'un des yeux, dans le temple de Brama. Ce grenadier s'est sauvé à Madrass, et l'a vendu 50,000 fr. à un capitaine de vaisseau ; celui-ci l'a cédé à un Juif pour 300,000 fr., et le Juif l'a vendu infiniment plus cher à un marchand grec, qui sans doute est l'Arménien qui l'a vendu au comte Orloff, pour la somme, dit-on, de 700,000 roubles : il n'est pas sûr, comme on l'a dit, que le comte Orloff l'ait fait creuser pour y mettre le portrait de Catherine II, à qui il en fit hommage.

8° Le Diamant du Roi de Portugal. Il a été trouvé en 1800 dans le ruisseau de l'Abaïté, au sud-ouest de Téjuco. Il pèse, suivant M. Mawe, 95 3/4 karats; sa forme est octoèdre.

La collection de diamants du Roi de Portugal est la plus belle qui existe; on l'estime 72,000,000 fr.

9° On parle encore d'un superbe Diamant, appartenant à la Compagnie anglaise des Indes, et qui a été reçu à Londres il y a quelques années; il se nomme le Nossuck, et a été pris dans les bagages du Peishwa des Marattes. Son poids est de 358 grains ou 89 1/2 karats. Sa forme est triangulaire, il est de la plus belle eau.

10° On prétend qu'un minéralogiste de Vienne possédait dernièrement deux pierres précieuses uniques dans leur genre; l'une est un saphir pesant 302 karats, et estimé à la douane 940,000 florins; l'autre est une *aqua-marina* du poids de 490 karats; elle a été estimée à la douane 360,000 florins. Ces deux pierres, auparavant brutes, ont fait, dit-on, partie des joyaux de la couronne de France; elles furent échangées contre un cabinet d'histoire naturelle des plus rares.

Nous allons ajouter à ces petites notices un mot sur l'estimation des diamants.

« La plus simple règle pour estimer les diamants, dit M. Lucas d'après M. Champion, est celle qui consiste à multiplier le poids du diamant par lui-même, et à multiplier de nouveau le produit obtenu par le prix d'un diamant d'un karat. On sent bien que ce prix varie en raison des qualités de la pierre, et que, passé une certaine grosseur, il n'y a aucune règle fixe. Voici les prix actuels des diamants :

» Le *menu* jusqu'à 1 grain vaut depuis 66 fr. jusqu'à 120 fr. selon la qualité.

» Le *gros menu* vaut 110, 120, 125 fr.

» Le *recoupé* de 6 au grain vaut 150 fr.; pesant 2 grains, 170 à 175 fr.; de 3 grains, 200 fr.; enfin de 4 grains ou un karat, 260 à 280 fr.

» Au-dessus d'un karat une pierre se vend à la pièce, savoir :

» Une pierre de 6 grains vaut. . . . . . 600 fr.
    de 8 grains 1,000
    de 10 grains. 1,400
    de 12 grains. 1,800
    de 15 grains. 2,400
    de 18 grains. 3,500
    de 24 grains. 5,000

» On sent qu'il s'agit de diamants d'une belle eau, taillés dans de bonnes proportions et que l'on appelle bien faits. Les pièces qui ne réunissent pas ces qualités, sont appelées *roboles*. Il y en a dont l'éclat est mat, d'autres qui tirent sur le bleu, sur le jaune, etc. Leur valeur est moindre. »

DUEL. Ce furent les Lombards qui apportèrent en Italie la barbarie des combats singuliers. Le dernier duel fameux a été celui de Jarnac et de la Chataigneraye sous Henri-II en 1547. Malgré les lois sévères rendues contre le duel, un faux point d'honneur le soutient toujours.

EAU. Lavoisier est l'un des premiers qui par ses expériences a démontré que l'eau n'est point un être simple ; il l'a trouvée composée de la base de l'air pur, appelée oxigène, et de la base du gaz hydrogène ou inflammable, appelée hydrogène ; savoir : 85 parties d'oxigène et 15 parties d'hydrogène ; de sorte que pour former 70 livres ou un pied-cube d'eau, il faut 634 pieds-cube 1,152 pouces-cube d'air pur qui pèsent 59 livres 8 onces, et 1,513 pieds-cube 887 pouces-cube 13/37 de gaz hydrogène qui pèsent 10 livres 8 onces. Le tout brûlé ensemble formerait un pied-cube ou 70 livres d'eau.

ÉLECTRICITÉ. Othon de Guericke, bourguemestre de Magdebourg, dans le XVIIe siècle, a, le premier, observé le pouvoir répulsif de l'électricité, la lumière et le bruit de son explosion. La première machine dont on a fait usage était un simple tube de verre ; mais ce tube ne produisant qu'une très-faible électricité, on imagina, pour obtenir un frottement plus vif et sur une plus grande surface, de faire tourner des globes entre deux pointes par le moyen d'une machine de rotation ; enfin les Anglais ont découvert la machine électrique, ou plutôt l'ont perfectionnée en substituant au globe un plateau circulaire de glace, ayant vis-à-vis un conducteur de cuivre terminé par une boule à chaque extrémité; et le côté qui regarde le plateau, a deux branches courbes terminées elles-mêmes par une petite boule qui porte une pointe fine de métal qui se présente au plateau.

Le choc électrique a été découvert en 1746.

Le docteur Franklin a découvert l'identité du feu électrique et de l'éclair en 1757, et il a inventé, la même année, les conducteurs métalliques, pour mettre les bâtiments à l'abri de la foudre, *eripuit cœlo fulmen*. V. PARATONNERRE.

En 1768, Widebourg a découvert, à Iéna, l'électricité de l'aurore boréale.

ÉPINGLES. Les premières épingles ont paru en Angleterre, en 1569, et selon d'autres, en 1543. Auparavant on se servait de brochettes de bois, d'ivoire, ou d'épines. C'est à l'Aigle, département de l'Orne, que se fabrique la plus grande quantité d'épingles; il y a eu jusqu'à six mille ouvriers employés à cette fabrique. On a calculé qu'il pouvait se consommer par an à Paris 60 millions d'épingles de toutes espèces, qui, à 25 centimes le cent, font cent cinquante mille francs.

ÈRE CHRÉTIENNE. C'est en 516, que Denis le Petit a introduit l'usage de calculer le temps d'après l'ère chrétienne. Mais ce n'est qu'en 748, que l'on a commencé à compter, dans l'histoire, les années depuis la naissance de J.-C.

Quant au commencement de l'année en particulier, il n'a pas toujours été fixé au 1er janvier, comme cela a lieu depuis environ trois siècles, en France et chez presque tous les peuples de l'Europe.

Sous la première race de nos rois, l'année commençait au 1er de mars, et quelquefois au 25 du même mois. Sous la seconde race, elle a commencé à Noël, c'est-à-dire au 25 décembre, et quelquefois encore au 25 mars. Sous la troisième race, elle a d'abord commencé à Pâques ; mais en 1564, Charles IX, par ordonnance rendue le 4 août à Roussillon (1), en a fixé le commencement au 1er janvier, et dès-lors cet usage a été maintenu. Il faut cependant en excepter un espace de treize années (de 1793 à 1806), pendant lesquelles a eu lieu le calendrier républicain qui, bouleversant tout, ans, mois, semaines et jours, avait fixé le premier jour de l'année au 22 septembre, sous le nom de 1er vendémiaire. Mais une loi du 9 septembre 1805 a rétabli les choses sur l'ancien pied, et le 1er janvier a ouvert l'année 1806, ainsi que toutes les années suivantes, comme il continue à le faire.

---

(1) La *Biographie universelle* (tome VIII, p. 132), dit que, le 4 juillet 1564, Charles IX rendit à Lyon une ordonnance par laquelle il fixa le commencement de l'année au mois de janvier ; c'est une double erreur et de date et de lieu : Charles avait quitté Lyon le dimanche 9 juillet 1564 ; il était resté sept jours à Crémieu, puis ayant passé à Herieu et à Septème, il arriva le lundi 17 du même mois de juillet à Roussillon en Dauphiné, petite ville et château sur le Rhône, où il resta vingt-neuf jours, c'est-à-dire jusqu'au mardi 15 août. C'est dans cette ville de Roussillon que, le vendredi 4 août, Charles rendit l'ordonnance qui fixe le commencement de l'année au 1er janvier. Cette ordonnance n'a donc point été rendue à Lyon, le 4 juillet, mais à Roussillon, le 4 août, toujours de la même année 1564.

ÉTRIERS. Selon quelques auteurs, la première mention de l'étrier se trouve dans un livre sur l'art de la guerre, et qu'on attribue communément à l'empereur Maurice ; cet auteur dit que le cavalier doit avoir des deux côtés de la selle, des degrés de fer. Ménage, d'après Vossius, rapporte que S. Jérôme est le premier auteur qui ait parlé des étriers. Quoi qu'il en soit, il est surprenant que cet appui naturel du cavalier ait été inventé si tard ; on n'en voit aucune trace dans les tableaux et statues équestres des Anciens.

FEU GRÉGEOIS. Quelques auteurs font remonter l'origine du feu grégeois aux Grecs et aux Romains ; d'autres soutiennent qu'il fut inventé par Marcus Gracchus. Mais ce qu'il y a de certain, c'est que les Grecs s'en sont servis les premiers vers l'an 560, et qu'il fut inventé par un ingénieur d'Héliopolis en Syrie, nommé Callinique, qui l'employa adroitement dans les batailles que les généraux de l'armée navale de Constantin Pogonat livrèrent aux Sarrasins auprès de Cyzique en Hellespont. Il brûla leur flotte sur laquelle il y avait 30,000 hommes. Les successeurs de Constantin continuèrent à en faire usage, et gardèrent le secret de cette composition jusqu'en 940. Le feu grégeois était, dit-on, composé de soufre, de naphte, de poix, de gomme et de bitume. Joinville rapporte qu'au siège de Damiette par S. Louis, c'était une chose épouvantable de voir les Turcs jeter, avec une espèce de mortier ou de pierrier, le feu grégeois qui paraissait quelquefois en l'air de la grosseur d'un tonneau, avec une longue queue, et un bruit semblable à celui du tonnerre. Les Français avaient trouvé le secret de l'éteindre. On prétend que ce secret consistait en vinaigre mêlé de sable et d'urine, ou en cuirs crus, c'est-à-dire, qui sortaient de dessus le corps de l'animal.

Le baron d'Aretin a découvert dans la bibliothèque de Munich, vers 1803, un manuscrit latin du XIIIe siècle, contenant un traité, et la recette du feu grégeois, que les savants croyaient perdue.

FIACRES. Les carrosses de louage, appelés *fiacres*, parurent à Paris en 1650. On les a nommés ainsi, parce que le sieur Sauvage, leur inventeur, logeait à l'image Saint-Fiacre.

FUSIL-A-VENT. Guther de Nuremberg est l'inventeur de cet instrument; mais Jean Lossinger, autre Nurembergeois, l'a singulièrement perfectionné : ce dernier est mort en 1570.

GALVANISME. Cette découverte est due au docteur Louis Galvani, médecin à Bologne, qui la fit par hasard, en 1785, en préparant des bouillons de grenouilles pour son épouse dont la santé était faible. Ces amphibies écorchés se trouvaient près d'une machine électrique en mouvement; en approchant le scalpel des nerfs cruraux de l'un de ces animaux, tous les muscles furent agités d'une vive commotion. C'est cette commotion reconnue électrique et qui s'opéra par le contact de métaux différents, tels que l'argent et le zinc, qui fait là base de la découverte de Galvani. Beaucoup de savants, et surtout le célèbre physicien Volta, de Pavie, ont travaillé sur le galvanisme.

GNOMON. Anaximandre de Milet, qui vivait 545 ans avant J.-C., est l'inventeur du gnomon, c'est-à-dire de la manière de connaître la marche du soleil par un style ou gnomon élevé perpendiculairement à l'horizon. D'autres attribuent cette invention à Anaximène, disciple d'Anaximandre.

HARMONICA, instrument de musique, d'un effet singulier qu'on attribue aux Allemands, et que B. Franklin a fait connaître en 1760 ; il consiste en plusieurs verres ronds de différents diamètres, attachés dans une boîte carrée. On met de l'eau en différentes quantités dans ces verres; et passant le doigt mouillé sur leurs bords ; on en tire des sons mélodieux, semblables à ceux que les Persans produisent en frappant sur sept coupes de porcelaine remplies d'eau, avec des baguettes d'ivoire ou d'ébène. Une Anglaise, mademoiselle Davy, l'a fait connaître à Paris en 1765 ; mais il a été perfectionné depuis.

L'*Harmonica* de M. Lenormand résonne par le choc et non par l'effet de la friction ; il est composé de lames de verre placées parallèlement et sur lesquelles on frappe avec deux petits marteaux de liége fin, enveloppés de taffetas.

Le *Clavi-cylindre* de M. Chladin, et le *Mélodion* de M. Dietz sont des harmonicas perfectionnés.

HORLOGE. Les horloges à roues ne sont pas d'invention moderne; les Anciens les ont-ils connues? On n'en parle pas avant le cinquième siècle. On prétend que Boëce et Cassiodore en possédaient; ce dernier, dit-on, s'amusait sur ses vieux jours à en faire lui-même. La barbarie du moyen âge plongeant tous les arts dans l'oubli, ces essais disparurent, au point que le pape Paul I, envoyant en 760 une horloge à rouages à Pepin-le-Bref, cette machine passa pour une chose unique dans le monde. Vers l'an 807, Haroun-Al-Raschild fit présent à Charlemagne d'une horloge dont la mécanique était admirable, au rapport des historiens du temps. Les Italiens imitèrent les premiers les deux horloges à roues dont nous venons de parler; un prêtre, nommé Pacificus, fit le premier une horloge sur ce modèle; il mourut en 846.

On attribue l'invention de l'horloge à balancier au fameux Gerbert d'Aurillac, précepteur d'Othon III, empereur, et du jeune roi Robert, puis pape sous le nom de Sylvestre II. Il construisit, dit-on, la première à Magdebourg, en 996. Dans le XIVe siècle, parut à Londres l'horloge de Wallingford, bénédictin Anglais, mort en 1325.

Jacques de Dondis fit une horloge qui marquait, outre les heures, le cours annuel du soleil, suivant les douze signes du Zodiaque, avec le cours des planètes; elle fut placée sur la tour du palais de Padoue, en 1344.

Bientôt on ne vit plus que des horloges à contre-poids, à sonnerie. Celle de Courtrai fut une des plus célèbres; Philippe-le-Hardi, duc de Bourgogne, la fit enlever et transporter à Dijon en 1382 (1).

L'horloge du palais de Paris est la première grosse horloge que la capitale ait possédée. Elle fut faite par Henri de Vic, que Charles V fit venir d'Allemagne. Il avait six sous par jour et son logement dans la tour du palais, sur laquelle cette horloge fut placée en 1370.

L'horloge du château de Montargis fut faite vers l'an 1380, par Jean Jouvence.

Au milieu du xvi° siècle, le mécanisme des grosses horloges s'étendit et se perfectionna partout. Henri II fit faire celle du château d'Annet, bâti par ce prince pour Diane de Poitiers, qui y mourut le 22 avril 1566, sept ans après la mort de Henri. Celle de Strasbourg, achevée en 1573, passe pour une des plus étonnantes de l'Europe, comme celle de Lyon, pour la plus belle de France; celle-ci fut faite par Nicolas Lippius, de Bâle, en 1598, rétablie et aug-

---

(1) Voyez l'opuscule intitulé : *L'illustre* JAQUEMART *de Dijon. Détails instructifs et amusants sur ce haut personnage, domicilié en plein air dans cette charmante ville depuis 1382, publiés avec sa permission en 1832; le tout composé de pièces et de morceaux historiques, critiques, rhythmiques, tant en français vieux et moderne, qu'en patois bourguignon, entrelardé de notes curieuses et orné de la représentation du héros et de sa famille, défigurés d'après nature, etc.; par P. Berigal. Dijon, chez Lagier, 1822; in-8° de* xvi-91 *pag., fig.*

mentée en 1660, par Guillaume Nourisson, habile horloger Lyonnais.

Derham dit que l'horloge de la cathédrale de Lunden, en Suède, n'est point inférieure à celle de Strasbourg.

Quand on a porté des horloges sonnantes en Chine, les Chinois en ont été si surpris, qu'ils ont mis des gardes auprès pour épier si quelqu'un ne venait pas les faire sonner.

L'horloge-sable a à-peu-près la même origine que l'horloge d'eau ou clepsydre, dont on attribue l'invention à Ctesibius qui vivait sous Ptolomée Evergètes, environ 240 ans avant J.-C.

Quant aux montres et pendules, c'est-à-dire, aux petites horloges portatives et à sonnerie, on les fait remonter au XIe ou XIIe siècle, et on en attribue l'origine aux Sarrasins. Elles étaient déjà connues en France au XVe siècle; car on raconte qu'un gentilhomme ruiné, étant entré dans la chambre de Louis XI, prit son horloge et la mit dans sa manche, où elle sonna. Le roi non-seulement lui pardonna ce vol, mais il lui fit présent de l'horloge.

Carovagius fit sur la fin du même siècle un réveil pour André Alciat, lequel réveil sonnait à l'heure marquée, et du même coup battait le fusil et allumait la bougie.

Quant aux montres, on croit que les premières ne remontent guères avant 1550; quoique portatives, elles devaient être fort grosses. Il paraît que l'art se perfectionna assez promptement soit pour la composition intérieure, soit pour la diminution du volume; car, du temps de Charles IX et de Henri III, on voyait, dit-on, des montres fort bien travaillées et de toutes grandeurs, petites, plates, en forme de glands, de coquilles et même dans des bagues. Derham dit qu'il en a vu une qui avait appartenu à Henri VIII et qui allait pendant une semaine. Le P. Alexandre, dans son *Traité général des Horloges*, Paris, 1734, *in-8°*, rapporte qu'au commencement du XVIIe siècle, on faisait des montres si petites, que les dames les portaient en pendants d'oreilles.

Le célèbre Huyghens fit faire de grands progrès à l'horlogerie par les découvertes dont il l'enrichit, et surtout par l'application qu'il fit, en 1657, du pendule aux horloges pour en régler le mouvement. C'est de lui que vient le nom de pendule (au féminin), donné aux horloges de chambre.

Un nommé Gruet, Genevois, établi à Londres, imagina la petite chaîne d'acier, qui sert à communiquer le mouvement du tambour à la fusée, et remédia par-là aux inconvénients des cordes de boyau dont on se servait auparavant pour les montres.

Montres à répétition. L'invention en est due aux Anglais. Barlow fit des pendules à répétition, en 1676 ; quelque temps après, il appliqua cette invention aux montres, et le célèbre Tompion exécuta la première de cette espèce : il y avait un petit bouton ou poussoir à chaque côté de la boîte ; par l'un on faisait répéter l'heure, et par l'autre les quarts. Barlow sollicitait un privilège exclusif pour ces sortes de montres, quand un nommé Quare, habile horloger, en fit une supérieure à celles de Barlow : il la présenta à Jacques II et à son conseil ; le privilège n'eut pas lieu.

Dans ce moment, l'art de l'horlogerie est porté au plus haut degré de perfection ; et l'on connaît des mécaniques dans ce genre qui tiennent du prodige.

HOUILLE ou charbon de terre. On prétend que le charbon de terre a été découvert dans la principauté de Liège. Mais quand et d'où lui vient le nom de houille? C'est ce qu'il est très-difficile de déterminer. M. le baron de Villenfange, membre de l'Académie royale des sciences et belles-lettres de Bruxelles, a fait des recherches à cet égard ; après avoir compulsé les chartres de fondation de l'abbaye du Val-Saint-Lambert, dans la principauté de Liège, il a trouvé que cette découverte pourrait être attribuée à un nommé Hullos, maréchal-ferrant, du village de Plenevaux, qui, vers l'an 1049, aurait le premier fait usage de charbon de terre du pays ; il se pourrait encore que, par reconnaissance, ses compatriotes eussent appelé ce combustible, houille, du nom de ce Hullos qui leur en aurait indiqué l'emploi. (Voyez le 2e tome des *Nouveaux Mémoires de l'Académie royale des sciences de Bruxelles.* Bruxelles, 1823, *in-*$4°$ de 524 pages et 18 planches.

IMPRIMERIE. Trois villes se sont disputé l'honneur d'avoir, dans le xv⁰ siècle, donné le jour à l'art de l'imprimerie ; ces trois villes sont Harlem, Strasbourg et Mayence. Mais il est reconnu que Mayence seule possède des titres décisifs qui justifient une telle prétention. Ces titres sont les premiers essais typographiques, antérieurs à 1460, et auxquels se rattachent les noms de Jean Fust, de Pierre Schoiffer et de Jean Gutemberg. Nous pourrions rapporter neuf de ces précieux incunables antérieurs à 1460, avec date reconnue ; mais les détails bibliographiques dont nous les avons accompagnés nous entraîneraient trop loin ; nous les publierons à part. Nous nous bornerons ici à donner une liste des dix premières villes de France où l'art typographique a été introduit dans le xv⁰ siècle, avec la date de l'introduction, le nom des premiers imprimeurs et le titre du premier livre qu'ils ont publié dans chaque ville :

PARIS, 1470. Premiers imprimeurs : Ulrich Gering, Martin Crantz, Michel Friburger de Colmar. — Premier ouvrage : *Epistolæ Gasparini pergamensis*, in-4°.

STRASBOURG, 1471. Henri Eggestein (et Jean Mentel). — *Gratiani Decretum*, in-fol.

LYON, 1473. Barthelemi Buyer. — *Lotharii Diaconi cardinalis Compendium*, in-4°.

ANGERS, 1477. Jean de la Tour et Jean Morelli. — *Manipulus curatorum*, in-fol.

CHABLIS, 1478. Pierre le Rouge. — *Le Livre des bonnes mœurs*, in-fol.

VIENNE, 1478. Maître Jean. — *Scelestissimi sathanæ litigacionis contra genus humanum liber*, in-4°.

Poitiers, 1479. Jean Bouyer (et Guillaume Bouchet, 1799). *Breviarium historiale*, in-4°.

Caen, 1480. Jacques Durand (et Gilles Quijoue). — *Horatii Epistolæ*, in-4°.

Metz, 1482. Jean Colini. — *Ammoniciones ad spiritualem vitam*, in-4°.

Troyes, 1483. Guillaume le-Rouge. —*Breviarium trecense*, in-8°.

INCOMBUSTIBLE. On a vu des charlatans marcher sur le fer rouge, le manier, se laver les mains dans du plomb fondu. Le plus fameux d'entre eux a été un Anglais, nommé Richardson, et dont tout le secret consistait, dit-on, à se frotter les mains et les parties qui doivent toucher le feu, avec du pur esprit de soufre; cette substance brûle, cautérise l'épiderme et l'endurcit comme le cuir, au point de résister au feu. Cette recette est connue dès 1680. Ambroise Paré dit avoir éprouvé lui-même, qu'après s'être lavé les mains avec son urine ou avec de l'*unguentum aureum*, il pouvait les laver en sûreté avec du plomb fondu. Il ajoute qu'il a fait distiller du lard fondu avec une pelle rouge, sur ses mains, après les avoir lavées dans du jus d'oignon. Il nous semble qu'il est plus prudent de le croire que d'en faire l'expérience.

INOCULATION. L'inoculation de la petite vérole est en usage chez les Orientaux de temps immémorial; mais on en doit l'introduction en Europe à Milady Montague, épouse de l'ambassadeur Anglais à Constantinople, en 1717. Son sexe lui donnait accès dans le sérail ; elle y vit pratiquer l'inoculation et n'hésita point à l'essayer sur son fils, malgré les représentations qu'on lui fit. Cette expérience ayant eu un succès complet, Milady Montague, de retour en Angleterre, en 1717, la fit connaître à ses concitoyens.

Ce n'est qu'en 1774, que l'inoculation a été permise en France ; elle a été faite cette même année, en juin, sur Louis XVI, sur Monsieur et sur M. le Comte d'Artois. (V. Vaccine).

LITHOGRAPHIE. C'est l'art de graver et d'imprimer sur la pierre ; ou plutôt, c'est l'art d'imprimer sur la pierre toutes sortes de dessins que l'on y a faits avec une encre préparée. La lithographie a été inventée en 1800, par Aloys Sennefelder, chantre des chœurs du théâtre à Munich. Cet art s'est singulièrement perfectionné depuis qu'il a été introduit en France vers 1794. S'il ne produit point encore généralement et complètement cette vigueur et cette netteté qui est le partage de la gravure sur cuivre, il faut convenir qu'il présente dans les dessins au crayon, un moelleux et un naturel qui reproduisent identiquement le talent du dessinateur dans tous ses détails. Les pierres propres à la lithographie ne sont pas très-communes ; il faut qu'elles soient d'un grain fin, qu'elles présentent une surface très-unie et sans pores apparents. On estime surtout celles de Châteauroux, de Marchamp, de Pielle, de Dun-le-Roi, etc.

LUNETTES ou *Besicles*. Ducange dit qu'on a

connu les lunettes dès l'an 1150, puisqu'un poëme grec manuscrit, qui est à la Bibliothèque royale de France, en fait mention. François Rédi prétend que l'invention des lunettes ou besicles a dû avoir lieu entre 1280 et 1311, et qu'Alexandre Spina, religieux, qui mourut en 1313, en communiqua l'invention qu'il trouva de lui-même; mais il n'était pas le premier, un autre avait fait la découverte, et n'avait pas voulu la communiquer. M. de Nelli attribue l'invention des besicles à Salvino degli Armati, en 1285. (Voyez TÉLESCOPE.)

MAGNETISME. Science occulte, introduite en France par Mesmer, en 1788. C'est, selon beaucoup de personnes, un charlatanisme, qui a fait bien des dupes et qui en fait encore.

MÉDECINE. On croit que la médecine doit son origine aux Egyptiens, et qu'Osiris l'a mise le premier en pratique; Esculape n'a fait que la perfectionner. Archagatus, du Péloponèse, fut le premier qui exerça la médecine à Rome en 535. Comme il employait le fer et le feu pour guérir les plaies, on l'appela le bourreau. Dans la suite, Caton le Censeur fit chasser de Rome et de l'Italie tous les médecins.

On prétend que la médecine n'a été introduite en France que sous Louis VII.

Si vous avez besoin de médecin, dit l'Ecole de Salerne, il y en a trois auxquels vous pourrez avoir recours : l'esprit gai et tranquille, l'exercice modéré, et la diète.

La grande maxime de Galien est de sortir de table avec un reste d'appétit.

Dumoulin a dit : Je laisse trois grands médecins après moi : l'eau, l'exercice et la diète.

MÈTRE. Nous allons comprendre, sous ce mot qui signifie *mesure,* une petite nomenclature de nombre d'instruments particuliers qui ont été inventés pour mesurer des spécialités en tous genres, et dont le nom se termine en *mètre.*

Acétimètre. Instrument inventé par M. Descroizilles aîné, pour l'essai des vinaigres.

Alcalimètre ou *Berthollimètre* de Descroizilles, nécessaire des blanchisseurs bertholliens. Cet instrument sert à déterminer le titre des soudes et potasses du commerce, ainsi que celui de l'acide muriatique oxigéné liquide. (Voy. les *Annales de Chimie,* octobre 1806.)

Alcoholomètre. Instrument inventé dernièrement par M. Spenderup, distillateur à Copenhague. Il a composé deux instruments de ce nom, pour lesquels la Société des sciences lui a décerné la médaille d'or.

Anémomètre. Instrument propre à mesurer la force des vents, inventé par le célèbre Huet, évêque d'Avranches. On donne plus particulièrement le nom d'*Anémoscope* à l'instrument qui fait connaître la direction des vents.

Aréomètre ou *pèse-liqueur.* C'est un instrument propre à faire connaître la pesanteur spécifique des

différentes liqueurs ; il a été découvert par M. de Hombert, vers la fin du XVIIe siècle. MM. Nicolson, de Parcieux, Baumé, de Montigny, Brisson, ont beaucoup travaillé sur les aréomètres. M. Guiton a imaginé, en 1796, un nouvel instrument propre à mesurer la pesanteur spécifique des solides et des fluides ; il a proposé à l'Institut de le nommer *gravimètre*. — Dans ces derniers temps, M. Francœur a lu à la Société d'encouragement, à Paris, une instruction sur la manière de diviser un *aréomètre centigrade* qu'il a présenté récemment à l'Académie des sciences. On trouvera une analyse de cette instruction dans le *Mémorial, Revue encyclopédique des Sciences*, n° d'avril 1842, colonne 222. L'auteur de cette analyse la termine par ces mots : « M. Fran-
» cœur montre les nombreuses erreurs de l'*aréo-*
» *mètre* de Baumé, et prouve que le sien en est
» exempt. Il peut d'ailleurs donner les poids spéci-
» fiques des liquides avec toute la précision dont un
» aréomètre est susceptible, ce qui ne peut s'obtenir
» de l'instrument de Baumé. »

Arithmoplanimètre. Machine arithmétique et géométrique, sur laquelle M. L. Lalande a publié en 1840, un Mémoire qui a été annoncé dans le *Mémorial, Revue encyclopédique des Connaissances humaines*, n° du 10 avril 1841, colonne 188.

Astrophonomètre. Instrument inventé par Jeaurat, pour déterminer sans calcul et trouver mécaniquement l'heure du lever et du coucher des astres. Il a été exécuté par le marquis de Courtanvaux.

Baromacromètre. Instrument destiné à faire connaître le poids et la longueur d'un enfant qui vient de naître. Il a été imaginé par le professeur Stein, qui en a donné la description et la figure dans un opuscule allemand publié à Cassel, en 1775, in-4°.

Baromètre. Instrument qui sert à mesurer les variations du poids de l'air et qui marque les changements du temps. On attribue généralement la découverte de cet instrument, en 1626, à Torricelli. Cependant quelques-uns l'ont attribuée à Rey; Galilée a aussi eu part à cette invention. On n'en a fait l'expérience en France qu'en 1646. Cet instrument a été beaucoup perfectionné par Petit, Pascal, le P. Mersenne, surtout par Huyghens, et beaucoup d'autres.

Barothermomètre. Cet instrument inventé par le sieur Goubert, opticien dijonnais, a été l'objet d'un rapport inséré dans les *Mémoires de l'Académie des sciences, arts et belles-lettres de Dijon; séance publique du 24 août 1821.* Dijon, Frantin, 1822, *in-8°* de 351 pages. Ce rapport occupe les pages 110-116; dans une note qui le termine, p. 116, il est question d'un *Thermo-Baromètre,* inventé en 1774, par M. Scanegatti; mais on n'a pu établir le rapport qui existe entre cet instrument et celui du sieur Goubert.

Bathomètre. Instrument propre à sonder toutes les profondeurs de la mer. C'est une sonde de mer. M. Van Stipriaan Luïscius a publié une description de cette sonde ou *Bathomètre* qui pourra sonder toutes les profondeurs de l'Océan. (Voy. le *Journal des Mines,* vol. XXV, n° 150.)

Bdellomètre. Instrument propre à remplacer les sangsues, inventé en 1819 par le docteur Sarlandière; il a, dit-on, l'avantage d'être d'un calcul plus sûr pour la quantité de sang que l'on veut tirer, et son mécanisme est réglé pour une plus prompte ou plus lente émission.

Biomètre. M. Raymond a donné dans le *Magasin encyclopédique*, de février 1815, une analyse du *Biomètre, instrument pour mesurer la vie, ou Mémorial horaire*, de M. A. Julien; *in-*8° de 24 pag.

Caféomètre. Instrument inventé par M. Cadet-de-Vaux, servant à faire connaître la qualité du café.

Calorimètre. Instrument par lequel on détermine la quantité diverse de calorique contenu dans différents corps élevés à la même température, et qu'on nomme calorique spécifique. Comme cette quantité ne peut pas être mesurée par le *Thermomètre*, on a imaginé le *Calorimètre* pour y parvenir.

Chronhyomètre. Instrument qui donne la mesure de la pluie qui tombe pendant la durée d'une année. Voy. le *Dictionnaire des Sciences et des Arts* de Lunier, Paris, 1805, 3 *vol. in-*8°, tom. 1, pag. 443.

Chronomètre. M. Arnold a fait une espèce de montre marine, à laquelle il a donné le nom de chronomètre. En général, toutes les montres et horloges sont de vrais chronomètres.

M. Davaux, musicien, a imaginé un instrument qui se nomme également *chronomètre,* et qui est propre à déterminer d'une manière fixe et invariable le genre de mouvement que le compositeur a entendu donner à chaque morceau de musique. M. Sauveur, en 1701, a eu l'idée d'un instrument auquel il a donné le nom d'*Echomètre*, et qui avait aussi pour but de déterminer précisément la durée des mesures et des temps.

M. Renaudin, marchand de harpes, a encore annoncé un autre instrument auquel il a donné le nom de *Plexichronomètre*, mot grec qui signifie battement de la mesure du temps.

M. Despréaux, membre du Conservatoire, a également annoncé en 1823, un *Chronomètre-musical*, établi sur des bases astronomiques servant, etc. Le prix de cet instrument est de 16 francs.

Clinomètre. Instrument pour mesurer la différence des vaisseaux. Il a été inventé en 1833, par M. Louis de Coninck, capitaine de vaisseau au service du roi de Danemark. On entend par cette *différence*, ce mot étant pris dans un sens absolu, la différence qui existe entre le tirant d'eau de l'avant et le tirant d'eau de l'arrière, et par *tirant d'eau moyen*, la moyenne du tirant d'eau de l'avant et de l'arrière, ou celui d'un navire dont la quille serait parallèle à la surface de l'eau. La marine française employait des *différentiomètres*; mais ces instruments ne répondaient pas toujours au but. Le *clinomètre* de M. de Coninck paraît préférable; il est sous une petite dimension, donne une grande échelle et n'exige qu'un seul observateur. (V. *Mémorial encyclopédique*, 3ᵉ année, n° 52, août 1833.)

Colorimètre. Instrument inventé en 1827, par

M. Houtou-Labillardière, pour reconnaître la valeur réelle des matières colorantes végétales, surtout en indigos. Cet instrument a été décrit par son auteur, dans le *Précis analytique des travaux de l'Académie royale des sciences, belles-lettres et arts de Rouen*, 1827, in-8°, pp. 73-83.

Dasymètre ou *mesure-densité*. Instrument que M. de Fouchy a communiqué à l'Académie des sciences en 1780, et qui sert à mesurer la pesanteur de chaque couche de l'atmosphère.

Décolorimètre. Instrument inventé par M. Payen, et destiné à mesurer le pouvoir décolorant des substances que l'on emploie dans le raffinage du sucre, pour décolorer et clarifier les sirops, etc.

Dendromètre. On connaît deux instruments de ce nom ; le premier imaginé par M. Gleditsch, qui le nomme aussi *Phytochiromètre*, lui servait à observer le mouvement extérieur par lequel les tiges des plantes s'écartaient de la perpendiculaire en se portant vers l'horizon, et se redressaient ensuite pour reprendre leur première direction.

Le second instrument, inventé par MM. Duncombe et Whittels, fait connaître, à la seule inspection, la hauteur et le diamètre d'un arbre et de ses branches, ce qu'il doit fournir de bois.

M. le lieutenant Georges Winkler a aussi inventé à Vienne en 1811, un nouvel instrument pour mesurer les arbres. L'administration impériale des forêts et chasses l'a fait exécuter pour l'usage des élèves. Au moyen de cet instrument on peut mesurer non seulement la hauteur et les différents diamètres de chaque arbre droit, mais encore la longueur et les diamètres des arbres courbes, ainsi que la longueur et les diamètres des branches, de manière à obtenir la capacité cubique des arbres avec la dernière exactitude.

Pour simplifier et abréger cette méthode, l'inventeur de l'instrument l'a accompagné d'une table trigonométrique, avec laquelle on peut trouver facilement la hauteur des arbres calculée d'après les angles de hauteur, et leurs diamètres d'après des proportions très-simples. (V. le *Journal de la Littérature étrangère*, 1811, p. 160.)

Diaphanomètre. Instrument inventé pour mesurer la transparence de l'air.

Diasporamètre. C'est un instrument propre à mesurer la dispersion des couleurs, c'est-à-dire à fixer la proportion de l'aberration de la réfrangibilité.

Drosomètre. Instrument imaginé par M. Flaugergues, astronome à Viviers, pour mesurer la rosée. C'est un plateau circulaire de fer-blanc auquel est soudée une douille par où l'on fait écouler la rosée. On la reçoit dans une fiole dont on connaît le poids; on pèse le tout, et on retranche le poids du vase.

Ductilimètre. Instrument ou espèce de marteau inventé en 1822 par M. Regnier, pour estimer et comparer la ductilité des différents métaux. (V. les *Annales des Mines*, tom. VII, pag. 13.) Cet instrument vient d'être établi (1823) à Paris pour l'usage des douanes de France, afin de connaître et de choisir les plombs les plus doux propres au plombage des colis.

Dynamètre. Instrument imaginé par Ramsden pour mesurer la force d'une lunette d'approche.

Echomètre. (Voyez *Chronomètre*). C'est une espèce de règle ou d'échelle dont on se sert pour mesurer la durée des sons.

Elaïomètre. Instrument qui sert à peser les huiles, à peu près comme l'*Alcohomètre* sert à peser les degrés de l'esprit de vin (*alcohol*). Il a été inventé en 1812, par M. Dusquesne.

Elatéromètre. Instrument de physique qui sert à mesurer à peu près à quel point l'air est condensé dans un récipient.

Electromètre. Instrument propre à mesurer la force de l'électricité. On connaît deux machines différentes sous ce nom ; l'une sert à faire connaître s'il y a actuellement de l'électricité dans l'air; l'autre sert à connaître et à mesurer la force électrique de la machine dont on fait usage.

Eudiomètre. Instrument destiné à faire connaître les différents degrés de salubrité de l'air. Volta en a imaginé deux qui sont très-estimés.

Galactomètre. Instrument inventé par M. Cadet-de-Vaux, et qui sert à distinguer si le lait a été mélangé. (Voy. le *Conservateur de la vue*, par M. J. G. A. Chevallier; 2 vol. in-8°, tom. II, p. 646-649.)

Gazomètre. Instrument de chimie propre à mesurer les gaz ou fluides aériformes, substances qui ont l'apparence et l'élasticité du fluide atmosphérique, mais qui n'en ont pas les autres propriétés caractéristiques, et qui sont d'une nature essentiellement différente. Lavoisier et Meunier ont imaginé l'instrument nommé *Gazomètre*; mais M. Seguin en a présenté un nouveau à l'Institut national en 1798, qui paraît préférable à celui de Lavoisier.

Gleucomètre. Instrument destiné à s'assurer de la qualité du moût. Ce pèse-liqueur approprié à l'œnologie remplit deux objets : le premier est d'indiquer la pesanteur spécifique du moût dûment exprimé du raisin ; le second, plus important, est de régler avec la plus grande précision le moment du décuvage d'où dépend en grande partie la qualité du vin.

Goniomètre. C'est un instrument destiné à mesurer les angles. M. Garangeot en est l'inventeur ; et Romé de l'Isle paraît en avoir fait usage pour déterminer la forme des cristallisations, sans aucune opération, ni calcul géométrique.

Grammomètre. Instrument servant à disposer sur les plans et cartes les hauteurs et l'inclinaison des écritures et à diviser sans compas les lignes droites, découvert par M. Maissiat, chef d'escadron au corps royal des ingénieurs-géographes militaires. Cet instrument est décrit dans l'ouvrage de M. Maissiat, intitulé : *Mémoire sur quelques changements faits à la boussole et au rapporteur ; suivi de la description d'un nouvel instrument nommé grammomètre*, etc., avec huit planches. *Paris, Michaud*, 1808, *in-8°*. On trouve une analyse de cet ouvrage dans les *Annales encyclopédiques*, mai 1818, pag. 148-150.

Graphomètre. Instrument employé par les arpenteurs pour lever les plans, c'est-à-dire, pour rapporter sur le papier les surfaces qu'ils ont mesurées.

Gyromètre. M. d'Hombres-Firmas, homme de lettres à Alais, membre correspondant de l'Académie royale des sciences, belles-lettres et arts de Bordeaux, a communiqué à cette Société, en 1834, une *description d'un* Gyromètre, *ou machine pour mesurer le nombre de révolutions d'une roue; et son application à un nouvel instrument de géodésie.* Cette notice fait connaître les divers instruments destinés à mesurer les distances parcourues par une voiture, par un homme en marche ou par une simple roue. L'auteur a eu principalement en vue de répandre l'usage d'un procédé propre à faciliter les opérations de l'arpentage, et propose un nouvel instrument qu'il appelle *Roue* d'arpentage.

L'auteur parle des *Odomètres* et des *Pédomètres.* L'*Odomètre* sert à mesurer le nombre de tours d'une roue (1); et le *Pédomètre,* le nombre de pas que fait un homme en marchant.

L'*Odomètre* tourne avec la roue de la voiture où il est attaché, et c'est une cheville placée sur le moyeu qui donne l'impulsion aux engrenages.

Le *Pédomètre* est une mécanique qui a la forme d'une montre et qu'on met dans le gousset. Un cordon va s'attacher sous le genou, et à chaque pas

---

(1) Il paraît que l'*Odomètre* était connu des Anciens, puisque l'on trouve dans l'inventaire des raretés que possédait l'empereur Commode, *vehicula iter metientia,* des véhicules qui mesurent le chemin.

ce cordon tire un levier qui met les engrenages en mouvement.

« La machine de M. d'Hombres-Firmas est un
» cercle léger en fer, d'un mètre de circonférence
» avec cinq rayons qui le partagent en cinq arcs ;
» des traits entre les rivures le divisent en déci-
» mètres. Ce cercle est monté dans une espèce de
» chape, allant du moyeu à la circonférence et
» terminée par une douille dans laquelle se visse
» le bout d'un bâton. L'*Odomètre* est fixé entre deux
» rayons. On fait marcher par le moyen du bâton
». la roue devant soi ; le point qui touche le sol
» marque zéro. On voit d'un coup d'œil, sur le
» cadran, le nombre de mètres mesurés. » (Voyez les *Mémoires de l'Académie royale des sciences, belles-lettres et arts de Bordeaux. Séance publique du 28 août 1834*; in-8°, pp. 51-55.)

Héliomètre. Instrument inventé en 1747, par l'académicien Bouguer ; au moyen duquel on peut mesurer avec beaucoup d'exactitude le diamètre des astres. — Il a paru en 1827, à Gotha, chez Glaser, un ouvrage (allemand) ayant pour titre : *Méthode pour faire des observations astronomiques avec l'*Hélio-mètre *de M. Frauenhofer, accompagnée d'observations sur les comètes, faites avec le même instrument, par P. A. Hansen, directeur de l'Observatoire de Seeberg,* in-4°. — En 1838, M. Bessel, astronome à Kœnisberg, a découvert un nouvel Héliomètre plus parfait que les précédents. (V. la *Revue de la Côte-d'Or,* Beaune, n° du 5 décembre 1838.)

Holomètre. Instrument qui sert à prendre toutes sortes de mesures. Abel Foulon, écrivain du XVIe siècle, a publié, en 1561, un in-4°, intitulé : *Usaige et description de l'*Holomètre, *pour savoir mesurer toutes choses qui sont soubs l'étendue de l'œil tant en longueur et largeur qu'en hauteur et profondité.*

Hybomètre. Instrument inventé récemment par M. Humbert père, qui en a donné la description dans un ouvrage intitulé : *De l'invention et de l'emploi de l'Hybomètre, instrument destiné à faire connaître les divers changements que les corps éprouvent par suite d'une incurvation du rachis, et au moyen duquel on peut obtenir le périphère du corps à toutes les hauteurs, et les diverses mesures utiles pour faciliter le traitement des difformités de la taille, par Humbert père.* Ligny, 1835, chez l'auteur; in-8°, avec atlas de 18 planches. Prix : 15 f.

Hydro-Hygromètre. Instrument imaginé par M. Hermann, pasteur d'une petite ville en Saxe. C'est une espèce d'horloge qui marque le degré, les vicissitudes et les moments précis de l'humidité de l'atmosphère; il indique aussi la quantité de pluie qui tombe par heure, l'instant où elle commence et où elle finit de tomber. La direction, la force, la variation et la durée de cette horloge vont à l'air du vent. On l'appelle observateur mécanicien pour les vents, la pluie et la sécheresse; son mécanisme est très-simple.

Hydro-kel-mètre. Instrument inventé par M. Pitot, qui est propre à mesurer la vîtesse des eaux. Les trois mots grecs qui le composent sont *hudôr* eau, *kel* vîtesse, et *metros* mesure.

Hydromètre. Nom que l'on donne en général aux instruments qui servent à mesurer la pesanteur, la densité, la vîtesse, la force et les autres propriétés de l'eau.

Hygromètre. C'est un instrument par lequel on connaît et l'on mesure les différents degrés de sécheresse et d'humidité occasionnés dans l'atmosphère. On varie les hygromètres à l'infini ; les principaux sont l'hygromètre végétal, l'hygromètre à huile de vitriol, l'hygromètre à éponge, l'hygromètre à mercure, l'hygromètre à baleine, l'hygromètre à bois, l'hygromètre à corde de chanvre, l'hygromètre à corde de boyaux, l'hygromètre à lanière, l'hygromètre à cheveu, l'hygromètre de comparaison, etc., etc., etc.

Konidomètre. Cet instrument important pour la fabrication du sucre de betteraves, a été inventé, en 1837, par le docteur Pelletan, et fabriqué par l'ingénieur Chevalier ; il a été ainsi appelé de deux mots grecs qui signifient *mesure de la chaux,* parce qu'il sert à indiquer la quantité de chaux contenue en dissolution dans un sirop de betteraves, et, par conséquent, il dénote la quantité d'acide sulfurique nécessaire pour saturer cet excès d'alcali qui serait nuisible à la cristallisation du sucre après la cuite du sirop. La description et l'usage de cet instrument, qu'on pourrait aussi appeler *Calcimètre,* s'il était permis de s'écarter des règles de la grammaire pour être mieux compris; sa description et son usage, dis-je, se trouvent dans le *Journal des travaux de l'Académie de l'industrie*, volume IV, Mémoires n°s 67 à 75, Recueil supplémentaire des Mémoires, XIIe livraison, pag. 89-90. Le rapport sur le *Konidomètre* est fait par M. Masson-Four, et occupe six colonnes gr. in-4°. L'instrument consiste dans un tube de verre gradué de zéro à cent degrés,.... etc., etc.

Lactomètre. Instrument propre à mesurer la quantité de crème que peut produire le lait selon l'âge et la nourriture des animaux. C'est sir Joseph Bancks qui a découvert et fait construire cet instrument en 1817. Mais en 1841, on a annoncé, dans le *Journal de la Librairie*, n° 3964, un nouvel instrument également relatif au lait et qui a pour titre : *Instruction pour l'usage du* Lacto-Densimètre, *suivie d'une notice sur le lait, par M. T. A. Queveune.* Paris, Chevalier, 1841 ; in-8° de 24 pag., plus 2 tableaux.

Lucimètre. M. Celsius a fait avec cet instrument de sa composition, des essais et des calculs sur le mouvement de la lumière.

Macromètre. Instrument inventé par M. Roche, en 1833, et qui est propre à mesurer les distances à l'œil, sans calcul, etc. Voy. le *Mémorial encyclopédique*, avril 1833, p. 105.

Manomètre. Instrument qui est de l'invention de Boyle, et qui diffère du baromètre, en ce que celui-ci ne donne que le poids de la colonne d'air qui est au-dessus, au lieu que le manomètre mesure en même temps la densité de l'air dans lequel il se trouve, densité qui ne dépend pas seulement du poids de l'atmosphère, mais encore de l'action du chaud et du froid. Boyle avait donné à cet instrument le nom de *Baromètre-statique*. — Dans sa séance du lundi 9 avril 1827, l'Académie des sciences a entendu M. Gay-Lussac, qui lui a présenté, au nom de M. Colardeau, un *Manomètre* propre à faire connaître la force de la vapeur dans les machines à feu, et à indiquer le nombre d'atmosphères et de parties d'atmosphères qui donne l'évaluation de leur puissance.

Mégamètre. Instrument destiné à mesurer les distances de plusieurs degrés entre les astres.

Métromètre. Cet instrument a paru en 1736; il sert à battre et à régler la mesure d'un morceau de musique.

Micromètre. On donne ce nom à toute machine qui, par le moyen d'une vis, sert à mesurer de très-petits intervalles. Mais ce nom convient plus particulièrement à un instrument propre à mesurer la grandeur des objets soumis au télescope ou au microscope. Le micromètre à plaque a été inventé par Huyghens, en 1659. Le micromètre à fil est dû à M. Auzout, en 1666; et celui de cristal de roche est de M. Rochon, en 1777.

Minudomètre. Instrument simple, propre à réduire avec facilité toutes sortes de plans, imaginé par M. de La Chabeaussière jeune. Voyez *Annales de l'Industrie nationale et étrangère*, 27 vol. *in-8º*, tom. VI, p. 264.

Nétomètre. Instrument qui sert à mesurer la quantité de pluie qui tombe.

Odomètre. Voy. *Gyromètre.*

OEnomètre. Instrument imaginé par l'abbé Bertholon, pour mesurer le degré de fermentation du vin dans les cuves, et connaître le moment où elle est achevée, pour tirer le vin.

Ombromètre. Machine qui sert à mesurer la quantité de pluie qui tombe en différents temps. Cet instrument consiste dans un entonnoir de fer-blanc, dont la surface est d'un pouce carré, aplatie, avec un tuyau de verre placé dans le milieu. L'élévation de l'eau dans le tube, dont la capacité est marquée par degrés, montre la quantité de pluie qui est tombée. Voy. le *Dictionnaire des Sciences*, par Lunier, tom. III, p. 13.

Opticomètre. Instrument ou échelle propre à mesurer les degrés d'étendue de la vue, et par conséquent à remédier aux inconvénients qu'entraîne après soi le mauvais choix des verres de lunettes. Cet instrument est de M. Chevalier, l'ingénieur.

Pachomètre (théorie, description et usage du). Instrument proposé par M. Benoit, ancien élève de l'École polytechnique, pour mesurer l'épaisseur des glaces montées; in-8°, plus 1 planche. Voy. le *Journal de la Librairie*, 1824, n° 3529.

Pédomètre. Voy. *Gyromètre.*

Photomètre. Instrument qui sert à mesurer la lumière; il en est question dans un ouvrage allemand, intitulé: *Théorie de la vue et de la vision, par J. H. Poppe.* Tubingue, Osiander, 1824, in-8°, avec 9 pl. Voy. le *Journal de la Littérature étrangère*, 1825, n° 1er;

p. 3. — Le même journal, même année, 1825, mai, *p.* 160, annonce le perfectionnement du *Photomètre* de Leslie, par William Ritchie.

Planimètre. Instrument au moyen duquel on peut trouver, sans calcul, le contenu des figures planes rectilignes. M. C. Schmidt a donné une *description* (en allemand) *d'un nouveau* PLANIMÈTRE ; Francfort, chez Varrentrapp, 1827, *in-8°*, première partie. Voyez le *Journal de Littérature étrangère,* année 1827, *p.* 197.

Plexichronomètre. Voyez *Chronomètre.*

Polarimètre. On lit dans les *Comptes rendus de l'Académie des sciences de Paris,* n° 20, 15 nov. 1841, tom. XIII, p. 967 : « M. Arago met sous les yeux » de l'Académie, un *Polarimètre* construit d'après » le modèle qu'il avait présenté à l'Académie il y a » quelques séances ; cet instrument a été exécuté » par M. Soleil, etc. »

Porydrostère. Instrument inventé par Paucton, et destiné à marquer la pesanteur spécifique d'un solide, c'est-à-dire son poids, comparé à celui d'un égal volume d'eau distillée.

Pyromètre. Instrument de physique, inventé par Wedgwood ; il sert à mesurer l'action du feu sur les métaux et sur les autres corps solides. Voy. sa description dans la *Minéralogie appliquée aux arts,* par M. Brard, *tom.* III, *p.* 46. — M. Arago, parlant de Wedgwood, a dit : « Ce fabricant si célèbre » dans le monde industriel par le perfectionnement » des poteries et par l'invention d'un *Pyromètre*

» destiné à mesurer les plus hautes températures. »
Voy. le rapport de M. Arago, sur MM. Daguerre et Niepce, lu à la séance des députés du 3 juillet 1839.

Reumamètre. Instrument inventé par M. Regnier, et destiné à faire connaître la vitesse et la force du courant des fleuves et des rivières. Voyez-en la description dans les *Annales des Arts et Manufactures*, n° 101, 30 novemb. 1809, *in-8°*, *pp.* 153-162, avec une pl.

Sillomètre. Machine imaginée par M. Degaule, ingénieur hydrographe, en 1781, pour observer en mer le sillage du vaisseau, en dixième partie de lieue par heure, l'angle de la dérive ayant la précision d'un demi-degré. Cette machine est propre aussi à faire trouver exactement la position la plus avantageuse pour un vaisseau, relativement à sa marche.

Sonomètre. C'est un instrument dont l'objet est de mesurer le son, en procurant aux cordes une tension dans des proportions données. Les cordes de laiton sont préférables aux cordes à boyaux. On fait remonter l'origine de cet instrument à Pythagore.

Sphéromètre. Instrument dont le nom signifie mesure de la sphéricité, de la rondeur, mais qui s'applique plus particulièrement, comme instrument d'optique, à mesurer la courbure des verres de lunettes.

Sphygomomètre. Instrument qui traduit à l'œil les mouvements du cœur et toute l'action du pouls; il est utile dans l'étude de toutes les maladies.

M. J. Hérisson, son inventeur, en a fait l'objet d'un Mémoire qu'il a lu à l'Académie des sciences de Paris, le 27 mai 1833.

Spinthéromètre. Instrument destiné, par M. Leroy, de l'Académie des sciences, son inventeur, à mesurer la force des étincelles électriques.

Sympiésomètre, ou mesure de compression. Cet instrument, inventé en 1817, par M. Alexandre Adie, opticien anglais, répond au baromètre, et a l'avantage d'être beaucoup plus portatif et moins sujet aux accidents. Le Mercure y est remplacé par de l'huile mêlée avec une partie de nitrogène qui en change le volume selon la densité de l'atmosphère.

Tachipotamètre. Instrument propre à mesurer la rapidité du courant d'un fleuve, inventé par le professeur Vincenzo Gurzio, de l'Institut royal de Naples.

Tachomètre, ou instrument propre à faire connaître les vîtesses des diverses machines. M. Bryan Donkin a publié, dans le 28e volume des *Transactions philosophiques*, la description de cette machine.

Thanatomètre. Le docteur Nasse, professeur à l'Université de Bonn, l'un des plus célèbres médecins d'Allemagne, pour les maladies mentales, vient d'inventer cet instrument au moyen duquel on peut reconnaître à l'instant, de la manière la plus positive, si une personne a cessé de vivre ou non.

Thermomètre. Instrument de physique qui sert à

faire connaître et à mesurer les degrés de chaleur et de froid. Quelques-uns l'attribuent à Robert Flud, et d'autres à Corneille Drebbel, paysan de la Nord-Hollande, qui fit, dit-on, cette découverte en 1600. Je ne sais où j'ai lu que Sanctorius l'avait imaginé pour connaître les divers degrés de chaleur occasionnés par la fièvre. Ce qu'il y a de certain, c'est que cet instrument, depuis Drebbel, a été successivement perfectionné par l'Académie de Florence, par Amontons, par Réaumur, par Fareinheit, par Delisle, par de Luc, etc.; de sorte que l'on connaît différentes espèces de *Thermomètres* désignés par le nom de ceux qui ont contribué à leur perfection.

Thermomicromètre. Instrument imaginé par M. Terichon, ancien élève de l'Ecole polytechnique de Copenhague, pour mesurer la dilatation des corps. Voyez une courte notice sur cet instrument dans le *Mémorial*, ou *Revue encyclopédique*, etc., onzième année, février 1841, colonnes 73-74.

Tribomètre. Machine inventée par le célèbre physicien hollandais Musschenbroek, pour mesurer et estimer la valeur des frottements.

Trochomètre. Instrument propre à mesurer le sillage et la vîtesse des vaisseaux en mer.

Udomètre. C'est la même chose que *Nétomètre*.

Zimosimètre. Instrument propre à mesurer le degré de fermentation dans le mélange des matières; il sert aussi à mesurer la chaleur du sang des animaux. C'est à-peu-près la même chose que le thermomètre. On trouve une belle gravure du zymosimètre dans la 26ᵉ livraison de l'*Encyclopédie Britannique*, par Partington (décembre 1834), *in*-4° à deux colonnes.

MICROSCOPE. Quelques auteurs regardent Corneille Drebbel comme l'inventeur du microscope, en 1621. Mais Pierre Borel prouve qu'il est dû à Zacharias Jasen ou Joanides, qui faisait des lunettes à Middelbourg en Zélande, en 1590.

Le microscope à six lentilles, qui donne aux animaux une grosseur colossale, a été découvert par Samuel Gottlieb Hoffmann, Hanovrien, en 1774.

MIROIRS. On commence à faire mention des miroirs étamés, dans le treizième siècle. John Peckham, moine franciscain anglais, qui fut professeur à Oxford, à Paris et à Rome, écrivit en 1272 un traité d'optique. L'auteur y parle de miroirs de verre doublés de plomb, et observe que ces miroirs ne réfléchissaient que lorsqu'on enlevait le plomb.

Les miroirs de glace soufflée ont été découverts par les Vénitiens, vers le treizième siècle. Les grandes glaces coulées n'ont été exécutées en France qu'en 1688, par Thevart; mais dès 1665 on avait établi une manufacture de glaces.

MONNAIE. Les Lydiens, selon Hérodote, liv. 1, sont les premiers peuples qui ont commencé à battre monnaie d'or et d'argent. Quelques auteurs prétendent que les premières monnaies d'or et d'argent ont paru à Argos l'an 984 avant J.-C. Ephore et

Strabon, *Géogr.* liv. 8, disent que ce fut Phédon ou Phidon qui le premier fit fabriquer des monnaies d'argent dans la Grèce. D'autres soutiennent que la première monnaie d'argent frappée à Egine, a paru l'an 869 avant J.-C. Argée ou les Naxiens, au rapport d'Agloasthènes, furent les premiers qui firent des monnaies d'or et d'argent, de cuivre et de fer. Erechtée en fabriqua le premier à Athènes, et Xénophanes en Lydie et en Lycie; Lycurgue fit battre le premier de la monnaie de fer à Sparte; et Saturne ou Janus fut le premier qui introduisit la monnaie de cuivre en Italie. La monnaie d'argent commença à paraître à Rome vers l'an 483 de sa fondation, si l'on en croit Eutrope; et vers l'an 484 ou 485, si l'on s'en rapporte à Pline, qui ajoute que ce fut l'an 537 que l'on fabriqua dans cette ville la première monnaie d'or.

Les Romains furent les premiers qui altérèrent la pureté des métaux destinés à la fabrication des monnaies. Pline raconte (liv. XXXIII, chap. 3), que Livius Drusus, tribun du peuple, mêla un huitième de cuivre à l'argent destiné à faire de la monnaie. Le triumvir Antoine altéra aussi la pureté de l'argent du denier, en y faisant entrer du fer. Les Romains enseignèrent encore l'art frauduleux d'altérer le poids du denier.

La première monnaie employée en Bretagne, date de 25 ans avant J.-C.

Le premier hôtel des monnaies a été établi en France en 860. Le premier portrait de prince, empreint sur les monnaies de France, est celui de Charles-le-Chauve en 864.

En 1282, sous le règne de Philippe IV, dit le Bel, on mit sur les monnaies la légende : Sit nomen Domini benedictum.

C'est en 1640, sous Louis XIII, que l'on a commencé à fabriquer des pièces d'or appelées *Louis*, et dont le nom n'a pas varié depuis ce temps. Claude de Bullion était alors surintendant des finances; il mourut d'une attaque d'apoplexie le 22 décembre de la même année 1640, et fut enterré dans l'église des Cordeliers de Paris, circonstance mentionnée dans une épitaphe épigrammatique dont il fut l'objet (1).

---

(1) Voici cette épitaphe, précédée d'une anagramme marquée au même coin :

BULLIONNUS.
NULLI BONUS.

Magnus opum jacet hìc prædo, ne siste, viator,
　Si quid habes nummi, ne tibi subripiat.
Cantabit vacuus coram latrone lucullus (*);
　Mendicis monachis offeret ipse nihil.
Helluo Francisci paupertatisque magistri
　Prætulit innumeris ædibus ille domum.
Tot mendicorum pater, et dum vixerat auctor,
　Non alio potuit tutior esse loco.
Ne quo dignus erat sceleratus fune careret,
　Inter funigeros ponitur ille patres.

Je crois cette épitaphe inédite; je l'ai puisée, ainsi qu'une autre en prose qui la suivait, dans un ancien manuscrit de M. le président de La Marre, lequel manuscrit provient de la bibliothèque de M. Dutillot et appartient maintenant à l'Académie de Dijon. L'épigramme en prose est si virulente que je m'abstiens de la rapporter. Bullion était un politique assez distingué; il aimait le faste et la dépense; les historiens n'en ont pas dit grand mal quoiqu'il eût été très-lié avec le cardinal de Richelieu.

(*) *Lucullus* est une faute de copiste; il faut *cucullus*, mot qui signifie là l'encapuchonné, le moine, le cordelier.

On inventa en Allemagne le moulin, machine pour frapper les monnaies; il ne parut en France qu'en 1648; jusqu'à ce temps on avait frappé les monnaies au marteau.

Nicolas Briot est, dit-on, l'inventeur du balancier, qu'il présenta à la monnaie de Paris en 1617, avec la presse, le coupoir et le laminoir; mais il fut obligé de porter sa machine en Angleterre, où il ne trouva point d'obstacle pour la faire recevoir. Cette machine ne fut substituée à toute autre, en France, qu'en 1648. La machine pour marquer les flancs des monnaies d'un cordonnet sur la tranche, a été inventée en 1685 par Cortaing, ingénieur français.

Nous allons ajouter à cet article une petite nomenclature des principales monnaies réelles d'or et d'argent, maintenant en circulation chez les différents peuples, avec leur rapport avec notre franc. Les monnaies d'or sont précédées d'un O, et les monnaies d'argent d'un A.

MONNAIES D'ANGLETERRE.

O. Guinée (1) de 21 shillings . . . . 26 f. 47 c.
O. Demi-guinée 13   23,50
O. Quart de guinée. 6   61,75
O. Tiers de guinée ou 7 schillings. 8   82,33
O. Souverains depuis 1818, de 20 shillings. 25   20,80

Nota. Il représente la livre sterling (2).

---

(1) *Guinée.* Cette dénomination donnée aux espèces d'or, vient de ce que l'or de Guinée étant estimé meilleur que celui du Pérou, on a ainsi appelé les premières pièces frappées avec l'or de Guinée.

(2) On n'est nullement d'accord sur l'origine du mot *Sterling*. Les uns le font venir de la ville de Stryvelin ou Sterling, en Écosse, où ils prétendent, quoique sans preuve, que l'on battait anciennement de la monnaie

A. Crown ou couronne de 5 shillings anciens.	6 f.	18 c.
A. Shillings anciens.	1	23,60
A. Crown ou couronne depuis 1818.	5	80,72
A. Shillings depuis 1818.	1	16,14

ÉTATS-UNIS D'AMÉRIQUE.

O. Double aigle de 10 dollars.	55	21
O. Aigle de 5 dollars.	27	60,50
O. Demi-Aigle.	13	80,25
A. Dollar.	5	42
A. Demi-dollar.	2	71
A. Quart de dollar.	1	35,50

HOLLANDE.

O. Ducat (1).	11	93

très-pure; c'est l'avis de Buchanan. D'autres disent que ce mot vient du saxon *steore*, qui signifie règle; ainsi une monnaie sterling n'est autre chose qu'une monnaie faite selon la règle. Cambden et quelques autres ont jugé que ce mot était plus moderne, et qu'il peut avoir été pris de certains ouvriers Flamands, qui, sous le règne de Jean-sans-Terre, furent attirés en Angleterre pour y raffiner l'argent, à quoi ils réussissaient mieux que les Anglais. Comme on appelait communément les gens de ce pays Esterlings, à cause de leur situation à l'est de l'Angleterre, on prétend que la monnaie qu'ils firent fut appelée esterling ou sterling, c'est-à-dire, faite par les Esterlings ou Flamands, et plus pure que celle qu'on avait battue jusqu'alors. Certains savants dérivent ce mot de *sterling*, qui signifie *bec d'étourneau*. C'était une monnaie blanche, au titre de 8 deniers de fin, où le duc de Guienne était représenté avec une épée au bras droit et une main de justice à la gauche; et comme cette figure ressemblait à un bec d'étourneau, elle fut nommée sterling. Salmonet dérive ce mot de *sterlingue*, qui était une monnaie d'Angleterre, pesant 32 grains de blé. M. Aug. Bonnet, dans son *Manuel monétaire*, Paris, 1810, in-4°, pag. 90, dit: Le mot *sterling* tire son origine du nom d'un village d'Allemagne, d'où Richard Cœur-de-Lion fit venir, vers le commencement du xiiie siècle, des ouvriers pour battre la monnaie en Angleterre. Ce n'est alors qu'une expression additionnelle, comme en France, livre *tournois*, pour distinguer l'ancienne monnaie de compte de la nouvelle. Ducange rapporte encore un grand nombre d'opinions sur l'origine du mot sterling; elles sont tirées de Watsius et de Somnerus; mais elles sont bien éloignées d'éclaircir cette matière obscure. Le mot anglais *sterling*, adjectif, signifie *pur*.

(1) On prétend que le nom *ducat*, donné aux monnaies, doit son ori-

O. Ryder (1)...	31 f.	65 c.
O. Pièce de 20 florins (2), 1808.............................	43	14
O. Pièce de 10 florins, 1808................................	21	57
O. Pièce de 10 florins de Guillaume, 1818....................	20	77
A. Florin de 20 sous.......................................	2	15,94
A. Escalin ou pièce de 6 sous..............................	0	64
A. Ducaton ou ryder.......................................	6	85
A. Ducat ou risdale..	5	48

SUISSE.

O. Pièce de 32 francken de Suisse.........................	47	63
O. Pièce de 16 francken...................................	23	81,50
O. Ducat de Zurich..	11	77
O. Ducat de Berne..	11	64
O. Pistole de Berne.......................................	23	76
A. Écu de Bâle, de 30 batz ou 2 florins....................	4	56
A. Demi-écu ou florin de 15 batz..........................	2	28
A. Franc de Berne, depuis 1803............................	1	50
A. Écu de Zurich, de 1781................................	4	70
A. Demi-écu ou florin, depuis 1781........................	2	35
A. Écu de 40 batz de Bâle et Soleure, depuis 1798.........	5	90
A. Pièce de 4 francken de Berne, de 1799.................	5	88
A. Pièce de 4 francken de Suisse, de 1803................	6	0
A. Pièce de 2 francken de Suisse, de 1803................	3	0
A. Pièce de 1 francken, de Suisse, de 1803...............	1	50

SAVOIE ET PIÉMONT.

O. Sequin..	11	94,40
O. Double neuve pistole de 24 livres......................	30	0
O. Demi-pistole de 12 livres..............................	15	0
O. Carlin, depuis 1755...................................	150	0
O. Demi-carlin...	75	0

---

gine à un gouverneur d'Italie, nommé Longinus, qui, après s'être révolté contre l'empereur Justin, se fit duc de Ravenne, et fit fabriquer à son coin des pièces de monnaie d'or pur auxquelles on donna le nom de *ducats*.

(1) *Ryder*, signifie *courir*; cette monnaie est ainsi appelée, parce qu'elle représente un guerrier sur un cheval courant.

(2) Le *florin* tire, dit-on, son origine d'une monnaie fabriquée primitivement à Florence, et qui avait pour empreinte une *fleur*. Cette expression s'est ensuite répandue dans différents pays, notamment en Allemagne et en Hollande où elle est devenue l'unité monétaire.

O. Pistole neuve de 20 livres, 1816............	20 f.	0
A. Écu de 6 livres, depuis 1755...............	7	07
A. Demi-écu...........................	3	53,50
A. Quart d'écu ou 30 sous..................	1	76,75
A. Demi-quart d'écu ou 15 sous..............	0	88,37
A. Écu neuf de 5 livres, 1816................	5	0

SARDAIGNE.

O. Carlin, depuis 1768....................	49	33
O. Demi-carlin.........................	24	66,50
O. Pistole............................	28	45
O. Demi-pistole........................	14	22,50
A. Écu, depuis 1768.....................	4	70
A. Demi-écu...........................	2	35
A. Quart d'écu ou une livre................	1	17,50
A. Écu neuf de 5 livres, 1816...............	5	0

GÈNES.

O. Sequin.............................	12	01

VENISE.

O. Sequin. (1).........................	12	0
O. Demi-sequin........................	6	0
O. Oselle.............................	47	07
O. Ducat.............................	7	49
O. Pistole............................	21	36
A. Ducat eff. de 8 liv. piccolis...............	4	18
A. Écu à la croix.......................	6	70
A. Justine ou ducaton....................	5	91
A. Talaro.............................	5	32
A. Oselle.............................	2	07
A. Ducat courant de 6 1/5 de liv. piccolis, ou 124 sous (*monnaie de compte*)................	3	23,95
A. Livre de 20 sous (*monnaie de compte*).......	0	52,25

RAGUSE.

O. Néant.		
A Talaro, dit ragusine.....................	3	90
A. Demi-talaro.........................	1	95
A. Ducat.............................	1	37

---

(1) Le mot *sequin* vient de *Zecchia*, nom de l'hôtel des monnaies de Venise, qui passe pour le plus beau de l'Europe, et où le sequin d'or a été frappé pour la première fois. En Italie, le mot *sequin* s'écrit *zecchine*.

A. 12 Grossettes.	of.	41
A. 6 Grossettes.	0	20,50

PARME.

O. Sequin.	11	95
O. Pistole de 1784.	23	01
O. Pistole de 1786 à 1791.	21	91,50
O. 40 Lire de Marie-Louise, depuis 1815.	40	0
O. 20 Lire de Marie-Louise, depuis 1815.	20	0
A. Ducat, de 1784 et 1796.	5	18
A. Pièce de 3 livres, depuis 1790.	0	68
A. Pièce d'une livre 10 sous, depuis 1790.	0	34
A. 5 Lire de Marie-Louise, depuis 1815.	5	0
A. 2 Lire de Marie-Louise, depuis 1815.	2	0
A. 1 Lire, 1/2 lire, 1/4 de lire. — 1 fr., 50 c., 25 c.		

TOSCANE.

O. Ruspone ou 3 sequins aux lys.	36	04
O. Un tiers ruspone ou sequin aux lys.	12	01,33
O. Demi-sequin.	6	00,67
O. Sequin à l'effigie.	12	01,33
O. Rosine.	21	54
O. Demi-rosine.	10	77
A. Francescone de 10 pauls, livournine, piastre à la rose, talaro, léopoldine et écu de 10 pauls.	5	61
A. Pièce de 5 pauls.	2	80,50
A. Pièce de 2 pauls.	1	12,20
A. Pièce de 1 paul.	0	56,10

ÉTAT ECCLÉSIASTIQUE.

O. Pistoles de Pie VI et Pie VII.	17	25,50
O. Demi-pistole.	8	63,75
O. Sequin, 1769, Clément XIV et ses successeurs.	11	80
O. Demi-sequin.	5	90
A. Écu de 10 pauls ou 100 bayoques.	5	38,50
A. Trois dixièmes d'écu ou teston de 30 bayoques.	1	62
A. Un cinquième d'écu ou papeto de 20 bayoques.	1	08
A. Un dixième d'écu ou paul de 10 bayoques.	0	54

NAPLES.

Nota. Le titre des ducats est trop variable pour pouvoir en donner l'évaluation juste en monnaies françaises. (Cependant nous donnerons les 3 premières monnaies suivantes, d'après M. Bonnet.)

O. (Pistole de 6 ducats.	26	49
O. Deux tiers de 4 ducats.	17	66

O. Tiers de 2 ducats.	8 f.	83)
O. Once nouveau de 3 ducats, depuis 1818.	12	99
O. Quintuple de 15 ducats, depuis 1818.	64	95
O. Décuple de 30 ducats, depuis 1818.	129	90
A. 12 Carlins de 120 grains, depuis 1804.	5	10
A. Ducat de 10 carlins de 100 grains, 1784.	4	25
A. 2 Carlins, depuis 1804.	0	85
A. 1 Carlin, depuis 1804.	0	42,50
A. Ducat de 10 carlins, de 1818.	4	25

SICILE.

O. Once, depuis 1748.	13	73
A. Écu de 12 tarins.	5	10

ESPAGNE.

O. Pistole ou doublon de 8 écus, de 1772 à 1786.	83	93
O. Pistole de 4 écus.	41	96,50
O. Pistole de 2 écus.	20	98,25
O. Demi-pistole ou écu.	10	49,12
O. Pistole ou doublon de 8 écus, depuis 1786.	81	51
O. Pistole de 4 écus.	40	75,50
O. Pistole de 2 écus.	20	37,75
O. Demi-pistole ou écu.	10	18,87
A. Piastre, depuis 1772.	5	43
A. Réal de 2, ou piécette, ou cinquième de piastre.	1	08
A. Réal de 1, ou demi-piécette, ou dixième de piastre.	0	54
A. Reallillo ou real de veillon (1) ou vingtième de piastre.	0	27

Nota. Ces trois dernières pièces sont dénommées *monnaie provinciale;* elles sont fabriquées en Espagne, et n'ont cours que dans la péninsule.

PORTUGAL.

O. Moeda douro lisbonnine de 4,800 reis.	33	96
O. Meia moeda demi-lisbonnine de 2,400 reis.	16	98
O. Quartino, quart de lisbonnine, de 1,200 reis.	8	49
O. Meia dobra, portugaise, de 6,400 reis.	45	27

---

(1) *Real de veillon*, signifie *royal de billon* ou cuivre, comme *real de plata* signifie *royal d'argent*. Il y a encore en Espagne une petite monnaie, nommée *maravedis*, dont le nom vient d'*Almoravides*, peuple d'Afrique, qui passa en Espagne, et fit fabriquer des pièces de monnaie que l'on appela *maravedis*. Ces pièces, dans l'origine, étaient en or et en argent; on n'en fait plus qu'en cuivre. Cette monnaie a eu le sort du denier.

O. Demi-portugaise, de 3,200 reis.	22 f.	63,50
O. Pièce de 16 testons, de 1,600 reis.	11	31,75
O. Pièce de 12 testons, de 1,200 reis.	8	02
O. Pièce de 8 testons, de 800 reis.	5	66
O. Cruzade, de 480 reis.	3	35
A. Cruzade neuve, de 480 reis.	2	94
A. 1000 reis.	6	12,50

BADE.

O. Pièce de 2 florins.	21	04
O. Pièce de 1 florin.	10	52
A. Pièce de 2 florins.	4	18
A. Pièce de 1 florin.	2	09

AUTRICHE ET BOHÊME.

O. Ducat de l'empereur.	11	86
O. Ducat de Hongrie.	11	90
O. Souverain.	17	58
O. Demi-souverain.	8	79
A. Écu ou risdale de convention, depuis 1753.	5	19,50
A. Demi-risdale ou florin.	2	59,75
A. Pièce de 20 kreutzers.	0	86,50
A. Pièce de 10 kreutzers.	0	43,25

HAMBOURG.

O. Ducat *ad legem impèrii*.	11	86
O. Ducat nouveau de la ville.	11	76
A. Marc banco (*monnaie imaginaire*).	1	88
A. Marc ou 16 schellings; d'après la convention de Lubeck.	1	53
A. Risdale de constitution, ou écu de banque.	5	78

SAXE.

O. Ducat.	11	86
O. Double Auguste, ou 10 thalers.	41	49
O. Auguste, ou 5 thalers.	20	74,50
O. Demi-Auguste.	10	37,25
A. Risdale d'espèce, ou écu de convention, depuis 1763.	5	19,50
A. Demi-risdale ou florin de convention.	2	59,75
A. Thaler de 24 bons gros (*monnaie imaginaire*).	3	89,63
A. Un gros ou 32ᵉ de risdale.	0	16,21

PRUSSE.

O. Ducat.	11	77
O. Frédéric.	20	80
O. Demi-Frédéric.	10	40

A. Risdale ou écu thaler de 24 bons gros, de 1767 à 1807.		3 f.	71,63
A. Demi-risdale ou 12 bons gros.		1	85,81
A. Gros.		0	15,48

DANEMARCK ET HOLSTEIN.

O. Ducat courant, depuis 1767.		9	47
O. Ducat species, de 1791 à 1802.		11	86
O. Chrétien, 1773.		20	95
A. Risdale d'espèce, ou double écu de 96 schellings danois, depuis 1776.		5	66
A. Risdale courante ou pièce de 6 marcs danois, de 1750.		4	96
A. Mark danois de 16 schellings, de 1776.		0	94
A. Mark de Lubeck, de 16 schellings, de 1740.		1	53

SUÈDE.

O. Ducat.		11	70
O. Demi-ducat.		5	85
O. Quart de ducat.		2	92,50
A. Risdale d'espèce, de 48 schellings, de 1720 à 1802.		5	75,73
A. Deux tiers de risdale, ou double plotte de 32 schellings.		3	83,82
A. Un tiers, ou 16 schellings.		1	91,91

RUSSIE.

O. Ducat, de 1755 à 1763.		11	79
O. Ducat, de 1763.		11	59
O. Impériale de 10 roubles (1), de 1755 à 1763.		52	38
O. Demi-impériale de 5 roubles, de 1755 à 1763.		26	19
O. Impériale de 10 roubles, depuis 1763.		41	29
O. Demi de 5 roubles, depuis 1763.		20	64,50
A. Rouble de 100 copecks, de 1750 à 1762.		4	61
A. Rouble de 100 copecks, de 1763 à 1807.		4	0

TURQUIE.

O. Sequin zermahboud du sultan Abdoul-Hamet, 1774.		8	72
O. Nisfie ou demi-zermahboud.		4	36
O. Roubbié ou quart de sequin fondoukli.		2	43,33
O. Sequin de zermahboud de Sélim III.		7	30
O. Demi-sequin de zermahboud.		3	65
O. Quart de sequin.		1	82,50
A. L'allmichlec de 60 paras, depuis 1771.		3	52

---

(1) La dénomination de *rouble* vient de rubbli, qui signifie *dentelure* ou *crenelage*. Dans l'origine, les barres d'argent qui servaient de monnaie étaient *crenelées*. Cet usage s'est maintenu assez longtemps.

A. Yaremlec de 20 paras ou 60 aspres, 1757.	0 f.	99
A. Roubb de 10 paras ou 30 aspres, 1757.	0	49,50
A. Para de 3 aspres, 1773.	0	04
A. Aspre, dont 120 pour la piastre, de 1773.	0	01,33
A. Piastre de 40 paras ou 120 aspres, 1780.	2	0
A. Pièce de 5 piastres, de Mahmoud, 1811.	4	13,67

PERSE.

O. Roupie.	36	75
O. Demi-roupie.	18	37,50
A. Double roupie de 5 abassis.	4	90
A. Roupie.	2	45
A. Abassi.	0	97
A. Mamoudi.	0	48,50
A. Larin.	1	03

MOGOL.

O. Roupie du Mogol.	38	72
O. Demi-roupie	19	36
O. Quart de roupie	9	68
O. Pagode (1) au croissant.	9	46
O. Pagode à l'étoile.	9	35
O. Ducat, de la Compagnie holland.	11	62
O. Demi-ducat.	5	81
A. Roupie du Mogol.	2	42
A. Roupie de Madrass.	2	40
A. Roupie d'Arcate.	2	36
A. Roupie de Pondichery.	2	42
A. Double fanon (2) des Indes.	0	63
A. Fanon.	0	31,50
A. Pièce de la Compagnie holland.	2	40

JAPON.

O. Kobang vieux, de 100 mas.	51	24
O. Demi-kobang, de 50 mas.	25	62
O. Kobang nouveau, de 100 mas.	32	69
O. Demi-kobang, de 50 mas.	16	34,50
A. Tigo-gin, ou pièce de 40 mas.	14	40

---

(1) *Pagode*. Ce nom donné aux pièces d'or de l'Inde, provient de ce que ces monnaies représentent des figures d'idoles, appelées pagodes, du nom des temples où elles sont adorées.

(2) *Fanon* vient de *fano*, nom de poids en usage aux Indes.

A. Demi-tigo-gin. . . . . 7 f. 20
A. Quart de tigo-gin, de 10 mas. 3 60
A. Huitième de tigo-gin, de 5 mas. 1 80

MONTAGNES. Nous croyons pouvoir mettre au nombre des découvertes la mesure des plus hautes montagnes du globe, déterminée dans les temps modernes avec la plus grande précision, par des savants, géographes, naturalistes, voyageurs, géomètres, etc., tels que MM. de Humboldt, Deluc, Saussure, Senebier, Shoukbourgh, de Buch, Charpentier, de Borch, Needham, Borda, Pingré, Reboul, Ramond, de la Condamine, Bouguer, Schmieder, etc., etc. Nous ne donnerons ici que la liste des montagnes dont la hauteur excède 10,000 pieds ; cette liste est extraite d'une plus considérable où nous avons compris à-peu-près 250 montagnes ; les hauteurs sont toutes calculées à partir du niveau de la mer, parce que l'eau conserve un équilibre toujours égal ; et l'on a adopté pour le diamètre moyen de la terre 36,264,240 pieds de roi, mesure dont on se sert pour indiquer les hauteurs.

EUROPE.

	pieds.
Mont-Blanc (Alpes, Savoie) (1).	14,532
Orteler (Tyrol).	14,466
Mont-Rose (Milanais).	14,340
Louzira (France, Hautes-Alpes).	13,548
Loupilon (France, Hautes-Alpes).	13,260
Fisterahorn (Suisse, C. de Berne).	13,227
Jocelme (France, Hautes-Alpes).	13,002
Le plus haut sommet des Basses-Alpes.	12,990

(1) Les principaux passages des Alpes qui conduisent d'Allemagne, de

	Pieds.
Pic de la Vierge (Suisse, C. de Berne)	12,868
Le Moine (Suisse, C. de Berne)	12,659
Ozon (France, Hautes-Alpes)	12,624
Schrekhorn (Suisse, C. de Berne)	12,555
Eiger (Suisse, C. de Berne)	12,261
Gros Glokner (frontières du Tyrol)	11,982
Wetterhorn (Suisse, C. de Berne)	11,746
Balmhorn (Suisse, C. de Berne)	11,425
Gallenstok (Suisse, C. d'Uri)	11,323
Tœdiberg (Suisse, C. de Claris)	11,153
Wiesbachhorn (pays de Salzbourg)	11,000
Systenhorn (Suisse, C. d'Uri)	10,903
Spizliberg (Suisse, C. d'Uri)	10,678
Hochhorn (pays de Salzbourg)	10,633
Mont-Perdu (Pyrénées)	10,578
Maladetta (Pyrénées) (1)	10,500
Stella (pays des Grisons)	10,485

Suisse et de France en Italie, sont :

	pieds.
Le passage du Mont-Cervin	10,230
de Furka	7,590
du Col de Seigne	7,383
du Grand Saint-Bernard	7,473
du Col Terret	6,963
du Petit Saint-Bernard	6,576
du Saint-Gothard	6,225
du Mont-Cenis	6,198
du Simplon	6,015
du Splügen	5,775
la poste du Mont-Cenis	5,718
le Col de Tende	5,385
les Taures de Rastadt	4,677
du Brenner	4,260

(1) Les passages de France en Espagne par les Pyrénées, sont :

Port de Pinède	7,548
Port de Gavarnie	6,999
Port de Cavarère	6,777
Passage de Tourmalet	6,582

	Pieds.
Hohenwartshœhe (front. du Tyrol).	10,392
Le Col de Saix (France, Hautes-Alpes).	10,338
Vignemale (Pyrénées).	10,332
Vogelberg (pays des Grisons).	10,273
Le Cylindre de Marboré (Pyrénées).	10,260
Oberalpstok (Suisse, C. d'Uri).	10,248
Muan de Bellone (France, Hautes-Alpes).	10,218
Aporthorn (pays des Grisons).	10,213
Scheerhorn (Suisse, C. d'Uri).	10,185
Rizlihorn (Suisse, C. de Berne).	10,173
Port de la Paz (Pyrénées).	10,151
Tittlis (Suisse, montagne des Anges).	10,118
Mont-Tourné (Savoie).	10,098
Claridenberg (Suisse, C. d'Uri).	10,073
Le grand Spannort (Suisse, M. des Anges).	10,011
Pic long (Pyrénées).	10,008

Les trois principaux volcans de l'Europe.

L'Etna (en Sicile).	9,660
Le Vésuve (royaume de Naples).	3,680
L'Hekla (en Islande).	3,039

ASIE.

Pics les plus élevés de l'Himâlaya au Thibet :

Le quatorzième.	27,677
Le douzième.	21,264
Le troisième.	20,877
Le vingt-troisième (1).	20,775
Pic de la frontière de la Chine et de la Russie.	15,810
Ophyr (île de Sumatra).	13,842

AFRIQUE.

Pic de Teyda.	15,948
Piter Boot (île de France).	15,264
Pic de Teneriffe.	11,409
Montagne de Ambotismène (Madagasc.).	10,521

---

(1) D'après les mesures trigonométriques de M. Webb, ingénieur anglais, ces quatre pics de l'immense chaîne de montagnes de l'Inde, connue des Anciens sous le nom d'Imaüs, seraient, comme on le voit, les plus élevés du globe, et même plus hauts que le Chimboraço qui jusqu'alors avait eu la suprématie sur toutes les montagnes connues.

AMÉRIQUE.

	Pieds.
Chimboraço (Pérou, Andes (1) ou Cordilières).	19,602
Cotopaxi, volcan (P., Andes ou Cordilières).	18,712
Cayambé (P., Andes ou Cordilières).	18,180
Antisana, volcan (P., Andes ou Cordilières).	18,120
Pic d'Orizaba (Nouvelle Espagne).	17,070
Mont-Saint-Elie (côte N. E. d'Amérique).	16,539
Popocatepec (Mexique).	16,200
Sangay (Pérou, Andes ou Cordilières).	16,068
Tunguragua (Pérou, Andes ou Cordilières).	15,180
Sierra-Nevada (Mexique).	14,358
La Femme blanche (Mexique).	14,355

---

(1) D'après les observations de M. de Humboldt, le granit forme la base des Andes ou Cordilières ; mais leurs sommets sont couverts d'épaisses couches de porphyre et de basalte, qui cachent le granit au point qu'on ne peut le distinguer qu'à une hauteur de 10,700 pieds. On trouve des charbons de terre près de Santa-Fé de Bogota, à une hauteur de 8000 pieds, et des dents d'éléphant fossiles à 6,600 et jusqu'à 8000 pieds de hauteur.

La ligne de neige est sur les Andes, à la hauteur de 15,000 pieds ; sous le 20ᵉ degré de latitude, elle est à celle de 14,100 pieds ; sous le 35ᵉ, à celle de 10,800 pieds ; et sous le 45ᵉ, à celle de 7,692 pieds, au-dessus du niveau de la mer.

Quant aux animaux, le condor est le dernier qui accompagne l'homme sur ces montagnes, et M. de Humboldt l'aperçut encore à une hauteur de 20,000 pieds. Un peu au-dessous de la ligne de neige, on trouve la vigogne, le cougouaz de Buffon (*felis concolor*), quelques vivères et le petit ours à front blanc.

La végétation cesse à une hauteur de 11,000 pieds, où l'on trouve encore de l'orge et des pommes de terre. Le maïs ne réussit plus à une hauteur de 7,200 pieds, et le bananier disparait à celle de 5,400 pieds. Mais les grains d'Europe viennent très-bien à une hauteur de 6 à 9,000 pieds.

M. Clissold a publié un petit Traité sur les sensations que l'on éprouve en s'élevant à de grandes hauteurs. Ces sensations ordinairement sont la difficulté de respirer, la fatigue excessive et le froid. Quelquefois aussi le sang sort des yeux, des lèvres ou des gencives. Ce Traité de M. Clissold se trouve à la suite des détails qu'il a donnés, sur son ascension au Mont-Blanc en 1822, dans le XXIIIᵉ vol. de la *Bibliothèque universelle de Genève*. Juillet, 1823, pp. 237-244.

	Pieds.
Pitchincha (Pérou, Andes ou Cordilières)	14,162
Nevado de Toluca (Mexique)	13,873
Montagne du beau temps	13,647
Coffre de Perote (Nouvelle Espagne)	12,948
Nauhcampatessec (Mexique)	12,534

TERRES AUSTRALES.

Mowna Koah (îles Sandwich)	18,400
Mowna Roah (îles Sandwich)	16,010

Nous ajouterons ici la hauteur de quelques édifices :

La plus haute des pyramides d'Égypte	449
La tour de Strasbourg, au-dessus du pavé	437
La tour de Saint-Étienne à Vienne	414
La coupole de Saint-Pierre à Rome	396
La tour de Saint-Michel à Hambourg	390
La tour de Saint-Marc à Venise (*il campanile*)	334
La tour de Saint-Paul de Londres	330
Le dôme de Milan	327
La flèche des Invalides, au-dessus du pavé	315
La flèche de Saint-Benigne de Dijon	296
La tour de la Giralda à Séville	258
Le dôme de Sainte-Geneviève à Paris	237
Les tours de Notre-Dame à Paris	204
La tour inclinée (de 12 pieds) de Pise	193
La colonne trajane à Rome	150

ORGUES. Cet instrument vient de la Grèce; il est fort ancien, puisqu'Archimède et Vitruve en ont parlé. Les premières que l'on vit en France furent apportées au roi Pepin, à Compiègne, l'an 752, par les ambassadeurs de l'empereur Constantin. Il y a des orgues hydrauliques dont on attribue l'invention à Ctesibius, qui vivait sous Ptolomée Evergètes. Ce mot est du genre masculin au singulier.

PANORAMA. Mot tiré du grec, qui signifie *voir tout, rassemblé sous un seul coup d'œil*, et qui désigne un genre de spectacle très-ingénieux et très-curieux ; il fut inventé à Londres sur la fin du 18e siècle, par un M. Barker, introduit en France par l'américain Fulton, en nivose an VII, et perfectionné par James, à l'aide des artistes Fontaine, Prévot et Bourgeois. Ce spectacle consiste dans un édifice circulaire, sur les murs duquel est tendue intérieurement la toile d'un tableau, qui représente un point de vue très-étendu, tel que Paris ou Toulon, ou Londres, etc. Cette toile couvre la totalité de la circonférence du mur ; de manière que le tableau, dont les deux extrémités se confondent dans un même point, présente un horizon immense à l'œil du spectateur qui est placé sur une plate-forme isolée au centre de l'édifice ; la hauteur de cette plate-forme est moitié de celle de l'édifice. Les objets sont représentés sur la toile d'après les règles ordinaires de la perspective et de la peinture, et font un effet surprenant pour l'ensemble et la vérité. La lumière vient d'en haut par une ouverture circulaire pratiquée dans le cône de la toiture, et se répand uniformément sur toutes les parties du tableau. Un vaste parajour, élevé au-dessus de la tête des spectateurs, amortit l'éclat de la lumière, et empêche qu'aucune ombre ne se porte sur le tableau. Le ton gris foncé de ce parajour contraste avec les tons lumineux et transparents des ciels ; et en dérobant à la vue l'ouverture qui donne le jour, il ajoute à l'effet du tableau. Enfin une toile également gris foncé, et tendue en pente depuis les bords de la plate-forme, jusqu'à l'extrémité inférieure du tableau, en dérobe la fin, et intercepte la vue de l'intervalle qui en sépare le spectateur. De même que le parajour donne au ciel une étendue sans bornes, de même la toile du bas donne l'idée d'une grande profondeur. Rien de plus séduisant que l'effet de ce tableau. Plus on le considère, plus on croit voir la nature. — Les panoramas les plus remarquables qui se sont succédés à Paris, depuis qu'on y jouit de ce spectacle unique, sont ceux de *Rome*, de *Naples*, d'*Amsterdam*, de *Boulogne*, de *Tilsitt*; de *Wagram*, d'*Anvers*, de *Londres*, de *Jérusalem*, d'*Athènes*, de *Rio-Janeiro*, de *Constantinople*, de *Westminster*, de *Saint-Pierre de Rome*, etc., etc.; et quelle que soit la différence des sites, des climats, des saisons et des genres de monuments, c'est la nature, toujours la nature et rien que la nature.

PAPIER. Ce mot, dont tout le monde connaît la signification, vient de *papyrus*, qui désigne une espèce de roseau ou jonc qui croissait sur les bords du Nil, et dont les Anciens trouvèrent le moyen de faire un papier qui portait le nom de cette plante. On ignore le temps où l'on commença à se servir du *papyrus* pour écrire. Varron place cette découverte au règne d'Alexandre, lorsque ce prince eut fondé la ville d'Alexandrie en Egypte; mais Pline révoque en doute cette opinion du savant Varron. Il rapporte, sur le témoignage d'un historien, qu'un Romain travaillant à un fonds de terre qu'il avait sur le Janicule, trouva dans une caisse de pierre, les livres de Numa écrits sur du *papyrus*, et conservés jusqu'à ce temps, sans se pourrir, parce qu'ils étaient frottés d'huile de cèdre ; cependant il y avait 535 ans qu'ils étaient renfermés dans ce lieu humide. Il ajoute ailleurs que Mutianus, consul, assurait qu'étant préfet de Lycie, il avait vu dans un temple une lettre sur du papier d'Egypte, écrite de Troie par Sarpédon, roi de Lycie. Il est certain que le *papyrus* était en usage en Egypte, avant la fondation d'Alexandrie. Au *papyrus* succéda le papier de coton.

Papier de coton. Le papier de coton a été découvert, suivant Montfaucon, dans le 9e siècle ; il y a apparence qu'il a remplacé le *papyrus*. On l'appelle en latin *charta bombycina*. On n'en connaît point l'inventeur.

Papier de chiffon. Il en est de même du papier de chiffon, qui paraît avoir été découvert dans le 12e siècle, si l'on en croit Mabillon. Scaliger attribue cette découverte aux Allemands ; le comte Maffei, aux Italiens ; d'autres, à quelques Grecs réfugiés à Bâle ; le docteur Prideaux, aux Sarrasins d'Espagne ; Saint-Foix, à un habitant de Padoue, au commencement du 14e siècle. Montfaucon n'a trouvé ni en France, ni en Italie, aucun monument écrit sur papier, avant la mort de saint Louis, arrivée en 1270. Cependant on parle d'un *document* avec ses sceaux, daté de l'an 1239, signé d'Adolphe, comte de Schonbourg; il appartenait à M. Pestel, professeur à l'université de Rinteln.

Papier de la Chine. Les auteurs chinois les moins suspects font remonter l'origine de leur papier au-delà de 2000 ans. Il est composé de l'écorce de bambou. Le Père Hugues appelle le papier de la Chine, papier de soie, et il prétend en avoir vu une pièce de quatre aunes de long. Mais on croit, avec raison, que ce papier n'est autre chose que du papier de bambou ou d'autres arbrisseaux.

Papier vélin. Ce papier est dû aux Anglais; du moins je le présume, et j'en crois Baskerville l'inventeur; la première édition de son *Virgile*, qui parut en 1757, était imprimée en grande partie sur cette sorte de papier. MM. Johannot, fabricants de papier, ont fait les premiers essais du papier vélin, en France, en 1780. M. Réveillon en fit aussi l'essai en 1782, et il réussit. MM. Montgolfier ont également eu les honneurs de l'invention pour ce papier.

Papier maroquiné. L'invention de ce papier, qui imite parfaitement le maroquin, est due aux Allemands; mais il a été imité et perfectionné par MM. Boehm et Rœderer en 1804.

Papier fabriqué avec des végétaux. On a fait beaucoup d'essais sur la fabrication du papier avec de la paille et d'autres végétaux. M. Léorier de l'Isle, entre autres, a fourni des échantillons de papiers faits avec l'écorce de tilleul, l'ortie, le houblon, le roseau, diverses espèces de conferva, la racine de chiendent, le bois de coudrier, le fusain, l'écorce de fusain, l'écorce de chêne, de peuplier, d'osier, d'orme, de saule, de bardane et pas-d'âne, et les feuilles de chardon. Mais il est reconnu que toutes ces matières sont bien inférieures au chiffon sous tous les rapports; le papier qu'elles fournissent n'aura jamais, ni la bonté, ni la finesse, ni la blancheur, ni la beauté du papier de chiffon.

PARATONNERRE. Le paratonnerre a été inventé par Franklin, en 1757. On sait que c'est un conducteur dont l'une des extrémités, terminée en pointe, s'élève au-dessus d'un édifice ou d'un autre lieu que l'on veut préserver du tonnerre; et l'extrémité opposée communique avec la terre humide ou avec l'eau. Cette pointe peut diminuer beaucoup l'effet de la foudre; mais des physiciens sont d'avis qu'il ne faut pas élever plusieurs pointes sur un bâtiment; une seule suffit, parce qu'on a observé que les conducteurs qui ne présentent qu'une pointe fine au globe ou au plateau de la machine électrique, reçoivent plus de vertu que ceux qui leur présentent une partie large ou armée de plusieurs pointes.

PEINTURE. Pline attribue l'invention du dessin au simple trait, à Philoclès, égyptien, ou à Cléanthe, corinthien; et l'art de colorer le dessin, à Cléophante, corinthien. Les Egyptiens prétendent avoir eu la peinture six mille ans avant les Grecs, et les Grecs en font inventeurs les Sicyoniens. Il faut mettre toutes ces opinions au rang des fables, et il est présumable qu'on ne découvrira jamais l'époque de l'origine de la peinture ; nous allons donner une légère idée de ses différents genres.

Peinture à l'aquarelle. C'est une espèce de détrempe, mais dont les couleurs sont infiniment plus claires ; elles ne consistent guère que dans une eau colorée et un peu collée. J'ignore à qui l'on en doit l'invention.

Peinture en camaïeu. Elle ne consiste qu'en deux couleurs, ou plutôt dans une seule ; qui plus ou moins nuancée donne les jours et les ombres. Le fond est ordinairement de couleur différente. Les Grecs appelaient ce genre, *monochrome*, c'est-à-dire peinture d'une seule couleur.

Peinture en détrempe. Dans cette peinture on emploie des couleurs délayées seulement avec de l'eau et de la colle ou de la gomme. Les couleurs peuvent avoir du corps, ce qui les différencie de celles employées dans l'aquarelle; cependant l'une et l'autre s'appellent en latin *aquaria pictura*. Il ne faut pas confondre la peinture en détrempe avec la peinture en miniature, quoique dans le fond elles soient les mêmes, puisqu'on y emploie des couleurs détrempées à l'eau ; mais dans la détrempe on se sert de toute la liberté du pinceau ; au lieu que dans la miniature on ne travaille qu'à petits points.

Peinture en émail. Cette peinture se fait avec des émaux de diverses couleurs, broyés, réduits en poudre, employés comme les autres couleurs, et ensuite fondus, recuits et vitrifiés par la force du feu. On prétend que les briques dont les murs de Babylone furent construits étaient des briques émaillées, dont les émaux représentaient différentes figures. Du temps de Porsenna, on faisait dans ses États des vases émaillés; les porcelaines du Japon, de la Chine, de France, les pots vernissés, sont autant d'espèces d'émaux.

La peinture en émail a été perfectionnée du temps de François Ier, en France et en Italie.

Il y a deux sortes d'émaux, les émaux clairs et transparents, et les émaux épais et mats. Les émaux clairs se font avec des couleurs broyées à l'eau seulement, et les émaux épais avec des couleurs broyées à l'huile d'aspic. Ce n'est qu'en 1632, que Jean Toutin a trouvé le secret de faire des émaux mats.

Peinture à l'encaustique. Cette sorte de peinture était connue des Anciens; Pline en parle; on y emploie la cire, les couleurs et le feu. L'usage s'en était perdu, mais on l'a renouvelé en 1752 ou 53. Le comte de Caylus et le docteur Mignot présentèrent, en 1754, à l'Académie des belles-lettres, une Minerve peinte à l'encaustique.

Enluminure. Cette espèce de peinture ne consiste qu'à mettre des couleurs en détrempe et très-claires sur une estampe, sur des papiers de tapisseries, des cartes, des écrans, etc.

Peinture à fresque. Elle s'exécute ordinairement sur un enduit encore frais de chaux et de sable combinés avec des couleurs détrempées dans l'eau. On ne se sert pour la fresque que de couleurs de terre, parce qu'elles s'incorporent mieux avec le mortier. La fresque a été connue des Anciens, surtout des Romains, comme on peut le voir par les ruines d'Herculanum. Norden parle des restes de palais et de temples en Egypte, où sont des figures colossales peintes sur des murs de quatre-vingts pieds de hauteur.

Gouache. Cette peinture est la même que celle en détrempe.

Peinture à l'huile. Elle consiste dans l'apprêt des couleurs détrempées avec de l'huile de noix ou de lin. On ne l'a point connue jusqu'au milieu du XVe siècle, ou plutôt jusqu'à la fin du XIVe, époque à laquelle Jean Van Eik, plus connu sous le nom de Jean de Bruges, en fit le premier essai ; il apprit son secret à Antoine, de Messine, qui le porta en Italie. Cependant on dit qu'il existe à la galerie impériale de Vienne un tableau peint à l'huile, en 1292, qui est l'ouvrage de Thomas Mutina, et même un autre de 1090 ; cela paraît bien douteux.

Nous croyons devoir donner ici la liste des grands peintres anciens, avec une échelle arithmétique des degrés de mérite qui les distinguent dans les quatre principales parties de leur art. Nous les classons par ordre chronologique. De Piles, auteur de cette balance des peintres, a divisé en 20 les degrés par lesquels on peut arriver à la perfection. Mais il attribue le 20e à cette souveraine perfection qu'on ne connaît pas dans toute son étendue. Le 19e est le plus haut degré de perfection que l'on puisse connaître, mais qui n'a encore été atteint par personne. Le 18e est pour ceux qui ont le plus approché de la perfection ; les autres, en descendant, donnent la proportion du mérite de chaque peintre dans chaque partie (1).

---

(1) Nous avions exprimé jadis le désir que l'on pût faire pour les littérateurs, ce que M. de Piles a fait pour les peintres; mais il paraît que personne n'a encore osé s'établir juge d'un concours aussi épineux. En attendant, puisqu'il est ici question de littérateurs et de peintres, nous allons donner une espèce de table de comparaison, dressée par M. de Montesquieu, où le génie de la poésie est mis en parallèle avec le génie de la peinture. « S'il faut donner le caractère de nos poètes, dit Montesquieu, je compare

Corneille	à Michel-Ange.
Racine	à Raphaël.
Marot	au Corrège.
La Fontaine	au Titien.
Despréaux	au Dominiquin.
Crébillon	au Guerchin.
Voltaire	au Guide.
Fontenelle	au Bernin.
Chapelle, Lafare et Chaulieu	au Parmesan.
Regnier	au Giorgion.
La Motte	à Rembrandt.
Chapelain	au-dessous d'Albert Durer.
Milton	à Jules Romain.
Le Tasse	au Carrache.
L'Arioste	à personne. »

VARIÉTÉS. 501

ÉCOLES.	NAISS.	NOMS DES PEINTRES.	MORT.	DEGRÉS DANS			
				La composit.	Le dessin.	Le coloris.	L'expression.
Vénit.	1477	Giorgion.	1511	8	9	18	4
Vénit.	1426	Jean Bellin.	1516	4	6	14	»
Rom.	1445	Léonard de Vinci.	1519	15	16	4	14
Rom.	1483	Raphaël.	1520	17	18	12	18
Rom.	1446	Pierre Perugin.	1524	4	12	10	4
Flam.	1471	Albert Durer.	1528	8	10	10	8
Rom.	1488	And. del Sarte.	1530	12	16	9	8
Flam.	1494	Lucas de Leyde.	1533	8	6	6	4
Lomb.	1494	Le Corrège.	1534	13	13	15	12
Rom.	1503	Le Parmesan.	1540	10	15	6	6
Rom.	1495	Polid. Caravage.	1543	10	17	»	15
Flam.	1492	Jules Romain.	1546	15	16	4	14
Rom.	1495	Holbein.	1554	9	10	16	13
Rom.	1510	Fr. Salviati.	1563	13	15	8	8
Rom.	1474	Michel-Ange.	1564	8	17	4	8
Rom.	1509	Dan. de Volterre.	1566	12	15	5	8
Rom.	1490	Primatice.	1570	15	14	7	10
Vénit.	1477	Le Titien.	1576	12	15	18	6
Flam.	1548	Otho Venius.	1588	13	14	10	10
Vénit.	1548	Palme l'ancien.	1588	5	6	16	»
Vénit.	1530	Paul Veronèse.	1588	15	10	16	6
Vénit.	1510	Jacques Bassan.	1592	6	8	17	»
Vénit.	1512	Le Tintoret.	1594	15	14	16	4
Lomb.	1560	Annib. Carrache.	1609	15	17	13	13
Lomb.	1569	Michel Caravage.	1609	6	8	16	»
Vénit.	1544	Palme le jeune.	1628	12	9	14	»
Flam.	1577	Rubens.	1640	18	13	17	17
Flam.	1599	Van Dyck.	1641	15	10	17	13
Lomb.	1581	Le Dominiquin.	1641	15	17	9	17
Lomb.	1575	Guido Reni.	1642	»	13	9	12
Lomb.	1581	Lanfranc.	1647	14	13	10	5
Rom.	1611	Pierre Testa.	1648	11	15	»	6
Flam.	1582	David Teniers.	1649	15	12	13	6
Franç.	1617	Le Sueur.	1655	15	15	4	15
Lomb.	1578	L'Albane.	1660	14	14	10	6
Franç.	1594	Nic. Poussin.	1665	15	17	6	15
Lomb.	1590	Le Guerchin.	1666	8	10	10	4
Rom.	1596	Pierre de Cortone.	1669	16	14	12	6
Franç.	1616	Bourdon.	1671	10	8	8	4
Flam.	1606	Rembrandt.	1674	15	6	17	12
Flam.	1594	Jacques Jordaens.	1678	11	8	16	6
Franç.	1600	Le Lorrain.	1682	18	18	16	»
Franç.	1619	Le Brun.	1690	16	16	8	16
Nap.	1632	Luc Jordan.	1705	13	12	9	6

Il se trouve dans le tableau ci-dessus 13 peintres de l'école romaine, 9 de l'école flamande, 8 de l'école vénitienne, 7 de l'école lombarde, 5 de la française, et 1 de la napolitaine.

Peinture en miniature. Elle se fait avec de simples couleurs très-fines détrempées avec de l'eau et de la gomme ; on ne la fait qu'en petit sur ivoire ou sur vélin ; elle est délicate et s'exécute à petits points, du moins pour les chairs ; elle souffre d'être vue de très-près. On fait remonter l'origine de la miniature au xiie siècle, et même on peut la placer plus haut, puisque des manuscrits de ce siècle en sont décorés.

Peinture en marqueterie. C'est celle qui s'exécute avec des bois de différentes teintes ; elle est propre à rendre les fleurs et les ornements. On l'appelle peinture en bois. Elle était connue des Anciens.

Peinture en mosaïque. Elle s'opère avec des pierres colorées, naturelles ou artificielles. Le tableau a toute l'épaisseur que l'on juge à propos de donner à la longueur des pierres que l'on emploie. La mosaïque remonte à la plus haute antiquité ; on la doit aux Grecs ; elle a commencé à Rome sous Sylla ; et les Italiens s'y sont distingués depuis plusieurs siècles.

Peinture au pastel. Les pastels sont des crayons colorés dont on se sert pour peindre sur le papier ou sur le vélin. Ils procurent l'avantage de rendre les chairs d'une manière douce et moëlleuse. Mais ce genre de peinture a le double inconvénient d'être peu durable et d'avoir besoin d'une glace pour se conserver.

Les uns l'attribuent à Thièle, né à Erfort en 1685, mort en 1752; d'autres à mademoiselle Heid, née à Dantzick en 1688, morte en 1753.

Peinture sur verre. Cette peinture date du xiie ou du xiiie siècle; du moins les plus anciens vitraux peints sont de ces siècles. Les substances pour peindre sur verre sont les mêmes que celles pour peindre sur émail, à l'exception que les teintes cependant doivent être plus fortes, et que dans les endroits ombrés, on est obligé de peindre le verre des deux côtés, surtout pour les barbes, les cheveux et les draperies foncées.

Les bornes de cet ouvrage ne nous permettent pas d'entrer dans plus de détails sur chaque espèce de peinture.

PENDULE. Kircher est le premier qui, en 1672, découvrit que le pendule qui battait les secondes à Paris, devait être raccourci pour les battre à Cayenne, et qu'une livre de Paris pesait moins d'une livre à Cayenne.

Pendule pour trouver la longitude en mer. Ce pendule est dû à Jean Harrison, habile mécanicien anglais; il lui valut, en 1749, le prix que le parlement avait promis à l'inventeur de cette découverte (20,000 liv. sterl.). On en fit l'épreuve sur le vaisseau de guerre *le Tartare*, qui alla de Portsmouth à l'île de Barbade, sans perdre la longitude pendant la traversée, du moins sans s'écarter des limites prescrites, qui étaient, je crois, d'un demi-degré de déviation.

Le *Dictionnaire historique* dit que « Harrison se rendit célèbre par l'invention et la fabrication du pendule à gril, et par son *timereeper* (*garde-temps*), montre marine, dont l'objet est de fixer la longitude en mer; que Kendal copia cette machine intéressante, et que cette copie servit au capitaine Cook, dans ses courses maritimes. »

PHANTASMAGORIE ou *fantasmagorie*. Spectacle très-ingénieux et très-surprenant, dont est inventeur M. Robertson. Le mot phantasmagorie désigne l'action de produire des fantômes. Voici en quoi consiste ce spectacle, aussi frappant dans sa singularité, que surprenant dans ses effets. On entre dans une salle tendue de noir, où règne la plus profonde obscurité. Une lampe sépulcrale jette une faible lumière, en attendant le commencement du spectacle. Elle s'éteint; alors on entend tomber une pluie mêlée de grêle; on aperçoit dans le fond un point lumineux qui, à mesure qu'il s'approche des spectateurs, prend la forme de différents fantômes, puis disparaît quand il est près de vous. Il s'y passe des scènes lugubres, telles que celles d'un squelette couché qui se dresse sur ses pieds et qui danse avec d'autres squelettes; celle d'un tombeau qui s'ouvre et qui est foudroyé par le feu du ciel; celle de la None sanglante, qui, la lanterne à la main, arrive du bout d'une longue galerie jusque contre les spectateurs, puis s'évanouit comme une ombre, etc. Pendant le spectacle, la lune pâle brille dans un des côtés de la scène ; et une musique exécutée avec l'harmonica, fait éprouver à l'ame quelque chose de lugubre et de mélancolique, difficile à exprimer. Ce spectacle, effrayant pour certaines personnes, est amusant pour l'homme instruit qui reconnaît dans ces tableaux magiques les lois de la catoptrique.

PHELLOPLASTIQUE. Art de faire des ouvrages en liège, et surtout d'imiter les monuments anciens. Cet art a été inventé par Auguste Rose à Rome, et imité ensuite par Chichi, puis ensuite par M. Stamaty, de Marseille. Ce dernier vient d'exposer à Paris (1808), plus de 40 pièces ou ruines importantes, telles que le panthéon d'Agrippa, la fontaine d'Égérie, la pyramide de Caius-Sextius, le temple de Pœstum, etc. Ces superbes ruines sont exécutées avec une vérité surprenante. Le liège, par sa couleur et ses pores inégaux, et même ses défectuosités, prête singulièrement à ce genre d'ouvrages. Les édifices représentés semblent avoir essuyé les outrages de dix siècles.

PHOSPHORE *artificiel brûlant.* Il est, dit-on, de l'invention d'un nommé Brandt, chimiste, de Hambourg, qui le trouva en 1669. Il cherchait la pierre philosophale ; et en travaillant sur l'urine, il rencontra le phosphore, espèce de soufre qui s'enflamme par le simple contact de l'air. Le phosphore liquide, ou l'onguent lumineux, (c'est-à-peu-près la même chose), a été inventé par Kunckel, chimiste de l'électeur de Saxe, et apporté en France par Kraft, médecin de Dresde. Elzholz en a fait un traité en 1676. Homberg en a composé le premier, à Paris, en 1679.

Le phosphore artificiel, non brûlant, est une pierre préparée dans le feu, d'une manière particulière ; on l'appelle pierre de Bologne. Le premier qui s'avisa de rendre ces pierres lumineuses, est un chimiste de Bologne, nommé Vincent Casciarolo.

Le second phosphore, non brûlant, est une préparation de la craie d'Angleterre avec l'eau-forte ou avec l'esprit de nitre dans le feu. Baudouin, chimiste allemand, en est l'inventeur.

PISTOLET. Arme ainsi nommée, parce qu'elle a été inventée à Pistoie, ville d'Italie, en 1545.

PLANÈTES. La découverte des anciennes planètes se perd dans la nuit des temps ; mais il en est cinq nouvelles, ainsi que les satellites de Jupiter, de Saturne et d'Uranus, et d'autres phénomènes appartenant à différentes planètes, dont la découverte appartient aux temps modernes. Nous allons exposer ces différents objets dans un petit tableau où toutes les planètes seront placées les unes après les autres dans l'ordre de leur distance au soleil ; et nous commencerons par cet astre qui est au centre du système :

Le SOLEIL, dont le diamètre est de 111 fois 0,45 celui de la terre, c'est-à-dire, de 319,314 lieues, fait sa révolution sur lui-même en 25 jours et 10 heures à-peu-près. C'est Galilée qui, le premier, a observé, en 1610, la rotation du soleil, ainsi que ses taches.

Mercure. Sa distance moyenne au soleil, 13,299,742 lieues.

Sa révolution périodique, 87 j. 23 h. 14 m. 33 sec.

Schroëter a reconnu en 1800 la rotation de cette planète.

Vénus. Sa distance moyenne au soleil, 24,851,885 lieues.

Sa révolution périodique, 224 j 16 h. 14 m. 24 sec.

Galilée a découvert les phases de cette planète en 1611; sa rotation a été observée par Cassini en 1666.

La *Terre.* Sa distance moyenne au soleil, 34,357,480 lieues.

Sa révolution périodique, 365 j. 5 h. 43 m. 48 sec.

Bradley a, le premier, observé la nutation de l'axe de la terre en 1747. Son aplatissement aux pôles a été reconnu en 1744. La terre a un satellite, la lune, dont le diamètre est de 782 lieues, et sa révolution périodique est de 27 j. 7 h. 43 m. 4 sec. 55 ti. Sa moyenne distance de la terre est de 86,324 lieues.

Mars. Sa distance moyenne au soleil, 52,350,240 lieues.

Sa révolution périodique, 1 an 321 j. 23 h. 59 m.

La rotation de cette planète a été reconnue par Cassini en 1666; et Herschell en a reconnu l'aplatissement en 1784.

Vesta. Nouvelle planète, découverte par M. Olbers, à Brême, le 29 mars 1807.

Sa distance moyenne au soleil, 91,597,800 lieues.

Sa révolution périodique, 3 ans 240 j. 4 h. 55 m.

Junon. Nouvelle planète, découverte par M. Harding le 5 septembre 1804.

Sa distance moyenne au soleil, 92,283,840 lieues.

Sa révolution périodique, 4 ans 10 j. 23 m. 57 sec.

Cérès. Nouvelle planète, découverte par M. Piazzi le 1er janvier 1801 (1).

Sa distance moyenne au soleil, 95,028,000 lieues.

Sa révolution périodique, 4 ans 221 j. 12 h. 56 m.

Pallas. Nouvelle planète, découverte par M. Olbers le 28 mars 1802.

Sa distance moyenne au soleil, 95,890,000 lieues.

Sa révolution périodique, 4 ans 221 j. 17 h 1 m.

Jupiter. Sa distance moyenne au soleil, 178,692,550 lieues.

Sa révolution périodique, 11 ans 307 j. 14 h 18 m.

La rotation de cette planète a été reconnue par Cassini en 1665, et son aplatissement, également par Cassini en 1691; Galilée avait découvert, dès 1610, ses quatre lunes ou satellites.

---

(1) Joseph Piazzi, de l'Ordre des Théatins, né à Ponte dans la Valteline, le 16 juillet 1746, est mort à Naples le 22 juillet 1826. Voy. sa notice biographique dans la *Bibliothèque universelle de Genève*, août 1827, *pp.* 312-320.

Saturne. Sa distance moyenne au soleil, 327,748,720 lieues.

Sa révolution périodique, 29 ans 173 j. 23 h. 16 m.

Cette planète est environnée d'un cercle de lumière nommé anneau, dont Huyghens a expliqué les phénomènes en 1659. Herschell a reconnu, en 1789, la rotation et l'aplatissement de Saturne. Quant à ses satellites, ils ont été découverts, savoir : le 1er et le 2e, par Cassini, en 1684; le 3e, par Cassini, en 1672 ; le 4e, par Huyghens, en 1655 ; le 5e, par Cassini, en 1671 ; et enfin les 6e et 7e, par Herschell, en 1789.

Uranus. Nouvelle planète, découverte par M Herschell le 13 mars 1781.

Sa distance moyenne au soleil, 659,100,560 lieues.

Sa révolution périodique, 84 ans 28 j 0 h. 17 m.

Cette planète a 8 satellites.

Fernel, le premier, a mesuré un arc du méridien en 1528.

Morin a, le premier, observé les étoiles et les planètes en plein jour en 1635.

Richer montre par l'expérience, en 1672, que la pesanteur des corps diminue quand on s'approche de l'équateur.

Roëmer est le premier qui, en 1675, a observé la vitesse de la lumière.

Bradley a, le premier, observé l'aberration de la lumière en 1728.

PLUMES A ÉCRIRE. Mabillon a observé sur un manuscrit en lettres d'or (ce sont, je pense, les évangiles écrits par le moine Placide, sous l'empire de Louis-le-Pieux), conservé avant la Révolution dans l'abbaye de Hautvilliers, diocèse de Reims, les images empreintes des quatre évangélistes tenant des plumes ; il en conclut que l'usage de s'en servir était sûrement reçu vers le commencement du IXe

siècle; mais Isidore parle des plumes comme d'un instrument pour écrire, *instrumenta scribæ calamus et penna;* et il écrivait cela au VIIe siècle, ce qui pourrait donner à penser que dès le Ve siècle les plumes étaient en usage. On se servait de roseaux avant d'employer les plumes d'oie; l'Égypte et la Carie en fournissaient les Romains; le mot *calamus* vient de *callam*, nom que l'on donne encore aux roseaux en Asie. Ils sont plus propres à écrire l'arabe et le sanskrit qu'à tracer les caractères romains. Il y a apparence que les roseaux et les plumes ont eu cours en même temps pendant cinq siècles; mais enfin, au Xe siècle, l'usage de la plume a été généralement et exclusivement adopté en Europe. Si les Anciens avaient connu l'usage des plumes d'oie, ils auraient consacré cet oiseau à Minerve, au lieu de lui consacrer la chouette.

M. J.-N. Farthing a inventé, il y a plusieurs années, une machine appelée *penna duplex*, au moyen de laquelle on peut faire en même temps deux copies d'une lettre ou pièce quelconque de dessin.

M. Wise, Anglais, est inventeur de plumes d'acier, propres à l'écriture et au dessin; elles surpassent, pour les traits fins et forts, les plumes d'oie et de corbeau; mais elles ont aussi leurs inconvénients.

PORCELAINE. La porcelaine est connue de temps immémorial à la Chine et au Japon. Celle de Saxe a été découverte en 1702, par le baron de Boetticher, chimiste de la Cour d'Auguste, électeur de Saxe. Il trouva ce précieux secret en cherchant une composition pour faire des creusets.

POSTES. Selon Hérodote, Cyrus ou Xerxès est le premier qui a établi des courriers et des chevaux de poste. Les Perses ne plaçaient de postes qu'au bout de l'espace de chemin qu'un cheval pouvait faire dans un jour. Chez les Romains, les courriers étaient réduits à contraindre les villes et les particuliers à leur fournir des chevaux. Ce fut l'empereur Adrien qui déchargea le peuple de ce fardeau, en établissant sur la route des *mutationes* ou relais qui étaient entre eux à la distance d'une demi-journée. Charlemagne, en 807, établit trois lignes de postes, l'une pour l'Italie, l'autre pour l'Allemagne, et la troisième pour l'Espagne. Mais il y a apparence que cette institution dégénéra jusqu'à Louis XI; cependant on voit un Baudoin qui, sous Louis VI, vers 1120, eut la qualité de grand-maître des postes. Le premier édit qui établit les postes de quatre lieues en quatre lieues, fut rendu par Louis XI, le 19 juin 1464.

La poste aux lettres doit, dit-on, son origine à l'Université de Paris, en 1470.

Les messageries de ville en ville n'eurent lieu qu'en 1571; on en doit aussi l'institution à l'Université.

Les postes ne furent établies, ou plutôt renouvelées en Allemagne, qu'en 1641, par le comte de Taxis.

L'Angleterre fut privée de postes jusqu'au règne de Charles II; mais en 1660, un acte du Parlement établit les postes dans tout le royaume. Voy. *Rapin-Thoyras,* tom. II, *in-fol.,* p. 622. — Trois ans après, les revenus de ce service montant seulement à 20,000 liv. sterl., furent placés sur le duc d'Yorck. *Voy.* ID., p. 680.

POUDRE A CANON. On a beaucoup disserté sur l'origine de la poudre à canon, et l'on n'est point encore parvenu à déterminer l'époque précise de son invention. Les uns l'attribuent à Roger Bacon, moine anglais, né vers 1216, mort en 1294. Il est bien vrai qu'il en décrit la composition et les effets avec assez d'exactitude, mais Plot prétend que Bacon a tiré cette description du *Liber ignium,* d'un ancien auteur presque inconnu, nommé Marcus Græcus (1). M. Mead possédait un exemplaire de ce manuscrit excessivement rare; il en existe deux copies à la bibliothèque du Roi. D'autres donnent cette découverte à Berthold Schwartz, moine allemand, né vers 1340 à Fribourg en Brisgaw; et ils s'appuient d'un passage d'un livre du Baron de Bielfeld, *Des progrès des Allemands* etc., 1768, *in-8°,* où il est dit que Schwartz lui-même, dans un de ses traités, compris parmi les ouvrages d'Albert-le-Grand, nous apprend que ce fut en prison qu'il inventa la poudre. Enfin il en est qui gratifient de

---

(1) Et non Graccbus, comme il a été dit ci-devant, *p.* 443, par suite d'un *lapsus calami.*

cette découverte les Chinois; d'autres, les Arabes; et M. l'abbé Andrès, dans son *Histoire générale des Sciences*, chap. 10, l'attribue formellement aux Égyptiens. On peut consulter sur ce sujet plusieurs auteurs qui en ont fait l'objet de recherches spéciales, entre autres Vossius, *De Origine et progressu pulveris bellici, apud Europæos*; voy. son *Variarum observationum liber*. Londres, 1685, in-4°. — Grammius, *Dissertatio de pulvere pyrio*, parmi les *scriptores societatis Hafniensis*. — *De l'Origine et de la découverte de la poudre à canon*, dans l'*Extraordinaire du Mercure galant*, tome IX, 1680; pet. in-12. — Jalofky, *Dissertatio de inventione pulveris pyrii et bombardæ*. Iéna, 1702, in-4°. — *De pulveris pyrii inventione* dans les *Observationes Halenses*. — Langlès, *Notice sur l'origine de la poudre à canon*, dans le *Magasin encyclopédique*, IVe année, tom. 1, pp. 33 et suiv. — M. Du Theil, *Marci Græci liber ignium ad comburendos hostes*, ou Traité des feux propres à détruire les ennemis, composé par Marcus le Grec (dont nous avons parlé plus haut), publié d'après deux manuscrits de la bibliothèque impériale. *Paris*, 1804, in-4°. — etc., etc., etc.

SIFFLET. La coutume de siffler les auteurs dont on est mécontent, n'est pas moderne. Cœlius, dans une lettre à Cicéron (*Ep. fam.*, l. 8, *lettre* 2e), dit de l'orateur Hortensius, qu'il était parvenu jusqu'à la vieillesse sans avoir jamais eu sujet de se plaindre du sifflet. *Hoc magis animadversum est, quod in-*

tactus a sibilo pervenerat Hortensius ad senectutem.
Cette manière de parler, *intactus à sibilo*, signifie
bien, sans avoir été maltraité du sifflet, sans avoir
été sifflé. M. Boettiger, savant allemand, qui, entre
beaucoup de Mémoires sur les usages particuliers
des Romains, en a publié dernièrement un sur les
applaudissements au théâtre ou claquements de mains
chez les Anciens, *Leipsick*, 1822, *in-8°*, devrait en
donner un sur le sifflet (*fistula pastoritia*) dont le
son aigu retentissait quelquefois au barreau comme
au spectacle. Il semble l'annoncer en promettant
encore deux Mémoires sur les différentes manières
d'applaudir ou de punir les auteurs et les acteurs
anciens.

STATISTIQUE. Le premier qui a travaillé sur
la statistique, ou plutôt qui a créé ce mot, est un
professeur de Gottingue, nommé Achenwal; c'est
en novembre 1768 qu'il a publié un ouvrage dit de
statistique, et il fait dériver ce terme de l'allemand
stat, qui signifie état, empire, république. La statistique n'est autre chose que la géométrie politique, c'est-à-dire la description d'un état, d'un
empire sous les rapports de ses divisions, villes, habitants, forces, revenus, productions, etc.

STÉNOGRAPHIE. C'est l'art d'écrire en signes
ou caractères abréviateurs. Les Grecs et les Romains
ont pratiqué la sténographie. Plutarque parle des
signes dont Xénophon faisait usage pour suivre la
parole de Socrate. Tiron, affranchi de Cicéron,

excellait dans cet art ; de là vient la dénomination de notes tironiennes. Jules-César, Varron, Didymus le grammairien, l'empereur Titus, Cassien, étaient sténographes. Chez les Modernes, Samuel Taylor, professeur anglais, s'est distingué dans cet art. Théodore Bertin a adapté la méthode de Taylor à la langue française avec quelques changements.

STÉRÉOTYPAGE. Il est présumable que les premiers essais d'imprimerie ont été de vrais stéréotypes, c'est-à-dire produits avec des planches solides, sur lesquelles se trouvaient gravés en relief tous les caractères compris dans la page. Mais on ne donne maintenant le nom de stéréotype qu'aux impressions faites avec des planches coulées sur des pages composées avec des caractères ordinaires ou avec des caractères en cuivre, gravés en creux au lieu de l'être en relief.

On regarde l'anglais William Ged, comme le véritable inventeur du stéréotypage; il a travaillé depuis 1725 jusqu'en 1739. Van der Mey, Valleyre, Foulis, Hoffmann, Carez et surtout MM. Didot et Herhan ont travaillé dans ce genre ; à l'exception des deux derniers, tous n'avaient fait que des essais, et encore par des procédés différents. (Voyez à ce sujet l'ouvrage de M. Camus, sur le stéréotypage.)

SUCRE. C'est un sel essentiel, cristallisable, d'une saveur douce et agréable, contenu dans beaucoup de végétaux, mais particulièrement dans la plante que l'on nomme *canne à sucre*, et qui a été cultivée pour la première fois dans le Brésil, par les Portugais.

Le sucre a-t-il été connu des Anciens? On n'en doute point d'après ce que dit Pline, *saccharum et Arabia fert, sed laudatius India;* l'Arabie porte de bon sucre, mais celui de l'Inde est meilleur. Il ajoute que c'est un miel gommeux, fragile sous la dent, qu'on recueille sur des roseaux. Il paraît par ce passage, que le sucre des Anciens n'était qu'un sel essentiel, cristallisé par la force du soleil. Ce qu'en disent Dioscoride et Galien confirme ce rapport de Pline. Ce sucre qu'on recueillait en petite quantité était réservé aux usages de la médecine (*Pline*, liv. VI). D'après ce témoignage de Pline, il y a apparence que la canne à sucre a été connue de toute antiquité dans les Indes et dans l'Afrique. Paul d'Egine, médecin grec, fait mention du sucre en 625.

Saumaise prétend que les Arabes connaissaient l'art d'extraire le sucre, il y a plus de 800 ans. Il paraît en effet qu'il y a eu des raffineries de sucre, établies en Égypte et en Sicile avant la fin du 15e siècle. C'est sans doute ce sucre grossièrement raffiné, qu'Avicenne nomme *tabaxir,* et qu'il dit être la cendre de quelques roseaux brûlés, non provenant de combustion, mais plutôt de l'ébullition, par laquelle ce sucre différait du sucre naturel auquel on était accoutumé depuis longtemps.

La canne à sucre a été cultivée en Sicile en 1148; elle a été plantée (ainsi que la vigne) à Madère en

1419; et même cette île fournissait déjà une grande quantité de sucre au Portugal en 1484. On la cultive aux îles Canaries en 1503. Elle est portée en Amérique en 1610 par les Espagnols et les Portugais; à Saint-Domingue en 1545 par Ovando, gouverneur de l'île; en Provence en 1549; aux Barbades en 1641; à la Guadeloupe en 1648, par des Hollandais que les Portugais chassèrent du pays; etc., etc. Le procédé du raffinage du sucre fut inventé en 1503 par un Vénitien.

M. de Paw prétend que le sucre qu'on fait aux Canaries, celui qui se fabrique à Tcheou (à la Chine), et celui enfin qu'on tire d'Egypte par la voie du Caire, sont supérieurs en qualité au sucre du Brésil qui passe pour le meilleur de l'Amérique.

La première idée d'extraire du sucre de la betterave, est due à un chimiste prussien, M. Margraff, qui s'en est occupé dès 1747. On ne se doutait guère alors de l'extension que prendrait en France ce nouveau genre d'industrie, dès les premières années du xixe siècle. Grâces aux savants ouvrages de célèbres chimistes et aux encouragements donnés par les Chaptal, les Dombasle, les Marmont, etc., on comptait déjà vers 1830, sur la surface du sol français, vingt-six fabriques de sucre de betteraves en plein rapport et dont les produits pouvaient presque déjà lutter avec ceux de l'Inde et des Colonies.

On consomme annuellement en Europe 450 millions de liv. de sucre, dont la France use pour sa part 56,000,000.

TABAC. C'est vers 1520 que les Espagnols firent la découverte du tabac, à Tabago, province du royaume de Yucatan. On prétend qu'ils l'avaient remarqué à Saint-Domingue dès 1496. Hermandez de Tolède, qui le premier envoya cette plante en Espagne et en Portugal, lui donna le nom de tabac, du lieu de son origine. Jean Nicot, ambassadeur de François II, à la Cour de Portugal, présenta cette plante au grand-prieur à son arrivée de Lisbonne, et à la reine Catherine de Médicis en 1560. Ils la firent appeler chacun de leur nom : nicotiane, l'herbe au grand-prieur, l'herbe à la reine. François Drak l'introduisit en Angleterre, en 1583, et Walter Rawlegh, ministre de Jacques Ier, l'y mit à la mode (1). Amurat IV, empereur des Turcs, le grand duc de Moscovie, et le roi de Perse, en défendirent l'usage à leurs sujets, sous peine d'avoir le nez coupé ou même de perdre la vie. Urbain VIII excommunia par une bulle ceux qui prendraient du tabac dans les églises.

Malgré cela l'usage du tabac a prévalu et n'a fait que croître et embellir ; nous en avons la preuve dans l'accroissement de l'impôt sur cette substance, pendant ces dernières années :

---

(1) Jacques Ier fit un ouvrage contre l'usage du tabac, surtout du tabac à fumer ; il est intitulé : *A counter-blast to tabacco*, Contre-bouffée pour le tabac. Il est terminé par cette tirade : « C'est une coutume dégoûtante pour l'œil, détestable pour le nez, nuisible pour le cerveau, dangereuse pour les poumons, et qui par la fumée noire et infecte qui en résulte, ressemble à l'horrible et infernale fumée de l'abyme qui est sans fond. »

En 1816, il rapportait. . . . . 33,000,000 fr.
En 1823, il a rapporté. 41,500,000
En 1828, ... 46,300,000
En 1834, ... 50,000,000
En 1839, ... 64,500,000
Maintenant il ne doit pas être éloigné de 70,000,000

TACHYGRAPHIE, c'est-à-dire, l'art d'écrire vite. La tachygraphie a été en usage chez les Romains ; mais elle a été renouvelée de nos jours, et on peut en regarder comme l'inventeur Pierre Bales, maître d'écriture anglaise, mort en 1610.

TÉLÉGRAPHE. C'est une machine au moyen de laquelle on peut correspondre rapidement à une très-grande distance. Il est reconnu que par cette voie, une dépêche parcourt 48 lieues dans l'espace de 13 minutes 40 secondes. M. Chappe fit la découverte de cet utile instrument en 1793 ; le Gouvernement l'adopta, et en fit placer sur plusieurs rayons qui correspondent de celui de Paris à divers points de nos frontières ; et dès-lors on s'en est toujours servi pour annoncer les événements les plus intéressants. Nous avons donné la description succincte du télégraphe, dans notre *Dictionnaire raisonné de bibliologie*, tom. II, p. 288. Nous y parlons des signaux des Anciens, et des différentes espèces de télégraphes que la découverte de M. Chappe a fait imaginer tant en France qu'à l'étranger. Nous ajouterons ici, que M. Chappe, né au Mans en 1763, s'est dégoûté de la vie, pour des motifs qu'on ignore, et qu'il a terminé volontairement ses jours en 1806.

TÉLESCOPE. Selon Mr G. B. Clément de Nelli, auteur d'une *Vie et commerce littéraire de Galileo Galilée, noble florentin, mathématicien et philosophe plus qu'ordinaire des grands-ducs de Toscane, Cosme et Ferdinand II;* Florence, 1820, 2 *vol. in-*4°, les Anciens n'ont point connu les verres lenticulaires; les besicles ont été découvertes vers l'an 1285, par un noble florentin, nommé *Salvino degli Armati*, mort en 1317. Trois siècles et un quart s'écoulèrent avant que Galilée trouvât, dans la simple combinaison de deux de ces lentilles, l'instrument auquel l'astronomie a dû tant de belles découvertes, à commencer par celles qui lui procurèrent à luimême beaucoup d'illustration.

Il passait selon son usage les vacances à Venise, en juin 1609, lorsqu'il y apprit qu'un artiste de Flandre (Zacharie Jansen ou Joanidès) avait présenté au comte Maurice de Nassau un appareil qui faisait voir les objets éloignés comme s'ils étaient voisins. On ne lui en dit pas davantage. Il revient de suite à Padoue ; il médite, et au bout de 24 heures une lunette d'approche est construite, médiocre d'abord, mais bientôt infiniment supérieure à l'appareil grossier de deux verres, que le hasard, sans aucune théorie préalable, avait fait découvrir à l'artiste hollandais. Le bruit du succès de Galilée parvint bientôt à Venise où il fut appelé le 23 août de la même année 1609, et où il présenta et dédia au Doge cette lunette qu'il venait de fabriquer, en l'accompagnant d'un Mémoire sur la théorie et les applications de cet admirable instrument. La surprise fut générale et extrême. Les plus vieux sénateurs montèrent sur les tours les plus élevées, et là, voyant se rapprocher d'eux dans la lunette, comme s'ils fussent à un seul mille (tiers de lieue) des navires encore éloignés de dix milles au moins, ils furent tous pénétrés d'admiration, et le surlendemain, il sortit du sénat un décret qui nommait dans les termes les plus honorables, Galilée professeur à vie avec un traitement annuel de quatre cents ducats. On le retint à Venise pendant plus d'un mois à montrer sa lunette à toute la république, métier qu'il déclare avoir été fort fatigant.

Mais Galilée est-il littéralement l'inventeur d'un appareil dont l'idée lui a été révélée par un tiers? Il déclare lui-même que le Hollandais fabricant de besicles a trouvé que présentant par hasard l'une à l'autre deux lentilles de verre, l'une convexe et l'autre concave, à diverses distances de l'œil, il s'aperçut de l'effet et le rendit permanent en fixant les verres dans un tube; mais que lui, à l'ouïe du fait, il découvrit par le raisonnement le procédé et sa cause.

M. De Nelli discute à fond les prétentions de Porta, de Gualterotti, de Bacon, de Sargi et d'autres à la priorité de l'invention, et il persiste à l'attribuer à Galilée dans le sens et dans les termes de l'illustre géomètre ; il donne ensuite le nom de tous les souverains et grands personnages qui reçurent des lunettes d'approche travaillées de sa main, et qui le comblèrent de présents. Sa pratique dirigée par la théorie était tellement supérieure dans ses résultats à ce que pouvait produire une routine aveugle, qu'en 1637, 28 ans après la découverte du Hollandais, le célèbre Huyghens écrivait à son ami Elie Diodati, « qu'en Hollande on n'avait pas encore pu fabriquer des lunettes avec lesquelles il fût possible d'apercevoir les satellites de Jupiter. » L'auteur passant de l'histoire de Galilée à celle de la lunette d'approche, suit pied à pied les progrès de cet instrument : Torricelli, disciple de Galilée, fit des lunettes de 3o pieds ; puis Viviani, de 20 à 24 palmes ; mais le célèbre Campana de Rome, en fabriqua de 90, 100, 150, et jusqu'à 210 palmes romaines.

De tous les télescopes, le plus célèbre est celui qu'a fabriqué l'illustre Herschell ; il n'a pas moins de 4o pieds. L'auteur assure avoir fondu et travaillé lui-même plus de 140 miroirs avant d'avoir pu réussir à terminer celui qui tient à ce télescope. Ce miroir a quatre pieds de diamètre et pèse deux milliers. Le télescope et son équipage pèsent plus de quarante milliers.

THÉ, feuille d'un arbuste de 5 à 6 pieds de haut, qui est cultivé de temps immémorial à la Chine et au Japon. On dit que le thé fut introduit en Europe par les Hollandais en 1610, apporté en France en 1636, et de Hollande en Angleterre par lord

Arlington en 1666. On consomme annuellement en Europe la quantité de 36,000,000 de livres de thé.

TRANSPIRATION. On ne sait pas au juste à quelle époque remontent les expériences sur la transpiration insensible ; mais les plus nombreuses et les plus certaines sont celles qu'a faites Sanctorius, célèbre médecin italien, qui a vécu de 1561 à 1636. Il se mettait dans une balance après avoir pesé les aliments qu'il prenait, et par ce moyen répété tous les jours, il tâchait de parvenir à déterminer le poids et la quantité de la transpiration insensible. Il a reconnu que l'on perd plus dans un jour par la transpiration, que l'on ne fait en quinze par les autres évacuations ; et que si les aliments et la boisson d'un jour pèsent 8 livres, la transpiration montera jusqu'à 5, et on ne rendra que 3 livres par les voies ordinaires.

Si nous perdons beaucoup par la transpiration, il arrive aussi que l'air et les vapeurs entrent dans notre corps par les pores de la peau. Cardan parle d'une femme dont les urines journalières pesaient 27 livres, quoique tous ses aliments secs et liquides n'en pesassent que 4.

Denis Dodart, médecin de Louis XIV, a fait en 1677 une expérience à la manière de Sanctorius. Il se pesa le premier jour du carême, et se trouva du poids de 116 livres et une once. Il fit ensuite le carême, comme il a été observé dans l'Eglise jusqu'au XII° siècle, ne buvant et ne mangeant que sur les 6 heures du soir ; le samedi de Pâques, il ne pesait plus que 107 livres 11 onces; c'est à-dire, que, par une vie si austère, il avait perdu en 46 jours huit livres cinq onces, qui faisaient la 14ᵉ partie de sa substance. Il reprit sa vie ordinaire, et au bout de quatre jours il regagna quatre livres.

Ce docteur a observé que seize onces de sang tiré se réparaient en moins de cinq jours dans un homme bien constitué.

D'après les expériences les plus modernes sur la transpiration insensible, il est reconnu qu'elle est de 18 grains par minute, ou de 25,920 grains (2 liv. 13 onces) par jour. La transpiration cutanée est de 1 liv. 11 onces 4 gros, et la transpiration pulmonaire est de 1 liv. 1 once 4 gros.

VACCINE. C'est vers 1776, que le docteur Edward Jenner, médecin anglais, commença ses recherches sur la nature de la vaccine ; mais ce n'est que vers 1794, ou même 98, qu'il publia le résultat de ses recherches sous ce titre : *Recherches sur les causes et les effets de la variole-vaccine, maladie découverte dans quelques contrées occidentales de l'Angleterre, et particulièrement à Glocester Shire où elle est connue sous le nom de Cow-pox.* Rien de plus surprenant que les nombreuses expériences qu'il fit pour assurer les avantages de cette nouvelle inoculation, et que les difficultés sans nombre qu'il eut à surmonter pour les faire connaître. La vaccine fut bientôt substituée en Angleterre à l'inoculation, et de là fut répandue en Europe avec une espèce d'enthousiasme. Tous les Gouvernements se sont empressés de l'accueillir et d'en favoriser la pratique ; jamais découverte n'a parcouru le globe avec une telle rapidité.

VARIOLE ou petite vérole. Ce fléau, si l'on en croit un ancien manuscrit arabe, a paru pour la première fois en Arabie, en 572. On conjecture que c'est là que la prirent les Sarrasins, qui ensuite la portèrent chez les Orientaux, d'où elle se propagea en Chine et jusque sur les confins de l'Asie. Quant à nous, c'est vers le xe siècle, dit-on, que nos pères allèrent en Asie chercher cette active contagion. D'autres auteurs font remonter son introduction en Europe, avant les Croisades ; ils pensent que la petite vérole traversa la Méditerranée, et nous fut apportée dès le viiie siècle au temps de la conquête des Espagnes par les Maures. Les Hollandais la portèrent aux Indes et chez les Hottentots, lorsqu'ils conquirent le Cap de Bonne-Espérance en 1648. Des Missionnaires danois firent ce triste présent aux Groenlandais en 1733. Les Russes l'ont portée jusqu'aux extrémités de leurs vastes possessions, où elle exerce de terribles ravages. Christophe Colomb l'a transportée au Nouveau-Monde ; mais ce qu'il en a rapporté en échange est mille fois plus affreux. L'inoculation, puis la vaccine, ont arrêté les ravages de la petite vérole.

Quant au mal vénérien, on a toujours fixé l'introduction de cette funeste contagion en Europe, à l'époque de la découverte du Nouveau-Monde en 1492. Cependant *Pacificus Maximus*, poète latin, né à Ascoli en 1400, a publié ses poésies latines en 1489 à Florence, *in-*4°, et on y trouve une description frappante de la maladie vénérienne. Donc elle existait en Europe avant 1492. Quelques-uns regardent l'introduction de cette maladie en Europe, comme une épidémie qui régna dans ce temps-là. Pintor, médecin d'Alexandre VI, a publié un ouvrage *de Morbo fœdo et occulto his temporibus affligenti*, etc. *Romæ*, 1500. *Goth.* Dans ce livre très-rare et peu connu, on fait remonter la maladie vénérienne à l'année 1496. Le célèbre médecin allemand, Philippe-Gabriel Hensler, est aussi d'avis que la maladie syphillitique a commencé à paraître en Europe avant le retour de Colomb de son premier voyage en Amérique.

VERRE. Quelques-uns ont placé l'invention du verre 900 ans avant J.-C.; mais cette découverte est bien antérieure à cette époque, puisqu'il est question de cette substance dans la Bible, où JOB, XXVIII, *v.* 17, dit : *Non adæquabitur ei* (sapientiæ) *aurum vel vitrum.* Or Job est né 1719 ans av. J.-C.; il est vrai que des commentateurs pensent que le mot hébreu rendu par *vitrum*, signifie diamant; malgré cela on ne peut révoquer en doute que le verre remonte à la plus haute antiquité.

Aristote s'étonne de sa transparence et de son inductilité (1); Lucrèce est le premier poète latin qui

---

(1) La transparence ou diaphanéité du verre provient de ce qu'il a ses pores tout droits et vis-à-vis les uns des autres; son poli, de ce que ces pores sont excessivement petits. Or, si le verre était malléable, c'est-à-dire

en ait parlé. Pline en attribue la découverte à des marchands phéniciens qui, dans leurs courses, furent un jour tout surpris de voir, à la suite d'un grand feu qu'ils avaient allumé en pleine campagne pour cuire leurs aliments, furent, disons-nous, tout surpris de voir du nitre mêlé avec du sable se liquéfier et former une substance transparente et très-dure. Le même Pline nous apprend que Sidon fut la première ville fameuse par sa verrerie (·), et que c'est sous Tibère que l'on commença à fabriquer du verre à Rome. Il faut reléguer au rang des fables l'historiette de cet architecte qui, sous cet empereur, trouva le secret de rendre le verre malléable, c'est-à-dire ductile sous le marteau, et qui, ajoute-t-on, fut mis à mort par ordre du tyran, crainte que son secret ne s'éventât.

Sous le règne de Néron, on trouva l'art de faire des vases et des coupes de verre blanc ; mais le verre de vitres est postérieur ; le premier qui en parle est S. Jérôme qui vivait sur la fin du IVe siècle. L'art de la verrerie passa successivement d'Italie en France,

---

ductile sous le marteau, il perdrait sa principale qualité qui est la transparence, laquelle ne peut subsister qu'autant que ses pores sont droits et vis-à-vis les uns des autres ; mais si l'on est obligé de refuser la malléabilité au verre, il n'en est pas de même de sa flexibilité ou élasticité. On en trouve la preuve dans ces petites bouteilles dont le fond est si délié, qu'on le rend concave ou convexe en soufflant dedans, ou en tirant l'air doucement.

(1) Cependant le savant de Paw dit que les Égyptiens sont, de tous les peuples anciens, ceux qui ont le mieux travaillé le verre, et que la grande Diospolis, capitale de la Thébaïde, eut, dans l'ordre des temps, la première fabrique régulière de cette espèce.

et de France en Angleterre. Ce fut en 674 que les fabriques de verre furent introduites en Angleterre, à l'occasion de la construction de l'abbaye de Whiremouth dont l'église fut bâtie par des maçons et des architectes de France, dans le goût romain; ils ornèrent de vitres les fenêtres de cette église et celles de l'abbaye; au reste, les monastères seuls profitèrent d'abord de cette invention; et même au xiie siècle, on voyait rarement des fenêtres à vitres dans les maisons des particuliers : c'était un luxe très-recherché.

Dès-lors l'art de fabriquer le verre s'est perfectionné, et les manufactures se sont multipliées.

Quant à la peinture sur verre, on prétend qu'elle était au plus haut degré de splendeur en France vers le xie siècle, et que ce fut d'un peintre de Marseille, qui travaillait à Rome vers l'an 1509, sous Jules II, que les Italiens apprirent ce genre de peinture.

Il faut convenir que, au degré de perfection où il est parvenu, l'art de fabriquer le verre est un des plus beaux présents que la chimie ait faits aux hommes, puisqu'il nous a procuré les moyens de mettre nos habitations à l'abri des injures de l'air sans nous priver de la lumière, et que nous lui devons les lunettes, objets si précieux par les secours qu'en reçoit l'organe de la vue, et par les progrès immenses qu'elles ont fait faire à l'astronomie.

Nous terminons ici la notice des découvertes que nous avons restreinte à certaines spécialités dont le souvenir nous a paru le plus intéressant.

VOYAGES. C'est aux voyages lointains, que sont dues les découvertes les plus importantes, celles qui reculant, pour ainsi dire, les limites du domaine de l'homme civilisé, en mettant à sa disposition de nouvelles et immenses contrées, ont donné une forte commotion à l'ordre social, créé le véritable commerce et enrichi l'Ancien-Monde de trésors en tous genres dont les peuples nouveaux étaient pour la plupart les aveugles dépositaires.

Parmi les voyages de long cours, on distingue les voyages autour du Monde, et ceux qui, sans avoir complété cette course orbiculaire, sont, ainsi qu'eux, remarquables par les îles, les régions et même les nouveaux continents que l'on a explorés. Comme il serait trop long de donner une notice de tous ces voyages (1), nous nous contenterons de signaler ici

---

(1) Nous indiquerons seulement, dans cette note, les voyages autour du Monde; ils sont au nombre de vingt-sept, savoir :

I° Celui de Ferd. Magellan, de 1519 à 1522;

II° Celui de Drake, de 1577 à 1580;

III° Celui de Th. Cavendish ou Candish, de 1586 à 1588;

IV° Celui d'Olivier Van Noort, de 1598 à 1601;

V° Celui de Georges Spilberg, de 1614 à 1617;

VI° Celui de Jacq. Le Maire et Schouten, de 1615 à 1617;

VII° Celui de Jacq. l'Hermite et Jean Huppon, de 1623 à 1626;

VIII° Celui de Cowley, de 1683 à 1686;

IX° Celui de Wood Roger, de 1708 à 1711;

X° Celui de Roggewin, de 1721 à 1723;

XI° Celui de l'amiral Anson, de 1741 à 1744;

XII° Celui du commodore Byron, de 1764 à 1766;

XIII° Celui des capitaines Wallis et Carteret, de 1766 à 1768 pour Wallis, et 1769 pour Carteret;

XIV° Celui de Bougainville, de 1766 à 1769;

XV° Premier voyage du capitaine Cook avec Banks et Solander, de

les principales découvertes que l'on doit à ces grandes et audacieuses entreprises dont les progrès et les succès ont eu et ont encore une si grande influence sur l'état actuel de la société. Nous ne pouvons rapporter que le nom des régions (que nous rangeons par ordre alphabétique) et la date de leur découverte.

Les *Açores* sont découvertes par Gonzallo Vello, Portugais, en 1448.

La rivière des *Amazones*, par Vincent Pinçon, en 1500.

En *Amérique*, l'île *San-Salvador*, découverte par Christ. Colomb dans la nuit du 11 au 12 octobre 1492; il était sorti de Cadix le 3 août précédent. Le

---

1768 à 1771;

XVI° Second voyage de Cook avec le capitaine Furneaux, de 1772 à 1775;

XVII° Troisième voyage de Cook avec Clarke, de 1776 à 1780;

XVIII° Celui de Lapeyrouse (quoique non terminé), de 1785 à 1788;

XIX° De Malaspina et Bastiamente, de 1789 à 1793;

XX° Celui d'Etienne Marchand, de 1790 à 1792;

XXI° Celui de G. Vancouver, de 1790 à 1794;

XXII° Celui de Turnbull, de 1800 à 1804;

XXIII° Celui de Krusenstern, de 1803 à 1806;

XXIV° Celui de Kotzebue, de 1814 à 1816;

XXV° Celui du capitaine Freycinet, de 1817 à 1820;

XXVI° Celui du capitaine Duperrey, de 1822 à 1825;

XXVII° Le second voyage de Kotzebue, commencé en 1823, etc....

Parmi les autres voyages intéressants par l'importance des découvertes, on distingue ceux de Salazar, en 1525; de Saavedra, en 1526; de Jean Gaetan, en 1542; de Mendoce et de Mendana, en 1567; de Sarmiento, en 1579; de Mendana, en 1595; de Fernand de Quiros, en 1605; de Carpenter, en 1628; d'Abel Tasman, en 1642; de Dampier, en 1687; de Gemelli, en 1693; de Pagès, en 1767; de Dixon, en 1785; de La Billardière, en 1791; etc., etc., etc.

même Colomb a encore découvert l'île de *Cuba* le 27 octobre 1492; *S.-Domingue*, la même année; les *Antilles*, la *Jamaïque*, l'île *S.-Christophe* et la *Dominique*, en 1493; et la *Trinité*, en 1498. Quant aux côtes orientales de l'Amérique, c'est Améric Vespuce, avec Ojeda, qui les ont découvertes en 1497 selon les uns, et 1499 selon les autres.

Ile de l'*Ascension*, entre l'Afrique et le Brésil, découverte par Tristan da Cunha, en 1508.

Baie de Baffin, au nord du Détroit de Davis, découverte par Will. Baffin en 1616.

Le *Bengale*, découvert par quelques Portugais jetés par la tempête sur ses côtes, en 1517.

Détroit de Bering, entre les côtes d'Asie et de l'Amérique, découvert par le danois Vitus Bering en 1728.

Ile *Bourbon*, du côté de l'Afrique, occupée par les Français en 1654.

Le *Brésil*, découvert le 24 avril 1500 par Alvarez de Cabral.

Nouvelle Calédonie, découverte par Cook en 1774.

La *Californie*, par Cortez, en 1535.

Le *Canada*, par des pêcheurs bretons, vers 1498; reconnu par Thom. Aubert en 1508; possédé, au nom de François I, en 1523, et visité par Jacques Cartier en 1534.

Iles *Canaries*, découvertes en 1345, par des navigateurs catalans et génois. Elles étaient connues des Anciens.

Cap de Bonne-Espérance, découvert en 1486 par

Barthelemi Diaz, qui le nomma d'abord *Cap des Tempêtes.*

Cap-Verd, entre les fleuves de la Gambie et du Sénégal, découvert en 1446 par Denis Fernandez.

Ile de *Ceylan,* dans la mer des Indes, découverte par Laurent Almeyda en 1506.

Iles de *la Reine-Charlotte,* découvertes par Carteret en 1766.

Le *Chili,* découvert par Diego de Almagro en 1536-37.

La *Chine,* découverte par mer, en 1517, par Fernand Perez d'Andrada.

Le *Congo,* par Diego Cam, en 1484.

Le *Détroit de Davis,* entre l'île de Jacques et la côte occidentale du Groënland, découvert par Jean Davis en 1587.

La *Terre de Feu,* par Magellan, en 1520.

La *Floride,* dans l'Amérique septentrionale, découverte le 2 avril 1512, par Ponce de Léon.

La *Guinée,* côte d'Afrique, découverte par Jean de Santaren et Pierre Escovar, en 1471.

La *Nouvelle-Guinée,* par Alvaro de Saavedra, en 1527; elle est diamétralement opposée à la Guinée d'Afrique.

Nouvelle-Hollande, découverte en 1525 par les Portugais; oubliée, puis visitée par les Hollandais depuis 1619 à 1644; enfin entièrement reconnue récemment par les Anglais et les Français.

Cap Horn, découvert par Jacques Le Maire et Guillaume Schouten, en 1616.

Baie et *Détroit d'Hudson*, dans l'Amérique septentrionale, près des terres arctiques, découverts par Henri Hudson, en 1610.

Rio-Janeiro, découvert par Diaz de Solis, en 1516, ainsi que *Rio-de-la-Plata*.

Japon, découvert, en 1542, par Ant. de Meta et Antoine de Peyxoto.

Le *Kamtschatka*, qui termine la Sibérie à l'orient, découvert par le chef cosaque Morosko, en 1690.

Labrador; cette terre est découverte par l'ingénieur français Alphonse, en 1541.

La *Louisiane*, à l'est du Canada, découverte par les Français, en 1673.

Ile de *Madagascar*, découverte par Tristan da Cunha, en 1506.

Ile *Madère*, découverte par Tristan Vaz et Zarco, en 1419.

Détroit de Magellan, découvert par ce navigateur, en 1519.

Côte de *Malabar*, découverte par Vasco de Gama, en 1498.

Malaca, par Siqueyra, portugais, en 1508.

Iles *Malouines*, découvertes par Hawkins, en 1594.

Iles *Marianes* (d'abord des *Larrons*), découvertes par Magellan, en 1520.

Iles *Marquises*, découvertes par Mendana en 1595.

Mer du Sud, entre l'Amérique et l'Asie, découverte par Nugnez Balboa, en 1513.

Le *Mexique*, découvert par Jean Grijalva en 1518. Fernand Cortez entre dans ce pays, comme allié et ami de Montezuma, le 8 novembre 1519.

Iles *Moluques*, au midi des Philippines, découvertes par les Portugais, en 1511.

Ile de *Mozambique*, découverte par Vasco de Gama, en 1498.

Le *Mississipi*, par Moscoso Alvarado, en 1543.

Le *Pérou*, découvert par Perez de la Rua, en 1515 ; François Pizarre s'y présente comme ami de l'inca Atbahnalipa, en 1531.

Iles *Philippines*, découvertes par Magellan, en 1520.

Ile *Sainte-Hélène*, découverte par Jean de Nova, en 1502.

Iles *Sandwich*, découvertes par Cook, en 1778.

Le *Sénégal*, fleuve d'Afrique, découvert par les Portugais, de 1440 à 1445.

Sibérie, grand pays depuis le Mont-Oural à l'ouest jusqu'à l'Océan oriental à l'est, découvert par Yermak Timophéiévitch, en 1580.

Iles de *la Sonde*, découvertes par le portugais Abreu, en 1511.

Spitzberg, découvert par les Anglais dès 1552 ; mais ils croyaient que ce pays faisait partie du Groënland ; il a depuis été découvert par Barentz, en 1596.

Ile de *Sumatra*, découverte par Siqueyra, en 1508.

Ile *Taïti*, découverte par Wallis, en 1767.

Ile de *Terre-Neuve*, découverte par les Vénitiens, en 1497, et selon d'autres, par Cortereal, portugais, en 1500.

Le *Détroit de Waigats*, découvert par Stevens Borrough, en 1556.

La *Nouvelle-Zélande*, par Abel Tasman, en 1642; on lui doit également la terre de *Diemen*, découverte la même année.

Nous terminons ici notre notice sur les découvertes géographiques, regrettant de n'avoir pu donner à ce chapitre toute l'étendue que nous aurions désiré; mais plusieurs volumes suffiraient à peine pour ébaucher cette matière; il a donc fallu nous borner à la nomenclature des principaux pays.

ESSAI D'UNE CLASSIFICATION
MÉTHODIQUE ET CHRONOLOGIQUE
DES ÉCRIVAINS LES PLUS REMARQUABLES
DANS TOUS LES GENRES.

Une nomenclature des principaux auteurs, rangés par ordre de matières, et, sous chaque matière, par ordre chronologique, doit toujours, quoique aride en apparence, avoir quelque chose d'attrayant pour tout amateur de la saine littérature. On aime à trouver sous sa main un choix des meilleurs écrivains, surtout quand ce choix, disposé méthodiquement et offrant la série chronologique des auteurs qui se sont distingués dans les différents genres, met le lecteur dans le cas de suivre siècle par siècle les progrès qui ont été faits dans chaque partie. Cet ordre méthodique peut encore être utile pour l'arrangement d'une grande bibliothèque.

On ne rencontrera dans notre liste ainsi classée, que des auteurs d'une réputation justement acquise. Aucun des célèbres génies, qui ont illustré les quatre grands siècles littéraires, n'y est omis ; nous avons placé les écrivains sacrés et ecclésiastiques en tête de la nomenclature, soit à raison de leur importance, soit conformément au meilleur système bibliographique.

Quant aux dates de naissance et de mort qui accompagnent chaque nom propre, nous avons apporté tous nos soins à les donner avec exactitude; nous prévenons cependant que pour ce qui regarde les temps antérieurs à Jésus-Christ, nous n'avons guères pu indiquer que des dates approximatives; mais elles n'ont point été mises au hasard. Nous avons consulté sur chacune d'elles, cinq à six des meilleures chronologies, et nous avons tâché de concilier les diverses opinions en rapprochant les événements contemporains, et en les scrutant de manière à en faire jaillir une lumière à-peu-près certaine sur les dates dont nous avions besoin. Ce travail a été plus épineux qu'on ne pourrait le croire, parce que nous ne nous sommes décidé qu'après un long et mûr examen.

Nous avons adopté dans le tableau suivant l'ordre

bibliographique ordinaire, c'est-à-dire, les cinq grandes divisions qui comprennent, 1° la THÉOLOGIE ; 2° la JURISPRUDENCE ; 3° les SCIENCES ET ARTS ; 4° les BELLES-LETTRES ; et 5° l'HISTOIRE. Les sous-divisions sont peu multipliées, parce qu'il a fallu proportionner ce tableau à l'étendue du volume qui renferme tant d'autres objets.

Le chiffre qui précède les noms propres, indique l'année de la naissance des auteurs, et celui qui les suit, indique la date de la mort ; c'est ce dernier que l'on a pris pour la classification chronologique.

I° THÉOLOGIE.

ÉCRIVAINS SACRÉS. (Anc. Test.)

Naiss. Av. J.-C.		Mort. Av. J.-C.	Naiss. Av. J.-C.		Mort. Av. J.-C.
1719	Job.	1509	765	Tobie.	663
1590	Moïse.	1471	743	Tobie, son fils.	644
1560	Josué.	1461	704	Judith.	634
1153	Samuel	1077	660	Sophonie, petit prophète.	590
1104	David.	1034	» »	Jérémie, grand prophète.	580
1155	Salomon.	995	» »	Ezéchiel, idem	578
» »	Osée, petit prophète.	800	630	Baruch, petit prophète.	573
» »	Joel, idem. . . .	789	629	Daniel, grand prophète.	550
» »	Amos, idem. . . .	785	» »	Aggée, petit prophète.	519
» »	Abdias, idem. . . .	776	528	Esther.	468
856	Jonas, idem. . . .	775	» »	Malachie, petit prophète.	440
804	Michée, idem. . . .	724	515	Néhémie.	424
» »	Nahum, idem. . . .	700	498	Esdras.	414
765	Habacuc, idem. . . .	698		Version des LXX. . . .	277
765	Isaïe, grand prophète.	681	275	Jésus fils de Sirac. . . .	224

VARIÉTÉS.

ÉCRIVAINS SACRÉS. (*Nouv. Test.*)

Dep. J.-C.		Dep. J.-C.	
» » S. Jacques, min. . .	61	» » S. Pierre.	67
» » S. Marc, évangéliste.	63	» » S. Paul.	67
» » S. Luc, idem . . .	65	» » S. Mathieu, évangél..	90
» » S. Jude.	69	» » S. Jean, idem. .	100

PRINCIPAUX SS. PÈRES ET AUTRES ÉCRIVAINS.

Dep. J.-C.		Dep. J.-C.		Dep. J.-C.		Dep. J.-C.
6	Philon le Juif, Grec.	52		340	S Ambroise, Lat. . .	397
100	S. Justin, Gr. . . .	167		354	S. Chrysostome, Gr.	407
140	S. Irénée, Gr. . . .	202		331	S. Jérôme, Lat. . .	420
148	S. Clément d'Al., Gr.	216		354	S. Augustin, Lat. . .	430
154	Tertullien, Latin. . .	216		372	S. Cyrille, Gr. . . .	444
185	Origène, Gr.	254		386	Théodoret, Gr. . . .	458
251	S. Cyprien, Lat. . .	258		» »	S. Léon, Lat. . . .	461
275	Lactance, Lat. . . .	325		470	S Césaire, Lat. . . .	542
267	Eusèbe, Gr.	342		540	S. Grégoire, Lat . .	604
» »	S. Hilaire, Lat. . . .	368		1091	S Bernard, Lat. . .	1153
296	S. Athanase, Gr. . .	373		1221	S. Bonaventure. . . .	1274
316	S. Basile, Gr. . . .	379		1227	S. Thomas d'Aq. . .	1274
330	S. Grég. de Naz., Gr.	391				

ÉCRIVAINS ECCLÉSIASTIQUES ET THÉOLOGIENS.

Dep. J.-C.		Dep. J.-C.		Dep. J.-C.		Dep. J.-C.
1380	Th. à Kempis. . . .	1471		1649	Duguet.	1733
1583	Den. Pétau.	1652		1672	D. Calmet.	1757
1603	J. de Launoy. . . .	1678		1693	Collet.	1770
1613	Le Maistre de Sacy. .	1684		1710	Bergier.	1790
1612	A. Arnauld.	1694		1711	Richard.	1794
1619	L. Thomassin. . . .	1695		1729	Bailly.	1808
1627	Bossuet.	1704		1738	Le C. de la Luzerne. .	1821
1651	Fénélon.	1715				

SERMONNAIRES.

Dep. J.-C.		Dep. J.-C.		Dep. J.-C.		Dep. J.-C.
1592	Le Jeune.	1672		1651	Fénélon.	1715
1634	Mascaron.	1703		1643	La Rue.	1725
1627	Bossuet	1704		1699	La Boissière. . . .	1732
1632	Bourdaloue.	1704		1675	Bretonneau.	1741
1632	Fléchier.	1710		1663	Massillon.	1742

Dep. J.-C.		Dep. J.-C.	
1674	Segaud. 1748	1733	De Beauvais. 1789
» »	Bridaine. 1767	1722	Lenfant. 1792
1706	Clément. 1771	1722	Cambacérès. 1802
1693	Neuville. 1774	1724	De Noé. 1802
1711	Poule. 1781	1732	Beauregard. 1804
1728	Élisée. 1783	1746	Le Card. Maury. . . 1817
1727	Gery. 1786	1765	Frayssinous. 1841
1715	De Boismont. . . . 1786		

PRINCIPAUX SECTAIRES.

Dep. J.-C.		Dep. J.-C.	
240	Manès. 295	1366	J. Huss. 1415
286	Arius. 335	1484	Zuingle. 1531
377	Pelage. 430	1483	Luther. 1546
378	Nestorius. 435	1509	Calvin. 1564
388	Eutichès. 460	1539	Socin. 1604
» »	Valdo. . . . . vers 1200	» »	G. Fox. 1681
1324	Wiclef. 1384	1644	Will. Pen. 1718

II° JURISPRUDENCE.

JURISCONSULTES.

Dep. J.-C.		Dep. J.-C.	
1500	Ch. Dumoulin. . . . 1566	» »	Heineccius. 1741
1520	Cujas. 1590	1673	Le Prés. Bouhier. . . 1746
1527	Doneau. 1591	1687	Cochin. 1747
1583	Grotius. 1645	1668	D'Aguesseau. . . . 1749
1585	Om. Talon. 1652	1714	Denizart. 1765
1595	Henrys. 1662	1701	Pothier. 1773
1617	Lamoignon. 1677	1723	Blackstone. 1780
1625	Domat. 1695	1752	Filangieri. 1788
1647	Voët. 1714	1760	Toullier. 1835
1669	Terrasson. 1734	1758	Proudhon. 1838
» »	Struve. 1738	1751	Merlin de Douai. . . 1839

III° SCIENCES ET ARTS.

PHILOSOPHES, MORALISTES, POLITIQUES, etc.

Av. J.-C.		Av. J.-C.	
469	Socrate. 400	392	Théophraste. 288
429	Platon. 348	342	Épicure. 271
385	Aristote. 322	106	Cicéron. 43

VARIÉTÉS. 539

Dep. J.-C.	Dep. J.-C.	Dep. J.-C.	Dep. J.-C.
3 L. A. Sénèque	65	1638 Mallebranche	1715
48 Plutarque	119	1675 Sam. Clarke	1729
64 Épictète	162	1712 Vauvenargues	1747
121 Marc-Aurèle	180	1689 Montesquieu	1755
1107 P. Lombard	1164	1690 Deslandes	1757
1533 Montaigne	1592	1713 Sterne	1767
1541 Charron	1602	1705 Duclos	1772
1560 Le ch. Bacon	1626	1712 J.-J. Rousseau	1778
1583 Grotius	1645	1709 Mably	1785
1596 Descartes	1650	1706 Franklin	1790
1623 Pascal	1662	1735 Bernard. de S.-Pierre	1814
1613 La Rochefoucauld	1680	1753 De Maistre	1821
1625 Nicole	1695	1756 Pastoret	1840
1639 La Bruyère	1696	1753 De Bonald	1840
1634 Locke	1704		

NATURALISTES, PHYSICIENS, CHIMISTES, etc.

Av. J.-C.	Av. J.-C.	Dep. J.-C.	Dep. J.-C.
385 Aristote	322	1707 Buffon	1788
392 Théophraste	288	1706 Franklin	1790
234 Caton l'Ancien	149	1720 Bonnet	1793
116 T. Varron	28	1743 Lavoisier	1794
	Dep. J.-C.	1716 Daubenton	1799
14 Columelle	50	1750 Dolomieu	1801
Dep. J.-C.		1723 Brisson	1806
23 Pline l'Ancien	78	1731 Valmont de Bomare	1807
1516 Gessner de Zurich	1565	1757 Ventenat	1808
1656 Tournefort	1708	1755 Fourcroy	1808
1686 De Jussieu	1758	1740 Montgolfier	1810
1692 Musschenbroeck	1761	1737 Parmentier	1813
1688 Pluche	1761	1737 Guyton de Morveau	1816
1700 Nollet	1770	17.. Haüy	1822
1707 Linnée	1778	1740 Banks	1822
1700 Duhamel	1782	1754 Lacépède	1825
1718 P. J. Macquer	1784	1769 G. Cuvier	1832
1720 G. de Montbelliard	1785		

MÉDECINS.

Av. J.-C.	Av. J.-C.	Dep. J.-C.	Dep. J.-C.
460 Hippocrate	356	1728 Bordenave	1782
	Dep. J.-C.	1708 Alb. Haller	1786
34 Celse	27	1723 Ant. Louis	1792
Dep J.-C.		1744 Desault	1795
123 Galien	193	1727 Tissot	1797
1578 Harvey	1657	1771 Bichat	1802
1624 Sydenham	1689	1756 Cabanis	1808
1668 Boerhaave	1738	1746 Baudeloque	1810
1626 Halley	1742	1758 Gall (Le docteur)	1828
1669 Winslow	1760	1742 Portal	1832
1684 Astruc	1766	1748 Coray	1833
1700 Lecat	1768	» » Dupuytren	1835
» » Senac	1770	1763 Desgenettes	1837
1703 Lieutaud	1780	1772 Broussais	1838

MATHÉMATICIENS, ASTRONOMES.

Av. J.-C.	Av. J.-C.	Dep. J.-C.	Dep. J.-C.
323 Euclide	262	1701 La Condamine	1774
262 Archimède	212	1717 D'Alembert	1783
106 Ptolomée	166	1730 Bezout	1783
Dep. J.-C.	Dep. J.-C.	1707 Euler	1783
1483 Copernic	1543	1736 J. S. Bailly	1793
1546 Ticho-Brahé	1601	1715 Le Monnier	1799
1540 Viète	1603	1733 Borda	1799
1571 Kepler	1630	1739 Cousin	1800
1564 Galilée	1642	1725 Montucla	1800
1623 Pascal	1662	1732 La Lande	1807
1590 Fermat	1664	1736 La Grange	1813
1629 Huyghens	1695	1730 Messier	1817
16.. De l'Hospital	1704	1746 Monge	1818
1646 Leibnitz	1716	1738 Herschell	1822
1640 De la Hire	1718	1740 Buache	1825
1642 Newton	1727	1746 Piazzi	1826
1682 Saunderson	1739	1749 La Place	1827
1656 Halley	1742	» » De Zach	1832
1698 Maupertuis	1759	1783 Klaproth	1835
1674 La Caille	1762	» » Olbers	1840
1712 Clairault	1765	1781 Poisson	1840

VARIÉTÉS.

BEAUX-ARTS.

Av. J.-C.		Av. J.-C.	Dep. J.-C.		Dep. J.-C.
104	Vitruve............	14	1722	P. Camper......	1788
Dep. J.-C.		Dep. J.-C.	1716	Et. Falconet.....	1791
23	Pline l'Ancien....	78	1723	Reynolds........	1792
50	Frontin..........	110	17..	De la Chau.....	1793
86	Pausanias........	173	1741	Lavater.........	1801
340	Végèce..........	390	1724	Gilpin..........	1804
1680	De Boze.........	1753	1741	Grétry..........	1813
1696	Hogarth.........	1763	» »	Méhul..........	1817
1683	Rameau.........	1764	1752	Choiseul-Gouffier...	1817
1692	De Caylus.......	1765	1759	Millin..........	1818
1718	Winckelmann....	1768	1745	Paris...........	1819
17..	Jaubert..........	1780	1757	Canova.........	1822
1729	Lessing..........	1781	1747	Denon..........	1825
1718	Watelet.........	1786	1775	Boïeldieu.......	1834

IV° BELLES-LETTRES.

RHÉTEURS, GRAMMAIRIENS, ÉTYMOLOGISTES, etc.

Av. J.-C.		Av. J.-C.	Dep. J.-C.		Dep. J.-C.
385	Aristote.........	322	1710	Condillac.......	1780
106	Cicéron.........	43	1686	Houbigant......	1783
		Dep. J.-C.	1725	Court de Gebelin...	1784
58	M. A. Sénèque...	32	1710	Lowth..........	1787
Dep. J.-C.			1717	Beauzée........	1789
37	Quintilien.......	112	1736	Papon..........	1800
222	Longin..........	273	1718	Blair...........	1800
1585	Vaugelas........	1650	1724	Wailly..........	1801
1613	Ménage.........	1692	1739	La Harpe.......	1803
1616	Lancelot........	1695	1737	Caillard........	1807
1643	Jouvency........	1719	1745	Domairon......	1807
1661	Rollin..........	1741	1745	Domergue......	1810
1678	Dumarsais......	1756	1731	De Nina........	1813
1686	D'Olivet........	1768	1746	Le Card. Maury...	1817
1713	Batteux.........	1780	» »	J. Audran......	1818

LEXICOGRAPHES.

Dep. J.-C.		Dep. J.-C.	Dep. J.-C.		Dep. J.-C.
Vers 950	Suidas....	vers 1000	1528	H. Estienne.....	1598
1503	R. Estienne......	1559	1643	Moréri.........	1680

1610 Ducange	1688	1713 Diderot	1784
1620 Furetière	1688	1709 S. Johnson	1784
1621 Richelet	1698	1730 Roubaud	1797
16.. Boudot	1706	1724 Wailly	1801
16.. Danet	1709	1732 J.-C. Adelung	1806
16.. Joubert	1724	1749 Lunier	1807
1664 Boyer	1729	1729 Lallemand	1810
1666 Br. de la Martinière	1746	1743 Gattel	1812
1678 Girard	1748	1737 Chaudon	1817
1673 J.-G. Wachter	1757	1759 Millin	1818
1699 Bullet	1775	1765 Boiste	1824
1717 D'Alembert	1783		

TRADUCTEURS.

Dep. J.-C.		Dep. J.-C.	
1513 J. Amyot	1593	1728 Godescard	1801
1585 Vaugelas	1650	1737 Sélis	1802
1605 Duryer	1658	1741 Dominiq. Ricard	1803
1606 P. d'Ablancourt	1664	17.. Guiraudet	1804
1589 Arnauld d'Andilly	1674	1746 D'Ussieux	1805
1641 Dacier	1712	1716 Dotteville	1807
1556 Tourreil	1714	1742 Dureau de la Malle	1807
1651 Mme Dacier	1720	1730 Bitaubé	1808
1654 Sacy	1727	1767 Gaston	1808
1676 Sanadon	1733	1732 Réné Binet	1812
1652 De Villefort	1737	1726 Larcher	1812
1673 Banier	1741	1738 Delille	1813
1688 Brumoy	1742	1742 Dutheil	1815
1667 Gedoyn	1744	1732 Suard	1817
1685 L'ab. Desfontaines	1745	1765 Clavier	1817
1696 La Bletterie	1772	1717 Morellet	1819
17.. Batteux	1780	1785 Combes-d'Ounous	1820
1736 Le Tourneur	1788	1744 Gueroult	1821
1731 Rochefort	1788	1754 Boulard	1825
1717 Beauzée	1789	1753 Voss	1826
1728 Barrett	1792	1767 Daru	1829
1724 Ath. Auger	1792	1742 Dacier (B.-J.)	1833
1728 Dusaulx	1799	1776 Dugaz-Montbel	1834
1724 Wailly	1801	1762 Le comte de Miot	1841

VARIÉTÉS.

ORATEURS.

Av. J.-C.		Av. J.-C.	Dep. J.-C.		Dep. J.-C.
468	Andocide.	400	1689	Montesquieu.	1755
459	Lysias.	380	1694	Voltaire.	1778
430	Ctesias.	376	1712	J.-J. Rousseau.	1778
436	Isocrate.	338	1732	Thomas.	1785
400	Isée	336	1707	Buffon.	1788
397	Eschine.	322	1725	Gerbier.	1788
382	Démosthène.	322	1749	Mirabeau.	1791
361	Dinarque.	293	1736	Linguet.	1794
106	Cicéron.	43	1723	Beaumarchais.	1799
Dep. J.-C.		Dep. J.-C.	1739	La Harpe.	1803
61	Pline le Jeune.	112	1757	Servan.	1807
1624	Pelisson.	1693	1746	Le cardinal Maury.	1817
1627	Bossuet.	1704	1762	Fontanes.	1821
1651	Fénélon.	1715	1738	Le card. de la Luzerne.	1821
1661	Rollin.	1741	1747	L'abbé de Boulogne.	1825
1687	Cochin.	1747			

POÈTES.

Av. J.-C.		Av. J.-C.	Av. J.-C.		Dep. J.-C.
» »	Homère.	980	43	Ovide.	18
» »	Hésiode.	860	39	Phèdre.	30
» »	Tyrtée.	680	15	Manilius.	35
625	Sapho.	582	Dep. J.-C.		
625	Ésope.	561	34	Perse.	62
555	Anacréon.	470	38	Lucain.	65
521	Pindare.	435	45	Val. Flaccus.	92
340	Aratus.	280	43	Stace.	95
295	Théocrite.	240	29	Silius Italicus.	99
290	Apollonius de Rh.	230	41	Martial.	102
260	Callimaque.	200	42	Juvénal.	122
180	Bion.	120	190	Oppien.	220
170	Moschus.	110	339	Ausone.	394
95	Lucrèce.	51	360	Claudien.	420
86	Catulle.	49	1265	Dante.	1321
104	P. Syrus.	43	1304	Pétrarque.	1374
43	Tibulle.	19	1328	Chaucer.	1400
70	Virgile.	19	14..	Boiardo.	1494
64	Properce.	12	1458	Sannazar.	1530
65	Horace.	8	1474	Arioste.	1533

1484	Cl. Marot	1544	1690 Piron	1773
1470	Vida	1566	1709 Gresset	1777
1529	Le Camoens	1579	1694 Voltaire	1778
1523	Ronsard	1584	1-50 Gilbert	1780
1545	Tasse	1596	1709 Le Fr. de Pompignan	1784
1537	Guarini	1612	1730 Sal. Gessner	1788
1552	Malherbe	1628	1763 M. A. Chenier	1794
1609	Scarron	1660	1738 Macpherson (Ossian)	1796
1589	Racan	1670	1760 Demoustier	1801
1608	Milton	1674	1716 Saint-Lambert	1803
1612	Butler	1680	1739 La Harpe	1803
1616	Chapelle	1686	1749 Klopstok	1803
1634	Deshoulières	1694	1729 Le Brun	1807
1621	La Fontaine	1695	1766 Luce de Lancival	1810
1631	Dryden	1701	1764 M. J. Chenier	1811
1636	Boileau	1711	1770 Esmenard	1811
1672	Addisson	1719	1-38 Delille	1813
1639	Chaulieu	1720	1753 Parny (élégiaque)	1814
1664	Prior	1721	1731 L'abbé Aubert	1814
1671	J.-B. Rousseau	1741	1737 Boufflers	1815
1688	Pope	1744	1733 Ducis	1816
1702	Thompson	1748	1782 Millevoye	1816
1692	L. Racine	1763	1762 Fontanes	1821
1684	Young	1765	1788 Byron	1824
1716	Gray	1771	1759 Andrieux	1833

THÉATRE.

Av. J.-C.		Av. J.-C.	Dep. J.-C.		Dep. J.-C.
525	Eschyle	456	1622 Molière		1673
485	Euripide	407	1606 P. Corneille		1684
497	Sophocle	406	1634 Mairet		1686
446	Aristophane	389	1636 Quinault		1688
342	Ménandre	293	1639 J Racine		1699
250	Plaute	184	1658 La Fosse		1708
239	Ennius	169	1625 Th. Corneille		1709
194	Térence	159	1656 Regnard		1710
Dep. J-C.		Dep. J.-C.	1656 Campistron		1723
3	L. A. Sénèque	65	1661 Dancourt		1726
1532	Jodelle	1573	1680 Destouches		1754
1564	Shakespeare	1616	1675 S. Maffei		1755
1562	Lopez de Vega	1635	1674 Crébillon		1762
1609	Rotrou	1650	1689 Piron		1773

VARIÉTÉS.

1728	De Belloi.	1775	1759 Schiller.	1805
1709	Gresset.	1777	1755 Collin d'Harleville.	1806
1694	Voltaire.	1778	1717 Carmontelle.	1806
1698	Métastase.	1782	1733 Ducis.	1816
1707	Goldoni.	1792	1761 Kotzebue.	1819
1749	Alfieri.	1803		

ROMANCIERS.

Av. J.-C.		Dep. J.-C.	Dep. J.-C.		Dep. J.-C.
70	Parthenius de Nicée.	20	1663	De Foë.	1731
Dep. J.-C.			1677	Le Sage.	1747
» »	Pétrone.	66	1707	Fielding.	1754
» »	Apulée.	162	1689	Richardson.	1761
» »	Lucien.	166	1688	Marivaux.	1763
» »	Achilles Tatius.	270	1697	L'abbé Prévot	1763
» »	Héliodore.	390	1685	Melle de Lussan.	1768
» »	Longus.	396	1705	De Tressan.	1782
» »	Xénophon d'Ephèse.	400	1714	Mme Riccoboni.	1792
» »	Chariton.	400	1756	Florian.	1794
1314	Boccace.	1375	1723	Marmontel.	1799
1483	Rabelais.	1553	1773	Mme Cottin.	1807
1547	Cervantes.	1616	1735	Bern. de S.-Pierre.	1814
1609	Scarron.	1660	1746	Mme de Genlis.	1830
1646	Galland.	1715	1771	Walter Scott.	1832
1645	Hamilton.	1719	1752	Goethe.	1832

POLYGRAPHES, PHILOLOGUES, ETC.

Av. J.-C.		Av. J.-C.	Dep. J.-C.		Dep. J.-C.
116	T. Varron.	27	1657	Fontenelle.	1757
		Dep. J.-C.	1682	Passionei.	1761
44	Valère-Maxime.	23	1705	Duclos.	1772
Dep. J.-C.			1709	De Brosses.	1777
105	Aulu-Gelle.	165	1694	Voltaire.	1778
95	Lucien.	185	1712	J.-J. Rousseau.	1778
144	Athénée.	194	1728	Dreux du Radier.	1780
350	Macrobe.	410	1710	Condillac.	1780
1476	Erasme.	1546	1717	D'Alembert.	1783
1641	La Monnoye.	1727	1736	Linguet.	1794
1684	Saint-Hyacinthe.	1746	1723	Marmontel.	1799
1688	Pope.	1744	1754	Rivarol.	1801
1672	Muratori.	1750	1724	M. De Noé.	1802
1689	Montesquieu.	1755	1739	La Harpe.	1803

1729 Brunck. 1803
1718 L'abbé Guenée. . . . 1803
1732 De Boisgelin. 1804
1731 Anquetil du Perron. . 1805
1750 Danse de Villoison. . 1805
1759 Schiller. 1805
1735 Oberlin. 1806
1756 Grouvelle. 1806
1746 Sainte-Croix. 1809
1730 Ameilhon. 1811
1730 Dutens. 1812
1730 Palissot. 1814
1752 Ch. de La Rochette. . 1814
1748 Ginguené. 1816
1742 Sabatier de Castres. . 1817
1749 Dupont de Nemours. . 1817
1733 Coupé de l'Oise. . . . 1818
1761 Kotzebue. 1819
1741 Barruel. 1820
1754 Lacretelle aîné. . . . 1824
1772 Petitot (C.-B.). . . . 1825
1775 Malte-Brun. 1826
1733 Lanjuinais. 1827
1772 Auger (L. S.). . . . 1829
1750 Grégoire (H.). . . . 1831
1766 Schvell. 1833
1761 Daunou. 1840
1755 Genu. 1840

ÉPISTOLAIRES.

Av. J.-C.		Av. J.-C.	Dep. J.-C.		Dep. J.-C.
106	Cicéron.	43	1639	Racine.	1699
Dep. J.-C.		Dep. J.-C.	1638	Boursault.	1701
3	L. A. Sénèque. . . .	65	1636	Boileau.	1711
61	Pline le Jeune. . . .	112	1635	Mme de Maintenon. .	1719
330	Symmaque.	400	1671	J.-B. Rousseau. . . .	1741
1080	Abeilard.	1143	1694	Voltaire.	1778
1101	Héloïse.	1164	1712	J.-J. Rousseau . . .	1778
1598	Voiture.	1648	1728	Galiani.	1787
1594	Balzac.	1654	1739	La Harpe.	1803
1625	Sévigné.	1696	1723	Grimm.	1807

V° HISTOIRE.

GÉOGRAPHES, VOYAGEURS, ETC.

Av. J.-C.		Dep. J.-C.	Dep. J.-C.		Dep. J.-C.
26	Strabon.	25	1663	Br. de la Martinière. .	1746
Dep. J.-C.			1685	D. Vaissette.	1756
5	Pompon. Mela. . . .	60	1704	Nic. de La Croix. . .	1760
1600	N. Sanson.	1667	1688	Pluche.	1761
1605	Tavernier.	1689	1695	L'abbé Prévost. . . .	1763
1621	Thevenot.	1692	1688	Rob. Vaugondi. . . .	1766
1643	Chardin.	1713	1728	Cook.	1779
1675	De Lisle.	1726	1718	De la Porte.	1779
1664	Paul Lucas.	1737	1697	Danville.	1782

VARIÉTÉS. 547

17..	Buy de Mornas.	1783	1752	Choiseul-Gouffier.	1817
1741	La Peyrouse.	1788	1757	Volney.	1820
1724	Busching.	1793	1753	Le Vaillant.	1824
1739	La Harpe.	1803	1775	Malte-Brun.	1826
1729	Bougainville.	1811	1768	Ebel.	1830
1729	Mentelle.	1815	1799	Caillé.	1838

CHRONOLOGISTES.

Dep. J.-C.		Dep. J.-C.	Dep. J.-C.		Dep. J.-C.
267	Eusèbe.	342	1685	Le Pr. Hénault.	1770
1540	J. Scaliger.	1609	1720	P. Macquer.	1770
1583	D. Petau.	1652	1703	D. Clémencet.	1778
1580	Usserius.	1655	1710	Barbeau-Labruyère.	1781
1639	Pezron.	1706	1714	D. Clément.	1793
1649	De Vignole.	1744	1720	Ad. Richer.	1798
1668	Freret.	1749	1718	Blair.	1800
1674	Lenglet du Fresnoy.	1755	» »	Las Cases.	1842
1698	Lefevre de S.-Marc.	1769			

HISTORIENS ET BIOGRAPHES.

Av. J.-C.		Av. J.-C.	Dep. J.-C.		Dep. J.-C.
484	Hérodote.	413	70	Suétone.	130
471	Thucydide.	391	78	Philon de Byblos.	133
449	Xénophon.	360	100	Justin.	150
321	Manethon.	258	88	Appien.	156
206	Polybe.	125	103	Arrien.	173
100	J. César.	44	173	Diogène-Laërce.	222
86	Salluste.	31	180	Hérodien.	238
84	Cornelius-Nepos.	30	155	Dion Cassius.	239
73	Vell. Paterculus.	23	220	Jules Africain.	260
80	Denys d'Halic.	11	310	Aurelius Victor.	368
70	Diodore de Sic.	10	330	Sextus Rufus.	380
		Dep. J.-C.	320	Eutrope.	390
59	Tite-Live.	17	340	Amm. Marcellin.	398
Dep. J.-C.			360	Sulpice Sévère.	420
4	Apion.	70	470	Cassiodore.	562
27	Quinte-Curce.	80	544	Grégoire de Tours.	595
37	Josephe.	93	735	Alcuin.	804
42	Tacite.	109	764	Eginhart.	842
60	Florus.	110	1170	Matthieu Paris.	1229
48	Plutarque.	119	1229	Sire de Joinville.	1318

1337 Froissart.	1400	1694 Pelloutier.	1757
1395 Monstrelet.	1453	1672 D Calmet.	1757
1445 Ph. de Commines.	1509	1709 Velly.	1759
1469 Machiavel.	1529	1715 Villaret.	1766
1482 Guichardin.	1540	1705 Duclos.	1772
1530 Belleforest.	1583	1711 Hume.	1776
1527 Brantôme.	1614	1701 Lebeau.	1778
1553 Le Pr. de Thou.	1617	1737 Gibbon.	1784
1554 Mariana.	1620	1726 L'abbé Millot.	1785
1584 And. Duchesne.	1640	1723 Desormeaux.	1792
1603 H. de Valois.	1676	1721 Robertson.	1793
1643 Moréri.	1680	1729 L'abbé Garnier.	1805
1610 Mezerai.	1683	1723 Anquetil.	1806
1612 A. de Valois.	1692	1737 Gaillard.	1807
1627 Bossuet.	1704	17.. Muller.	1809
1640 L'abbé Fleury.	1723	1730 Ameilhon.	1811
1661 Rapin Thoyras.	1725	1631 Denina.	1813
1649 Daniel.	1728	1744 Bertr. de Moleville.	1818
1649 Legendre.	1733	1714 Bausset (Le Card.).	1824
1680 Longueval.	1735	1761 Heeren.	1842
1655 Vertot.	1735	1773 Sismondi.	1842
1661 Rollin.	1741		

ANTIQUAIRES.

Dep. J.-C.		Dep. J.-C.	
1518 Boissard.	1602	1718 Winkelmann.	1768
1647 J. Spon.	1685	1697 Lacurne-St^e-Palaye.	1781
1632 Grævius.	1703	1684 Pellerin.	1782
1632 J.-F. Vaillant.	1706	1725 Court de Gebelin.	1784
1656 Mabillon.	1707	1716 Barthelemi.	1794
1645 J. Gronovius.	1716	1752 Visconti.	1818
1637 S. Pitiscus.	1717	1759 Millin.	1818
1647 Jobert.	1719	1762 Grivaud de la Vincelle.	1819
1694 Sallengre.	1723	1790 Champollion Jeune.	1832
1655 Montfaucon.	1741	1745 Mongez.	1835
1673 Muratori.	1750	1760 Amaury-Duval.	1838
1680 De Boze.	1753	1767 Artaud (Fr.).	1838
1693 Lebeuf.	1760	1797 Muller.	1840
1692 Caylus.	1765		

BIBLIOGRAPHES.

Dep. J.-C.		Dep. J.-C.		Dep. J.-C.		Dep. J.-C.
820	Photius	891	1732	G.-F. De Bure	1782
1559	Lacroix du Maine	1592	1730	L'abbé Rive	1792
1544	Duverdier	1600	17..	Crevenna	1792
1628	Lambecius	1680	1734	Mercier de S.-Léger	1799
1649	Baillet	1706	1738	Le P. Laire	1800
1666	Lelong	1721	1729	Panzer	1805
1667	J.-A. Fabricius	1736	1714	Chr. Saxius	1806
1685	Niceron	1738	1727	Chaudon	1817
1668	Maittaire	1747	1745	J. Morelli	1819
1684	P. Marchand	1756	1734	G. De Bure	1820
17..	Dav. Clément	1760	1756	De Landine	1820
1697	L'abbé Goujet	1767	1754	Boulard	1825
1710	Fevret de Fontette	1772	1765	Barbier (A. A.)	1825
» »	Osmont	1773	1757	Van Praet	1837

JOURNALISTES.

Dep. J.-C.		Dep. J.-C.		Dep. J.-C.		Dep. J.-C.
1626	De Sallo	1669	1739	La Harpe	1803
1658	J. Bernard	1718	1742	Clément	1812
1657	J. Leclerc	1737	1743	Geoffroy	1814
1661	Le P. Tournemine	1739	1759	Millin	1818
1685	L'abbé Desfontaines	1745	1769	Dussault	1824
1719	Fréron	1776	1760	Hoffmann	1828
17..	Royou	1792	1770	Colnet	1832
1736	Linguet	1794	1770	Bertin (J.-Fr.)	1842
1750	Mallet du Pan	1800			

FIN.

TABLE

DES DIVISIONS DE L'OUVRAGE.

Nota. On a fait précéder d'un astérisque les articles qui, dans cette édition, sont nouveaux, corrigés ou augmentés.

	Pag.
PRÉFACE allégorique.	v
Avertissement de l'éditeur.	ix
PETITE POÉTIQUE CURIEUSE ET AMUSANTE.	1
Des acrostiches.	3
* Des vers amphibologiques.	19
* Des vers anacycliques.	20
* Des anagrammes.	26
Des vers batelés.	34
Des bouts-rimés.	35
Des vers brisés.	47
Prose brisée.	50
Des vers burlesques.	53
Des centons.	72
Des chronogrammes.	79
De la contrepetterie.	83
* Des vers corrélatifs.	85
Des vers couronnés.	86
Des vers déclinés.	86
Des vers en écho.	87
* Des vers enchaînés.	92
Des vers enjambés.	92
Des vers équivoques.	93

TABLE. 551

	Pag.
Des vers fraternisés.	95
* Des vers léonins.	97
Des vers lettrisés ou tautogrammes.	107
* Des vers lipogrammatiques.	117
Des vers macaroniques.	131
Des vers métriques français.	141
* Des vers monorimes.	145
Des vers monosyllabiques.	150
Des vers parodiés.	152
Des vers protées.	157
* Des vers rapportés.	160
* Des vers rétrogrades.	299
* Des vers rhopaliques.	163
Des vers en tarantara.	169

CHOIX DE QUELQUES PIÈCES DE VERS SINGULIÈRES. . . . 170

Sur les XII Césars de Suétone. 170
Sur l'Italie moderne. 171
Veræ religionis descriptio. 172
Vers sur les livres de l'Ancien et du Nouveau Testament. . . . 173
Sur les commandements de Dieu. — *Monita salutaria.* — Les circonstances du péché. 174
Attributs des cloches. — Goûts des fondateurs d'Ordres. . . . 175
Le verger poétique. 176
Le festin poétique. 177
Epigramma. 178
Sur le mot *Opes.* 179
Sur les dangers de l'amour et du vin. 180
Sur les colléges de Dôle et de La Flèche. 181
Le bibliophile — Dix-huit énigmes, charades, etc. 182
Sur les quatre saisons. — Sur les mois de l'année. 185
Goûts de quelques peuples. — Les métamorphoses de Jupiter. — Les travaux d'Hercule. 186
Vers de Cicéron. 187
Vie heureuse de Martial. 188
Sonnet sur le génie de l'homme. 189
Sur le Danube. — Sur la vanité du siècle, etc. 191

	Pag.
Fable.— Recette pour vivre longtemps, suivie de la recette pour abréger ses jours.	192
Vers sur les rois de France du nom de Louis.	193
Epitaphe du maréchal de Saxe. — La poule au pot.	195
Sur Franklin. — Etc , etc.	196
Distique fait par un ivrogne.	200
Variétés en tous genres. — Des différentes espèces d'Emblêmes.	203
* Emblêmes tirés du règne végétal.	205
* Lieux d'origine de quelques fruits et végétaux.	211
Emblêmes tirés du règne animal.	214
* De la longévité.	217
* Emblêmes tirés des couleurs.	231
Emblêmes tirés de différents objets.	235
Symboles et enseignes de quelques peuples.	237
Emblêmes tirés des hommes célèbres.	238
Attributs des principaux saints.	239
Animaux consacrés aux Dieux.	241
Arbres et plantes consacrés aux Dieux.	242
Mois des Romains, consacrés aux Dieux.	243
Attributs des Muses, en latin et en français.	244
De quelques idées bizarres et singulières.	246
Le mot Père en 170 langues.	251
Des gens de lettres.	260
* Manies de quelques auteurs.	263
* Du prix que certains auteurs célèbres ont retiré des manuscrits de leurs ouvrages cédés à des libraires.	267
* Faiblesses de quelques grands hommes.	280
Explication des cartes à jouer.	287
De quelques sigles, ou lettres isolées destinées à exprimer des mots.	290
Des mots isophoniques.	294
* Variété de ponctuation changeant le sens de la phrase.	295

TABLE. 553

	Pag.
* Des carrés littéraires.	297
* Des carrés magiques.	302
De quelques nombres curieux.	305
De quelques nombres amusants.	316
* Du nombre XIV, relativement à Henri IV.	321
* Liste des misérables qui ont attenté à ses jours.	324
* Calcul singulier sur le chiffre titulaire de quelques-uns de nos rois.	327
* Autre calcul sur trois chutes politiques.	328
De l'argent circulant en France.	329
De la dette de l'Angleterre.	330
Valeur du pied cube d'or, et du pied cube d'argent.	332
Produit inouï de l'industrie.	333
Avis aux bourgeois de Jérusalem.	334
Notice de quelques vitesses.	335
Goûts particuliers de quelques grands hommes et de quelques peuples.	338
Des sens.	340
Traits caractéristiques de quelques peuples de l'Europe.	341
La beauté.	345
Vie de l'homme.	348
* Quelques rapprochements historiques classés chronologiquement.	352
* Contraste entre quelques usages des Orientaux et quelques habitudes des Occidentaux.	358
Autres contrastes.	359
Notice de quelques favoris, ministres et autres qui ont encouru la peine capitale, ou ont été disgraciés d'une manière éclatante.	360
Notice historique sur la France, sur ses accroissements progressifs et sur la chronologie de ses rois.	368
Réunion des grands fiefs à la couronne.	372

	Pag.
Série chronologique de nos rois.	373
1° Race des Mérovingiens.	375
2° Race des Carlovingiens.	376
3° Race des Capétiens	377
Table des variations du marc d'or et du marc d'argent; puis de la réduction de la livre de Charlemagne à différentes époques de la monarchie.	381
Titre de l'or et de l'argent chez les différents peuples.	384
Du rapport de l'or à l'argent chez les Anciens et chez les Modernes.	386
* De la quotité du produit des mines d'or et d'argent dans les quatre parties du Monde.	387
* QUELQUES AUTRES VARIÉTÉS SINGULIÈRES. — Firman du Grand Seigneur.—Naïve déclaration.—Etc., etc.	390
* Certificat délivré par un maire de campagne, copie textuelle. — Problème de longévité.	393
* De quelques garde-robes de dames assez bien fournies.	394
* Petit document liturgique (sur la manière de réciter promptement le bréviaire en cas d'urgence).	398
* Origine du proverbe : *Après grâces Dieu but*.	399
* Ordonnance de police assez singulière.	400
* Surnoms, dictons, épithètes, sobriquets, etc., donnés aux habitants de certaines villes.	401
Distance de Paris aux principales capitales du Monde, avec leur population.	403
NOTICE DE QUELQUES DÉCOUVERTES ANCIENNES ET MODERNES, et de quelques autres particularités curieuses, instructives et amusantes; le tout rangé par ordre alphabétique. — Aérostat.	404

TABLE.

	Pag.
Aimant. — Guérison par l'aimant.	406
Air (pesanteur de l').	407
* Alphabet.	408
Nombre de lettres dont se composent différents alphabets tant anciens que modernes, au nombre de 57 (depuis l'alphabet *Abyssin* jusqu'au *Zend*).	409
Anatomie.	410
Arithmétiques (machines) de Pascal, de Saunderson, etc.	411
Assurances connues des Anciens. — Banque.	413
Bas au métier.	414
Bateaux à vapeur. — Bayonnette. — Bombes.	415
Botanique.	416
* Nombre des espèces de plantes sous les différents climats.	417
Boussole.	418
Cadastre.	419
Café.	420
Canon. — Cardinal. — Carrosses.	423
Cartes à jouer. — Chambre obscure.	425
Chant.	426
Chapeaux.	427
Cheminées.	428
Chiffres.	429
Chocolat. — Circulation du sang.	430
Cloches.	432
Comédie.	433
Diamants (les plus beaux connus).	434
Note sur les richesses que perdit Charles-le-Téméraire à la bataille de Granson.	435
Règle pour estimer les diamants.	439
Duel. — Eau. — Electricité.	440
Epingles. — Ère chrétienne.	441
Etriers. — Feu grégeois.	443

	Pag.
Fiacres. — Fusil à vent. — Galvanisme.	444
Gnomon. — Harmonica.	445
Horloge.	446
Houille. — Imprimerie.	450
* Liste des dix premières villes de France où l'imprimerie a été introduite au xv⁵ siècle.	451
Incombustible. — Inoculation.	452
Lithographie. — Lunettes ou besicles.	453
Magnétisme. — Médecine.	454
* Mètre. Indication de 85 instruments particuliers servant à mesurer des spécialités et dont les noms se terminent en *mètre*, depuis l'*Acétimètre* jusqu'au *Zimosimètre* (1).	455
Microscope. — Miroirs — Monnaie, son origine.	475
Liste des principales monnaies d'or et d'argent, en usage chez les différents peuples, avec leur rapport au franc et avec l'explication du nom de certaines monnaies.	478
Montagnes, les plus hautes du globe.	487
Orgues.	491
Papier.	493
Paratonnerre, son origine. — Peinture.	496
Peinture à l'aquarelle ; — en camaïeu ; — en détrempe ; — en émail.	497
— à l'encaustique ; — enluminure.	498
— peinture à fresque ; — à l'huile.	499
Tableau de la balance des peintres, par De Piles.	501
Peinture en miniature ; — en marqueterie ; — en mosaïque ; — au pastel.	502
Peinture sur verre.	503

---

(1) L'article *Typomètre* ayant été omis dans la liste, nous le rétablissons ici. — Le *Typomètre* est un étalon propre à mesurer le corps des caractères d'imprimerie et leur hauteur en papier. M. Didot l'aîné a donné la description de cet instrument dans son *Essai de Fables nouvelles*, Paris, 1786, *in-12*, *pag*. 135.

TABLE. 557

	Pag.
Pendule.	503
Phantasmagorie.	504
Phelloplastique. — Phosphore.	505
Pistolet. — Planètes.	506
Plumes à écrire.	508
Porcelaine.	509
* Postes.	510
* Poudre à canon.	511
Sifflet.	512
Statistique. — Sténographie.	513
Stéréotypage. — Sucre.	514
Tabac.	517
Tachygraphie. — Télégraphie.	518
Télescope.	519
Thé.	521
Transpiration.	522
Vaccine.	523
Variole.	524
Verre.	525
Voyages.	528

Voyages autour du Monde, en note, pp. 528-529.

Découvertes géographiques (date des principales), faites depuis le xve siècle.	529
* Essai d'une classification méthodique et chronologique des écrivains les plus remarquables dans tous les genres.	534
1° Théologie. — Ecrivains sacrés, *Anc. et Nouv. Test.*	536
Principaux SS. Pères, Docteurs, etc. — Écrivains ecclésiastiques et théologiens. — Sermonnaires.	537
Principaux sectaires.	538
2° Jurisprudence. — Jurisconsultes.	538
3° Sciences et Arts. — Philosophes, Moralistes, etc.	538
Naturalistes, Physiciens, Chimistes.	539

Médecins. — Mathématiciens, Astronomes.	540
Beaux-Arts.	541
4° BELLES-LETTRES. — Rhéteurs, grammairiens, étymologistes, lexicographes.	541
Traducteurs.	542
Orateurs. — Poètes.	543
Théâtre.	544
Romanciers. — Polygraphes, Philologues, etc.	545
Épistolaires.	546
5° HISTOIRE. — Géographes, Voyageurs, etc.	546
Chronologistes. — Historiens, Biographes.	547
Antiquaires.	548
Bibliographes. — Journalistes.	549
Table des divisions de l'ouvrage.	550

OUVRAGES DE M. PEIGNOT,

Qui se trouvent chez Victor Lagier, *libraire-éditeur à* Dijon.

(Affranchir les lettres.)

LE LIVRE DES SINGULARITÉS, par G. P. Philomneste (G. Peignot), membre de plusieurs Académies. Un gros vol. in-8° de 500 pages. . . . . 6 fr.
Papier fin collé des Vosges. . . . . 7 fr.

 Si jamais un livre s'est recommandé à la curiosité publique, c'est assurément le *Livre des Singularités*. Son titre seul promet plus d'une surprise et plus d'un plaisir, et l'ouvrage entier est loin de démentir cette attente. Voici la description qu'en donne l'auteur lui-même :
« Pour toute préface, ami lecteur, nous vous dirons franchement que
» ce livre de *Singularités* est un ouvrage à part, un recueil fantasque,
» sérieux, burlesque, érudit, frivole, grave, amusant, facétieux, admi-
» rable, piquant, détestable, parfois instructif, parfois ennuyeux,
» souvent décousu, mais toujours varié ; c'est déjà quelque chose, etc. »

 Le nom de M. Peignot est rassurant contre l'ennui dont il menace son lecteur.

PRÉDICATORIANA, ou Révélations singulières et amusantes sur les prédicateurs, entremêlées d'extraits les plus piquants des Sermons bizarres et facétieux prononcés notamment dans les xve, xvie et xviie siècles, tant en France qu'à l'étranger ; suivies d'anciennes pièces curieuses inédites, avec notes historiques et philologiques, par M. Peignot. Un vol. in-8° de près de 600 pag. 6 fr.
Le même, papier collé des Vosges. . . . . . . 7 fr. 50 c.

CATALOGUE de la bibliothèque des ducs de Bourgogne, d'après des inventaires de leurs meubles, joyaux, au xve siècle (avant l'Imprimerie), par M. Peignot ; 2e édit. augmentée du catalogue des Dominicains de Dijon en 1307 ; 1 vol. in-8°, papier collé des Vosges. Prix : 4 fr.

 Cet ouvrage renferme des notes très-curieuses, notamment sur les Bibliothèques des monastères, abbayes, cardinaux, évêques, seigneurs, etc., au moyen âge.

MANUEL DU BIBLIOPHILE, ou traité du choix des livres les plus propres à former une collection précieuse et peu nombreuse ; 2e édition augmentée, 2 gros vol. in-8°, papier fin. . . . . 9 fr.

 Ce Traité présente en détail, 1° la Notice des ouvrages peu nombreux pour lesquels les grands hommes de tous les temps ont eu une prédilection particulière ; 2° l'indication raisonnée des morceaux les plus parfaits et les plus saillants des Classiques grecs, latins, français et étrangers ; 3° une Bibliographie des meilleurs ouvrages dans tous les genres, propres à former une Bibliothèque plus ou moins nombreuse, mais très-bien choisie ; les meilleures éditions, en différents formats, avec les prix désignés pour chaque auteur ; la manière de disposer une bibliothèque, d'y classer les livres et de les préserver de toute avarie ; avec des détails sur les formats, sur les différents genres de reliures, etc., etc.

CHOIX DE TESTAMENTS anciens et modernes, remarquables par leur importance, leur singularité ou leur bizarrerie, avec des détails historiques et des notes; 2 forts vol. in-8°, très-bien imp. . . . . 9 fr.

Ce Recueil offre l'histoire et souvent le texte complet des nombreux testaments dont on parle, tous puisés dans les différents siècles, chez les anciens, au moyen âge et chez les modernes. Le premier, par ordre de dates, est celui de Platon, mort 348 ans avant J.-C., et le dernier est celui de M. Helloin, mort en 1828. Les anecdotes abondent dans ce Recueil; c'est là que se trouve imprimé, pour la première fois, le testament complet de Napoléon.

RECHERCHES sur la personne de Jésus-Christ, sur celle de Marie et sur sa famille, avec notes archéologiques et tableaux synoptiques. *Dijon*, 1829; 1 vol. in-8°. 4 f. 50 c.

C'est un Recueil de tout ce que les Pères de l'Eglise, les Historiens ecclésiastiques et les Commentateurs ont dit sur la personne, la taille, la figure, le maintien de Jésus-Christ et de Marie, et sur leurs antiques portraits, avec des détails généalogiques sur les membres de leur famille.

RECHERCHES historiques sur les danses des morts. — Analyse de tout ce qui a été publié sur l'origine des cartes à jouer. *Dijon*, 1826, 1 vol. in-8°, avec 5 fig. . . . 9 fr.

Deux ouvrages d'érudition, le premier sur un sujet peu connu en France; le second sur une matière assez obscure, mais intéressante. Le volume est entièrement imprimé sur papier fin d'Annonay; le tirage est peu nombreux.

RELATION des deux Missions de Dijon, l'une en 1737, l'autre en 1824; 2e édition corrigée et augmentée d'une notice sur l'origine des Missions en France. Un vol. in-12 de 96 pages. . . . . 1 fr. 50 c.

L'ILLUSTRE JACQUEMART de Dijon. Détails historiques, instructifs et amusants sur ce haut personnage, domicilié en plein air dans cette ville depuis 1382, publiés avec sa permission en 1832, etc. *Dijon*, 1832; in-8°, avec fig. . . . . 2 fr. 50 c.

Facétie qui commence par une Notice sur les anciennes horloges curieuses, et qui donne l'histoire de celle de Dijon où figure Jacquemart, avec le récit de sa translation de Courtrai en 1382, le détail de ses restaurations, les pièces bourguignonnes faites en son honneur, etc.

ANNALES DU MOYEN AGE, comprenant l'histoire des temps qui se sont écoulés depuis la décadence de l'empire romain, jusqu'à la mort de Charlemagne; par J. M. F. FRANTIN, 8 gros vol. in-8°, pap. fin. . . . . 30 fr.

PENSÉES DE BLAISE PASCAL, rétablies suivant le plan de l'auteur, par J. M. F. FRANTIN, auteur des *Annales du moyen âge*, et précédées d'un discours préliminaire qui dévelope le plan et les avantages de cette nouvelle édition; un gros vol. in-8°, pap. fin. . . . . 5 fr.